ORIENT ET OCCIDENT
AU TEMPS
DES CROISADES

CLAUDE CAHEN

ORIENT ET OCCIDENT AU TEMPS DES CROISADES

Collection
historique
dirigée par
Maurice Agulhon
et Paul Lemerle

AUBIER MONTAIGNE

Si vous souhaitez
être tenu au courant
de nos publications,
il vous suffit
d'envoyer
vos nom et adresse
aux

Éditions Aubier Montaigne
13, quai de Conti
75006 Paris

I.S.B.N. 2-7007-0307-3
© 1983 by Éditions Aubier Montaigne.
Droits de reproduction réservés pour tous pays.

INTRODUCTION

Encore un livre sur les Croisades ! Comme s'il n'en existait pas déjà bien des dizaines, sans parler de milliers d'articles[1]. Au risque de paraître présomptueux, je dirai que la qualité de ces publications est trop souvent inverse de leur quantité, et que les causes mêmes de leur prolifération, le poids qu'elles ont fait peser sur la recherche scientifique, en ont plus ou moins, au su ou à l'insu des spécialistes eux-mêmes, infléchi, voire faussé l'esprit et la méthode. C'est que les Croisades, avec leurs prolongements dans l'Orient dit latin, ne sont pas seulement un objet d'étude pour l'historien, elles font partie de l'imagerie mentale de l'Occidental quelque peu cultivé, particulièrement, mais non exclusivement, en France. Depuis le temps de la Croisade elle-même, les exposés qui ont été faits l'ont été dans un climat de passion évidemment mal compatible avec la pure recherche objective ; ils se colorent, au Moyen Age comme de nos jours, d'idées et de sentiments qui sont ceux des auteurs et lecteurs, et non des acteurs. L'historien professionnel, *volens nolens,* est aussi un homme qui subit quelque influence des idées reçues qui l'environnent. Si paradoxale que cette affirmation puisse paraître, les Croisades ont été longtemps un des phénomènes historiques les plus mal connus, et qui, malgré d'importants progrès récents, paraissent exiger encore le plus de recherches neuves.

Il ne serait pas inutile, à cet égard, de considérer l'histoire de l'histoire des Croisades[2]. Celle-ci, dès l'origine, a été d'abord le monopole des milieux féodaux et cléricaux, et elle a été pendant des siècles composée principalement *ad majorem gloriam* de l'Eglise et de la Foi. Par réaction, aux temps modernes, dans certains milieux laïcs, ou protestants non français, on a dénoncé dans les Croisades une entreprise d'intolérance et d'obscurantisme, ou une politique ambitieuse de la papauté. Depuis que l'histoire portée par la démocratie s'intéresse aux peuples en même temps qu'à leurs chefs de guerre et de croyance, on a pu, en romantiques, célébrer la grandeur d'un mouvement d'enthousiasme populaire émancipateur, ou au contraire incriminer la cupidité des feudataires, l'esprit de lucre des marchands, l'avidité sanguinaire des masses. Plus récemment, la Croisade a pu être l'occasion de glorifier des formes sociales anciennes, la supériorité de l'autorité monarchique sur toute forme d'anarchie; elle a pu être interprétée comme une première manifestation d'une mission colonisatrice, ou plus modestement l'aube de cette influence culturelle exercée par la France en Orient depuis quelque deux siècles. Qu'on ne sourie pas : il n'y a pas si longtemps que de « bonnes » Croisades ont fait accueillir leur auteur sous la Coupole[3]. A l'étranger on a parfois vu dans la Croisade, suivant les pays ou les confessions, la grandeur d'un esprit missionnaire, l'éveil d'une communion européenne, l'essor, grâce aux Italiens, des premières formes du capitalisme, etc. Aux temps contemporains, les Israéliens cherchent dans les Croisés les devanciers de leur entreprise nationale; et les Arabes, dans la lutte de leurs ancêtres pour récupérer le pays, un encouragement à leur volonté antisioniste.

Tout cela, bien entendu, est en un sens extérieur à la science, bien que des études parfaitement valables aient pu être faites dans le cadre d'ouvrages nés dans de telles ambiances, voire grâce à elles. Même dans les travaux fondamentalement scientifiques, une évolution considérable s'est faite entre ceux du XIXe siècle et du début du XXe, et ceux du dernier demi-siècle. Conçus longtemps comme une espèce d'extrapolation de l'Occident, les Croisades et l'Orient latin ont été considérés de trois manières en apparence contradictoires et en fait convergentes : ou bien isolément, comme une réalisation *sui generis* à nulle autre comparable, pratiquement sans rapport avec les autres aspects de l'histoire; ou comme un événement si capital que tout ce qui se passait de son temps s'orchestrait autour de lui; ou enfin comme une manifestation d'une civilisation occidentale globale, au sein de laquelle on n'introduisait aucune différenciation. A ce dernier égard, les juristes du XIXe siècle avaient excellé à composer une image d'institutions féodales synthétiques, dont les *Assises de Jérusalem* leur paraissaient l'une des plus parfaites expressions : dans la mesure où cependant l'on y trouvait encore des lacunes ou des obscurités, on pouvait les compléter ou expliquer par n'importe quel autre coutumier occidental. Que la Croisade fût considérée ainsi ou comme chose en soi, le résultat était le même : il a fallu attendre presque la présente génération pour que fût entamée l'étude comparative de l'Orient latin et de l'Occident, et au sein de l'Orient latin l'étude comparative des diverses principautés[4].

La Croisade interfère avec beaucoup d'autres choses qui ne sont pas la Croisade : plus particulièrement, avec l'histoire des relations économiques entre l'Orient et l'Occident, mais aussi avec des questions politiques, culturelles, etc. Certes, dans les lignes de démarcation intervient une question de définition et l'on peut comprendre qu'on ait qualifié de « croisées » certaines institutions parce qu'elles apparaissaient ou se développaient sous les auspices de la Croisade, ou avec elle. Mais il n'est pas indifférent d'appeler un phénomène d'un nom ou d'un autre, lorsque cela oriente la réflexion dans une direction arbitraire, ou auréole ce phénomène d'un prestige sans rapport avec la réalité. On a certes étudié le « commerce du Levant », et il serait injuste de dire que ceux qui l'ont fait ignorent l'Orient latin, ou que les historiens de l'Orient latin ne se soient jamais préoccupés du commerce. Dans le deuxième cas cependant, il s'agit bien souvent d'appendices ou de chapitres détachés. On ne peut dire qu'on ait profondément cherché à relier les différents problèmes. Il en résulte en particulier une indifférence à la chronologie, pour tout ce qui n'est pas d'ordre proprement événementiel. Je sais bien que telle est la mode, mais on se condamne ainsi à laisser échapper bien des compréhensions.

Enfin presque tout ce qui a été écrit l'a été d'un point de vue occidental. Certes la Croisade est un phénomène occidental dont il n'y a pas à rendre compte d'un point de vue oriental; elle ne s'en insère pas moins dans une certaine conjoncture orientale, et il peut y avoir intérêt à confronter les deux sociétés qu'elle met face à face. On a parfois, d'ailleurs trop superficiellement, parlé des influences de l'Orient sur l'Occident par l'intermédiaire de la Croisade, comme si elle en avait été la seule ou la principale voie. L'impact inverse de l'Orient dit latin sur une population indigène qui reste largement majoritaire a été négligé. Les deux siècles de l'Orient dit latin n'en sont pas moins une phase de l'histoire de la Syrie-Palestine, et plus largement il faut considérer l'interaction, *dans les deux sens,* du monde méditerranéen et du Proche et Moyen-Orient. Je n'ignore pas que des tentatives ont été faites en ce sens, mais presque exclusivement sur les faits politiques et militaires, et, il faut bien le dire, avec une connaissance trop élémentaire de l'Orient, quand ce n'était pas l'ignorance complète de ses langues. Il va de soi que l'étude des contacts et influences doit se faire à tous les points de vue d'une histoire globale, et qu'il est inconcevable de prétendre y faire des progrès sérieux sans une connaissance des langues que le cloisonnement universitaire rend peut-être difficile, mais qu'il faut savoir se donner[5]. Ce qui vient d'être dit s'applique autant au cas intermédiaire de Byzance, où cependant les travaux des byzantinistes nous mettent dans une situation meilleure.

Ce qui précède définit l'esprit dans lequel nous avons entrepris ce livre. Nous essayons d'y placer la Croisade en relation avec ce qui n'est pas la Croisade, dans la Méditerranée, voire l'Occident, en mettant un accent particulier sur l'histoire du commerce. En même temps nous cherchons à présenter l'histoire de l'Orient dit latin comme un moment de l'histoire générale de l'Orient. Nous ne prétendons pas avoir fait plus que de donner quelques directions de recherche : nul n'est omniscient et, dans un domaine encore à cet égard presque vierge, on ne peut guère espérer que faire œuvre imparfaite mais utile de défricheur.

Il m'a paru superflu de raconter de nouveau ce que le lecteur peut trouver sans peine dans son propre fonds culturel, ou dans les grands ouvrages à sa disposition (voir la bibliographie). Il en résulte évidemment une disproportion entre certains paragraphes, qui m'ont paru mériter plus de développements, parce qu'ils portaient sur des faits mal connus, ou selon moi mal interprétés, et d'autres laissés à l'état de simples allusions, sans parler des lacunes involontaires. Je ne méconnais pas les inconvénients de ce parti pris, mais faire autrement aurait doublé le volume du livre sans réel profit.

J'ai commencé la rédaction de cet ouvrage il y a trente ans. Naturellement bien des travaux ont paru depuis lors, et moi-même j'ai évolué. J'ai essayé de refondre le tout. Je comptais sur les « loisirs » de la retraite pour le faire au mieux : des difficultés avec mes yeux ont limité mes possibilités. Le lecteur remarquera sans peine les défauts et les déséquilibres de composition qui en résultent. Suivant le conseil d'un vieux maître, il m'a semblé, immodestement peut-être, qu'à mon âge, il valait mieux donner, sans attendre encore, ce que je pouvais. Je remercie M. Lemerle (qui a aussi pris la peine de revoir mon texte) et la maison Aubier de l'avoir accepté tel quel, et j'espère que le lecteur ne me condamnera pas trop sévèrement. J'ajoute avec plaisir que le livre n'aurait pas pu voir le jour sans l'aide dévouée de ma femme et de Mlle Thérèse Naud (C.N.R.S.).

Chapitre 1

L'Orient jusqu'au début du XIe siècle

Historiquement la Croisade se présente comme une réponse différée aux conquêtes arabo-musulmanes. Au début du VIIe siècle, un homme, Mahomet, avait prêché en Arabie occidentale, à La Mecque et à Médine, un message qui allait être la base d'une religion nouvelle, l'Islam : il avait d'autre part réalisé autour d'elle la première unité politique de presque tous les Arabes. Lui mort (632), ses adeptes allaient faire des conquêtes dont, si l'on considère leur ampleur et leur caractère irréversible, on doit bien reconnaître que l'histoire ne présente pas d'équivalent. En quelques années, les Arabo-musulmans, au nom d'une forme de « guerre sainte », le *djihâd*, dont nous reparlerons, avaient occupé la Syrie, la Mésopotamie et l'Iraq, l'Egypte, l'Iran; ils devaient y ajouter en moins d'un siècle le Maghreb et l'Espagne presque entière d'un côté, l'Asie Centrale jusqu'au Syr-Daria de l'autre; et, encore au IXe siècle, pour un temps il est vrai assez bref, la Sicile et d'autres morceaux de terres méditerranéennes[1] (pour ne point parler des acquisitions moins assimilatrices réalisées aux temps modernes en Europe, en Asie lointaine, en Afrique Noire). Notons que la prise de Jérusalem ne semble pas avoir été, à cette époque, considérée comme faite au détriment d'une Chrétienté qui n'avait peut-être pas encore pleine conscience d'elle-même, et qui en tout cas ne liait pas la sainteté de la Ville à l'obligation d'une domination politique.

Byzance, héritière de l'empire romain d'Orient, avait failli succomber. Si elle gardait l'essentiel de l'Asie Mineure, celle-ci était ruinée, et elle avait perdu ses plus riches provinces, en Asie et en Afrique, au moment même où d'autre part les Slaves envahissaient ses possessions balkaniques. En Occident, le jeune Etat carolingien résistait mieux, grâce autant à l'éloignement et au climat qu'à ses vertus propres, mais les Hispano-Wisigoths n'avaient subsisté qu'à l'état de principautés, morcelées, accrochées aux montagnes du Nord.

Si tous les habitants des pays conquis n'étaient pas devenus musulmans (il s'en fallait de beaucoup), partout l'Islam dominait, et un processus de conversion s'amorçait qui devait produire au bout de quelques générations la plus vivante et riche civilisation que le haut Moyen Age eût connue. La plupart des habitants, même quand ils n'étaient pas devenus musulmans, avaient, sauf en Iran, adopté l'arabe comme langue commune. Certes, politiquement, l'unité devait se rompre assez vite, bien que le rêve en restât vivant jusqu'à nos jours ; mais socio-culturellement, le caractère définitif de la transformation est, aujourd'hui encore, aisément constatable.

Bien que le morcellement politique n'ait donc pas été accompagné d'un morcellement socio-culturel équivalent, il est nécessaire, pour comprendre l'histoire des Croisades, d'en avoir, jusqu'au XIe siècle, une vue plus claire que celle des Croisés eux-mêmes et, il faut le dire, de la plupart de leurs historiens modernes. Si nous laissons pour le moment de côté l'Occident, le cœur de l'Orient musulman était Bagdad, en Iraq, capitale encore prestigieuse, où résidait le Calife, source, aux yeux de la majorité des musulmans, de toute légitimité, encore qu'en fait depuis le Xe siècle réduit à l'impuissance. Diverses principautés s'étaient développées sur les territoires que jadis le califat régissait directement, et l'une d'entre elles, celle des Bouyides, l'avait asservi à Bagdad même. Au début du XIe siècle, en Asie Centrale, aux Samanides, dynastie iranienne, avait succédé celle des Ghaznévides, ceux-ci turcs, auxquels est due une reprise de la guerre de conquête et le début de l'islamisation de l'Inde. La plus grande partie de l'Iran central et occidental appartenait, avec l'Iraq, aux Bouyides déjà nommés, à l'origine condottieres issus de la population montagnarde fruste des Daylémites en Iran septentrional, mais maintenant pleinement « acculturés ». Des Kurdes dominaient le nord-ouest iranien, en bordure de l'Arménie.

Un point commun à ces divers Etats était le caractère de moins en moins indigène de l'armée, et conséquemment de l'autorité politique, que les populations autochtones, désarmées, acceptaient comme musulmanes, tout en les ressentant plus ou moins comme étrangères : sentiment que développait la proportion de plus en plus importante des éléments militaires turcs.

Les pays proprement arabes d'Asie, après l'heure d'éclat des Hamdanides dont on reparlera plus loin, étaient aux mains de petites dynasties semi-bédouines, comme celle des Mirdasides d'Alep. L'Egypte, enfin, avait été prise en 969 par les Fatimides, dynastie de souche orientale, mais d'abord grandie au Maghreb ; elle devait leur rester jusqu'en 1171, avec quelques dépendances, avant les Croisades, en Syrie et, plus durablement, au Yémen, d'où ils essayaient d'atteindre l'Inde. Jusqu'au milieu du XIe siècle, les Fatimides restaient la plus grande puissance du Proche Orient.

Cette énumération politique serait insuffisamment parlante si nous n'ajoutions pas qu'au sein des peuples musulmans, des sectes religieuses rivales étaient nées de l'élaboration même de l'Islam, et que les divers Etats n'appartenaient pas tous officiellement à la même secte. Chose spécialement importante en Islam, où religion et politique se tenaient étroitement, et où l'adhésion à telle ou telle secte ou famille spirituelle entraînait la reconnaissance ou le rejet du califat de Bagdad comme source de légitimité. Le califat de Bagdad était aux mains de la famille abbaside, descendante d'un oncle de Mahomet, Abbâs ; il était soutenu par ceux des musulmans, sûrement majoritaires, qu'on appelait « sunnites », mais les Bouyides se réclamaient du shî'isme, ou plus exactement d'une de ses branches, celle des Duodécimains, qui reconnaissait pour guide théorique de la Communauté un « imâm » caché descendant de Alî, cousin du Prophète, et de la fille de ce dernier Fâtima ; en attendant que l'imâm réapparût, on tolérait le calife abbaside, pour se faire accepter des sunnites, mais on ne lui laissait aucun pouvoir. Quant aux Fatimides[2], tout un réseau de missionnaires plus ou moins secrets propageait leur doctrine, l'ismâ'ilisme, ensemble culturel complexe qui politiquement dressait contre le califat abbaside l'anticalifat du Caire. L'idée que le salut du califat « orthodoxe », l'abbaside, viendrait de l'Est, se développait dans les milieux ghaznévides, mais il était réservé à d'autres de la réaliser. Cette redistribution politico-religieuse s'accompagne d'une transformation du commerce. Nous n'avons pas à insister ici sur l'importance des relations maritimes entre l'Extrême et le Proche-Orient aux IXe et Xe siècles ; le centre d'attraction en était alors Bagdad, que l'on atteignait à partir du golfe Persique et d'où certaines marchandises continuaient leur route vers les ports syriens, et surtout vers l'autre grande capitale, Constantinople. Diverses raisons, dont l'action de la puissance fatimide, amèneront au XIe siècle un détournement de ce commerce vers le Caire par le Yémen et la mer Rouge[3].

En Syrie, qui nous importe ici particulièrement, l'émiettement religieux était spécialement grand. L'ismâ'ilisme n'avait, ni là ni d'ailleurs en Egypte, conquis beaucoup d'adeptes parmi les sujets mêmes des Fatimides ; mais le shî'isme duodécimain avait gagné plusieurs tribus arabes du Nord, surtout celle des Kilabites, maîtresse d'Alep sous la dynastie des Mirdasides, tandis que la plupart de celles du Sud, et Damas, étaient sunnites. Cependant, deux groupes de populations, dont l'origine socio-culturelle est obscure, avaient adhéré à d'autres doctrines : celle des Nusayris, née en Iraq, avait, semble-t-il, trouvé son principal champ d'activité sous les Hamdanides, puis, après leur chute s'était repliée dans les montagnes de la Syrie septentrinonale, à cheval sur la frontière islamo-byzantine, et avait acquis des caractères nouveaux hérités des traditions de la population locale, jusque là aussi peu musulmane que chrétienne ; le secret dont les Nusayris s'entouraient fait que l'histoire en est presque impossible à écrire, mais leur enracinement solide dans des territoires qu'allaient conquérir les Croisés n'est pas douteux. Quant à l'autre doctrine, celle des Druzes, qui divinisait la calife fatimide Hâkim, elle s'était fixée, pour n'en guère sortir, avant les temps modernes, dans le Wadi'l-Taym, au sud du Liban. On verra qu'allait s'y ajouter bientôt une autre branche de l'ismâ'islime, celle dite des « Assassins ». Et bien entendu, on le dira, il y avait des chrétiens et des juifs, tout aussi divisés. Que dans cette ambiance, un certain scepticisme ait touché quelques esprits, dont l'exemple le plus fameux est le poète aveugle Abu'l-Alâ al-Ma'arrî, n'est pas pour surprendre ; mais il ne faut pas non plus généraliser. Les polémiques, voire les hostilités pouvaient être ardentes, mais aussi les manifestations de rapprochements interconfessionnels.

Les populations chrétiennes du Proche-Orient n'étaient pas moins morcelées que les populations musulmanes. Il existait plusieurs Eglises, dont la séparation remontait aux querelles théologiques des derniers siècles antérieurs à l'Islam, mais recouvrait en réalité des distinctions ethniques et linguistiques. L'Eglise nestorienne, qu'avaient hébergée avant l'Islam les Sassanides en Iraq et en Asie Centrale, et les monophysites jacobites, restés avant l'Islam à l'intérieur des frontières byzantines, se partageaient les populations sémitiques de langues liturgique araméenne-syriaque. L'Eglise nationale arménienne, l'Eglise copte d'Egypte, et l'Eglise éthiopienne adhéraient à peu près au monophysisme, mais étaient autonomes. Autonome aussi était l'Eglise géorgienne, mais fidèle à l'orthodoxie de Constantinople. Les Maronites, héritiers du monothélisme, n'avaient encore d'importance que dans la montagne libanaise. Il subsistait un certain nombre de chrétiens de rite byzantin, mais qui en Syrie dépendaient de patriarcats autonomes (Antioche et Jérusalem), et en Egypte du patriarcat d'Alexandrie ; ils s'arabisèrent linguistiquement vite, et sont connus dans le monde syriaque et musulman sous le nom de Melkites.

Rappelons seulement d'un mot qu'en Iran, le Zoroastrisme national avait vu se dresser contre lui diverses formes de manichéisme, qui débordaient ses frontières. Subsistaient aussi, bien qu'on n'en entende pas parler, diverses sectes qui ont ressurgi aux temps modernes. Tout cela donne l'image d'une mosaïque, et en dépit d'une supériorité numérique aux premiers siècles, sur les musulmans, ne pouvait en face d'eux constituer un front commun. D'ailleurs les rancunes restaient plus tournées contre les byzantins que contre les musulmans nouveaux venus.

Les juifs se différenciaient des chrétiens en ce qu'ils ne constituaient pas de gros groupes régionaux, mais étaient disséminés un peu partout, surtout dans les villes où ils exerçaient des métiers artisanaux, ou comme marchands sur les routes des caravanes internationales[4]. Bien que divisés en deux catégories religieuses, les rabbinites et les karaïtes, ils conservaient dans une certaine mesure des relations avec leur coreligionnaires éloignés, même parfois avec ceux de l'Europe chrétienne (sans parler du problème des Khazars[5] de Russie méridionale). Leur principal centre culturel était en Iraq, mais leur rôle paraît avoir été important à Kairouan et en Italie méridionale. Au moment des conquêtes arabes, ils avaient eu à se plaindre des Byzantins et des Wisigoths, et ils se considéraient comme de loyaux sujets des Etats musulmans. C'est en symbiose avec la civilisation arabo-musulmane qu'ils devaient atteindre leur plus grand essor culturel au Moyen Age.

Socialement, qu'il suffise pour l'instant de rappeler d'un mot, pour y revenir un peu plus loin, que le Proche-Orient, au moins dans ses parties vitales, se différenciait des peuples environnants par le taux élevé de son urbanisation et l'intense activité de son artisanat et de son commerce local et international. Certes, la majorité de la population restait paysanne, libre en principe mais soumise en fait à l'aristocratie bourgeoise et militaire. L'essor de la bourgeoisie [au IIIe/IXe et au IVe/Xe siècles] avait été considérable, pas assez cependant pour empêcher l'aristocratie militaire de mettre pratiquement la main sur le gouvernement et sur la terre.

Rappelons enfin d'un mot que la société musulmane médiévale est esclavagiste, plus massivement et plus durablement que l'Europe, même méditerranéenne, au haut Moyen Age. Mais il faut bien noter que l'esclavage dont il s'agit est domestique et artisanal, urbain, jamais associé au travail de la terre. Une exception importante est l'esclavage militaire, qui en Orient est de recrutement presque exclusivement turc. Quant aux esclaves civils, ils sont en majorité noirs ou slaves ; ceux-ci, en Occident musulman, occupent aussi les fonctions militaires.

Au Xe et au XIe siècle, on avait assisté, dans tout le Proche-Orient arabe, à un processus de bédouinisation, qui ne signifiait peut-être pas une augmentation de la proportion numérique ni du rôle économique des bédouins, mais, dans la difficulté, pour de petits princes, de recruter d'autres armées, une recrudescence de leur rôle politico-militaire. Dans une situation intermédiaire avaient été, au Xe siècle, les Hamdanides de Mossul et d'Alep. Au XIe siècle, réellement nomades étaient les Mirdasides à Alep, les 'Uqaylides à Mossul. Dans cette atmosphère s'étaient constituées dans la plupart des villes des milices indigènes, les *ahdâth*, dont le chef, le *ra'îs*, exerçait un pouvoir plus ou moins autonome, face au prince ou au gouverneur. Cette autonomie devait conduire ultérieurement, sous les princes turcs à des conflits ouverts que nous retrouverons.

Quant à l'Occident musulman, malgré des liens culturels et économiques avec l'Orient, il menait une vie politiquement très distincte de lui. En Espagne, il avait eu une période de puissance avec le califat de Cordoue, mais au XIe siècle celui-ci s'effritait en une multiplicité de principautés rivales. Le Maghreb oriental avait été uni par les Fatimides, le Maroc par les Idrisides ; mais depuis le départ des Fatimides pour l'Egypte, le morcellement avait là aussi repris, et il était plus grave encore au Maroc. Religieusement, les vassaux laissés par les Fatimides, les Zirides, avaient au bout d'un certain temps rompu avec eux ; pour se venger d'eux, le gouvernement du Caire avait envoyé au Maghreb des bédouins batailleurs, les Hilaliens, dont l'intervention, combinée à d'autres facteurs, devait inaugurer ou aggraver et accélérer une période de décadence économique et politique. La Sicile était pratiquement abandonnée à elle-même.

Depuis la Croisade elle-même, la propagande orchestrée autour d'elle, et la plus grande partie de l'historiographie moderne, qui s'est édifiée à partir de celle-ci, ont composé et nous ont transmis comme une vérité implicite plus ou moins évidente l'image d'un Islam persécuteur du Christianisme. Il n'est pas question de discuter que telle ait bien été la conviction sincère des hommes qui prirent la croix après le concile de Clermont. Mais leur sincérité ne suffit pas à établir qu'ils n'aient commis aucune erreur. Le devoir de l'historien moderne est, dans la mesure où il apparaît que les contemporains des faits en ont eu une vue faussée, d'expliquer les raisons de cette déformation.

Je ne sais s'il existe une religion que ses adeptes n'aient pas considérée comme supérieure aux autres, et exigeant d'eux de travailler à son triomphe sur les autres. Si le Christianisme primitif n'envisageait d'agir que par la parole, la Chrétienté victorieuse du Moyen Age n'a pas vu de difficultés à recourir aux guerres défensives ou même offensives (depuis Charlemagne avec les Saxons) pour préserver et élargir le territoire de la vraie Foi. Il n'y a donc rien de particulier à l'Islam s'il se présente, à sa naissance, comme une religion de combat, et fait de la guerre sainte, le « *djihâd* »[6], un devoir. Mais pour ce principe comme pour bien d'autres, l'essentiel est moins de le rappeler que d'étudier de quelle manière il a été appliqué au cours de l'histoire.

Mahomet, le Prophète de l'Islam, s'est formé à la fin du VIe et au début du VIIe siècle, dans un milieu humain d'Arabie qui avait intégré, sous des formes populaires, des idées judéo-chrétiennes. Lorsqu'il a entendu la voix d'Allah, il n'a pas douté que le Dieu parlait fût le Dieu d'Abraham, de Moïse et de Jésus. Il a considéré que sa révélation était en substance celle même que les Prophètes (dont Jésus) avaient reçue, et dont seulement lui était envoyée à lui une version définitive, plus complète et plus préservée des déformations que les juifs et les chrétiens avaient fait subir à leur message. Il se concevait donc primitivement comme le dernier prophète d'une unique et éternelle religion, et non comme le prédicateur d'une nouvelle. Il est vrai que, puisque les juifs et les chrétiens se refusèrent à le reconnaître comme tel, il se trouva dresser effectivement en face d'eux une religion nouvelle. Jamais cependant ne s'effaça de l'Islam l'idée que le « Livre » des juifs et des chrétiens était un livre authentiquement valable, que leur religion participait de la vraie religion, que leurs personnes avaient droit à des égards que n'auraient pas mérités des infidèles complets. Certes, tout au début, lorsque le Prophète voulut se constituer à Yathrib (Médine) une base sociale homogène, il expulsa ou massacra les juifs qui avaient refusé de reconnaître sa mission et lié partie avec ses adversaires. Mais jamais l'Islam n'a considéré ce fait comme ayant valeur de précédent en dehors des « territoires de guerre ». Il reconnut, au contraire, les accords que le même Mahomet, hors de Yathrib, conclut ensuite avec les juifs de Khaïber et les chrétiens du Nedjrân, qui acceptèrent sa domination. La substance en était que tous les habitants avaient le droit de choisir entre l'Islam et leur ancienne religion ; s'ils conservaient cette dernière ils devaient reconnaître la suprématie politique de l'Islam, en particulier par le paiement d'un impôt, et naturellement s'abstenir de l'attaquer ; mais cela fait ils avaient droit, dans la ligne des vieilles traditions arabes, à une sorte d'hospitalité contractuelle (*dhimma*)[7] leur assurant le respect de leurs personnes, de leurs biens et de leurs cultes. Si ce n'était pas, évidemment, la conception moderne de l'Etat non confessionnel, que nul n'avait alors, du moins était-ce en fait une des formes les plus larges de tolérance qu'aucune société d'alors pratiquât.

Les conditions des conquêtes arabes, qui firent de l'Islam, en quelques années, le maître de territoires immenses s'étendant de l'Asie Centrale à l'Atlantique, renforcèrent ce comportement. Il eût été impossible, l'eussent-ils voulu, aux Arabes de prétendre, eux qui étaient quelque deux cent mille immigrants peut-être, brimer les religions de dizaines de millions d'hommes, héritiers de vieilles et solides cultures. Loin d'y songer, ils étendirent en fait le bénéfice de la condition de protégés, *dhimmis*, aux zoroastriens et à d'autres confessions mineures. Tout doit se juger dans le contexte de l'histoire, et le contexte est ici qu'à la veille de la conquête il y avait eu des schismes au sein de la Chrétienté, que la plupart des chrétiens d'Orient s'estimaient persécutés et tracassés par l'Eglise orthodoxe romano-byzantine, et que les manichéens de l'Iran ne l'étaient pas moins par le clergé zoroastrien lié à la dynastie impériale perse des Sassanides. La conquête arabe mit tracasseurs et tracassés sur un pied d'égalité : « Ce ne fut pas un mince avantage pour nous, devait plus tard écrire un évêque monophysite syriaque, d'être délivrés de la tyrannie des Romains (=byzantins) »[8]. Cette situation fut d'ailleurs un des éléments de l'extraordinaire facilité avec laquelle s'accomplirent la plupart des conquêtes arabes. L'expansion de l'Islam a été souvent ressentie, par ceux sur le territoire desquels elle s'effectuait, comme une libération ; elle ne l'a presque jamais été comme une menace pour leur foi. Et il s'est même trouvé des chrétiens pour admettre, par une sorte de réciprocité, qu'il y avait une certaine authenticité dans le message transmis par Mahomet[9].

Il est parfaitement vrai que la guerre sainte restait le devoir de la communauté musulmane : devoir collectif, non de chaque particulier. Elle a été menée un certain temps, sur diverses frontières, y compris contre des chrétiens, après même que les résistances byzantine et carolingienne eurent contribué à mettre un terme aux conquêtes, sous forme de razzias périodiques. Mais il faut bien distinguer deux choses : on attaque, on pille, on tue s'il y a lieu, les gens du « territoire de guerre » qui ne sont pas soumis à l'Islam ; on protège immédiatement ceux qui se soumettent et entrent dans le « territoire de l'Islam ». Rien ne serait plus faux que de conclure, de la réalité de la guerre sainte extérieure, à celle d'une intolérance intérieure ; et les mêmes califes qui conduisirent la guerre sainte contre les Byzantins employaient dans leur haute administration, recevaient dans leur entourage des chrétiens, même de rite grec, tel le père de Saint Jean Damascène, chef de la communauté de Damas où, réciproquement, on ne voyait rien de choquant à cela. D'ailleurs la guerre sainte offensive elle-même se relâche vite, n'intéressant plus dès le second siècle de l'hégire que des frontaliers, qui eux-mêmes souvent fraternisent entre deux raids avec les frontaliers de l'autre bord. Au début du Xe siècle de notre ère (IVe de l'Islam), il n'est plus guère question de combattants de la Foi, *ghâzis*, qu'en Asie Centrale, face à des païens nomades et pillards, aspect nouveau de la lutte séculaire des Iraniens contre les Touraniens, qui ne devait rien à l'Islam.

Il est vrai qu'au milieu du Xe siècle, l'esprit de guerre sainte avait un moment soufflé de nouveau sur les frontières byzantines, donnant naissance, de part et d'autre, à des romans chevaleresques, grecs ou arabes, comparables à notre Roland[10] ; mais c'est qu'une offensive était venue du côté byzantin – c'était, vue de là, une contre-offensive au bout de trois siècles –, et il s'agissait donc en réalité d'un *djihâd* défensif en son principe, même si la pratique consistait en razzias profondes en territoire ennemi. Le prince hamdanide d'Alep, Sayf al-Dawla, tira de ses exploits en ce genre une renommée qu'orchestrèrent les poètes de sa cour. Mais ce ne fut qu'une flambée, et au contraire lorsqu'au XIe siècle la Syrie se trouva partagée entre plusieurs obédiences politiques et religieuses, en querelle permanente, aucun pays ne donna plus qu'elle le spectacle de l'indifférence religieuse en matière politique, de combinaisons entre Byzance chrétienne et tel prince musulman contre d'autres princes musulmans, cependant que, au Sud, les Fatimides, après l'exceptionnelle persécution de Hâkim (voir p. 19), accordent à l'empereur byzantin une espèce de protectorat sur ses coreligionnaires de Terre Sainte. Si au cours du XIe siècle se produisit un changement, il ne vint donc pas de là, mais des ailes du monde musulman, Asie Centrale et Sahara ; et aussi d'initiatives européennes. Nous retrouverons la question plus loin.

A l'intérieur des Etats musulmans, la situation des non-musulmans est donc correcte. Ce fait n'exclut pas que, surtout au IVe-Xe siècle il y ait eu un large mouvement de conversion, dont nous ne pouvons ici analyser en détail les causes, parmi lesquelles, sans aucune persécution, la pression sociale naturelle des milieux dominants a sûrement joué un rôle, tandis que l'aculturation de l'Islam et l'interconfessionnalité même de la vie intellectuelle facilitaient le passage d'une croyance à l'autre. Le résultat de ce mouvement fut évidemment que la proportion des non-musulmans, chrétiens en particulier, après avoir été majoritaire devint minoritaire, ce qui en diminuait le poids, mais sans rupture, et rien ne paraît donner l'impression que les intéressés aient ressenti leur situation comme plus dure qu'auparavant. Il importe d'avoir présente à l'esprit cette conclusion pour comprendre certains aspects du comportement des Orientaux lorsque se produira la Croisade.

Ne soyons ni idylliques ni anachroniques. Les *dhimmis* subirent des traitements discriminatoires devant le fisc, la justice interconfessionnelle; il y eut, périodiquement répétées et donc inopérantes, les distinctions vestimentaires (dont la raison première était de prévenir l'espionnage, ou les confusions pratiques incompatibles avec la confessionnalité des lois); il y eut la défense d'élever des édifices cultuels neufs (qui put toujours être tournée moyennant argent); il y eut l'interdiction sous peine de mort, rarement appliquée, des insultes à l'Islam et de l'apostasie d'un converti; il y eut de la part des musulmans, souvent, une espèce de mépris aristocratique : tout bien considéré et comparé aux autres sociétés du temps, il n'apparaît pas que la vie ait été dure aux confessions non musulmanes; ceux qui, aux frontières, auraient pu émigrer, ne le font pas, et les exemples sont fréquents de hautes fonctions et de grandes fortunes parmi les *dhimmis* comme parmi les musulmans. La culture chrétienne se perpétue, bien qu'un peu sclérosée par suite de la diminution de ses relations avec le reste de l'Eglise; la culture juive se développe, et le monde musulman a été, culturellement, économiquement, le paradis des juifs aux IXe-XIe siècles. Et plus que de cultures autonomes, hormis les affaires de foi, il s'agit plutôt de participation à cette vaste civilisation commune qu'il faut bien, faute d'autre nom, appeler musulmane, mais où fraternisent, dans le domaine scientifique surtout, médecins et savants de toutes confessions. Dans la vie courante, il pouvait y avoir des métiers dominants dans une confession, des groupements de populations autour de leurs édifices cultuels, etc.; il n'y a jamais ségrégation, jamais l'équivalent des ghettos. Il peut y avoir – mais rarement pour raison directement confessionnelle – des accès de colère d'une foule, mais le pouvoir intervient en faveur de l'ordre, quitte à se le faire payer. Les paroles de mécontentement qu'on saisit parfois dans des bouches chrétiennes visent, soit des populations particulières comme les Kurdes, soit des agents de la fiscalité, dont les musulmans n'avaient guère moins à se plaindre.

Il existe, il est vrai, une littérature de polémique confessionnelle, dont divers spécimens nous sont parvenus[11]. Des princes, des grands se plaisaient à organiser des discussions entre docteurs, dont le résultat était connu d'avance. Plus souvent, il s'agissait, chez les clercs de chaque confession, de raffermir les convictions de leurs ouailles, et de favoriser ou combattre les tendances à la conversion. Ainsi s'explique qu'il n'y a pas de vrai dialogue. Ni d'un côté, ni de l'autre on se renseigne vraiment sur ce qu'est l'autre à ses propres yeux : on se contente d'en répéter ce qu'en ont dit des hérétiques assimilés, ou les maîtres autorisés de l'Eglise dont on relève soi-même, et si les plus consciencieux vont plus loin, lisent le Coran ou la Bible, ils ne retiennent que ce qui compte pour eux, et non pour l'autre. En réalité, il est peu vraisemblable qu'un musulman ait jamais reçu un opuscule d'apologétique juive ou chrétienne, ni un juif ou chrétien une apologie de l'Islam. *A fortiori* en est-il de même lorsque la discussion a lieu par-dessus les frontières : il y a une notable littérature grecque byzantine anti-islamique, destinée à réchauffer les cœurs des combattants, à encourager les frontaliers contre l'adversaire musulman[12]. Nous reviendrons plus loin, à propos de la mentalité des Croisés, sur certains thèmes de ces littératures. Qu'il suffise ici de dire qu'elles ont peu de rapport avec les conditions vraies des relations entre fidèles des diverses confessions.

Cependant une persécution des « Gens du Livre », parce qu'elle aboutit à la destruction du Saint-Sépulcre à Jérusalem, a eu un grand retentissement auprès des pèlerins et, narrée par eux en Occident, a pu, plus tard, alimenter la propagande de Croisade[13] : celle du calife égyptien Hâkim, au tout début du XIe siècle. Il était si peu antichrétien d'origine qu'il avait épousé une sœur des patriarches frères de Jérusalem et d'Alexandrie. Mais un beau jour il édicta des mesures qui aboutissaient à ne laisser aux *dhimmis* le choix qu'entre s'exiler, se convertir, ou mourir de faim. Ces mesures furent rapportées par lui-même au bout de huit ans, et plus complètement par ses successeurs. Hâkim était d'ailleurs un déséquilibré qui avait prétendu interdire aux femmes toute sortie, bannir les plus innocentes distractions, et sur le tard se déclara incarnation de Dieu : il ne pouvait être tenu pour représentant de l'Islam normal. La dynastie à laquelle il appartenait, celle des Fatimides, professait, il est vrai, une doctrine particulière, l'ismâ'ilisme, mais Hâkim l'avait interprétée à sa façon. En fait ce régime, dans son ensemble, avait fait avant Hâkim et devait faire après lui une telle place dans l'administration, un si bon accueil dans les relations extérieures, aux chrétiens et aux juifs, que ses adversaires l'accusaient d'une espèce de syncrétisme dissimulé et d'un rejet de l'Islam.

Certes, il y a eu en Islam des manifestations d'intolérance, mais surtout à usage interne : exécution du mystique Hallâdj (début du Xe siècle), persécution des manichéens qui essayaient de « manichéiser » du dedans l'Islam (fin du VIIIe), mesures contre les agents ismâ'iliens, etc. Elles sont rares aussi longtemps que le schisme religieux ne prenait pas un aspect d'opposition ou de scission politique; et même la sorte de Croisade antifatimide dans laquelle les milieux piétistes orthodoxes devaient essayer, au XIe siècle, de lancer les nouveaux venus Turcs Seldjuqides, ne pourra mobiliser les foules et avortera.

L'image du monde musulman, jusque vers le XIe siècle, est donc d'une société multiconfessionnelle très remarquable, où l'Islam politiquement domine, mais où subsiste sans peine une proportion considérable de fidèles d'autres professions, dans une symbiose dont on chercherait vainement alors les équivalents en d'autres sociétés.

Chapitre 2

Le Proche-Orient au XIᵉ siècle ; l'Afrique occidentale

Telle était la situation au milieu du XIᵉ siècle. A ce moment, tant en Orient qu'en Occident, se produisirent des bouleversements, en partie comparables, qui créèrent des conditions nouvelles.

En Occident, des Berbères fraîchement et sommairement convertis des confins soudano-sahariens avaient constitué une espèce d'ordre militaire ; du nom des fortins *(ribât)* où ils habitaient, on les appelle al-Murabitûn, dont nous avons fait, à la suite des Espagnols, les Almoravides. Les milieux piétistes du Maghreb occidental, qu'irritait ce qu'ils considéraient comme la décomposition morale et politique de leur société, les appelèrent à eux pour donner le « coup de balai » nécessaire ; ils commencèrent par occuper le Maroc, puis une partie du Maghreb central. Ils étaient ainsi voisins de l'Espagne, où leurs mœurs frustes et leur intransigeance de novices répugnaient aux raffinés ; mais d'aucuns, là-aussi, souffraient de la demi-anarchie politique ; les voisins chrétiens du nord, nous le verrons, entamaient, à la faveur de cette anarchie, une « reconquista » victorieuse. Des deux dangers, il fallait choisir le moindre, et on appela les Almoravides, qui écrasèrent les « Francs » et reconstituèrent à leur profit l'unité de la partie musulmane de la Péninsule. Ainsi réapparaissait en Occident une forme d'Islam combatif, répondant à la nouvelle combativité chrétienne.

Les événements d'Afrique du Nord avaient des répercussions lointaines. Le déclin économique du pays privant les gens du littoral de certaines sources de leur commerce, les acculait, comme cela avait été inversement le cas de certains Italiens ou Espagnols auparavant[1], à la piraterie, et par conséquent rendait plus sensible aux Italiens le besoin d'une police des mers. Mais en même temps, puisqu'on ne pouvait plus trouver au Maghreb les produits qu'y amenaient auparavant les caravanes ou flottes venant d'Egypte, cela suscitait chez les Italiens la tentation d'aller les chercher directement en Orient. Ce besoin avait d'ailleurs été ressenti, dès avant l'invasion hilalienne, par les Juifs de Kairouan, qui déplacèrent progressivement leurs centres d'activité vers l'Egypte d'une part, l'Italie méridionale d'autre part[2]. Leur exemple frayait la voie aux Italiens, qui devaient bientôt les supplanter.

En Orient, la transformation s'étend à des domaines plus vastes et aboutit à des résultats plus complexes. Là, l'élément nouveau est fourni par les Turcs : non pas ces Turcs qui, depuis deux siècles, étaient enrôlés dans les armées, et ne gardaient aucun lien avec leurs peuples d'origine, restés païens et continuant à nomadiser dans la steppe centre-asiatique ; mais maintenant un peuple turc, les Oghuz, appelés couramment « Turcomans », eux aussi fraîchement convertis à l'Islam, qui venaient s'installer en pays musulman traditionnel et y donnaient le pouvoir à leurs chefs, les Seldjuqides. Ceux-ci surent s'appuyer sur les éléments orthodoxes indigènes, qu'irritait le morcellement politique, et plus encore le morcellement confessionnel de l'Islam d'Orient. Grâce à l'union de la force militaire que représentaient les Turcomans et de l'aristocratie orthodoxe iranienne, l'empire des Seldjuqides, qui avait refoulé les Ghaznévides vers les confins hindous, s'étendit rapidement à tout l'Iran, puis à l'Iraq, supprimant les Bouyides shî'ites (1055). Et le calife, en donnant au conquérant Toghroul-Beg les titres de sultan et de « roi de l'Est et de l'Ouest », lui confia la mission d'achever la réunification politico-religieuse de l'Asie musulmane et, au-delà, de combattre l'anticalifat ismâ'ilien fatimide d'Egypte. Cependant ce genre de guerre, dans des pays au climat trop chaud pour leurs bêtes, et où la politique interdisait les excès de pillage, intéressait peu les Turcomans. Ils se sentaient attirés, en revanche vers les plateaux anatoliens, et d'abord arméniens, de l'empire byzantin, où leurs razzias pouvaient se combiner avec l'idée simple de guerre sainte, apprise en Asie Centrale des musulmans qui les avaient combattus lorsqu'ils étaient païens. De peur qu'ils ne devinssent autonomes et donc inutilisables, les Seldjuqides eux-mêmes durent les encourager dans cette voie, ce qui d'ailleurs rehaussait leur prestige auprès de ceux des musulmans indigènes encore sensibles au souvenir du *djihâd* des temps héroïques. Ainsi commença tout un processus de pénétration turque en Asie Mineure, que facilitèrent les luttes intestines entre Arméniens et Grecs, et entre Byzantins eux-mêmes. Lorsque le sultan Alp Arslan, en 1071, eut anéanti l'armée de l'empereur Romain Diogène à Mantzikert, rien n'empêcha plus l'établissement des Turcomans dans un pays où, sans programme précis, par le simple fait des désorganisations qu'ils causèrent, ils mirent pratiquement fin au régime byzantin. Ni pour le sultan, pour qui l'empire de Rum était une sorte d'entité éternelle dont on pouvait au plus contester les frontières, ni pour les Turcomans, qui n'avaient pas encore explicitement la notion d'un Etat à eux, le but n'était l'annexion de l'Asie Mineure ; mais à l'exception provisoire des côtes, ce fut en fait ce qui se produisit.

Quant à la lutte antifatimide, elle n'avait pas dépassé la Syrie-Palestine. Du moins toute la Mésopotamie et la Syrie-Palestine, à l'exception des ports (Tripoli indépendante, le reste aux Egyptiens), relevaient-elles dorénavant de l'empire seldjuqide. Dans tous les pays conquis, les sultans seldjuqides entreprenaient, face au laxisme confessionnel antérieur, une œuvre de reconstitution orthodoxe. Elle consistait moins en persécutions, qu'en encouragement matériel aux écoles orthodoxes, aux mosquées, aux couvents des ordres mystiques qui commençaient alors à apparaître. Cependant un groupe organisait une forme terroriste de résistance, et il faut ici faire un détour. En Egypte, chez les Fatimides, une scission s'était produite entre partisans de deux prétendants ; contre le vainqueur, les Ismâ'iliens d'Iran, restés fidèles au vaincu, Nizâr, développaient une doctrine renouvelée ; mais surtout, face aux Seldjuqides, ils inauguraient des formes d'action adaptées aux circonstances. Groupés en Iran septentrional autour de la forteresse d'Alamut, ils entamèrent une politique antiseldjuqide et antiorthodoxe où le meurtre jouait un grand rôle : d'où le sens pris par le nom que le commun peuple leur donnait, buveurs de hashish, *hashîshiyûn*, « assassins ». Ils devaient établir, vers le moment où les Croisés arrivaient, un important groupe secondaire en Syrie septentrionale.

Sous le successeur d'Alp Arslan, Malikshâh, et le grand ministre de celui-ci, Nizâm al-Mulk, l'empire atteignit à la fois sa plus grande extension, et une qualité d'organisation pacifique depuis longtemps inconnue dans ces pays.

Néanmoins, cet empire, comme d'autres, contenait des germes de faiblesse et, dès la mort de Malikshâh (1092), commença un processus de décomposition qui, en particulier dans les zones extérieures comme la Syrie, qu'allait toucher la Croisade, avait dès avant l'arrivée de celle-ci abouti à un morcellement semi-anarchique. Au sultan suprême s'opposaient des parents rivaux, par là-même obligés de se désintéresser de ce qui se passait au loin, et de payer le concours de leurs officiers par des concessions qui affaiblissaient d'autant le gouvernement de l'empire. Presque tout de suite, le Khurasan, avec ses annexes (Iran du nord-est et Asie Centrale), prit ainsi une vie autonome, et les Turcomans d'Asie Mineure, à leur manière qui ne comportait pas encore l'organisation de vrais Etats, en firent autant. En Haute Mésopotamie, les gouverneurs de Mossoul devenaient à moitié indépendants, sans pour autant être capables d'empêcher l'installation dans le bassin supérieur du Tigre d'une série de chefs turcomans, parmi lesquels peu à peu devaient émerger les Artuqides. En Syrie, les neveux de Malikshâh, Rudwân et Duqâq, se disputaient, celui-ci maître de Damas, celui-là d'Alep, et divers hauts officiers turcs ou seigneurs arabes s'étaient constitué ou reconstitué de petites principautés, comme à Homs ou à Jérusalem, cette dernière un moment possession des Artuqides déjà cités, ou encore à Tripoli, possession de ses cadis shî'ites. Si Byzance avait été hors d'état de profiter de ces querelles pour reprendre pied en Syrie, il n'en avait pas été de même de ses anciens sujets arméniens, qui s'étaient constitué entre la Syrie-Mésopotamie arabe et l'Asie Mineure turque, d'un bout à l'autre du Taurus, des territoires pratiquement indépendants, incluant Edesse et Mélitène (Malatya). Les Fatimides possédaient encore les ports de la moitié méridionale de la côte syro-palestinienne et, en 1098, à la faveur des Croisades, devaient remettre la main sur Jérusalem, qu'ils ne croyaient peut-être pas plus visée par elles que par les anciennes expéditions byzantines.

Que ce fût sous domination « arabe » traditionnelle ou sous les nouveaux régimes à domination turque les musulmans, bien qu'en train de devenir dans la plupart des régions (sauf en Asie Mineure) majoritaires, continuaient à voisiner avec des sujets non-musulmans, quelques juifs dans la plupart des villes, des zoroastriens résiduels en Iran, surtout, en ce qui nous concerne ici, des chrétiens nombreux dans tout le « Croissant Fertile » (Syrie-Mésopotamie-Iraq), en Egypte et en Asie Mineure. Mais, contrairement aux premiers croisés, il importe de se rappeler que ces chrétiens n'étaient pas membres d'une Eglise unique. Aucune communauté ne dépendait de Rome. A l'intérieur de l'empire byzantin, la grande majorité des croyants relevait de l'Eglise officielle de Constantinople, dont le *Credo* correspondait à celui de l'Eglise romaine, sous réserve d'une formule équivoque (le *filioque*) chez cette dernière, mais dont l'organisation différait de celle de l'Occident latin, et dont le patriarcat venait de rompre avec la papauté (1054), dans des conditions qui n'apparaissaient sans doute pas aux contemporains plus graves qu'en maintes occasions précédentes, mais dont le résultat était un schisme qui allait durer jusqu'à nos jours. Il existait aussi, malgré la séparation politique, des fidèles de rite grec, les melkites, en Egypte, en Syrie, en Mésopotamie, mais dont la plupart (même dans la province nord-syrienne d'Antioche reconquise par les Byzantins) étaient linguistiquement arabisés, et qui obéissaient aux patriarches d'Alexandrie, Antioche et Jérusalem, égaux en dignité à celui de Constantinople, et beaucoup plus réservés que lui dans leur comportement envers une Rome d'où venaient maintenant des pèlerins, voire des marchands en nombre croissant. Cependant le plus grand nombre des chrétiens d'Orient relevaient, on l'a vu, d'autres Eglises depuis longtemps séparées de Rome, et par conséquent de Constantinople. Ne disons qu'un mot des Maronites, qui à la suite d'une migration sourde s'étaient groupés au Liban, où ils sont toujours. En dehors d'eux subsistaient des Nestoriens en Iraq et en Asie Centrale, et il y avait toujours, de l'Arménie à l'Egypte, trois Eglises plus ou moins monophysites : l'Eglise nationale arménienne, dont cependant s'étaient détachés les grands personnages désireux de faire carrière à Byzance et ralliés à l'Eglise grecque ; l'Eglise jacobite de langue liturgique syriaque, représentée surtout parmi les sémites largement arabisés de Mésopotamie (y compris la région de Mélitène/Malatya en Anatolie orientale) et de Syrie ; enfin l'Eglise copte d'Egypte, entièrement arabisée, dans sa langue religieuse même, dès le Xe siècle. Toutes ces Eglises restaient hostiles à l'Eglise byzantine, et acceptaient donc la domination ou, pour l'Arménie orientale, le protectorat musulman. Même les discussions doctrinales ultérieures et la perte d'une partie de leurs fidèles attirés par l'Islam leur étaient restés trop peu sensibles pour supprimer cette hostilité, et le comportement querelleur de l'Eglise byzantine (je ne parle bien entendu pas de Rome, pratiquement absente et ignorée) dans les provinces reconquises d'Asie Mineure et de Syrie au Xe et au XIe siècle n'était pas pour les réconcilier : tracasseries sur le dogme et pour l'attribution de biens d'églises, parfois arrestations et persécutions des chefs arméniens et monophysites, entretinrent un climat dont apparaît pleinement la signification au moment de la conquête turque. Il n'est guère douteux que même à Jérusalem, l'espèce de protectorat qu'exerça au XIe siècle Byzance sur les chrétiens de cette ville, profita plus aux « Grecs » qu'aux « indigènes ».

Les Croisés étant arrivés en Orient au lendemain de l'invasion turque, et l'Europe du XIe siècle ayant pris l'habitude de voir dans les Turcs les oppresseurs de peuples chrétiens, on a traditionnellement attribué à ceux-ci une aggravation du sort des chrétiens, qui en retour aurait entraîné la Croisade. Déjà malheureux sous l'Islam arabe, les chrétiens d'Orient n'auraient plus eu de salut possible que dans l'intervention de l'Occident. Cette affirmation repose sur des confusions qu'au bout de neuf siècles il n'est peut-être pas trop tôt pour dissiper.

Il faut distinguer trois catégories de chrétiens, du point de vue où nous nous plaçons maintenant : ceux d'Asie Mineure, ceux des pays anciennement sous domination musulmane et passés maintenant aux mains des Turcs, enfin les pèlerins occidentaux en Terre Sainte.

Personne ne contestera que l'invasion turque ait constitué une épreuve, parfois tragique, pour les populations chrétiennes d'Asie Mineure. Il faut seulement faire trois réserves : d'abord, que les Turcomans ne s'étaient guère mieux conduits envers leurs coreligionnaires arabes ou persans ; ensuite, que les caractères de la période de conquête ne doivent pas être étendus à celle de la stabilisation ; enfin, qu'il y a tout de même lieu de distinguer entre l'Eglise byzantine et les autres, et que les fidèles de ces dernières, même quand ils étaient eux aussi éprouvés, ne voyaient pas d'un mauvais œil le « châtiment » qui s'abattait sur la première. Au moment où se prêche la Croisade, on est encore dans la phase de conquête, bien qu'à l'écart des frontières il y ait déjà tendance à la stabilisation. A ce moment, quel est le bilan ? La hiérarchie ecclésiastique byzantine a été presque complètement expulsée, moins par une décision d'intransigeance des envahisseurs que parce qu'elle a jugé la vie trop dure et avait le moyen de se replier sur l'arrière-pays grec ; il reste cependant des prêtres, des moines et, bien entendu, des fidèles pratiquant leur culte, en Asie mineure occidentale et centrale (Cappadoce occidentale, où subsistent les fameuses « églises rupestres »).

Mais, à l'est de la Cappadoce orientale, l'Asie Mineure relève en majorité de l'Eglise nationale arménienne et, dans la région de Malatya, de l'extrémité du Taurus, du Moyen-Euphrate et de la Haute Mésopotamie (Diyar Bakr), de l'Eglise monophysite jacobite. Là, une fois passé l'orage de la conquête, les chrétiens s'accommodaient des vainqueurs qui, s'ils restaient frustes, batailleurs, sûrement difficiles à certains égards, les protégeaient cependant à leur manière, et en tout cas les délivraient des tracasseries de l'ancienne Eglise byzantine. Certes, nous savons que des moines syriaques, peut-être de la région de Mar'ash, lors de la guerre entre le chef local arménien Philarète et les Turcs de Sulayman b. Qutlumush, se réfugièrent en Egypte, où ils retrouvèrent d'anciens émigrés[3] ; mais l'immense majorité demeura, et la suite des faits montre qu'ils s'étaient rétablis après la tourmente. Bien que nous n'ayons d'exemple précis qu'à Antioche, il est vraisemblable qu'en divers cas les chrétiens indigènes bénéficièrent de l'effacement de l'Eglise grecque, en ce que les édifices de culte relevant de celle-ci leur furent maintenant attribués par les nouveaux maîtres, par un calcul politique simple, et non transformés en mosquées. On avait si bien conscience de ces faits, à Constantinople, qu'on y traitait en suspects les chrétiens non-grecs d'Anatolie qui s'y aventuraient encore[4].

Passons maintenant aux anciens pays musulmans, y compris, bien entendu, la Syrie-Palestine. Là, le déclin byzantin avait profité en fait à certains chrétiens. Atsîz, le conquérant de Jérusalem, ne pouvant nommer au commandement de la ville un musulman qui aurait été suspect de sympathies fatimides, y installa un jacobite. En 1076 Atsîz noya dans le sang une révolte à Jérusalem, mais, contrairement à ce qui est répété souvent, il s'agit de musulmans : les chrétiens, qu'exceptionnellement, en raison des caractères inter-confessionnels particuliers de la Ville, le gouvernement fatimide avait récemment – ainsi que les juifs – groupés en quartier spécial, furent épargnés. Même le patriarche grec Syméon, qui, contrairement à ses confrères d'Asie Mineure, ne représentait pas la puissance temporelle de Byzance, était autorisé à demeurer à Jérusalem. L'auteur copte de l'*Histoire des patriarches d'Alexandrie*, un contemporain (l'ouvrage, collectif, est prolongé de génération en génération), loue Atsîz, ce qui est d'autant plus remarquable qu'il se plaindra ensuite des Croisés. Il est vrai que les Turcs refusaient de croire au miracle du feu sacré qui chaque année, à Pâques, descendait du ciel allumer un cierge dans l'église du Saint Sépulcre, mais plus tard, quand vinrent les Francs, le miracle attendit deux ans avant de se reproduire, sous la menace. Certes, Artuq dut heurter, la sensibilité chrétienne lorsqu'il décocha une flèche dans le plafond de l'église du Saint Sépulcre, mais cela est à interpréter surtout comme la traditionnelle manière turque de signifier une prise de possession, et non un geste particulier de mépris religieux ou d'intolérance[5].

Plus généralement, dans tous les pays intégrés à l'empire seldjuqide, la situation des chrétiens était normale. Les Turcomans avaient eu des comportements dont tous, aussi bien musulmans que non-musulmans, s'étaient plaints, mais l'organisation du régime avait été presque immédiate et les Seldjuqides, orthodoxes attentifs, se posaient en défenseurs respectueux de la Loi musulmane, en y comprenant le statut des non-musulmans. Si intolérance il y avait, elle était tournée, rappelons-le, non contre ceux-ci, mais contre les Ismâ'iliens du dedans et du dehors et, plus mollement, contre les shî'ites ordinaires. On ne prétendra pas que l'influence chrétienne était à la fin du XIe siècle encore ce qu'elle était au IXe siècle : la période intermédiaire avait été marquée par des conversions assez nombreuses pour que désormais les chrétiens fussent minoritaires, et que le besoin de les employer dans l'administration et ailleurs, contrairement à ce qui se passait pour les Coptes en Égypte, eût décru. Mais cela n'intéressait guère le commun peuple, et ne peut être mis au compte d'une intolérance turque. Au surplus, nous parlons, évidemment, de l'Iraq et de la Mésopotamie : en Iran il n'y avait pas de chrétiens, et c'est aux zoroastriens que le raisonnement s'appliquerait.

En tout cas, si les règnes des deux premiers grands seldjuqides, Toghrul-Beg et Alp-Arslan, les conquérants de l'Empire, comportent les incertitudes et difficultés de toute période de guerre et de frontières mouvantes, celui du troisième, Malikshâh (1073-1092), et de son célèbre vizir Nizâm al-Mulk, est une période d'organisation, qui se trouve précéder immédiatement la Croisade. Les bienfaits en peuvent avoir été amplifiés par contraste avec les angoisses de la période précédente, mais ils ne peuvent être imaginaires. Ce qui est remarquable, c'est de trouver le même accord dans la louange chez les auteurs musulmans et chez les auteurs chrétiens, ceux-ci écrivant dans des langues où ils ne couraient guère de risque à s'exprimer en toute sincérité. Peut-être le style emphatique des arméniens Mathieu d'Edesse, Sarcavag (dans la chronographie de Samuel d'Ani) et Etienne Orpélian donne-t-il une impression d'exagération, mais le ton est le même chez le jacobite Michel le Syrien et le nestorien Amr bar Sliba (en arabe ce dernier) : on vante l'ordre, la sécurité, la justice égale pour toutes les confessions[6]. Il est vrai qu'après la mort de Malikshâh, des querelles intestines déchirèrent l'empire, mais elles n'altéraient pas la condition des non-musulmans, et n'avaient aucun caractère anti-chrétien. En 1097, les Turcs emprisonnèrent le patriarche grec d'Antioche Jean, et en 1099 les Egyptiens, qui avaient repris Jérusalem, exilèrent Syméon et d'autres dignitaires melkites ; mais les Croisés étaient dans les deux cas sous les murs de la ville, et l'on ne peut regarder les mesures prises que comme d'élémentaires précautions.

C'est un fait établi que les chrétiens non-grecs d'Orient n'adressèrent aucun appel à l'Occident. L'échange de lettres entre le pape Grégoire VII et le catholicos (patriarche) arménien son contemporain, destiné à nouer des rapports par-dessus la tête de l'adversaire grec commun, ne mentionne rien de la sorte. Au surplus, bien que les Orientaux du domaine byzantin eussent depuis quelque temps fait connaissance avec les mercenaires normands engagés dans l'armée byzantine, il leur aurait été difficile d'imaginer l'envoi d'une vraie armée d'Occident, même s'ils avaient eu des raisons de le souhaiter. Si l'on trouve toujours de-ci de-là des lamentations stéréotypées sur la domination infidèle, rien ne permet de penser qu'elles aient pris un tour plus accentué, avec référence à des souffrances plus précises. Il est vrai que l'Occident recevait la visite de moines palestiniens recueillant des aumônes, et cherchant à susciter la pitié de leurs auditeurs, mais c'était une pratique ancienne, accentuée au lendemain de la destruction du Saint-Sépulcre par al-Hâkim, et qui ne devait rien à une oppression turque. Seuls évoquent des faits récents et précis les propagandistes byzantins, ce qui est une autre affaire.

L'invasion turcomane a évidemment rendu à peu près impossible le passage des pèlerins occidentaux par l'Asie Mineure, au moment où la conversion des Hongrois au christianisme avait rendu, surtout pour les Allemands, la voie de terre préférable à la voie de mer. Il ne faut cependant pas exagérer les conséquences de ce fait : car en Palestine la situation était loin d'être aussi mauvaise, et l'on pouvait s'y rendre par mer. La Palestine, on l'a vu, avait été prise aux Fatimides en 1071 par le chef turcoman autonome Atsîz, incorporée en 1079 à l'empire seldjuqide dans l'apanage du prince Tutush, enfin inféodée en 1086 par celui-ci à Artuq, le chef turcoman depuis longtemps au service seldjuqide. On ne nie pas que la première arrivée des Turcomans ait momentanément été cause de souffrances pour le pays, mais l'ordre se rétablit assez vite, et il est peu douteux que la nouvelle force turque ait aidé à mettre à la raison les bédouins, qui avaient été le principal facteur d'insécurité bien longtemps avant l'arrivée des Turcs. Il est curieux que des auteurs sérieux mettent au compte des conquêtes turques les mésaventures du grand pèlerinage allemand de 1064, et soutiennent que la connaissance des risques du « passage » aurait incité les membres de cette expédition à l'organiser sous la forme massive que ce pèlerinage revêtit. Mais, outre que l'historiographie même du pèlerinage[7] laisse bien comprendre que ce fut justement la grosseur de la troupe, et l'étalage indécent de leurs richesses par certains ecclésiastiques, qui aiguisèrent l'appétit des bédouins, en 1064 en tout cas il ne s'agit que de bédouins, puisque les premiers Turcs ne devaient apparaître là qu'en 1071, et le vrai responsable, s'il y en a, est l'État fatimide, non certes par une volonté de s'en prendre aux pèlerins qu'il taxait avec profit, mais par son incapacité à maintenir l'ordre dans ses possessions extérieures. Aussi bien, contrairement à ce que l'on dit, la leçon, qui fut comprise, était non pas de supprimer les pèlerinages, mais de les faire plus discrets. Pour ne parler que de l'époque turque, et en nous souvenant de la maigreur de notre documentation[8], nous connaissons plusieurs exemples de pèlerinages. Tout cela suffit à prouver que ceux-ci n'ont pas disparu ; simplement ils se faisaient maintenant en partie par mer, soit à partir de Constantinople, pour les pèlerins arrivés d'Europe Centrale, soit par les ports italiens, surtout du sud, pour les pèlerins occidentaux. La conquête turque de la Syrie n'avait atteint qu'exceptionnellement les ports, mais nous avons l'exemple d'un vaisseau vénitien venant à Antioche à une date postérieure à la prise de la ville par les Turcs ; et les hospices amalfitains, destinés à ceux des leurs qui ajoutaient le pèlerinage au commerce dans les pays voisins, semblent bien avoir fonctionné sous les Turcs comme auparavant. Il n'est même pas impossible que la chute du protectorat byzantin ait été bénéfique, comme aux chrétiens indigènes, aux pèlerins non byzantins. Les sévices dont les écrits occidentaux, d'ailleurs souvent postérieurs aux Croisades, se font les échos et dont les pèlerins auraient eu à souffrir, font un peu sourire ; tantôt il s'agit de ragots comme ceux que se lancent en tous temps à la tête les adeptes de confessions rivales, tantôt les plaintes prouvent que les Occidentaux n'avaient aucune idée des exigences d'un Etat administré. Que des pèlerins arrivant sans un sou vaillant aient trouvé pénible d'avoir à payer un droit d'entrée dans la Ville Sainte se comprend, mais ils en devaient autant pour la traversée de l'empire byzantin, et l'on ne peut voir là une marque d'intolérance. Par surcroît, le cas le plus douloureux qui nous soit connu, celui de pèlerins empêchés faute d'argent de pénétrer dans les Lieux Saints, est contemporain d'un pèlerinage du comte d'Anjou Foulque Nerra, deux tiers de siècle avant l'apparition des Turcs en cette région. Des auteurs orientaux, qu'ils soient chrétiens ou musulmans, aucun n'a parlé de sévices subis par les pèlerins. Lorsque al-Azîmî, un voisin musulman des Francs, y fait une allusion vague pour expliquer la Croisade, il se réfère évidemment à ce que des Francs ont dit, soit à lui-même, soit à Hamdan ibn 'Abdarrahîm, auteur d'une Histoire (perdue) des Francs venus en Orient, dont il a probablement fait usage. Les légendes relatives aux pèlerinages attribuées, selon les cas, à l'un ou à l'autre des princes croisés, et qu'on trouve plus tard chez quelques auteurs chrétiens d'Orient, viennent évidemment elles aussi de confrères latins[9].

Chapitre 3

L'Occident et ses rapports avec l'Orient

L'Europe occidentale avait connu des siècles de malheurs. A peine les régimes issus des invasions germaniques avaient-ils pris, lentement et péniblement, une organisation un peu stable, que survenaient sur leurs confins méridionaux les Arabes, qui leur enlevaient bientôt toute la Méditerranée occidentale; et à peine, en France et en Allemagne (à l'ouest de l'Elbe), s'était constitué l'empire carolingien, qu'arrivaient du nord les Normands, de l'est les Hongrois, sans parler, sur les confins orientaux, de la Baltique à l'Adriatique, des divers peuples slaves, encore extérieurs à la civilisation chrétienne. Même dans l'ensemble du monde germano-latin, le niveau culturel et l'économie étaient tombés, malgré d'émouvants efforts, à un niveau très bas. L'Eglise n'échappait pas à cette règle, et bien que la papauté fût maintenant maîtresse d'un territoire en Italie centrale, elle connaissait au Xe siècle une décadence si profonde que l'historien s'étonne de voir survivre quelques traditions grâce auxquelles elle allait pouvoir ensuite se relever. Les empereurs carolingiens réduits à l'Italie, et leurs épigones allemands, l'aidaient à leur manière, en la contrôlant. Cependant eux-mêmes n'exerçaient en Italie qu'un pouvoir imparfait, inégal, et Venise, nominalement possession byzantine, leur échappait. Au sud des « Etats de l'Eglise » subsistaient quelques principautés lombardes (Bénévent, Salerne, etc.), quant au reste de l'Italie méridionale, avec la Sicile avant la conquête arabe, il dépendait nominalement de Byzance, dont s'étaient émancipés quelques « duchés », en particulier sur la côte tyrrhénienne, autour des villes actives de Naples et d'Amalfi. Les Amalfitains, au IXe siècle et au début du Xe siècle, quand les chrétiens d'Italie du Sud luttaient contre les razzias arabes organisées à partir de la Calabre, de Bari, etc., avaient pratiquement lié partie avec les Etats musulmans environnants, et commencé à en tirer économiquement un profit dont nous verrons les suites.

Au cours du Xe siècle les invasions ont cessé, et au XIe siècle la situation avait évolué. Il est superflu de passer en revue tous les pays, mais quelques précisions ne seront pas inutiles pour l'Italie, à qui sa position méditerranéenne confère de notre point de vue une importance particulière, et qui risque d'être moins familière au lecteur. Hors d'elle, qu'il suffise de rappeler que la principale puissance de l'Occident est le « Saint-Empire », qui avec l'Allemagne exerce une domination plus ou moins effective sur l'Italie du Nord et du Centre. Après une période de relativement bonne collaboration avec une papauté diminuée, l'Empire se trouve devant une Eglise désormais plus exigeante, et dans la seconde moitié du XIe siècle, on aboutit à une rupture complète entre les deux pouvoirs, dont nous verrons certaines conséquences. A côté de l'Empire, la France est encore moins un royaume qu'un agrégat de grandes seigneuries, parmi lesquelles émergent les duchés et comtés de Normandie, de Flandre, d'Aquitaine, de Toulouse-Provence, et quelques autres; les Normands, héritiers de ceux qui avaient maîtrisé tant de régions de l'Europe du nord-ouest, essaiment maintenant de France vers l'Angleterre, qu'ils conquièrent en 1066, et vers l'Italie méridionale, où nous les suivrons dans un instant; les gens du Sud et les Bourguignons s'en vont guerroyer en Espagne. Là les petits Etats chrétiens du nord ont un peu élargi leurs frontières, mais restent divisés, et à eux seuls inaptes à se mesurer à leurs voisins musulmans. Socialement, nous sommes partout dans l'âge de constitution de la féodalité au plein sens du mot. Mais à côté d'elle, l'Eglise, comme foi et comme organisation, se réveille après un long hiver; et l'interaction de l'une et de l'autre, d'une part infléchit l'Eglise vers certaines formes de guerre, d'autre part tourne un nombre croissant d'hommes vers un besoin de vie religieuse. Tout cela est bien connu, et n'est rappelé ici que pour mémoire, pour la relation avec les faits que nous étudierons tout à l'heure.

Sans discontinuité depuis l'Antiquité, l'empire byzantin, en Méditerranée orientale, tenait, sinon tout ce qu'il avait tenu autrefois, du moins les positions clés du passage de la Méditerranée en mer Noire et de l'Asie antérieure en Europe. Il avait eu, au Xe et au début du XIe siècle, ses heures de redressement, qui avaient mené ses armées du Danube à l'Arménie et à la Syrie[1]. Il était maintenant affaibli, à cause de problèmes sociaux internes, mais aussi en raison d'invasions nouvelles, tant sur le front de l'Europe que sur celui de l'Asie, où des peuples turcs, païens au nord-est et musulmans en Asie mineure, l'enserraient comme entre les mâchoires d'une tenaille. Constantinople et les pays riverains de la mer Egée survivaient cependant comme une puissance politique encore notable, dont le prestige et les moyens matériels restaient soutenus par l'importance commerciale et culturelle. La conscience de cette puissance augmentait les exigences de l'Eglise grecque, face à une papauté elle aussi en train d'accroître les siennes, et en 1054 devait éclater le schisme dont nous avons déjà parlé. Entre Byzance et l'Italie, l'Adriatique, longtemps repaire de pirates slaves, entrait maintenant dans l'orbite de la chrétienté, surtout latine, et sans jouer un rôle bien actif, les Slaves de son hinterland oriental du moins ne compromettaient plus les relations entre monde latin et monde grec. Les rapports de l'empire byzantin avec le Saint-Empire, après des hauts et des bas, étaient en somme maintenant relativement neutres, et ne causaient de grande préoccupation ni à l'un ni à l'autre.

Il est, surtout dans ce livre, important de bien comprendre la position des puissances chrétiennes d'Italie. Au cours des deuxième et troisième quarts du XIe siècle, des Normands avaient conquis, d'abord sur Byzance et les Lombards l'Italie méridionale continentale, puis sur les musulmans la Sicile. Ceux qui, avec Robert Guiscard, étaient installés en Italie continentale étaient en état de guerre, froide ou chaude selon les moments, avec l'empire byzantin, par-delà la mer Ionienne. Contre eux, les empereurs grecs s'appuyaient sur Venise, qui seule, l'Asie Mineure étant envahie par les Turcs, pouvait leur procurer la flotte indispensable : d'où, en 1082 ou 1084[2], un privilège qui devait peser lourd sur l'histoire ultérieure, et qui accordait aux Vénitiens dans tout le territoire byzantin un ensemble d'avantages, y compris une totale exemption de droits, qui les plaçaient commercialement au-dessus de tous les concurrents possibles, Amalfitains compris. Pendant ce temps, ceux des Normands qui s'emparaient de la Sicile, en guerre avec les musulmans de l'île qui recevaient quelque secours de leurs frères maghrébins, étaient indifférents à une expansion aux dépens de Byzance, et tournaient leurs yeux vers l'ennemi musulman. Mais cette attitude ne dura pas. Maîtres de la Sicile, ils avaient besoin du concours de leurs sujets musulmans, et ceux-ci étaient prêts à le leur donner, parce que le Maghreb, déchiré par l'invasion des bédouins Hilaliens, ne pouvait plus les aider. Les uns comme les autres, Normands et Maghrébins, souhaitaient établir des relations de bon voisinage, et maintenir pour le commun profit ce que les circonstances autorisaient de commerce. Il est vraisemblable que les Normands souhaitaient de même maintenir le commerce que leurs sujets musulmans entretenaient de longue date avec l'Egypte[3].

Ce comportement contrastait, tant du côté chrétien que du côté musulman, avec celui d'autres éléments, plus combatifs. Du côté musulman, rappelons-le, le rétrécissement économique de l'hinterland maghrébin par suite de l'invasion hilalienne encourageait les activités de corsaires, partant des côtes du Maghreb oriental ou de positions avancées qu'ils tenaient sur quelques points des côtes sardes, et les musulmans de la péninsule Ibérique ou des Baléares ne dédaignaient pas de se joindre à eux. Les Italiens avaient eux-mêmes parfois, et devaient encore pratiquer la course; mais, en période d'essor économique, ils aspiraient surtout à la sécurité de la Méditerranée occidentale. Tel était le point de vue de Pise et, moins nettement, de Gênes, qui en 1088 envoyèrent une grande expédition navale contre Mahdiya, capitale de l'Ifriqiya (Tunisie), qui fut prise. Les Normands n'avaient pas participé à l'aventure, qui ne pouvait qu'accroître à leurs dépens la puissance de rivaux, et lorsque les Pisans, hors d'état d'occuper eux-mêmes durablement une conquête si lointaine, l'offrirent au duc normand de Sicile, celui-ci la refusa, si bien que la ville, après avoir été mise à sac, retomba aux mains des musulmans[4]. D'autre part, la papauté, on le sait, avait de gré ou de force choisi de s'appuyer sur les Normands, en Italie, contre l'empereur allemand. On voit alors cette même papauté, en train de mettre au point par ailleurs l'idée et la politique qui allaient être celles de la Croisade, prôner la paix avec les musulmans. Certes Victor III, tempérament hésitant, finit par bénir l'expédition de Mahdiya[5], mais trop tard pour que cette bénédiction pût être d'aucun secours aux assaillants. Auparavant Grégoire VII en personne avait écrit au prince musulman de Bougie, à propos d'affaires de peu d'importance, une lettre, conservée, où l'initiateur de l'idée de guerre sainte antimusulmane disait en clair que le destinaire et lui adoraient chacun à sa façon le même Dieu, et devaient vivre en bonne intelligence. Il restait peu de chrétiens en Afrique du Nord, et le pape aurait eu peu à gagner à une rupture[6].

Il est essentiel d'avoir une claire vue de ce qu'était avant la Croisade le commerce méditerranéen. On sait la longue querelle qui a opposé ceux qui pensent que la conquête arabe de la moitié méridionale de la Méditerranée a été suivie d'un déclin, et ceux qui pensent qu'elle a été suivie d'un réveil des relations économiques entre l'Europe et l'Orient. On peut accorder que pendant un certain temps il y a eu des contacts, mais circonscrits à quelques zones intermédiaires : de Venise avec Constantinople par la mer Adriatique et la Grèce, des ports de l'Italie méridionale avec l'Afrique du Nord proche, pour ne parler ici ni des contacts entre l'Espagne musulmane et l'Occident voisin, ni de ceux de Byzance avec les peuples environnants. Des marchandises peuvent ainsi parvenir d'Orient en Occident, et dans une moindre mesure vice versa, mais en volume limité et par succession d'étapes. Il est impossible de croire à de notables relations directes entre l'Orient musulman et l'Europe avant la fin du Xe siècle[7]. Il semble seulement que la période qui se termine alors ait amorcé un retournement, qui s'avérera irréversible : dans l'Antiquité et encore au lendemain des invasions barbares en Occident, les liaisons méditerranéennes étaient aux mains d'Orientaux, surtout syriens; maintenant les chrétiens d'Orient, s'ils continuent à s'intéresser au commerce vers le plus lointain Orient, par terre ou par mer, ne viennent plus en Occident; ce sont des juifs et musulmans de Méditerranée occidentale qui vont en Orient, en attendant que plus tard les chrétiens d'Occident les remplacent[8].

La situation en effet évolue au XIe siècle, peut-être même dès la fin du Xe siècle, et c'est ce qui ici nous importe. Du côté européen, les invasions ont pris fin, et les hommes, enfin libres de souffler, peuvent reprendre une activité normale. Du côté musulman, la conquête de l'Egypte par les Fatimides entraîne une série de conséquences. Les Fatimides pratiquent un « impérialisme » qui exige une certaine forme d'activité économique, pour les bénéfices qu'on en peut tirer et les fournitures qu'elle procure. Habitués aux affaires avec les Italiens du Sud, et plus particulièrement les Amalfitains, il n'est pas douteux qu'ils aient attiré ceux-ci en Orient : volontairement, pour ne pas dépendre d'intermédiaires maghrébins, et involontairement, par le seul fait de l'existence au Caire d'une cour désormais fastueuse. Jusqu'à ces derniers temps, on ne pouvait en avoir que l'impression, faute d'une documentation précise. Maintenant il est établi par un texte qu'en 996 se trouvaient au Caire quelque deux cents marchands amalfitains, qui y furent victimes de la vindicte populaire à la suite de l'incendie d'une flotte préparée contre Byzance[9]. Mais les documents judéo-arabes de la Geniza du Caire prouvent que l'incident fut classé, et que les affaires reprirent. Les Fatimides, en lutte contre leurs voisins d'Orient, ne pouvaient guère autrement se procurer le fer et le bois[10] indispensables à leurs entreprises navales et à leurs armements terrestres, et les Amalfitains avaient gros à gagner dans le commerce des marchandises qu'ils pouvaient se procurer en Egypte, en même temps qu'à Constantinople où ils se rendaient aussi, peut-être parfois au cours d'un même circuit[11]. Pour l'exacte interprétation des textes, il importe seulement de bien préciser le sens du mot Rum (Roum), le terme le plus général employé par les Orientaux, sans exclure la mention occasionnelle d'Amalfi ou autres villes, pour désigner les marchands chrétiens étrangers : étymologiquement, il se rapporte aux Romains, c'est-à-dire maintenant aux « Byzantins », mais en fait il englobe en Egypte, selon le contexte, à l'époque considérée, soit la totalité des marchands chrétiens étrangers, soit, quand on désire opérer une distinction, les sujets de l'Empire byzantin, incluant à ce moment en droit l'Italie méridionale, par opposition aux « Francs », les sujets de l'ex-Empire carolingien, incluant l'Italie septentrionale et centrale. Sans exclure complètement la présence en Egypte de quelques marchands « byzantins », il n'est guère douteux qu'au XIe siècle les Rum dont il est question en Egypte sont essentiellement des Italiens. A ce moment les Italiens du sud l'emportent sur ceux du nord, mais, d'un point de vue général cela importe assez peu. Ce qui importe, et qu'atteste sans doute possible la documentation de la Geniza, c'est d'une part que la venue des Rum est dès lors un des éléments majeurs du commerce, d'autre part que ce sont bien eux-mêmes qui viennent pour cela en Orient, et non des intermédiaires qui font le voyage. Ce n'est de même pas par hasard que le voyageur persan Nâsir-i Khusrau, au milieu du XIe siècle, connaît à Tripoli de Syrie des navires musulmans et chrétiens d'Occident, alors que ne partent de Tripoli que des navires à destination des pays musulmans méditerranéens[12]. On voit combien est fausse l'opinion traditionnelle qui veut que le commerce occidental du « Levant » ait commencé à peu près avec la Croisade[13]. Il est évident que l'essor nouveau du commerce italien a contribué au détournement partiel du commerce de l'océan Indien, du golfe Persique vers la mer Rouge, dont on a parlé précédemment. Le progrès du commerce en Méditerranée orientale a sans doute bénéficié aussi des bonnes relations rétablies entre Byzance et les Fatimides.

Il se peut que l'orientation égyptienne des Amalfitains ait été renforcée encore par les privilèges accordés par les Byzantins à Venise, dont ils étaient explicitement exclus. Dès le milieu du XIe siècle, les musulmans d'Occident doivent parfois emprunter des navires chrétiens pour aller en Orient[14].

L'essor de ce commerce est d'autant plus remarquable qu'il coïncide avec la quasi-disparition d'une des sources du commerce, l'esclavage. Avant le XIe siècle, sans parler des esclaves ramassés par les musulmans dans leurs razzias d'Espagne ou d'Italie méridionale, d'autres esclaves leur étaient vendus en Espagne par les juifs de France, en Italie par les Vénitiens, les uns comme les autres se les procuraient – d'où le nom que nous leur donnons – parmi les peuples *slaves* d'Europe centrale ou balkanique, alors païens (sauf les Tchèques). Mais, aux alentours de l'an 1000, aussi bien ceux des Balkans que ceux d'Europe centrale et orientale se convertirent au christianisme, et dès lors il devint impossible de continuer à en trafiquer à travers les pays chrétiens. Bien entendu, les musulmans continuèrent à se procurer des esclaves sur les marchés d'Europe orientale, d'Asie Centrale, d'Afrique noire, mais là sans intermédiaire européen. Ce déplacement du commerce des esclaves d'Occident en Orient ne pouvait être compensé économiquement que si l'Europe avait à exporter des denrées de remplacement. Il ne semble pas que cela ait été le cas aux siècles précédents : les musulmans devaient trouver encore sans peine chez eux une bonne partie du bois, du fer et de la poix dont ils pouvaient avoir besoin. Il est par contre certain que ce sont là maintenant pour eux des produits de première nécessité, qu'ils ont désormais pris l'habitude de demander aux Italiens[15].

Quant à ceux-ci, ils rapportent d'Orient des denrées diverses, les unes originaires d'Egypte ou de Syrie même, les autres y passant en transit, parmi lesquelles les fameuses épices. Mais il faut, parmi ces denrées, distinguer deux groupes dont la fonction est très différente : les unes servent uniquement à la consommation des cours ou des catégories aisées de la population, d'autres entrent comme matières premières dans le processus de la production. Un exemple est dès lors l'alun, dont nous aurons à parler davantage au XIIe siècle, mais dont l'importance dans le commerce international est déjà attestée par un acte vénitien de 1071, en même temps que par quelques documents de la Geniza. Depuis l'Antiquité, l'industrie textile employait en teinturerie, comme mordant, ce produit minéral naturel, qui se trouvait assez abondamment dans les pays secs du pourtour méditerranéen. Le Moyen Age occidental n'avait pas innové à cet égard, mais il résulta que son industrie textile, à mesure de sa croissance, dépendait pour une part d'une marchandise qui se trouvait en des gisements éloignés, et parfois situés en des territoires non chrétiens (avant le XIe siècle on en trouvait en Italie, en

Espagne, au Maghreb, en général médiocre et peu abondant). On ne peut dire si le phénomène atteignait déjà la Flandre, à laquelle l'alun devait être bientôt indispensable. Celui que l'on pouvait trouver en territoire byzantin ne jouait à cette époque, contrairement à ce qui se passera plus tard, aucun rôle dans le commerce international. A un moment que nous ne pouvons préciser, sans doute vers le début du XIe siècle, les Italiens commencèrent à s'approvisionner en alun du Sahara, au sud de l'Egypte, à la fois plus abondant et meilleur, semble-t-il, que celui de l'Occident méditerranéen alors connu (on ignorait celui qui devait, au XVe siècle, être découvert dans les Etats de l'Eglise). L'alun était probablement ramassé par les bédouins et livré par eux à l'Etat à titre de prestation fiscale. Au XIe siècle, des marchands, juifs et sans doute autres, l'achetaient à l'Etat, et le revendaient aux clients italiens. L'apparition de cette clientèle nouvelle dut accroître l'exploitation, qui n'avait probablement pas auparavant en Egypte une grande importance, et rapporter au fisc et aux marchands d'appréciables bénéfices. Nous avons là un cas intéressant d'une liaison économique attestée à une assez haute époque[16].

Il est depuis longtemps connu que la politique d'Amalfi, depuis l'apparition des Arabes en Sicile et Italie méridionale, avait été de s'entendre avec eux, fût-ce aux dépens de coreligionnaires. Les bénéfices en étaient évidents, et l'extension du commerce d'Amalfi à l'Orient n'est que la continuation de la même attitude. Dans les textes de la Geniza antérieurs à la Croisade, elle est la seule ville italienne nommée régulièrement dans l'ensemble des Rums, et même si l'on suppose que le terme « Amalfitain » ait englobé quelques non-amalfitains, il est évident qu'il implique la prédominance d'Amalfi. Sans doute le hasard des affaires auxquelles les commerçants nommés dans la Geniza sont mêlés peut être cause que cette documentation ignore quelques autres marchands : ce paraît être le cas de Venise, dont on a des indices qu'elle commerçait avec l'Orient musulman en même temps que, plus intensément, avec Byzance. Nous aimerions savoir quelles autres villes italiennes envoyaient leurs citoyens en Orient : peut-être les ports des Pouilles, Bari et Brindisi. Mais deux cas méritent un examen attentif.

Le premier est celui des Siciliens. Des liaisons directes avaient existé entre la Sicile musulmane et l'Egypte ou la Syrie, assez importantes, avant la conquête normande de l'île. Au XIIe siècle nous retrouverons en Orient des « Siciliens », dont on ne précise pas s'ils sont musulmans, chrétiens ou juifs, et qui sont probablement le tout à la fois; ce sont de toute façon maintenant des sujets des Normands, fait qui ne les a pas empêchés de conserver une situation plus ou moins privilégiée. Je ne suis pas pour le moment en état d'affirmer que la liaison commerciale Sicile/Egypte a continué pendant la période de la conquête normande, mais nous en trouverons des indices; il paraît en tout cas certain qu'elle se rétablit vite, avant la Croisade[17].

Le second cas est celui des ports de Gênes et de Pise. L'activité pisane dans la Méditerranée occidentale est certaine, mais aucun document ne permet pour le moment d'affirmer, ni d'ailleurs de nier, que des navires pisans ont avant la Croisade commercé avec l'Orient musulman. Pour Gênes, les deux ou trois témoignages occasionnels et peu précis connus jusqu'ici peuvent être complétés par quelques autres plus nets fournis par la Geniza; et le fait que nous rencontrions des marchands génois en nombre appréciable en Egypte peu de temps après la Croisade, en un moment où la participation de leurs compatriotes aux conquêtes franques sur la côte syrienne devait les rendre suspects, tend à faire croire qu'ils avaient déjà depuis quelque temps pris l'habitude de ce chemin. Quoi qu'il en soit, si leur présence est remarquable, il est peu probable qu'elle ait déjà atteint des proportions capables de porter ombrage aux Amalfitains, sur les navires desquels ils faisaient encore souvent le voyage. La pénétration des Vénitiens, attestée par quelques textes, est vraisemblablement plus forte, et ils paraissent dès 1071 jouer un rôle appréciable dans le commerce de l'alun. Cependant il est probable qu'ils dirigeaient leur principal effort vers l'empire byzantin, par lequel ils atteignaient d'ailleurs Antioche. Le hasard d'un document nous fait même constater qu'ils continuèrent de fréquenter cette ville après qu'elle fût tombée aux mains du turc Sulayman ibn Qutlumush, qu'on pouvait d'ailleurs tenir à certains égards pour un lieutenant de l'empereur byzantin.

Au total, à la masse près, et sous réserve du rôle encore prépondérant de l'Italie méridionale, le commerce méditerranéen du XIe siècle nous paraît ressembler déjà à ce qu'une documentation plus riche nous montrera pour le XIIe siècle.

*
* *

Les premiers combats contre les musulmans, en Europe occidentale, avaient été livrés par leurs voisins immédiats d'Espagne ou d'Italie, qui devaient bien connaître leur adversaire, directement ou par l'intermédiaire de prisonniers de guerre, ou de coreligionnaires chrétiens vivant sous la loi de l'Islam ; et, comme on a vu, il y eut même des moments et des lieux de cœxistence pacifique[18]. Un des traits nouveaux des hostilités qui opposent maintenant l'Islam et la Chrétienté occidentale est qu'interviennent des combattants venus d'au-delà des Alpes et des Pyrénées, qui ne pouvaient avoir de l'Islam aucune expérience directe. Que savaient ces hommes de l'Islam avant les grands contacts du XIIe siècle ? La question peut aider à comprendre les conditions nouvelles du combat qu'inaugure la Croisade.

L'Europe chrétienne, byzantine ou latine, avait peu d'occasions de faire aucune expérience de cœxistence interconfessionnelle comparable à celle du monde musulman. Les fidèles de l'Eglise latine et ceux de l'Eglise grecque avaient les uns comme les autres des voisins « païens », qu'ils s'efforçaient de convertir, par l'action missionnaire et politique, ou éventuellement, à partir du monde germanique, par le glaive. Les Byzantins, à mesure de leurs reconquêtes, trouvaient en Asie Mineure des Arméniens et Jacobites, chrétiens d'autres rites ; au IXe siècle, ils y avaient exterminé ou déporté les Pauliciens, dont ils devaient retrouver les héritiers chez les Bulgares : il s'agissait de manichéens dont, nous devons le constater, les musulmans de leur côté venaient de traiter durement quelques cousins installés sur leur sol, et les Occidentaux devaient traiter plus tard les leurs (les Albigeois) avec la même exceptionnelle cruauté. Sur leurs confins mésopotamiens ou syriens, les Byzantins avaient incorporé quelques groupes de musulmans, mais qui restaient semi-autonomes et n'appartenaient pas vraiment à l'empire[19]. Le nombre des musulmans intégrés à des Etats chrétiens d'Occident restait, avant le milieu du XIe siècle, encore plus négligeable. Le seul groupe hétérodoxe que les uns comme les autres rencontraient régulièrement, peu nombreux mais un peu partout et en tout temps, était celui des juifs, qui, en Occident, gardaient une certaine activité rurale, mais un peu partout, comme dans le monde musulman, jouaient un rôle particulier dans l'artisanat et le commerce[20]. Traditionnellement mal vus à Byzance, ils avaient en Occident, et aussi bien dans les Etats de la papauté, une situation qui, malgré des accès de mauvaise humeur, restait presque normale, sans véritable ségrégation. C'est seulement à partir des environs de l'An Mil que l'on constate un durcissement, lié peut-être à la conjoncture socio-économique, plus directement à l'évolution religieuse qui, dans la mentalité d'alors, donnait au progrès de la foi une tournure combative. Un trait qui pour notre sujet a un intérêt spécial est l'accusation alors portée contre les juifs, dans quelques villes françaises, d'avoir provoqué en Orient la persécution de Hâkim – comme si celle-ci n'avait pas frappé indistinctement juifs et chrétiens. Le synchronisme entre l'évolution en Occident et cette persécution est d'ailleurs purement fortuit, puisqu'il s'agit d'un épisode exceptionnel. Il y aura durcissement en Islam aussi, nous en reparlerons, mais plus tard. En Occident, on devait aboutir aux massacres perpétrés dans les régions rhénanes, et à d'autres drames en France méridionale, au moment de la propagande de Croisade.

A partir du milieu du XIe siècle, deux sociétés particulières – mais qui ne devaient justement pas participer à la Croisade – firent pour la première fois l'expérience d'une intégration de sujets musulmans : celle de l'Espagne centrale, récemment reconquise sur les Etats musulmans en déclin, et celle de la Sicile, enlevée par les Normands. Dans l'une comme dans l'autre, malgré des nuances, l'atmosphère à ce moment était à la tolérance, et le rôle des sujets musulmans de maîtres chrétiens était important pour ceux-ci, qui les appréciaient. Il est amusant de rappeler le contresens qui a fait de Rodrigue, le Cid, dans la légende postérieure, un pourfendeur de musulmans, alors que le personnage historique, seigneur de Valence, avait été apprécié de ses sujets des deux religions, et n'avait pas hésité à s'entendre occasionnellement avec des voisins musulmans contre des adversaires chrétiens. Sa veuve devait succomber aux progrès des Almoravides, étrangers appelés pour lutter contre d'autres étrangers, étrangers aussi à la mentalité qu'il avait illustrée.

A vrai dire, pour combattre, point n'est besoin de connaître ce qu'on combat, et encore au XIIe siècle on verra le conflit des attitudes possibles suggéré à demi-mot par l'échange de correspondance entre Saint Bernard, l'organisateur de la deuxième Croisade, et Pierre le Vénérable, l'inspirateur de la première traduction latine du Coran. Point n'est besoin de connaître, ou peut-être même vaut-il mieux ne pas trop connaître : encore faut-il avoir dans l'esprit une ou deux idées-forces élémentaires, qui donnent un sens au combat. Ce qui importe alors n'est pas la connaissance des mœurs de l'ennemi, que peuvent seuls avoir les frontaliers ou les sujets ; ce n'est pas celle de sa culture, à laquelle l'Europe reconnaîtra peu à peu une valeur assez grande pour essayer de se l'intégrer ; mais bien celle de ce pour quoi on combat, c'est-à-dire de son « erreur », de sa perversité fondamentale, en un mot de sa religion. Que sait donc l'Europe de la religion musulmane avant la fin du XI siècle?

Il faut naturellement distinguer divers aspects. La plupart des grands chroniqueurs occidentaux connaissent quelques faits saillants des guerres entre musulmans et chrétiens en Espagne, en Italie, exceptionnellement en Orient; mais il s'agit de faits militaires, qui n'impliquent aucune autre connaissance, et je ne crois pas qu'on puisse trouver dans la période considérée un seul chroniqueur français, pour ne parler ni des allemands ni des anglais, qui cite le nom de Mahomet. Il devait pourtant être assez largement connu, puisqu'un théologien carolingien en fait l'Antéchrist; mais il ne semble pas que les chroniqueurs, ni aucun autre auteur, aient éprouvé le besoin de s'informer de lui.

Certes, des pèlerins avaient pénétré, pour se rendre à Jérusalem, à l'intérieur du monde musulman, mais de ceux dont on possède quelques récits, seul Bernard le Moine (vers 865), dont on ne sait si la narration fut très connue, a noté autre chose que ce qui concernait les Lieux Saints du Christianisme; pour les autres, tout se passe comme si l'environnement n'existait pas. Quelques ambassadeurs auprès des Carolingiens ou des empereurs allemands, ou celui, maghrébin, envoyé auprès de Berthe de Toscane[21], et surtout, en Italie, les marchands de Venise et d'Amalfi, quelques juifs aussi, avaient bien dû raconter certaines choses : il faut croire que cela intéressait peu, puisque rien n'en n'a été noté. Encore au lendemain de la Croisade, un auteur de la science et de l'intelligence de Guibert de Nogent devait dire qu'il n'avait rien pu apprendre sur Mahomet par voie écrite[22].

On a vu comment les chrétiens d'Orient prétendaient se renseigner sur l'Islam[23]. A fortiori les chrétiens d'Occident ne songeaient-ils jamais à consulter des musulmans. Mais même les écrits, où étaient consignés des renseignements vrais ou faux, restaient inconnus en Occident, où n'aboutissaient que des racontars oraux. En Italie, à défaut d'informations directement puisées en pays d'Islam, Anastase le Bibliothécaire avait traduit la chronique byzantine de Théophane, dont le chapitre consacré à Mahomet constitue pratiquement tout ce qu'on connaissait à son sujet avant la Croisade. Cette traduction a été connue de quelques chroniqueurs ultérieurs, mais d'aucun, semble-t-il, avant la Croisade, hors d'Italie. On pouvait donc, à Rome, avoir quelque notion des traditionnelles généalogies arabes, de la jeunesse et du mariage de Mahomet, des connaissances religieuses qu'il avait pu acquérir au contact de juifs et de chrétiens; penser qu'il était épileptique, qu'un moine banni de Constantinople lui avait conseillé, pour consoler sa femme, de présenter ses crises comme une marque de révélation prophétique, que des juifs plus tard avaient favorisé son action par haine du Christianisme; on pouvait encore savoir qu'il avait ordonné la guerre sainte, enfin s'imaginer qu'il adorait Vénus... Rien ne permet de supposer qu'aucune autre source orientale soit parvenue jusqu'à la papauté. Grégoire VII, il est vrai, dans sa lettre au prince de Bougie, évoque la commune croyance au même Dieu, et la descendance abrahamique des deux religions, ce qui est assez remarquable; mais Geoffroy Malaterra, qui a pourtant observé les établissements de bains et les pigeons voyageurs des musulmans, est persuadé que ceux-ci adorent une idole de Mahomet.

On serait en droit de penser que les chrétiens d'Espagne, étroitement mêlés à des musulmans pendant des générations, savaient mieux ce qu'était l'Islam. Cependant jusqu'ici, à ma connaissance, on n'a signalé qu'un seul texte notable, celui d'Euloge, qui a le défaut d'émaner du milieu ecclésiastique intransigeant des « martyrs de Cordoue »[24] (IXe siècle), c'est-à-dire d'un milieu exceptionnel. Du moins nous renseigne-t-il sur ce qu'on racontait de Mahomet dans la polémique antimusulmane d'Espagne. Il est remarquable que, pour parler de l'Islam et de son Prophète, Euloge non plus ne se réfère à aucun texte musulman, ni même à aucun texte chrétien du domaine musulman, mais à un manuscrit, de provenance indéfinie, lu par lui à Pampelune, c'est-à-dire dans la zone de guerre politique entre les deux confessions. Nous apprenons donc par lui que Mahomet est apparu en l'an 7 de l'empereur Héraclius et en l'an 656 de l'ère d'Espagne : c'est la chronologie de l'Anonyme de Cordoue dont on va reparler. Abstraction faite des expressions malpolies qui émaillent le discours d'Euloge, nous y lisons ensuite que jeune, commerçant au service d'une veuve, Mahomet participa à des réunions chrétiennes, et parut ainsi savant « aux brutes arabes ». « Enflammé de passion, il se maria avec sa patronne, selon le droit barbare ». Puis l'esprit de l'erreur lui apparut, sous l'aspect d'un vautour qui, montrant une bouche d'or, prétendit être l'ange Gabriel. Mahomet prêcha alors des choses d'apparence raisonnable : abandonner les idoles, adorer un Dieu incorporel dans le ciel, faire la guerre aux infidèles. Les Arabes tuent alors le frère de l'empereur, et prennent Damas (inversion chronologique qu'on trouve aussi dans l'Anonyme de Cordoue). Pour aider la mémoire, Mahomet compose des récits, sur une vache rouge, une araignée, une huppe, une grenouille,

Joseph même, Zacharie, la Vierge Marie. Il enlève la femme de son voisin Zayd qui, pour éviter à son prophète de pécher, la lui donne. Là-dessus il meurt, prédisant qu'il ressusciterait le 3ᵉ jour. Les témoins, n'ayant rien vu, craignent que cela soit dû à leur présence, et cessent de surveiller le corps : alors les chiens le mangent, d'où l'ordre de tuer tous les chiens. L'auteur termine en disant qu'il pourrait en raconter bien plus si... etc.

On reconnaît dans cet exposé, à côté de détails originaux, des traditions colportées aussi, à quelques nuances près, par la littérature polémique orientale, et une allusion aux sourates du Coran avec leurs titres. Le ton avait été beaucoup plus objectif dans la chronique dite de l'Anonyme de Cordoue, composée quarante ans après la conquête arabe de l'Espagne, sur la base de renseignements en partie venus d'Orient. Cette chronique devait rester connue des milieux cléricaux espagnols à travers tout le Moyen Age, mais ce qu'elle disait du Prophète de l'Islam était beaucoup trop succinct pour rivaliser avec le chapitre d'Euloge.

Si tel était l'état de la « science » en Espagne et en Italie, on peut penser ce qu'il en était au-delà des Alpes et des Pyrénées, où même ces récits restaient inconnus. Exceptionnellement, un homme qui avait eu des rapports avec les « Maures » de la Garde-Freinet, tel Saint-Maieul de Cluny, leur prisonnier, pouvait apprendre d'eux que les musulmans vénéraient les prophètes des juifs et des chrétiens, et honoraient la postérité d'Abraham, ce que le chroniqueur clunysien bourguignon Raoul Glaber racontait à l'usage de ses confrères. Le même auteur était au courant de la persécution du calife Hâkim, et connaissait les relations qu'entretenaient avec le monde musulman des juifs d'Europe comme, disait-il, ceux d'Orléans : ces derniers, on l'a vu, étaient accusés d'avoir inspiré la persécution en faisant craindre au calife une conquête chrétienne (notation intéressante en elle-même, qu'elle contienne ou non une allusion aux victoires byzantines passées, ou aux entreprises juste commençantes des Bourguignons en Espagne). Auparavant, quelques pèlerins, les Anglais Arculf (vers 670) et Willibald (vers 725), puis le Français Bernard de Corbie (vers 865), avaient bien donné de sobres informations sur les conditions du voyage en Orient ; mais seul le premier, parce que reproduit par Bède le Vénérable, avait eu quelque notoriété, et seul le dernier avait un peu parlé des musulmans. Le chroniqueur Frédégaire ne connaît guère de l'histoire musulmane que les conquêtes en Occident ; toutefois il a été touché par des informations orientales, ainsi que le montre l'attention qu'il porte dès le VIIIᵉ siècle aux Turcs[25]. De là aussi, peut-être, ses considérations sur l'étymologie des Agaréniens/Sarrasins, d'après Agar et Sarah. Il connaît par une lettre écrite par Héraclius à Dagobert, dit-il, la prédiction selon laquelle l'empire (byzantin) serait détruit par un peuple de circoncis (raison pour laquelle, dit le tardif auteur de la Vie de Dagobert, IXe siècle, ce prince aurait comme l'empereur expulsé les juifs) : histoire qui remonte, semble-t-il, aux Coptes d'Egypte, et qui par conséquent aurait été apportée par des pèlerins, mais mise par l'auteur en relation avec la persécution authentique des juifs à Constantinople et en France. C'est tout jusqu'à la fin du XIe siècle, où les auteurs des premières chansons des geste sont persuadés, probablement par contresens sur quelque formule obscure, que les musulmans adorent une trinité composée d'Apollon, « Mahon » et Tervagant...

Sans doute peut-on penser que le progrès des pèlerinages, au XIe siècle, a changé quelque peu les choses. Un poème détaillé et légendaire consacré à Mahomet par un certain Hildebert de Lavardun, longtemps considéré comme postérieur à la première Croisade, en porterait témoignage si, comme il a été soutenu il y a quelque temps, il ne lui était en réalité antérieur. Je n'ai pas qualité pour intervenir dans une discussion dont aucun élément n'est démonstratif. Il est seulement certain que ce poème, même s'il existait vers 1100, était inconnu d'un homme du niveau d'information de Guibert de Nogent, et n'est cité nulle part, à ma connaissance. Il serait donc au plus une curiosité sans conséquence, et je considère que ce silence est un argument à verser au dossier[26]. Ce qui reste est qu'en France, France du Nord surtout, personne n'avait de notions sur Mahomet ni sur l'Islam et, plus généralement que le monde musulman n'avait de réalité concrète dans les esprits que par rapport à l'Espagne : dans quelques-uns des récits de la première Croisade, le mot qui désigne les pays musulmans pris dans leur ensemble est Hispanie[27].

Tout cela signifie que les milieux d'où allait sortir la Croisade étaient ceux où la connaissance de l'« ennemi » était le plus insignifiante, dérisoire[28]. Les pèlerinages que la légende devait ultérieurement attribuer, tantôt à Godefroy de Bouillon, tantôt à Raymond de Saint-Gilles, sont également controuvés[29]. Seul peut-être Bohémond de Tarente savait quelque chose.

L'ignorance des Orientaux en ce qui concerne l'Occident, moins grave en l'occurrence puisque ce n'étaient pas eux qui allaient s'y établir, mais l'inverse, doit tout de même être mise en face de celle des Occidentaux en ce qui concerne l'Orient. Elle n'était guère moins éclatante, si l'on ose dire, et l'on a noté la signification de ce fait pour la faiblesse des relations marchandes à partir de l'Orient avec l'Europe latino-germanique[30].

En ce qui concerne les musulmans, mises à part quelques traditions semi-légendaires sur Rome et quelques données sur la péninsule Italienne, leur littérature géographique ou historique, avant les Croisades, ne contient rien qui ne soit, ou copié de l'antique (Ptolémée), ou de source hispano-arabe; encore, en ce qui touche cette dernière catégorie, s'agit-il essentiellement des récits d'un voyageur juif arabophone du Xe siècle qui, utilisés un siècle plus tard par le maghrébin al-Bakrî, ne l'ont été en Orient, à notre connaissance, que bien plus tard encore, par al-Qazwinî à la fin du XIIIe siècle[31]. Même en pleine période des Croisades les deux seuls ouvrages arabes où ceux qui s'en seront souciés pourront puiser des connaissances sur l'Occident chrétien seront ceux d'al-Idrîsî, qui vivait sous les Normands de Sicile au XIIe siècle, et d'Ibn Sa'îd al-Andalusî, un musulman d'Espagne émigré en Orient : exceptions qui confirment la règle. Le premier historien musulman qui, excepté Mas'ûdî dans un bref passage écrit vers 950[32], se préoccupera de savoir quelque chose sur le passé des « Francs » sera, vers 1300, Rashîd al-Dîn, c'est-à-dire un juif converti, ministre de l'empire mongol international et interconfessionnel; encore eut-il bien de la peine à apprendre quelque chose à travers la chronique latine d'un moine polonais peut-être d'origine arménienne, et restera-t-il sans émule jusqu'aux temps modernes.

Du point de vue confessionnel, les musulmans, on a vu de quelle façon, savaient quelque chose du Christianisme, grâce à leurs sujets chrétiens et leurs voisins byzantins. De la Chrétienté latine, en pleine Croisade, rien.

Malgré le morcellement politique, Chrétienté et Islam avaient une certaine conscience de leur personnalité respective, qui les distinguait l'un de l'autre et en général les opposait. Les conflits entre les diverses Eglises chrétiennes, et le repliement sur elles-mêmes des Eglises orientales, limitaient pourtant cette conscience, pour l'Européen moyen, à l'Eglise romaine, avec un certain prolongement vers l'Eglise byzantine qui lui était en principe rattachée; il ne semble pas que les Eglises orientales, dogmatiquement séparées, et protégées des ingérences extérieures par la domination musulmane, aient jamais cherché à reprendre contact avec Rome; seul le fit, peu avant la Croisade et contre Byzance, un catholicos arménien, mais sans aucune intention de demander un secours militaire. La conscience qu'avaient les musulmans de la solidarité foncière de leur communauté *umma*, malgré l'existence de sectes diverses et l'absence de tout magistère officiel, était plus forte, et le Droit distinguait les territoires soumis *Dâr al-Islâm* où les *dhimmis* étaient protégés, et les territoires extérieurs où régnaient les lois de la guerre *djihâd* contre l'infidèle.

*
* *

On comprend que le pèlerinage aux Lieux Saints, qui avaient vu la Passion et d'autres événements gravés dans la mémoire des fidèles, ait eu pour ceux-ci une puissante valeur sentimentale. Mais il y avait plus. La mentalité courante attribuait aux Lieux Saints et aux reliques une valeur en soi, libératrice des péchés, de la maladie, exauciatrice des prières. Il est remarquable, au surplus, que la fixation des lieux de pèlerinage n'ait pas forcément été liée à l'abondance des souvenirs historiques ; la réputation, presque fortuite au départ, de tel miracle a pu faire de Saint-Jacques-de-Compostelle, grâce sans doute au savoir-faire de ses moines, mais sans que s'y soit passé aucun événement relaté dans les Ecritures, l'émule de Jérusalem elle-même. Il faut d'ailleurs bien souligner que la puissance eschatologique et la puissance politique n'ont jamais été confondues dans l'esprit des fidèles. On ne contestait guère, en Occident, le principe de la primauté de Rome, qui n'était pourtant pas le lieu de pèlerinages remarquables. Saint-Jacques-de-Compostelle, en revanche, n'a jamais prétendu à aucun pouvoir de direction dans l'Eglise. Et même Jérusalem, en dépit de quelques revendications d'amour-propre, ne devait jamais être conçue par le clergé latin comme l'égale de Rome, si puissant que soit moralement l'appel de la Terre Sainte, il n'a jamais été tenu pour obligatoire, et il est encore, au XIe siècle, comme phénomène de masse, un fait récent ; auparavant, les pèlerinages étaient rares et individuels. Le progrès des pèlerinages au XIe siècle est certes lié à l'essor de la Foi, mais aussi aux facilités nouvelles créées par la conversion des peuples d'Europe centrale et le réveil du commerce méditerranéen[33].

L'Orient présente avec ce tableau des parallélismes incomplets, mais fréquents. Le Christianisme, au moins après la période patristique, y avait développé pèlerinages locaux ou lointains, sans qu'aucun cependant fût d'importance exceptionnelle. Jérusalem, bien entendu, attirait des hommes de toutes les Eglises, en particulier orientales, sensibles au miracle du feu sacré[34] de Pâques, mais n'était ni le but d'un pèlerinage massif, ni détentrice de prérogatives spéciales[35]. On ne paraît même pas, en Orient, avoir fortement ressenti l'indignité d'une domination politique non chrétienne sur les lieux de la vie et de la Passion du Christ.

Les Arabes avaient eu, dès avant l'Islam, leurs pèlerinages, dont celui de la Mecque était déjà le principal. Il avait lieu à date fixe parce qu'il était l'occasion de rencontres entre nomades, et d'approvisionnement à une foire. Mahomet a islamisé le pèlerinage, il ne l'a pas supprimé, bien que l'introduction de l'année lunaire l'ait dissocié des facilités agro-climatiques. L'expansion de l'Islam à travers le monde a évidemment bouleversé les termes du problème. Nous ignorons ce qu'il en a été du pèlerinage dans les premiers siècles de l'Hégire. Plus tard, il est devenu une des grandes préoccupations de tous les régimes, un lieu de rencontres internationales à date fixe. Il est à la fois et n'est pas obligatoire, en ce sens qu'il est une obligation annuelle de la Communauté et, une fois au moins dans leur vie, des individus qui en ont les moyens ; ceux qui ne peuvent y aller, et ont cependant des moyens financiers, aident d'autres à le faire, ou en envoient d'autres en leur nom. La Mecque n'avait jamais été une capitale musulmane et le pèlerinage n'impliquait aucune visée de ce genre. Elle abritait bien la Pierre Noire qu'était censé avoir connue Abraham, mais pas les restes ni du Prophète ni d'aucun de ses compagnons les plus illustres. On passait, en y allant, à Médine, qui avait été la capitale de la communauté naissante et des trois califes : là même il n'était question, ni d'un culte de reliques, ni de ressusciter des prétentions politiques[36]. Le grand pèlerinage n'en excluait pas de plus petits, régionaux, parfois interconfessionnels[37], et Jérusalem tenait une place, variable selon les époques, dans la hiérarchie des vénérations.

Les juifs d'Orient ou d'Occident conservaient eux aussi un attachement sentimental pour la ville où avait été le Temple[38], et ceux qui le pouvaient aspiraient, quand ce ne serait que par un détour au cours d'un voyage commercial, à s'y rendre une fois dans leur vie. Il est intéressant de constater que, toute proportion gardée, le mouvement chez eux paraît s'être amplifié au XIe siècle comme chez les chrétiens. Ils savaient d'ailleurs plus ou moins que, culturellement et doctrinalement, leurs coreligionnaires d'Orient leur étaient supérieurs, et ils pouvaient souhaiter les visiter et les consulter. Il est possible qu'il y ait eu, au XIe siècle, une sorte de renouveau juif de la Méditerranée occidentale, dans le cadre du commerce interconfessionnel du Maghreb oriental, de la Sicile et de l'Italie méridionale; peut-être aussi sous forme d'un certain prosélytisme, dont témoignerait l'histoire de ce chevalier normand converti, Obadia, qui, vers le temps de la première Croisade alla terminer sa vie au milieu de ses coreligionnaires d'Orient[39].

On a souvent dit que l'invasion turque avait nui aux pèlerinages : on a vu toutes les réserves qu'il y a lieu de faire à ce sujet[40].

Chapitre 4

L'Occident à la veille de la Croisade
Les débuts de l'expédition

Je ne m'étendrai pas sur un fait si bien dégagé depuis quelques temps par les médiévistes, l'évolution du comportement de l'Eglise en matière de guerre sainte, ou de guerre tout court, au milieu du Moyen Age[1]. Sans remonter aux origines chrétiennes, l'Eglise avait, pendant tout le haut Moyen Age, laissé le glaive temporel à l'Empire, et s'était bornée à encourager ou bénir celles des guerres qui étaient faites pour la défense, voir l'expansion de la Chrétienté. Mais maintenant elle en était venue à l'idée que, si le pouvoir temporel était déficient, *a fortiori* s'il était hostile, c'était le droit et même le devoir de l'Eglise de décider des guerres, les clercs certes ne se battant pas en personne, mais accompagnant les armées. En liaison avec cette idée nouvelle s'était développée aussi celle, déjà explicite chez Grégoire VII et naturelle pour des ecclésiastiques largement recrutés dans la classe seigneuriale, que le service armé pouvait être effectué aussi bien pour l'Eglise que pour des supérieurs temporels : les guerres intestines pernicieuses, que la Paix et la Trêve de Dieu cherchaient à limiter, pourraient être ainsi, sinon supprimées, du moins transformées en guerres pour la Foi. Cette évolution est caractéristique de l'Occident. Elle était étrangère à la mentalité byzantine : certes, les Byzantins avaient fait la guerre aux musulmans, et la croix avait accompagné leurs campagnes, auxquelles le commun peuple donnait parfois une valeur profondément sentie de sanctification[2]. Néanmoins il y a toujours eu, avec le comportement de Rome, une différence fondamentale, par laquelle Rome se rapprochait de l'Islam : on avait en effet, en Occident, l'idée officialisée par la papauté que la participation à une guerre sainte était un facteur de salut pour le combattant. Jamais l'Eglise byzantine n'avait donné toute sa portée au concept de guerre sainte. En outre, comme il n'existait pas en

Orient la même séparation entre temporel et spirituel qu'en Occident, la conception d'une guerre organisée par l'Eglise ne pouvait s'y faire jour de la même manière. D'autre part, si Jean Tzimiscès au Xe siècle avait bien poussé une pointe vers Jérusalem (sans l'atteindre ni beaucoup insister, malgré sa circulaire de propagande), il est certain que ce qui intéressait Byzance était l'existence d'un glacis frontalier solide de la Syrie du Nord à l'Arménie, et non la possession excentrique de la Ville Sainte. Sainte, Jérusalem l'était, mais il n'en résultait pas clairement qu'elle dût être au seul pouvoir des chrétiens : une intolérance musulmane eût peut-être forcé à poser la question, mais en fait il n'y avait pas lieu de la poser, et la dignité de la ville sur le plan religieux ne se prolongeait pas encore en exigence politique. Certes, jamais sur le terrain des principes Byzance n'avait accepté qu'un territoire perdu cessât de lui appartenir; mais en fait, cela ne jouait que pour les possessions récemment perdues au bénéfice des Turcs, pour les frontières du XIe siècle, et non pour la Palestine, perdue depuis les conquêtes Arabes du VIIe siècle.

En Occident, idée et pratique de la guerre sainte se développaient sous l'égide de la papauté. Bien que les faits soient bien connus, il n'est pas inutile d'en préciser certains, et en particulier de rappeler que les initiatives à cet égard avaient été prises avant Mantzikert en Asie Mineure devant les Turcs, et *a fortiori* avant l'arrivée des Almoravides en Espagne. Dans les siècles antérieurs, c'étaient les attaques musulmanes qui avait amené les chrétiens d'Espagne, ou la papauté en Italie, à prendre ou faire prendre les armes. Mais au milieu du XIe siècle, le danger musulman, loin de s'être accru, avait presque disparu. En Espagne, en Afrique du Nord, en Sicile, les Etats musulmans se désagrégeaient. Sur mer seulement, en compensation des ruines provoquées par l'invasion hilalienne, des Maghrébins s'adonnaient avec une activité croissante à la piraterie. L'expédition de Mahdiya, conduite par les Pisans et les Génois en 1088, avait eu pour but de détruire un de leurs principaux repaires; mais on ne voit pas que la papauté ait porté un intérêt spécialement actif à cette partie de la lutte antimusulmane. Peut-être, lorsque Grégoire VII avait correspondu cordialement avec un prince de Bougie[3], avait-il en vue de cultiver son alliance contre ses cousins ennemis, les Zirides de Tunis, qui soutenaient les musulmans de Sicile; mais la correspondance avait surtout pour objet la condition de la petite chrétienté locale, et peut-être, en arrière-pensée, l'intérêt de certains marchands italiens liés au Saint-Siège[4]. Le premier grand effort de la papauté contre des musulmans ne fut pas dirigé en ce sens, et là encore on retrouve la politique normande de la papauté. En 1059, lors de la première entente entre les Normands et la papauté, les premiers firent hommage à celle-ci des territoires qu'ils possédaient ou qu'ils obtenaient le droit de conquérir, à savoir, outre ceux qu'ils avaient enlevés à Byzance, ceux qu'ils se proposaient de conquérir sur les musulmans en Sicile ; et plus tard Roger Ier, devenu effectivement maître de la grande île, devait recevoir le privilège extraordinaire d'y être lui-même, et non un clerc, légat du Saint-Siège. Ce qui est à retenir avant tout de cette histoire, c'est que la papauté bénissait une entreprise de guerre offensive contre l'Islam (ou de contre-offensive différée), d'autre part qu'elle cherchait à se constituer un réseau de suzerainetés temporelles qui, si vagues fussent-elles, n'en empiétaient pas moins sur un domaine jusqu'alors réservé à l'empire. En outre, si tolérant que fût en fait le traitement réservé aux chrétiens grecs de l'Italie méridionale, on les rattachait disciplinairement à Rome, et l'établissement des Normands signifiait évidemment un progrès pour l'Eglise romaine.

Remarques convergentes pour l'Espagne. Au début, l'intervention des seigneurs d'outre-Pyrénées n'avait pas été l'œuvre de la papauté. Les princes chrétiens d'Espagne septentrionale étaient avides de profiter de l'affaiblissement de leurs voisins musulmans pour s'agrandir à leurs dépens, et accueillirent avec chaleur les renforts que leur apportaient des seigneurs français, aquitains ou bourguignons, en général recrutés par la propagande et sous la direction de l'ordre de Cluny. D'où ce qu'on a faussement appelé la « Croisade » de Barbastro (1063) : bien qu'on ait longtemps mis en rapport avec cette expédition une intervention du pape Alexandre II, il est maintenant établi qu'elle se réfère à d'autres circonstances. Mais ce qui compte, c'est l'intervention du pape. Elle se produit, puisqu'il s'agit de papes clunysiens, sous l'influence de Cluny, et on remarque d'autre part que certains au moins des hommes envoyés en Espagne ont quelque rapport avec les Normands d'Italie. Mais l'essentiel n'est pas là. On a déjà dit que les Français apportaient en Espagne un esprit différent de celui des Espagnols. Or le Saint-Siège poursuivait en Espagne, comme en Italie du Sud, une politique de réintégration religieuse, sur l'Eglise grecque en Italie du Sud, en Espagne sur une Eglise nationale que les conditions de vie sous l'Islam avaient coupée de Rome, et qui avait connu un développement à certains égards différent des usages de l'Eglise romaine. La réforme de l'Eglise, tel qu'on la concevait à Rome, impliquait une unité de direction de la papauté, et par conséquent la résorbsion des tendances autonomistes. C'était l'idée de Cluny, mais on allait plus loin que Cluny : l'idée se développait que l'Eglise romaine avait un droit particulier sur les églises des territoires récupérés sur les infidèles. Dans ces conditions, l'Espagne devenait un domaine d'influence revendiqué spécialement par la papauté, et l'introduction d'éléments français, pour l'aide militaire qu'ils apportaient et par les fiefs qu'ils recevaient en récompense, devait renforcer la tendance occidentale pro-romaine, normale alors en France, au détriment de l'autonomie ecclésiastique de l'Espagne[5].

Parmi les princes espagnols eux-mêmes, il y avait deux tendances. L'Aragon, géographiquement plus ouvert aux influences extérieures, entra, comme les Normands, dans la vassalité du Saint-Siège. En Castille au contraire, les demandes pontificales provoquèrent un conflit, qui put être à l'origine de l'abandon par Alexandre II d'un projet d'intervention militaire qu'il avait formé à la fin de son pontificat. On ne voit pas si une sanction pontificale quelconque fut donnée aux expéditions françaises qui reprirent en Espagne ensuite jusqu'à la coalition anti-almoravide de 1087, avec un comportement contraire aux traditions espagnoles, jusqu'à heurter même les chrétiens qu'on venait secourir. Urbain II, là comme ailleurs meilleur diplomate, aboutit à une réconciliation avec l'Eglise espagnole, et dès lors encouragea aussi plus nettement les expéditions françaises au-delà des Pyrénées.

Cependant l'élément sur lequel il comptait le plus n'était plus le bourguignon. Certes, le Saint-Siège n'avait jamais méprisé d'établir son influence même sur des monarchies lointaines, quand l'occasion s'en présentait, comme ce fut le cas de Guillaume le Conquérant pour l'Angleterre. Mais la papauté cherchait surtout à s'entourer d'un cercle d'Etats vassaux méditerranéens, capables de l'aider selon les besoins contre l'empereur allemand, les musulmans ou même à l'occasion Byzance. Dans ces plans, l'abbaye de Saint-Victor de Marseille apparaît comme la rivale de Cluny. Le comte de Provence (1081), le vicomte de Melgueil/Montpellier (1086), le comte de Barcelone (sous le pontificat d'Urbain II) devinrent les vassaux de Rome, comme la comtesse de Toscane Mathilde, qui légua à la papauté ses Etats; et ce fut Grégoire VII qui donna la couronne royale à Zvonimir de Croatie. La papauté entretint d'excellents rapports avec Raymond de Saint-Gilles, qui ajouta successivement les comtés de Toulouse (1088) et de Provence (1094) à son héritage languedocien (1066). Raymond fut en 1087 l'un des chefs de la coalition anti-almoravide d'Espagne, et plusieurs de ses vassaux devaient prendre part aux expéditions des années suivantes, encouragées par Urbain II. Il est singulier que ces attaques aient été conduites, non contre les Almoravides, mais contre les petits États musulmans affaiblis du nord de la péninsule, soit qu'on les tînt pour alliés des Almoravides, soit qu'on voulût profiter de leur décadence. Mais le résultat fut que tous les musulmans d'Espagne finirent par se donner aux Almoravides, champions de la guerre sainte antichrétienne : ainsi au début du XIIe siècle n'y avait-il plus en Espagne que deux blocs ennemis, guerre sainte contre guerre sainte, en attendant qu'au milieu du siècle les Almohades, successeurs des Almoravides, inaugurassent l'intolérance envers les chrétiens, suspects d'intelligence avec le reste des peuples latins.

Ce qui précède veux faire sentir que le lien qu'on a depuis longtemps reconnu entre la politique occidentale et la politique orientale d'Urbain II ne se réduit pas à une commune action contre l'Islam, et à l'utilisation en Orient d'hommes qui avaient acquis en Occident l'expérience nécessaire. Cela est vrai, mais il y a autre chose, et l'on ne peut éviter de se demander si la politique méditerranéenne et espagnole d'Urbain II ne donne pas l'explication, au moins partielle, de ce qu'a été dans son esprit le but de la Croisade, à savoir créer en Orient une base d'influence pour l'Église de Rome[6]. Des travaux récents ont établi que la Croisade a été envoyée en Orient par le pape avec la mission sincère de collaborer avec Alexis Comnène ; le légat Adhémar de Monteil, et Raymond de Toulouse, chef présumé de l'expédition, essayèrent de sauvegarder ce plan, malgré l'attitude différente des autres chefs de la Croisade. Néanmoins les choses ne furent pas si simples. Ce qu'Alexis souhaitait, c'était de recevoir un renfort plus puissant, mais du même type que les contingents de mercenaires qu'il était habitué à enrôler. Il ne peut pas ne pas avoir senti qu'il avait affaire à une force indépendante de lui. Certes, il devait parvenir, non sans peine, à obtenir de la plupart des chefs croisés un serment d'hommage, qui leur interdisait de garder pour eux aucun territoire qui aurait, avant la conquête turque, relevé de l'empire byzantin. Mais il n'était pas question de leur interdire de conquérir la Syrie et la Palestine et, pour autant que la Croisade était affaire du pape, il ne pouvait évidemment être question de requérir un hommage ni du pape ni de son légat ; et sans doute est-ce aussi l'explication du refus d'hommage de Raymond, qui n'était pas hostile à Byzance.

Urbain voulait secourir Byzance, sans restriction mentale, mais il n'en avait pas moins un programme à lui : du moins, à défaut d'aucun texte, peut-on l'inférer d'une réflexion sur les événements. Il est difficile de croire qu'Urbain n'ait pas prévu ou envisagé la création d'un Etat latin en Syrie-Palestine, qui, de quelque façon qu'on en conçût les relations avec le Saint-Siège, et même s'il y restait des fidèles d'autres chrétientés, créerait une base d'influence latine, romaine, en Orient. Byzance l'accepterait, puisque le secours latin lui aurait permis de reconquérir ses provinces perdues, ou en tout cas de survivre à la menace turque. Il n'en résulterait pas moins que, l'influence latine en Orient augmentant, l'influence du patriarcat de Constantinople sur ceux d'Antioche et de Jérusalem diminuerait d'autant. Ce qui avait été commencé en Sicile et Espagne devait être étendu à la Palestine. Que ce programme n'ait pas été réalisé ne signifie pas qu'il n'ait pu être conçu. L'hypothèse, en tout cas, mérite considération[7].

En 1095, Urbain II prend l'initiative d'où allait sortir la première Croisade. Que celle-ci ait été, dans sa formation puis dans son déroulement, ce qu'il avait conçu, on en discutera toujours faute de documents faisant connaître les idées du pape, qui n'étaient d'ailleurs pas forcément aussi nettes sur les résultats de l'entreprise que sur sa mise en train. Mais quoi qu'il en soit, la Croisade est pour lui, et sans doute pour la majorité des participants, sa chose. Encore ne pouvait-il y participer, et on ne voit pas clairement s'il considérait le comte de Toulouse comme investi d'un commandement général de l'expédition, et le légat Adhémar du Puy d'une autorité morale.

Quels étaient les rapports avec Byzance ? Un appel était venu de Byzance, mais il s'agissait, dans l'esprit des empereurs, de recevoir des renforts accrus, du type des mercenaires normands qu'ils levaient depuis quelque temps en Occident, ou des chevaliers qu'ils s'étaient fait envoyer par le comte de Flandre. Il était normal qu'ils cherchassent à y intéresser l'Eglise, l'un des deux pouvoirs en Occident, et le plus sensible aux malheurs d'une chrétienté. Toutefois cet appel doit aussi être replacé dans un autre contexte : depuis 1054, il y avait schisme entre les sièges de Constantinople et de Rome, ce qui ne pouvait que compromettre les relations politiques de la papauté avec les empereurs byzantins. Cependant les travaux récents autorisent à présenter une interprétation moins radicale qu'on ne le faisait autrefois[8].

D'abord l'événement de 1054 était moins une nouveauté que la consécration d'une ancienne séparation de fait ; tout au plus était-ce une réaction contre l'effort de rapprochement qu'avait provoqué le danger normand, menaçant à la fois Rome et Byzance : peu après le schisme, Rome devait décider, ne pouvant compter sur Byzance et ne pouvant combattre en même temps l'empire allemand et tout le monde, de s'entendre avec les Normands. Ensuite, le schisme, que le temps a aggravé, n'était pas alors ressenti comme différent d'autres ruptures temporaires que l'on avait déjà connues, et de toute manière, il ne s'agissait pas d'une hérésie, et la coupure disciplinaire n'excluait pas la conscience d'appartenir à une seule et même Église. Enfin, si la volonté de schisme était forte au patriarcat de Constantinople, elle l'était beaucoup moins à Antioche, qui n'avait guère de sujet de dispute avec Rome, et moins encore à Jérusalem, où le patriarche « grec » s'occupait tout aussi bien des pèlerins latins. Dans ces conditions, les négociations pour une aide militaire à fournir à Byzance par l'intermédiaire de la papauté prenaient figure d'une espèce de marché entre le spirituel et le temporel, et il devait en être ainsi pendant plus de trois siècles, jusqu'à la fin de l'empire byzantin : d'un côté comme de l'autre, on sentait comme naturelle la coopération de l'Occident et de l'Orient chrétiens contre la menace musulmane; mais d'un côté comme de l'autre, la question des secours matériels était plus ou moins expressément liée à celle de la réunion des Eglises, Byzance devant laisser penser qu'elle paierait ce prix pour obtenir des secours suffisants, et Rome cherchant la meilleure manière de faire servir le secours matériel à la réunion des Eglises, et le plus souvent faisant de celle-ci la condition de celui-là. Sur ce dernier point cependant, telle ne devait pas être au XIe siècle la position de la papauté, on le verra dans un instant.

A Byzance, l'invasion turque, bien qu'on tardât à en mesurer toute la signification, avait incité les empereurs, à partir de Romain Diogène, à rechercher la paix en Italie avec les Normands et avec la papauté. En 1074, Michel VII, au prix de la renonciation à l'Italie, obtint non seulement la paix avec les Normands, mais leur alliance momentanée. Les efforts parallèles de réconciliation avec la papauté achoppèrent sur la question religieuse, mais semblaient moins nécessaires depuis qu'on avait obtenu l'alliance normande. Cependant la progressive rupture que le mouvement de réforme et d'émancipation de l'Eglise provoquait entre Rome et l'empire d'Occident menait de son côté la papauté à une alliance avec les Normands, renforcée, après une période d'incertitude en 1076, par Grégoire VII. Comme en 1078 Michel VII était renversé, et que l'avènement de Nicéphore

Botaniate marquait celui d'un autre parti, Robert Guiscard, devenu pleinement maître de l'Italie méridionale et avide de conquérir la maîtrise des deux rives du canal d'Otrante, prépara une expédition contre la côte occidentale de Grèce. Grégoire VII, qui avait besoin de lui contre Henri IV, n'était pas en état de discuter, et lui donna sa bénédiction, ce qui signifiait l'abandon de la politique de réconciliation avec Constantinople. Mais en 1085, Guiscard et Grégoire VII mouraient et, trois ans après, le successeur de Grégoire, Victor III, le pape des Normands. Parmi les Normands, qui s'étaient partagé l'héritage de Guiscard, la première place était occupée par le frère de celui-ci, Roger Ier, le conquérant de la Sicile qui n'avait aucun intérêt à continuer la guerre avec Byzance : elle pouvait d'ailleurs lui coûter la coopération des Grecs de Sicile et Calabre en cas de difficulté avec les musulmans de l'île ou du Maghreb proche. A Constantinople, Alexis Comnène avait remplacé Botaniate et, après avoir repoussé l'invasion normande avec l'aide des Vénitiens, comme on le verra, était surtout sensible à l'aggravation de la menace turque en Asie Mineure qui, conjuguée avec celle des Petchénègues, leurs cousins, sur le Danube, prenait l'empire dans une tenaille. Enfin, en 1088 arrivait un nouveau pape, Urbain II, qui était un diplomate, sensible au danger d'une alliance de l'empire byzantin et de l'empire allemand, et de l'union des Eglises au bénéfice de l'antipape établi à Rome par Henri IV. Les négociations, qui occupèrent l'année 1089, n'eurent pas de résultat précis, mais créèrent un climat nouveau. On essaya de laisser s'éteindre la querelle, d'éviter de parler de ce qui pouvait la ranimer. On espérait que la coopération de fait dans d'autres domaines recréerait peu à peu une situation d'union. Le pape envoya à Alexis un petit secours contre les Petchénègues, et sans doute le nouveau climat permit-il aussi l'envoi du contingent flamand (voir plus loin) qu'un climat de rupture eût rendu difficile. Lorsque la Croisade s'organisa, les Occidentaux étaient libres de tout préjugé d'hostilité religieuse envers Byzance.

Alexis demandait du secours pour l'empire byzantin, l'Occident lui envoya une armée pour conquérir la Terre Sainte. Seul ce but pouvait émouvoir la chrétienté latine. Il n'en reste pas moins qu'il y a substitution d'objectif, bien qu'elle ne paraisse notée par aucun des narrateurs anciens (ni modernes) de la Croisade. Cependant, au moins un auteur médiéval a vu le problème. P. Charanis, en 1949, a attiré l'attention sur un passage d'un chroniqueur byzantin du début du XIIIe siècle qui paraît bien suggérer que ce fut l'empereur Alexis Comnène lui-même qui, comprenant la vanité d'espérer de l'Ouest des renforts importants pour le seul statut de Byzance, fit de la délivrance des Lieux Saints le thème central de sa propagande. Thème déjà utilisé par les Byzantins eux-mêmes, en particulier lors de la campagne éclair de Jean Tzimiscès sous les murs de la Ville sainte en 975. Cependant, il s'agit là d'un épisode exceptionnel, et il est certain que la politique de Byzance en Asie était beaucoup plus tournée vers la récupération de territoires protégeant directement l'Asie Mineure, que vers une acquisition excentrique comme celle de Jérusalem. Il n'est pas sûr que le patriarche de Constantinople, auquel la reconquête d'Antioche avait donné un associé au sein de l'empire, ait été pressé de s'en donner un second en la personne du patriarche de Jérusalem. Les empereurs byzantins s'étaient occupés, sans trop de hâte, de faire restaurer le Saint-Sépulcre après la dévastation d'al-Hâkim, et des pèlerins grecs venaient aux Lieux saints : on ne peut cependant pas dire que Jérusalem occupait dans la spiritualité byzantine du XIe siècle la même place que dans celle de l'Occident. Quoi qu'il en soit, si le texte de l'historien byzantin est intéressant comme témoignage d'une réflexion, après un siècle, sur le phénomène de la Croisade, il n'a pas la valeur qu'il aurait eue sous la plume d'un contemporain. De toute façon, la Croisade a été organisée par le pape, et le pape savait bien que Constantinople n'était pas Jérusalem : il a adopté une certaine politique parce qu'elle lui convenait, et c'est donc de son côté qu'il faut, pour une fois traditionnellement, chercher la raison d'être des choses.

Au moment où les envoyés de l'empereur byzantin se présentaient au concile de Bologne, puis où Urbain II prêchait la Croisade à Clermont, le danger turc en Asie, comme le danger musulman en Italie et en Espagne auparavant, était déjà déclinant. Malikshâh était mort en 1092, ses héritiers se disputaient et, en Asie Mineure occidentale au moins, les intrigues du basileus neutralisaient les uns par les autres les petits chefs turcomans : la récupération des territoires momentanément passés sous contrôle « barbare » devenait un espoir possible, comme il était arrivé d'autre fois dans l'histoire de l'empire. L'appel de Bologne était, non plus de désespoir et d'urgence, mais lié à une politique réaliste de reconquête. Urbain II s'en rendait sans doute compte, mais n'y voyait aucune raison de ralentir son effort, bien au contraire. La réalisation fut confiée par lui d'abord à ses fidèles amis, amis entre eux aussi, le comte de Toulouse, Raymond de Saint-Gilles, et l'évêque du Puy, Adhémar de

Monteil. Sur le détail de ce qui devait s'ensuivre, il est inutile de penser qu'il ait eu d'idées plus précises.

C'est à ce moment qu'intervinrent de façon imprévue de nouvelles forces, qui allaient encore transformer le visage de la Croisade en quelque chose de différent de ce qu'avaient pu penser tant Alexis qu'Urbain ou Raymond. Et il nous faut encore nous tourner vers l'Occident.

Ce qui de part et d'autre avait été envisagé était l'envoi de contingents composés surtout de chevaliers, quelques milliers d'hommes au maximum. Le pape voyait-il plus grand, ou craignait-il que son appel fût insuffisamment entendu? La valeur émotive de Jérusalem dépassait-elle ce que lui-même pouvait penser? Quoiqu'il en soit, on sait que le concile de Clermont suscita un enthousiasme populaire qui peut-être inquiéta le pape lui-même, en raison des désordres qu'il pouvait engendrer et du risque qu'il échappât au contrôle de l'Église. Nous ne reviendrons pas sur des faits bien connus, qui se développent dans une ambiance d'essor de la Foi et d'espérances à la fois sociales et mystiques. S'il ne faut pas exagérer le nombre des Croisés, ce n'en fut pas moins, à l'échelle du Moyen Age, un mouvement de masse. Devançant la Croisade officielle, des bandes incultes et inorganisées, surtout entre Somme et Rhin, accentuant un mouvement d'opinion du siècle écoulé, commencèrent la guerre sainte par des massacres de juifs. Ces bandes devaient se faire écraser dès leur rencontre avec les Turcs, et leurs débris rallièrent la Croisade officielle des seigneurs. Cependant, cette dualité d'origine devait être sensible jusqu'à la fin de la Croisade.

*
* *

Au moment où les Croisés se préparent à affronter les Orientaux, quelle est militairement la capacité des uns et des autres? Dans le domaine de l'armement, on aura plusieurs occasions de voir le prix qu'attachaient les musulmans aux épées « franques ». Certes, c'est en Orient qu'avait été mise au point la fabrication de l'acier trempé, connu en Occident sous le nom d'acier de Damas, et dont la technique venait probablement de l'Inde (bien que l'Inde, pauvre en fer, ne paraisse pas en avoir été le vrai berceau). Elle donnait un acier à la fois séduisant par le brillant et particulièrement résistant[9]. Il n'est pas douteux cependant que, depuis l'Antiquité, la métallurgie du fer avait réalisé en Europe centrale des progrès qui avaient donné aux épées franques une notoriété d'autant plus grande qu'on ne semblait pas savoir les imiter en Orient[10]. Encore au XIIIᵉ sièle, l'écrivain persan Nâsir al-Dîn Tûsî rapportera que, les Européens interdisant la vente de ces armes à l'étranger, une épée franque en Egypte se payait mille dinars. Contrairement au sabre oriental incurvé, qui frappait de taille, l'épée franque frappait aussi d'estoc.

D'une manière générale, la chose est bien connue, les procédés de combat orientaux et occidentaux reposaient les uns comme les autres sur le primat de la cavalerie, mais en Occident une cavalerie lourde et massive, en Orient, une cavalerie légère. C'est dans la basse Antiquité et au haut Moyen Age qu'avaient été inventés ou perfectionnés la selle, le mors, et surtout l'étrier qui assurait au cavalier plus de stabilité et lui permettait de supporter un armement plus lourd. En Occident, on admet volontiers que cette innovation avait largement contribué à l'essor de la cavalerie, et l'entretien de la bête et de l'armement coûtant cher, à en réserver le monopole à une aristocratie, ce qui aurait contribué à l'apparition de la féodalité[11]. Mais nous devons bien constater que les mêmes causes n'ont pas produit en Orient les mêmes effets. Certes, l'évolution de l'art militaire s'y fait aussi, au moins jusqu'aux armes à feu, au bénéfice de la cavalerie et d'une caste de cavaliers. Mais, soit que le climat ait empêché de nourrir des chevaux vigoureux comme ceux d'Europe, soit que les hommes aient mal supporté des armements lourds, l'évolution s'est faite vers une cavalerie légère, mobile, apte aux fuites simulées, aux retours brusques. Même opposition en ce qui concerne la lance et le javelot. Les Arabes primitifs ne se servaient que du javelot de trait léger, les Occidentaux, au contraire, frappaient durement avec une lance fortement tenue. Mais dans l'archerie, l'Orient a réalisé de grands progrès. Les Arabes de la conquête n'accordaient pas à l'arc une très grande importance, c'était une arme de piétons, de peu de force et peu de portée. Ce sont presque certainement les Turcs qui ont mis au point une archerie à cheval beaucoup plus perfectionnée. La stabilité nouvelle du cavalier lui permettait, du haut de sa monture, d'utiliser des arcs plus forts, lançant plus loin des flèches plus meurtrières. En même temps, d'ailleurs, ils avaient développé une tactique reposant sur des arcs légers dont les projectiles, venant de toutes les directions, grâce à la mobilité des chevaux, déconcertaient l'adversaire. L'archerie montée turque était devenue pour toutes les armées d'Orient une arme absolue, et elle leur assurait presque à tout coup la victoire, sur les Byzantins comme sur les Arabes[12]. Les Occidentaux connaissaient une archerie à cheval intermédiaire, qui n'excluait pas l'archerie à pied. Mais le principal progrès, en Occident, semble avoir été le perfectionnement de l'arbalète, permettant une meilleure visée et l'emploi de traits plus puissants, quoique l'arme fût lourde et ne pût guère être maniée que par trois hommes.

L'Orient depuis l'Antiquité connaissait l'arbalète, et le mot qui, en grec byzantin, la désigne paraît identique au mot *tcharkh*, qui en est le nom persan. Mais la princesse-écrivain Anne Comnène, tout en employant ce mot lorsqu'elle décrit l'arrivée des Croisés à Constantinople, vante comme une nouveauté remarquarble les arbalètes franques, qui devaient donc avoir une nette supériorité[13]. Les Turcs, en particulier les régiments de *ghulam*, professionnels bien connus de nos chansons de geste[14], portaient comme les Francs des armures, mais plus légères. Dans une bataille, la fameuse charge franque enfonçait l'adversaire irrésistiblement : mais souvent il feignait de fuir, puis pendant que cavaliers et piétons francs pillaient le camp adverse, il revenait à l'improviste. Piétons et cavaliers francs portaient des boucliers plus lourds, et protégeant mieux que les écus ronds, légers, des Orientaux. Les musulmans adopteront progressivement le bouclier franc : le mot *târîqa*, qui au temps de Saladin désignera dans l'armée musulmane une forme de grand bouclier, paraît bien dérivé de la « targe » européenne. Il se peut donc que les Européens aient été, à quelques égards, supérieurs techniquement à leurs adversaires : encore ne faut-il pas exagérer. C'est seulement plus tard, après leur établissement en Orient, qu'ils réaliseront des progrès importants, en matière de fortifications et d'artillerie de siège. La prise d'Antioche exigera sept mois de siège, et les autres villes seront prises par la famine ou la démoralisation de l'adversaire. L'artillerie de siège, d'ailleurs, aurait été difficile à transporter d'Occident en Orient, et on la construisait sur place. De toute manière, une technique mise au point dans une région donnée et face à un adversaire donné ne se révèle pas forcément aussi bonne dans d'autres conditions. Il est difficile d'évaluer ce que l'ardeur religieuse de certains Croisés, ou leur épuisement physique, pouvait comporter de positif ou de négatif dans la guerre. Il n'est pas plus facile d'évaluer les facteurs moraux dans les armées turques qu'ils trouvaient en face d'eux. Celles-ci avaient comme caractéristique, on l'a vu, d'être des armées étrangères, d'où résultait qu'on ne faisait plus appel à l'ardeur du *djihâd* de la population indigène. Il ne faut cependant pas négliger l'esprit de solidarité musulmane et de cohésion que la masse des troupes, sinon leurs chefs, devait posséder. On ne connaît pas les effectifs *combattants* des armées des Croisés. Les armées turques qui leur étaient opposées n'étaient pas très nombreuses, mais elles avaient l'avantage de n'être pas encombrées d'une masse de non-combattants. Quoi qu'il en soit, un nombre important de Croisés regagne l'Europe une fois Jérusalem prise, et il est certain que l'achèvement de la conquête ne fut l'œuvre, militairement parlant, que de quelques centaines de cavaliers entourés de quelques milliers de piétons plus ou moins combattants.

Chapitre 5

Les Croisés en Asie

On ne tombera pas dans le travers de raconter encore une fois la première Croisade[1]. On se bornera à rappeler quelques grands caractères et les faits dominants. On a répété, et cela est vrai, que la Croisade est essentiellement française, en donnant à ce mot néanmoins un sens ethnique plus que politique, puisque politiquement Godefroy de Bouillon relevait de l'Empire. Certes, il y a eu des Rhénans, des Anglais, des Italiens, voire des Scandinaves : la prédominance française cependant n'est pas niable. Laissant de côté les spéculations assez gratuites sur le caractère de nos ancêtres ou le nôtre propre, nous remarquerons seulement que cette participation française est elle-même inégale, et que les abstentions, en France ou ailleurs, ont pu avoir diverses raisons. En Allemagne, la lutte entre l'Empire et la papauté empêchait la propagande officielle de Croisade; les bandes qui, dans la région rhénane, se joignirent à la Croisade ou la précédèrent, avaient été recrutées par des prédicateurs populaires. Les Croisés originaires de l'Empire, et même auparavant ceux que Pierre l'Ermite entraîna du nord de la France et qui ne pouvaient envisager un passage maritime par l'Italie, gagnèrent l'Orient par l'Allemagne (ce qui était possible depuis la conversion des Hongrois), sans que l'Empereur s'y opposât : mais il ne pouvait encourager une expédition voulue par le pape, et sans doute préférait-il garder ses soldats chez lui pour ses guerres en Italie, cependant que la plupart des Allemands de l'Est considéraient sans doute qu'ils avaient assez d'ennemis proches, chrétiens ou non, pour n'en pas aller chercher d'autres au loin. En outre, une expédition en Orient aurait dû, selon les précédents des guerres pour la Foi, être le fait de l'empereur, béni par le pape, mais sans que celui-ci jouât un rôle, et des idées de ce genre avaient été agitées dans l'entourage de l'antipape Guibert et de Henri IV[2]. Cela dit, il reste que Godefroy, en quittant l'Empire, engageait ses terres à des vassaux laïcs et ecclésiastiques de l'empereur et que l'itinéraire qu'il empruntait pouvait être interprété comme un désir d'éviter, au contraire des autres Croisés, le passage par des régions italiennes contrôlées par Urbain II.

En France même, on doit bien remarquer que les Aquitains, Poitevins et Bouguignons, habitués aux guerres en Espagne, s'abstinrent de se joindre à la Croisade proprement dite, et ne se laissèrent entraîner vers l'Orient, de façon qui devait d'ailleurs tourner mal pour eux, que plus tard, après le succès de leurs devanciers[3]. Si l'armée de Raymond de Saint-Gilles était relativement forte, il n'est guère douteux que les gens du Nord composaient la majorité des effectifs de la Croisade; les gens du Nord, c'est-à-dire les moins informés des choses de l'Orient, les moins prédisposés à aucune forme de coexistence pacifique – à l'exception des Normands de Bohémond transplantés dans l'extrême sud[4]. Il y eut bien aussi des Italiens, mais là encore il importe d'opérer de soigneuses distinctions. A la Croisade proprement dite et à l'arrière-Croisade des Poitevins et Bourguignons prirent part des Italiens du Nord, bien que la pape eût plutôt cherché à les retenir, par crainte de s'affaiblir[5] : l'effectif n'en fut pas élevé, ils n'avaient aucun chef à eux, ils étaient agrégés à l'armée de Saint-Gilles. Il y eut aussi des marins et marchands de divers ports : si important que leur rôle ait été en raison de leur activité maritime, leur nombre était modeste, et d'ailleurs presque aucun d'eux ne resta en Orient. Enfin, dernière catégorie, les Normands du Sud, sur lesquels nous devons insister un peu.

Nous avons vu quelle avait été leur attitude avant la Croisade : elle ne les prédisposait pas à prendre dans celle-ci aucune initiative. Il est vrai que participa à la Croisade une armée qui devait y tenir une place importante, sous la conduite de Bohémond de Tarente. Celui-ci représentait, parmi les Normands, celui qui faisait face à Byzance, et recueillait l'héritage de la politique antibyzantine de son père, à laquelle il avait été associé. Il faut comprendre aussi que, depuis la mort de Robert Guiscard, les territoires normands avaient été morcelés, et l'espoir de Bohémond d'y retrouver des domaines à la mesure de ses ambitions était faible. Enfin Bohémond avait autour de lui de ces Normands dont les cousins avaient depuis longtemps fait carrière dans l'armée byzantine avec de notables profits. Tous ces gens trouvaient dans une Croisade qui était organisée en liaison avec l'empire byzantin et, qui commençait sur son sol, une occasion de renouer avec des rêves ou souvenirs d'antan où Jérusalem avait peu à voir. En revanche, et cela n'a pas été souligné comme il se doit, les autres Normands, ceux de Sicile et même, avec quelque nuance, ceux du littoral tyrrhénien de l'Italie péninsulaire, restèrent chez eux. L'historien arabe Ibn al-Athîr, qui écrit un siècle un quart après la Croisade, mais n'a pas l'habitude d'inventer, fait un récit qui a un aspect folklorique, et comporte probablement quelques confusions avec la seconde Croisade, mais qui doit bien avoir un fond de vérité et une signification. Aux chefs Croisés de France sollicitant, en passant près de chez lui, son concours contre les musulmans d'Afrique, le prince normand aurait répondu qu'il ne voyait pas de raison de compromettre ses bonnes relations avec le monde musulman pour des conquêtes aléatoires qu'il lui faudrait en tout cas partager avec eux : qu'ils aillent en Palestine, quant à lui, il se bornait à les y encourager. Pour vrai ou faux que soit l'épisode, il est clair que le récit est exact dans la politique qu'il dessine[6].

Quant aux ports italiens, nous devons distinguer d'une part Amalfi, d'autre part ceux du nord, Gênes, Pise et Venise, qui ne jouèrent d'ailleurs pas le même rôle (les ports apuliens n'ont contribué qu'au transport des Croisés en Grèce). On dit d'ordinaire que les trois ports septentrionaux ont participé à la Croisade : sans doute, mais comment[7]? *A priori,* et aussi parce que nous savons ce qui devait se passer plus tard en Egypte et à Constantinople, nous pouvons dire que leurs marchands étaient partagés entre l'avidité de mettre la main sur les trésors de l'Orient, aux dépens non seulement des musulmans, mais aussi de leur rivaux d'Occident, et la crainte de perdre dans une entreprise hasardeuse des possibilités de commerce dans certains pays musulmans.

Telle est donc la mosaïque de forces qui constitue la Croisade. Sans compter, surtout au nord de la France, les petites gens. Pour ceux-ci, le voyage, sur les conditions duquel ils n'avaient aucune idée, était intimement lié aux souvenirs bibliques, jusqu'à l'étape finale, où l'on distinguait mal la Jérusalem terrestre et la Jérusalem céleste. Combien tout cela faisait-il d'hommes? Le risque est grand d'en grossir le nombre : il est certainement important à l'échelle du temps, mais combien atteignirent le but? Mieux vaut ne pas chercher à deviner. Naturellement il n'y avait pas d'intendance. On ne put donc prévenir les impatiences ou les convoitises d'une foule peu informée, passant par des pays difficiles, aux langues incompréhensibles, et il y eut des pillages, voire des combats. Dans l'Europe centrale et balkanique, ils n'eurent guère de suite, encore qu'il soit intéressant de noter, dans la correspondance de Théophylacte d'Ochrida, la terreur et la désorganisation qui marquèrent, même en territoire byzantin, le passage des Croisés[8]. Le mal fut moindre de la part de ceux qui traversèrent seulement la Grèce, en venant d'Italie. Mais l'ensemble créa une atmosphère d'énervement, au moment où on eût eu besoin de sang-froid pour régler les difficiles problèmes de la prise de contact avec Byzance.

Plus graves et de portée plus durable étaient en effet les problèmes politiques. Nous l'avons déjà dit, le schisme avait alors assez peu d'importance. Mais il était inévitable que des heurts se produisissent d'une part entre les autorités byzantines et les « barbares » indisciplinés découvrant une civilisation pour eux neuve, d'autre part entre le gouvernement byzantin et les chefs croisés au sujet de la conception qu'ils se faisaient de leur prochaine coopération. Pour l'empereur de Constantinople, l'armée qui arrivait d'Occident, bien que supérieure en nombre aux mercenaires que Byzance avait engagés depuis deux générations en Europe latine ou germanique, devait comme eux être intégrée au système byzantin et, moyennant rémunération, combattre pour les objectifs qu'on leur indiquait. Le souvenir des désordres causés par certains mercenaires, surtout normands, au cours du demi-siècle précédent, et la présence parmi les chefs croisés d'un homme, Bohémond, hier encore ennemi déclaré de Byzance, éveillaient du côté de celle-ci la méfiance et le souci de prendre des précautions particulières : s'adaptant aux usages des Occidentaux, l'empereur leur réclama un hommage qui lui garantît qu'ils restitueraient fidèlement à l'empire tout ce qui lui avait appartenu. Pour beaucoup de chefs croisés, habitués à la pratique des hommages multiples et ne désirant au surplus pas s'éterniser en Orient, la chose ne faisait pas de difficulté grave. Même pour les autres, au-delà des territoires byzantins il y avait Jérusalem et d'autres pays, sur lesquels Byzance ne revendiquait rien, et Bohémond, qui n'en était pas à une rouerie près, ne voyait pas pourquoi, même dans l'empire, il ne pourrait obtenir comme vassal ce qu'il avait jadis vainement cherché à gagner en ennemi. Seul Raymond de Saint-Gilles refusa de prêter d'autre serment que celui de ne rien faire contre l'empire, et comme il devait les années suivantes se conduire en fidèle allié de celui-ci, on s'est étonné de cette attitude. Il est vraisemblable qu'associé dès le début au projet de Croisade conçu par Urbain II, représenté au sein de l'armée provençale par leur commun ami le légat Adhémar de Monteil, Raymond considérait comme impossible d'abaisser en sa personne son haut commanditaire devant qui que ce fût, sans que cette attitude impliquât non plus d'hostilité envers qui que ce fût. Les négociations finirent donc par aboutir, mais il était inévitable que les marchandages, les impatiences auxquels ils avaient donné lieu, laissassent dans l'esprit de maint Croisé, ébloui par les beautés de la Ville impériale[9], des rancœurs que l'accord officiel des chefs ne pouvait suffire à effacer.

Le déroulement de la Croisade devait accentuer la mésentente. Les Croisés étaient certes disposés à combattre les Turcs établis sur le sol byzantin, mais leur but était Jérusalem, et ils ne désiraient nullement demeurer dans l'inhospitalière Asie Mineure. Pour Alexis Comnène, au contraire, il ne pouvait être question de s'engager avant d'avoir recouvré les provinces proches des Détroits et de la mer Égée et les routes conduisant vers la Syrie ou l'Arménie. La marche des Croisés se déroula donc sans participation byzantine.

Une fois franchies les frontières de l'empire vers l'Asie, les Croisés se trouvèrent au contact des peuples « orientaux ». Si divers que ceux-ci fussent, ils avaient en commun de ne pouvoir se rendre compte de ce que l'expédition « franque » avait d'original. Dans les pays de domination musulmane traditionnelle où, nous l'avons vu, rien n'avait été changé aux rapports entre musulmans et non-musulmans, et d'où aucun appel n'avait été lancé vers l'Occident, la Croisade devait apparaître comme une variante de ces expéditions byzantines auxquelles on était habitué, et qui même quand elles remportaient des succès, n'entraînaient guère de conséquences. En Asie Mineure, les Turcs avaient combattu des chrétientés locales inféodées à Byzance, mais, pour cette raison même, ils devaient considérer comme byzantine l'armée qui arrivait de Constantinople. On connaissait, en Orient, des Francs, mais sauf dans les ports syro-égyptiens et à Jérusalem, il s'agissait de mercenaires intégrés à l'armée byzantine : les nouveaux Francs devaient donc encore être plus ou moins byzantins. Sans doute la rumeur se répandit assez vite d'une armée particulièrement importante, mais on ne pouvait immédiatement en saisir tous les caractères spécifiques.

Sortis de l'empire byzantin, les Croisés traversèrent l'Asie Mineure en direction de la Syrie, sans intention d'y demeurer. Ils bousculèrent, non sans subir des pertes, des Turcs auxquels ils reprirent, non loin des Détroits, la ville de Nicée : mais si les chefs turcs avaient été introduits dans cette ville, et dans d'autres, par les factions byzantines en lutte, le peuple turc restait encore semi-nomade et extérieur aux villes. Les troupes ou bandes bousculées se retirèrent donc vers l'arrière, comme elles avaient été habituées à le faire dans le désert; puis, les Francs partis, elles revinrent, sauf sur les côtes, réoccupées par les Byzantins, et qui convenaient moins bien à leurs bêtes. Il n'y avait donc pas de raison que la Croisade laissât dans leur mémoire une trace profonde, et les récits romancés, plus tard élaborés sur la base de lointaines traditions orales, sur les débuts des Seldjuqides ou sur ceux des Danishmendites (le *Danishmend-nâmeh*), s'ils révèlent au lecteur moderne quelques souvenirs remontant à la Croisade, pour l'auditeur ou lecteur du temps mêlaient indiscernablement tous les chrétiens sous les traits de ceux, byzantins ou arméniens, que leurs auteurs connaissaient de façon plus directe. Les Francs admirèrent les vertus guerrières de leurs adversaires, regrettant seulement qu'ils ne fussent pas chrétiens : au surplus, disait-on, comme les Francs ils descendaient des Troyens[10]. Nous ignorons l'appréciation portée par les Turcs sur les Francs à ce moment.

Sur le plateau anatolien central, peu fertile, les Croisés n'avaient plus rencontré beaucoup de chrétiens, grecs ni autres. Ils en retrouvèrent en abordant le Taurus, où des seigneuries arméniennes plus ou moins autonomes s'étaient maintenues ou rétablies.

Arrivant en Syrie, les Croisés se trouvèrent enfin, et pour la première fois, en présence des vieilles populations, musulmanes ou non, qu'ils étaient destinés à combattre ou à soumettre et commander pendant deux siècles. Il est vrai que les armées musulmanes syriennes étaient presque exclusivement de recrutement turc, distinct cependant des Turcs d'Anatolie, en ce que dans ce dernier pays il s'était agi du peuple turcoman semi-nomade en armes, alors qu'en Syrie il s'agissait de professionnels étrangers de type traditionnel sans peuplement turc. Néanmoins les conquêtes et ravages des Francs atteignaient tout le monde, indigènes comme Turcs. L'orage fondit sur eux presque à l'improviste, et ils savaient mal à quoi les Francs voulaient en venir.

En Syrie, les Croisés rencontraient aussi des chrétiens, mais des chrétiens d'Eglises « hérétiques », parlant souvent la même langue que les musulmans, et qu'ils n'avaient pas l'idée de traiter beaucoup mieux que les musulmans. Il faut cependant mettre à part le cas des Arméniens. Parmi les chrétiens orientaux, ils étaient ceux qui ignoraient le moins ce qu'étaient les Francs. Ils étaient aussi les seuls qui avaient le souvenir récent d'une puissance politique, et la pratique du métier des armes. Il n'est pas douteux qu'ils espérèrent trouver dans l'armée nouvelle un renfort contre les Turcs, à la manière des mercenaires d'hier, renfort qui avait l'avantage de ne pas se présenter sous les traits du Byzantin tracassier d'antan. L'expérience leur apprit vite à connaître les ambitions propres de ces Francs, et à jouer de certains Turcs et de certains Francs les uns contre les autres, en fonction aussi de leurs propres rivalités intestines. Ceux de Cilicie, au lendemain de la Croisade, se trouvèrent tantôt réincorporés au territoire byzantin, tantôt soumis aux Francs d'Antioche; ceux de Syrie du Nord l'étant exclusivement à ces derniers, sans jouer à côté d'eux de rôle essentiel[11]. Il en alla autrement dans les territoires sis plus à l'est, à cheval sur le moyen Euphrate, où l'on peut dès l'origine qualifier de franco-arménien le comté que fonda Baudouin de Boulogne autour de la capitale d'Edesse, avec le soutien de seigneurs arméniens autonomes du Taurus oriental, l'hostilité d'autres, surtout dans le Taurus moyen (Mar'ash, etc.). Des mariages entre chefs scellèrent ce caractère, et il devait en résulter, comme on le verra, qu'une reine du royaume de Jérusalem serait une demi-arménienne, le dernier comte « franc » d'Edesse un demi-arménien[12].

Parmi les autres chrétiens, que les Francs rencontrèrent progressivement et moins massivement, les Maronites du Liban leur firent presque tout de suite bon accueil, mais ces paysans semi montagnards n'avaient pas sur le moment une grande importance. Les Jacobites assistèrent indifférents à des événements qui n'avaient aucune raison de changer leur invariable condition d'humbles gens soumis à des maîtres étrangers : les Francs, qui ne connaissaient rien d'eux et les voyaient arabisés, les considéraient comme des hérétiques qui ne valaient guère mieux que les musulmans, et si l'on ne pouvait les massacrer, on pouvait bien les dépouiller de leurs églises ou de leurs terres[13]. Si les Francs étaient venus au secours de la chrétienté *in abstracto*, il ne s'ensuivait pas qu'ils étaient venus indifféremment au secours de n'importe quels chrétiens, *a fortiori* des gens de rite grec, influents dans les grandes villes du Nord et à Jérusalem : car ces « Grecs » leur étaient suspects de complicité avec Byzance, même s'ils auraient souhaité avoir dans les questions religieuses une attitude plus réservée.

En Asie Mineure, les Croisés n'avaient eu l'intention de procéder, ni pour leur compte ni pour Byzance, à aucune occupation de ville. Il en fut autrement une fois le Taurus franchi. Tandis que Baudouin allait, sans coup férir, s'établir chez les Arméniens d'Edesse, le gros de l'armée, sans doute conformément à un plan décidé avec Alexis Comnène, entreprenait le siège d'Antioche, hier encore chef-lieu d'une grande province byzantine. La ville avait une garnison turque, mais la population était répartie entre les différentes Eglises chrétiennes. En outre, les dissensions entre les Seldjuqides de Syrie, voire entre Rudwân d'Alep et le gouverneur d'Antioche Yaghi-Siyan, réduisirent à presque rien les efforts musulmans pour dégager la ville assiégée. Il n'en est que plus remarquable de constater qu'il fallut sept mois aux Croisés pour venir à bout de celle-ci, où les chrétiens indigènes n'avaient longtemps pu ou voulu bouger. Ce fut seulement au lendemain de la prise d'Antioche qu'arriva la grande armée de secours seldjuqide commandée par Kerbogha, conglomérat de troupes dont les chefs étaient en rivalités mutuelles, et qui pour cette raison se firent battre. L'épreuve n'en avait pas moins été très dure pour les Croisés, qui avec une irritation croissante constataient que même au moment du plus grand danger, l'armée byzantine tardait encore. Bohémond sut en profiter pour s'assurer la possession de la ville et de ses dépendances : ce fut le glas de la coopération franco-byzantine.

Pendant ce temps d'autres Croisés, surtout Raymond, attaquaient d'autres localités. Il y eu des pillages et des massacres, par exemple à Ma'arrat al-No'man, qui devaient laisser un souvenir cuisant aux musulmans. Ce comportement des Croisés est dû certes à l'irritation causée par les retards et les irrégularités du ravitaillement, mais aussi au désir de la masse de s'assurer le bénéfice immédiat du butin, sans tenir compte des capitulations négociées moyennant versement d'un tribut qui restait aux mains des chefs[14]. D'une manière générale, pendant cette expédition et celles qui suivirent, il n'y eut de véritables hostilités qu'autour des villes, et c'est donc de celles-ci que les musulmans survivants s'enfuirent. Dans le plat pays, tout ne se passa certes pas sans accroc, mais nous savons très mal de quelle manière fut assuré le ravitaillement de l'armée : pillages? réquisitions? commerce ? Il ne semble pas qu'il y ait eu, à cet égard, on le verra, de vrai bouleversement.

Il fallut plusieurs mois pour que la Croisade se remît en marche vers son but avoué, Jérusalem. Certes, l'armée avait besoin de se refaire[15], mais la foule était impatiente, et les vraies raisons du retard ne sont pas dans ce besoin de repos[16]. Diverses questions opposaient entre eux les chefs : ceux qui pensaient rester en Orient, et ceux qui voulaient s'en retourner une fois la Ville Sainte atteinte; les rapports avec Byzance, et par conséquent avec Bohémond. Mais plus encore on peut penser que les chefs ne savaient pas très bien ce qu'ils voulaient, par quelle route passer, ni même s'ils allaient, comme en Asie Mineure, traverser le pays, sur lequel il n'y avait plus de prétentions byzantines, ou le conquérir. En ce dernier cas, ils allaient se trouver devant un nouvel adversaire, l'Etat fatimide d'Egypte, qui avait profité de la Croisade pour reprendre Jérusalem aux Artuqides, et tenait plus ou moins fermement les ports de Palestine et de Syrie méridionale (Tripoli et sa région formant un Etat indigène autonome). Peut-être les Egyptiens auraient-ils accepté de laisser les nouveaux pèlerins gagner Jérusalem, comme leurs devanciers d'hier ou d'avant-hier; mais cela ne pouvait plus satisfaire les Croisés. Ceux-ci parcoururent la côte libano-syrienne pacifiquement, grâce aux accords auxquels se prêtèrent les autorités locales. Mais Jérusalem fut enlevée dans un bain de sang.

Il n'est pas du tout sûr qu'on ait dès lors songé à conquérir l'ensemble du pays. Mais l'utilité en apparût parce que Jérusalem, à l'intérieur de la Palestine, ne pouvait recevoir les secours que commençaient à envoyer les Italiens qu'à condition de tenir au moins quelques ports, et parce que la rupture avec l'Egypte obligeait à occuper les points d'où elle pouvait tenter d'intervenir. Au surplus, la conquête de ces ports intéressait les marchands occidentaux. Elle devait durer plusieurs années, faute d'effectifs, et à cause de dissensions, ou au moins d'absence de coordination, entre les chefs restés en Orient : on n'avait pas prévu l'initiative de Raymond de Toulouse devant Tripoli, on n'avait pas prévu que les pays conquis seraient partagés entre les diverses armées, ni *a fortiori* les limites de ce qui reviendrait à chacune. La physionomie des territoires conquis ne devait se fixer que vers 1110.

En définitive, il y eut quatre principautés, dont le royaume de Jérusalem était la plus prestigieuse, mais sans autorité institutionnelle sur les autres. On voit avec quelle réserve on doit parler d'*un* Orient latin. Certes, tous les Francs d'Orient s'y sont trouvés groupés à la suite d'une commune aventure, dans des conditions de vie analogue, exposés aux mêmes dangers, et ils le sentent. Mais il n'y a aucune unité politique, ni à l'origine aucune coordination, et il sera exceptionnel qu'un sentiment de solidarité suffisant pousse des Etats à en secourir un autre dans le danger.

Sans qu'importe à notre sujet le détail de l'histoire des quatre Etats, il faut d'un mot les caractériser. Le comté d'Edesse fut le premier constitué, par Baudouin, dans des territoires hier byzantino-arméniens, où les Francs avaient été souhaités comme renfort, et non comme maîtres : jamais le peuplement franc ne put s'y developper, jamais il ne pourra recevoir le secours de pèlerins ni de marchands italiens, alors que, par sa position en coin entre des pays musulmans, menaçant les communications syro-mésopotamiennes, il devait être forcément très tôt exposé aux réactions ennemies[17]. La principauté d'Antioche n'avait affaire à des Arméniens que de niveau inférieur; la population chrétienne indigène, au moins dans sa partie centrale, était majoritaire; les traditions combinées de l'administration byzantine d'hier et de l'expérience normande excluaient la constitution des grands fiefs qui allaient caractériser le royaume de Jérusalem; la géographie mettait la principauté au contact de l'empire byzantin et des seigneuries arméniennes du Taurus occidental, en même temps qu'elle en faisait le point d'arrivée d'attaques musulmanes venues du « Croissant Fertile ». Le royaume de Jérusalem, auquel la Ville Sainte conférait un prestige particulier qui faisait affluer les pèlerins, était plus attentif aux choses d'Egypte ; sa population franque venait de France du Nord. Le petit comté de Tripoli enfin, le dernier formé, entre la principauté d'Antioche et le Royaume, commandait la trouée de Tripoli vers le haut Oronte, et en tirait une certaine valeur stratégique. Il est difficile de se rendre compte si les éléments rassemblés par Raymond de Saint-Gilles, après la constitution des autres Etats francs, se composaient d'assez de méridionaux pour qu'il en résultât quelque caractère spécifique.

Le vœu de Croisade impliquait la volonté d'aller, en combattant s'il le fallait, jusqu'à Jérusalem; il ne disait pas s'il fallait ensuite rester pour occuper le pays. Quelques grands princes en avaient l'intention, et sans doute celle de garder avec eux leurs vassaux, qu'ils trouveraient bien moyen de caser. D'autres, bien que participant à l'expédition, n'avaient pas l'intention de se fixer en Orient, et effectivement n'y demeurèrent pas. Quant aux moindres gens, beaucoup avaient péri, et parmi les survivants, certains restèrent, d'autres, déçus dans leur attente ou simplement pour revoir le pays natal et ceux qu'ils y avaient laissés, repartirent, nous ne savons au juste comment, par petits groupes et par mer[18], au hasard des navires retournant en Italie. Le résultat était que le nombre des Francs restés en Orient n'excédait sûrement pas quelques centaines de cavaliers et quelques milliers d'hommes : ce qui aurait provoqué leur extermination, si le monde musulman avait pu tout de suite se ressaisir; ce qui, en tout cas, retardait les progrès de la conquête, celle même, si indispensable, des ports, subordonnée à l'arrivée incertaine de nouveaux pèlerins et de nouveaux navires italiens.

En politique intérieure, un problème se posait pour le royaume de Jérusalem : en raison du caractère de la Ville Sainte, le pouvoir pouvait-il y être exercé par un prince laïc, comme ailleurs, ou devait-il l'être par le pouvoir spirituel, comme partie des Etats de l'Eglise de Rome, ou comme patriarcat autonome à la manière byzantine? Urbain II n'avait probablement pas eu là-dessus d'idée précise; son successeur, Pascal II, n'en exprima aucune. Sur place, et moyennant de substantiels avantages consentis au clergé, la solution fut celle d'une monarchie ordinaire, en raison de la nécessité, reconnue par le clergé même, d'un pouvoir militaire fort, devant l'incertitude permanente des frontières. Au total, si le Royaume est bien né de la Croisade, est-il vraiment un *Etat croisé* ?[19]. Sans doute vaudrait-il mieux restreindre l'usage de cette expression.

Concrètement, les Francs s'établirent dans les villes à mesure qu'ils les conquirent, profitant du vide causé par la guerre, mais sans les transformer. La dispersion de la conquête devait entraîner celle des combattants, et ralentir leur concentration, alors qu'elle eût été nécessaire.

*
* *

Il allait de soi que, répétons-le, les divers ports, même si l'ennemi n'était pas le même, pouvant être ravitaillés et secourus par mer, ne pouvaient être enlevés qu'avec la participation de flottes, que les Croisés n'avaient pas. Le rôle des flottes italiennes fut décisif, mais demande à être interprété correctement.

On ne contestera pas que certains Génois, Pisans ou Vénitiens aient pu ressentir, même avec des appétits marchands, une réelle dévotion pour la Croix. Rien ne prouve cependant qu'ils soient tous partis en Orient à la suite d'une prédication de la Croisade. Ils ont mis du temps à se joindre à elle, et se sont fait payer. Certes, les seigneurs croisés, quand ils restèrent dans le pays, y conquirent ou reçurent des fiefs : du moins étaient-ils chaque jour sur la brèche. Quant à ceux qui s'en étaient retournés en Occident, ils se contentaient de la récompense céleste escomptée. Les marchands italiens, eux, se firent accorder des privilèges qui, en échange d'un service temporaire, étaient en théorie définitifs. Certes, ils allaient revenir, et cela servait l'Orient latin; mais cela profitait d'abord à eux-mêmes, à leurs affaires et à leurs gains. Ce sont peut-être des alliés, ce ne sont pas vraiment des membres de l'Orient latin en gestation.

Quelle a été l'attitude des uns et des autres dans le jeu politique qui s'engageait en Orient ? Conditionnée par leurs positions en Occident et celles des Croisés en Orient, elle ne pouvait être pour tous la même. En fait, voici ce que nous constatons. En ce qui concerne Venise, dont les récentes conquêtes commerciales en territoire byzantin n'excluaient pas une activité secondaire en pays musulman, si elle pouvait craindre de compromettre celle-ci par une association prématurée avec les Croisés, elle pouvait encore bien plus craindre de perdre le trésor byzantin en s'associant à des Croisés, les Normands en particuliers, dont l'alliance avec Byzance était fragile, *a fortiori* quand la question d'Antioche eût provoqué la rupture entre eux. En fait, les navires vénitiens, pendant toute la durée de la Croisade, n'intervinrent qu'en petit nombre et mêlés à des navires byzantins. En 1100 seulement, lorsqu'il fut avéré que la Croisade l'emportait sur l'Islam, et qu'à plus longtemps s'abstenir on laisserait les autres se partager seuls le gâteau, une expédition vénitienne gagna la Palestine, où il n'y avait pas de Normands, et pas non plus de prétentions byzantines. Les circonstances militaires permirent à Venise de se faire payer ce tardif concours à un tarif de grande puissance : mais ce concours ne suffit pas à faire oublier les années d'abstention[20].

Les Pisans n'étaient intervenus que quelques mois avant les Vénitiens sous la conduite, il est vrai, de leur propre archevêque, Daimbert, encouragé par la papauté. Eux étaient alors attachés au parti normand et en mauvais termes tant avec Byzance qu'avec les Vénitiens qui ne craignirent pas d'assaillir leur flotte de peur qu'elle voulût leur disputer leur monopole dans les eaux grecques. Ils purent donc sans peine porter secours à Bohémond, qui les en récompensa largement, et ils auraient pu faire de même dans le Royaume si Daimbert et Baudouin 1er ne s'étaient pas tout de suite heurtés. Il reste qu'il leur avait fallu à eux aussi près de quatre ans pour s'ébranler. La raison n'en est sans doute pas la crainte de se brouiller avec les musulmans d'Orient, avec lequels ils avaient peu de liens et dont ils combattaient les frères en Occident, mais celle de gaspiller leurs forces en pure perte. A eux non plus donc l'idée de Croisade ne doit rien[21].

Seuls les Génois, de tous les Italiens des villes maritimes, participèrent dès le début et désormais sans relâche à la Croisade, d'abord par initiatives privées seules, puis, quand ils virent Vénitiens et Pisans s'engager, officiellement. Seuls aussi ils ont su, neutres entre les partis, seconder les uns comme les autres, et obtenir en retour d'importantes concessions dans les trois Etats francs naissant de Syrie/Palestine. Ils n'avaient aucune relation avec Byzance. Quant à l'Islam, on n'aurait pas à être surpris s'ils s'étaient comportés à son égard comme les Pisans : la différence tint-elle à leurs relations provençales, à un tempérament plus entreprenant, aux difficultés qu'ils rencontraient de la part de Pise dans leur expansion tyrrhénienne, au simple désir de pillage comme à Saint-Siméon en 1099, à Césarée en 1100 ? C'est en tout cas à certains riches notables[22] d'entre eux, que doit se limiter l'idée d'une contribution des villes marchandes à la genèse de la Croisade ; à eux aussi, pendant les dix années qui la suivirent, la collaboration presqu'ininterrompue aux activités de conquête (Laodicée et Césarée, 1100, Tortose, 1102, Acre et Gibelet, 1104, Tripoli et Gibel, 1109, Beyrouth, 1110). Il n'y a pas à s'étonner, même si certains Génois, restés à l'écart de ces expéditions, s'en étaient avisés trop tard, que le gouvernement égyptien ait pris à l'encontre de ces derniers[23], venus commercer à Alexandrie et au Caire, des mesures de représailles qui nous sont signalées (voir ci-dessous) dans les documents de la Geniza[24], incarcérations qui aboutirent à la cessation momentanée de presque tout commerce occidental dans le pays du Nil. Les Génois concevaient dès ce moment l'idée d'une conquête éventuelle de l'Egypte, ce qui pouvait d'ailleurs les avantager aux dépens non seulement des Egyptiens, mais aussi bien des Amalfitains[25].

Il faut cependant, sur les privilèges obtenus par les Italiens, faire deux réserves : d'une part, il ne résulte pas automatiquement, on le verra, d'une concession de droits, des résultats effectifs et concrets ; d'autre part, les premiers privilèges obtenus par les villes italiennes, à une époque où leur organisation communale était encore dans l'enfance, ne nous sont pas parvenus dans les collections officielles postérieures, et l'on ne peut exclure que certains aient été fabriqués ou complétés lors des conflits ultérieurs[26].

Restent les ports italiens méridionaux, dont on n'a jamais dit qu'ils avaient participé à la Croisade ; mais, comme on voyait dans cette abstention un phénomène exceptionnel, on lui a donné des raisons que nous ne pouvons accepter telles quelles. Qu'il suffise d'examiner le cas du principal port, Amalfi.

On a généralement affirmé qu'à la Croisade Amalfi n'avait pas pris part, non plus, ou très peu, qu'au commerce du Levant issu d'elle, et que cela était dû d'abord au fait qu'au moment de la Croisade Amalfi était attaquée par les Normands, ensuite à la politique de ces mêmes Normands, hostiles aux autonomies urbaines et spécialement à Amalfi. Tout cela, sans être faux, mérite réexamen.

En premier lieu, nous ne devons pas perdre de vue qu'à la différence de celles de l'Italie septentrionale, les archives d'Amalfi ont disparu, et qu'en conséquence l'inégalité de documentation peut faire croire à une absence réelle là où il n'y a qu'absence de témoignage; cela nous fait un devoir de recueillir et d'interpréter les moindres traces. L'attaque normande de 1096 pourrait certes expliquer une absence temporaire, elle suffirait mal à expliquer une absence durable : les Croisés d'Orient avaient trop besoin d'alliés pour qu'on puisse penser que la place prise par quelques autres excluait une arrivée après coup des Amalfitains. L'attaque normande ne se fût-elle pas produite, rien ne prouve que les Amalfitains auraient participé à la Croisade, et leur abstention ultérieure donne bien l'impression du contraire. On en voit facilement la raison. Précisément parce qu'ils occupaient une place importante dans le commerce de l'Egypte, et sans doute aussi à un moindre degré de la Syrie, ils devaient y regarder à deux fois avant de gaspiller leurs forces en des entreprises aléatoires, où ils risquaient, en s'aliénant les musulmans, de perdre tous leurs avantages. Ce raisonnement est appuyé par deux faits : le premier, que le commerce amalfitain a continué en pays musulman; le second, que la politique normande, loin d'être hostile au commerce en Orient, est au contraire comparable à celle que nous venons de définir pour Amalfi. On trouvera plus loin l'illustration de ces deux propositions.

Chapitre 6

Les premiers contacts

Nous pouvons difficilement nous représenter les premières réactions du monde musulman à l'invasion franque, puisqu'aucun récit contemporain, venant des musulmans, ne nous a été conservé. On ne saurait dire que pour la Syrie-Palestine la Croisade ait été un fait indifférent. Mais au-delà ? Pendant les deux siècles que durera l'occupation franque, l'historiographie iraqienne ne fera aux événements syriens que de fugitives allusions. Et si quelques Iraniens s'engageront momentanément peut-être sur le front de guerre sainte[1], il n'en reste pas moins que dans toute l'historiographie des grands Seldjuqides et de leurs épigones en Iran on chercherait en vain un seul mot sur la Croisade de l'Orient latin. Il en va de même au Maghreb[2], et même en Egypte. La notion d'une solidarité pan-islamique face à un danger commun n'arrivera jamais à maturité.

Pour en revenir à la Syrie, il y a des chroniques locales, ou du moins il y a eu des chroniqueurs syriens qui ont assisté à l'événement et ont écrit peu après. Il y a même eu un certain Hamdân ibn Abdarrahîm qui avait composé une Histoire de la Croisade et des Francs de Syrie pendant les trois décennies postérieures, où il avait vécu en fréquent contact avec eux[3]. Mais ces chroniques, purement locales, par suite du morcellement de la Syrie, parfois de style un peu rustique, en tout cas d'esprit jugé mauvais par les générations suivantes, ont été oubliées très vite et d'une manière sans doute délibérée à partir du moment où, plus tard, des chroniques à la fois de portée plus large, de présentation meilleure et d'esprit plus sûr se trouvèrent à la disposition des curieux. Au début du XIII siècle, on ne pouvait déjà plus se procurer, de l'œuvre de Hamdân ibn Abdarrahîm, que quelques feuillets fortuitement échappés à la disparition de l'ensemble[4]. Même une chronique plus tardive et réputée, comme celle de Alî ibn Munqidh, qui était de tendance shi'ite, a toute chance d'avoir été définitivement perdue pendant la réaction sunnite dont nous aurons à reparler. Nous sommes donc réduits, pour apprécier les comportements musulmans, à essayer de lire entre les lignes d'ouvrages postérieurs d'esprit différent. Quelques-uns cependant restent d'un certain prix : avant tout la chronique damasquine d'Ibn al-Qalânisî[5], écrite au milieu du XIIe siècle par un homme qui avait encore des souvenirs personnels du temps de la Croisade ; puis, au XIIIe siècle, les chroniques alépines du sunnite Kamâl al-Dîn ibn al-Adîm[6] et du shi'ite Ibn abî Tayyî (à travers celle d'Ibn al-Furât[7], qui cite textuellement beaucoup de vieux textes). Nous pouvons faire appel aussi à quelques auteurs d'un autre genre, comme Usâma ibn Munqidh qui, bien qu'ayant mis au point très vieux et dans une atmosphère différente sa rédaction définitive, nous a livré des Mémoires, désordonnés mais vivants, de sa jeunesse, en conservant l'esprit du temps[8].

De ces témoignages, et de notations éparses, résultent quelques constatations générales. Si quelques chefs locaux ont conclu avec les Croisés des accords momentanés pour détourner la menace, les populations musulmanes ont d'abord ressenti avec terreur des massacres comme ceux de Ma'arrat al-No'mân ou de Jérusalem, et les lettrés ont été consternés de l'intolérance avec laquelle les Croisés ont systématiquement détruit, par exemple, la bibliothèque de Tripoli[9]. Beaucoup de gens émigrèrent vers la Syrie intérieure, ou plus loin. Que le mouvement ait eu une certaine ampleur résulte, par exemple, du fait que l'écrivain bagdadien al-Harîrî prend comme héros de ses anecdotes tirées de la vie courante un mendiant réfugié de la ville de Sarudj sur l'Euphrate dans le nouveau comté d'Edesse[10]. Naturellement, une fois l'orage passé, tous ceux qui étaient restés cherchèrent à s'accommoder des circonstances, et entre les aristocrates locaux et les seigneurs francs alternèrent les petits combats de bravoure et les invitations courtoises. Dans les villes et les milieux religieux, il y eut quelques tentatives pour comprendre la Croisade, mais aussi un réveil du devoir de *djihâd*, comme en témoigne le traité de Sulamî récemment découvert[11], de date inattendue mais difficilement récusable (1106). L'auteur en était un damasquin appartenant aux milieux religieux indigènes. Le hasard qui nous a conservé l'opuscule ne doit pas nous en faire exagérer la diffusion ni l'influence, que tout invite à croire très faibles[12]. Il n'en est pas moins l'indice d'un début de réflexion, d'autant plus intéressant qu'il joint, à l'évocation des thèmes traditionnels en la matière, des considérations originales sur la Croisade dans le contexte de la politique chrétienne anti-musulmane dans toute la Méditerranée[13], et sur le comportement passif et égoïste des princes chargés de la défense de l'Islam. Que la diffusion de cet ouvrage ait été probablement des plus réduites paraît résulter du fait qu'il n'y a pas de notices sur l'auteur dans le monumental dictionnaire de Damas d'Ibn al-Athîr. A Alep aussi le mouvement de résistance, que nous ne connaissons là que par des manifestations extérieures, allait naître non d'une action des clercs, mais dans la bourgeoisie indigène, indignée de l'inertie de leur prince. Le meneur est là, semble-t-il, le cadi shi'ite (Alep était alors encore en majorité shi'ite) Ibn al-Khashshâb. En 1111, une délégation alépine se rendit à Bagdad, pourtant sunnite, pour faire honte au calife et au sultan de leur indifférence et de leur apathie. De la même période, justement à Bagdad, date la composition et la première diffusion de ces *Séances* d'al-Harîrî dont il a été question ci-dessus[14]. Le résultat fut l'envoi de ces successives armées « seldjuqides » des années 1110-1115, qui ne réussirent qu'à se faire battre, à se détruire mutuellement, ou à sceller des alliances franco-musulmanes locales. Il faut répéter d'ailleurs que, comme Byzance l'était par des mercenaires étrangers et notamment des Turcs, la Syrie musulmane était défendue par les armées turques, étrangères, sans véritable participation de la population indigène. Mais il ne faut jamais oublier que, si l'on acceptait des volontaires indigènes à titre individuel dans des corps annexes, en règle générale le devoir de guerre sainte était reporté sur les armées professionnelles turques, étrangères à la population. Au début, certains pensèrent peut-être que la nouvelle invasion serait, comme d'autres qui l'avaient précédée, passagère ou digérée.

L'expérience prouva qu'il n'en était rien, que les excès des Francs se reproduisaient (par exemple sous Alep en 1124), et que dans l'ensemble ils étaient « une race fière qui ne se mélangeait pas aux autres »[15]. Il faut peut-être mettre à part au début du XIIe siècle, les petits seigneurs arabes qui, bien qu'intégrés aux dominations turques, n'en restaient pas moins à peu près autonomes, comme Usâma, seigneur de Shayzar sur l'Oronte. On a dit que la pénétration turque s'était approfondie partout au détriment des seigneuries indigènes : en Syrie, ce phénomène dut être accentué et facilité par l'impression que donnaient celles-ci d'une insuffisante hostilité envers les Francs. On devait même, en 1124, voir l'aventurier bédouin d'Iraq, Dubays, participer au siège d'Alep par les Francs, lesquels n'hésitaient pas en cette occasion à s'en prendre à des édifices religieux musulmans. D'où l'évolution progressive des mentalités.[16].

Dans la Syrie sous domination franque, pour les musulmans des villes, la situation était rendue pénible, sauf exception, par la fermeture des mosquées, et la suppression de leurs cadres en particulier les cadis. Certains groupes indigènes musulmans, bien que les textes soient à peu près muets sur eux, méritent l'attention. Les Nusayris (Alaouites), installés depuis le XIe siècle dans les montagnes de l'arrière-pays de Lattaquieh, n'avaient pas été touchés par la croisade proprement dite ; appuyés sur de solides châteaux, ils seront particulièrement difficiles à soumettre. Au sud-est des Nusayris, divers fortins doivent être restés sans maîtres puisque les « Assassins », qui avaient tenté leur chance auprès des princes d'Alep et de Damas, ayant été expulsés de ces villes, s'y retranchèrent sans difficultés. Ils paraissent avoir recherché, contre les musulmans orthodoxes, l'alliance au moins épisodique des Francs, auprès desquels leur grand maître devait devenir populaire sous le nom de « Vieux de la Montagne ». Au sud du Liban, il y avait toujours les Druzes du Wadi al-Taym[17], qui semblent avoir habilement ménagé les Francs et les Musulmans, se faisant garantir leurs terres par les uns et les autres et servant d'espions des uns chez les autres.

Les réactions des chrétiens indigènes, arméniens mis à part, donc surtout monophysites et localement maronites, paraissent neutres. On ne voit pas qu'en général ils se soient ni associés ni opposés aux Francs, qui ne leur étaient guère moins étrangers qu'aux musulmans. Pour la même raison d'ailleurs, les pouvoirs musulmans ne les soupçonnèrent d'aucune intrigue, et en conséquence ne paraissent leur avoir infligé ni tracasseries ni persécutions. Les Francs après les avoir considérés comme hérétiques et, au mieux, méprisables, et avoir en conséquence confisqué les biens de leurs notables ou de leurs églises, acceptèrent ensuite de leur en rendre une partie, par l'entremise de la reine Mélusine[18].

Il faut insister sur le cas spécial des Maronites. Cette petite communauté, peu à peu concentrée dans la montagne libanaise, tenue à l'écart tant par les musulmans que par les chrétiens des autres Eglises, avait pratiquement perdu tout lien avec Rome et Constantinople, mais pour cette raison même ne se considérait pas comme ayant rompu avec elles. Bien qu'arabisés, les Maronites tendirent à voir dans les Francs des cousins qui leur donnaient une occasion de sortir de leur isolement, et de prendre la revanche sur leur médiocrité passée. Il ne faut pas exagérer : l'Eglise maronite devait attendre trois quarts de siècle pour se reconnaître comme officiellement liée à Rome, et encore sans y rien perdre de son autonomie. Il ne fut pas question d'enrôler aucun maronite dans l'armée, mais, au moins dans les provinces centrales, les maronites allaient être, semble-t-il, les principaux auxiliaires des Francs dans leur adaptation aux usages et institutions du pays. La Croisade eut sans doute pour eux l'effet de les faire descendre en ville, et de les insérer dans une société plus large.

Les Melkites n'avaient d'importance qu'en Syrie du Nord, et peut-être à Jérusalem. N'étant pas, eux, considérés comme hérétiques, ils auraient pu bénéficier d'un préjugé plus favorable. En fait, largement arabisés[19], ils ne paraissaient pas moins étrangers, avec la circonstance aggravante qu'ils étaient *a priori* suspects de complicité avec Byzance. D'autre part, puisque les Latins et les Melkites appartenaient à la même Eglise, les premiers trouvèrent naturel de s'installer à la place des seconds, ou à côté d'eux, dans les postes religieux, réduisant ainsi la part du clergé indigène et supprimant les deux patriarcats gréco-melkites.

Les Arméniens, qui formaient une notable partie de la paysannerie en Syrie du Nord et dans la plaine cilicienne, posaient un problème particulier dans le Taurus, où leurs seigneuries autonomes disposaient de petites forces militaires. A l'ouest, ils tendaient pour le moment à s'appuyer sur les Francs contre les Byzantins ; à l'est, ils jouaient un jeu de bascule entre les comtes d'Edesse et les Musulmans de Syrie (non les Turcs d'Anatolie) ; tel fut en particulier le cas de Kogh Vasil de Mar'ash. Ces conflits interféraient avec les luttes de clans entre les Arméniens eux-mêmes : il n'y avait plus d'Arméniens au service de Byzance, mais certains restaient héréditairement adeptes de l'Eglise byzantine, et les querelles de familles importées hier de l'Arménie natale n'avaient pas disparu. On a vu que bon nombre de leurs compatriotes avaient préféré émigrer en Egypte fatimide, où l'une de leurs familles, convertie, combattit les Croisés, mais où leur influence par la suite fut plutôt favorable à des relations pacifiques avec les Francs de Palestine et ceux de Sicile. En 531/1136, Maqrîzî, dans l'*Itti'âz*, signale la venue en Egypte d'Arméniens de Tell Bâshir : nous sommes donc encore dans la période du comté d'Edesse.

Les Juifs, malgré leur quasi-monopole de quelques métiers urbains (teinturerie, verrerie), n'avaient pas une importance démographique suffisante pour influencer sérieusement le cours des événements. Il est tout de même intéressant de constater, d'après les documents de la *Géniza*[20], qu'ils se considéraient comme de loyaux sujets des princes musulmans, et que la Croisade fut pour eux, même s'ils ignoraient les événements d'Europe [21], une douloureuse épreuve. Un historien musulman, qui n'a pas de raison d'avoir inventé le fait, dit que ceux qui s'étaient réfugiés dans la synagogue de Jérusalem y furent brûlés vifs lors de la prise de la ville. Les quelques lettres juives conservées parlent seulement des souffrances de la communauté, et des énormes sommes qu'il fallut réunir pour la rançon des prisonniers. On y dit les Ashkenazis plus corrects que les Français envers les femmes : mais de qui peut-il s'agir ? Des « Lorrains » ? Dans les villes ultérieurement conquises, les Juifs furent inclus dans les termes généraux des capitulations.

Ce fut dans les villes, à mesure de leur conquête, que la majorité des Francs s'établirent, surtout dans les ports. Même les nobles s'installèrent souvent eux aussi, comme ceux d'Italie, dans les villes, plus nombreuses qu'en France. Néanmoins ils étaient habitués en France à avoir des résidences dans le plat-pays, et il fallait tenir l'intérieur, ne serait-ce que pour l'approvisionnement alimentaire. Nous avons vu que des chefs indigènes avaient, au siècle précédent, édifié des fortins ou de vraies forteresses ; ces dernières, surtout en Syrie du Nord, furent souvent longues à soumettre ; dès le début cependant, beaucoup de familles franques purent s'établir dans les fortins, qu'elles devaient peu à peu développer. On ne voit pas que les paysans aient fait opposition, et ils continuèrent à cultiver leurs terres et à payer leurs redevances comme ils l'avaient toujours fait, sans que les Francs y changeassent rien, à tel point que dans certains districts les revenus pourraient être divisés entre un maître musulman et un maître franc. On ne voit pas que la conquête ait provoqué de disette, ni les pillages que celle-ci n'aurait pas manqué de susciter.

La Croisade avait réuni des troupes d'origine variée, qui restèrent distinctes et fondèrent des Etats séparés, parfois même opposés. Il ne faut donc pas exagérer l'unité de l'Orient latin face à l'Orient musulman. La similitude des conditions d'existence les rapprochait, mais ne supprimait pas toute survivance de coutumes propres. Surtout, la solidarité était loin d'être entière entre les Etats : on vit très vite des princes francs et musulmans alliés contre d'autres princes francs et musulmans et, dans les cas de graves dangers si les princes étaient conscients de l'utilité de se porter mutuellement secours (ce qui dans le cas du Royaume suggérait une certaine prééminence), il s'en faut que les barons d'un Etat aient toujours admis d'aller servir dans un autre, à plus forte raison si ce devait être pour longtemps[23].

Pour les Croisés au début, pour les Occidentaux plus durablement, et pour nombre d'historiens modernes, les divers Etats musulmans d'Orient étaient à peu près interchangeables, si bien que l'hostilité de l'un, ou envers l'un, ou au contraire son alliance, signifiait la même attitude pour n'importe lequel des autres. La réalité était beaucoup moins simple, et il importe d'en dessiner les grandes lignes.

Aux deux ailes, les Etats de l'Orient latin voisinaient avec l'Asie Mineure « turque » au nord, l'Egypte fatimide au sud. L'Egypte fatimide avait été sauvée provisoirement de la décomposition intérieure par les énergiques mesures de réorganisation des vizirs arméniens convertis, Badr al-Djamâlî et son fils al-Afdâl[24]. La doctrine ismâ'ilienne, dont la dynastie se réclamait, avait abouti à des schismes : la majeure partie de la population était indifférente ou hostile, mais elle acceptait le régime qui incarnait et garantissait son indépendance, et sous lequel l'économie égyptienne, malgré les troubles, avait dans quelque mesure que le mérite lui en revint, accompli de notables progrès. L'Egypte avait pu se juger menacée par l'expansion seldjuqide, mais les divisions entre les successeurs de Malikshâh avaient atténué le danger et, sans qu'ils y eussent pensé, les Croisés avaient pour l'Egypte à cet égard représenté le salut, au moins pour deux tiers de siècle : s'interposant entre les Turcs et elle, ils reçurent désormais les coups que les premiers n'auraient pas manqué d'essayer de porter aux Fatimides. En un sens, ce n'était que changer de danger. Mais les Francs, s'ils se préoccupaient de conquérir les possessions fatimides de Palestine et de Syrie littorale, et donc de repousser les contre-attaques, renoncèrent vite par force à l'idée qu'ils avaient peut-être eue, que certains Italiens en tout cas leur suggéraient, d'aller attaquer les Egyptiens en Egypte[25]. De leur côté les Egyptiens, s'ils portent évidemment attention toujours à leur glacis syro-arabe, n'ont jamais été de grands conquérants ; et il est peu probable qu'ils aient eu la possibilité de se procurer, au XIIe siècle, les hommes nécessaires à la constitution d'une armée comparable à celle des Etats turcs d'Asie, ni une flotte capable de vaincre celle des Italiens[26]. Lorsqu'il s'avéra que les Francs étaient solidement installés, et qu'ils ne pourraient être expulsés qu'au prix d'efforts coûteux et d'une alliance elle-même dangereuse avec les Etats turcs bordant l'Orient latin à l'est, les Fatimides adoptèrent en fait une attitude de coexistence pacifique, qui avait l'avantage de faciliter d'autre part les relations commerciales avec les différents Etats chrétiens de la Méditerranée, auxquelles s'intéressaient peut-être les chrétiens indigènes ou arméniens alors si influents, frères des Arméniens nord-syriens. Entre la prise de Tyr[27] par les Francs (1123), suivant elle-même déjà une longue trêve, et celle d'Ascalon (1153), qui marque le début d'une autre période dont on parlera en son temps, il n'y a aucune hostilité véritable sur la frontière égypto-palestinienne

L'Asie Mineure n'est pas un vieux pays musulman, et les seuls musulmans qui s'y trouvaient aux alentours de l'an 1100 étaient des Turcs ou des Turcomans encore frustes, peu avertis des traditions des pays arabes ou iraniens anciennement islamisés. Ils ne le sont pas plus des traditions de l'empire byzantin, qui avait été jusqu'à leur arrivée maître du pays, et qui, dans la conscience des hommes d'Etat de Constantinople comme peut-être même dans celle des Turcomans au début, en restait le maître éminent. De petites formations politiques s'ébauchaient seulement, aux frontières vagues et mouvantes, essentiellement celle des Seldjuqides, cousins de ceux d'Iran et Mésopotamie, le long des routes du sud, et les Danishmendites sur celles du nord et, par moments, du Taurus oriental. Ces Turcs, s'ils avaient vivace l'esprit d'une certaine guerre sainte, la pratiquaient d'abord contre les Byzantins, et étaient indifférents à ce qui se passait en Syrie, et aussi à Jérusalem, qui ne tenait aucune place dans leur conscience religieuse ; ils pouvaient avoir occasionnellement des accrochages avec les Etats franco-arméniens d'outre Taurus, qui étaient leurs voisins au sud-est, mais on ne voit pas qu'ils aient jamais eu avant le milieu du XIIIe siècle aucune pensée d'expansion en cette direction, ou le climat et les bédouins leur étaient hostiles, ni de sentiment de solidarité avec les musulmans de Syrie. Certes, ceux-ci avaient à leur tête des princes turcs (rarement turcomans), mais qui régnaient sur des sujets arabes, et étaient eux-mêmes aux trois quarts arabisés ; ils se considéraient mutuellement comme appartenant à des mondes étrangers, presque inconnus[28].

Il n'y a donc de véritable adversaire pour les Francs, dans la première moitié du XIIe siècle, que le long de leur frontière orientale, la seule à être le lieu de difficultés toujours renaissantes, parce que nulle part elle n'était suffisamment marquée par la géographie pour être considérée par les uns ni par les autres comme définitive[29]. Les Francs, à l'étroit dans les ports et les montagnes méditerranéennes, ne pouvaient manquer de se sentir menacés par la persistance d'une Syrie musulmane intérieure où se trouvaient les plus grosses métropoles, et qui maintenait le lien avec les forces latentes d'un arrière-pays asiatique presqu'illimité. Les Musulmans ne pouvaient pas ne pas souffrir de la perte de territoires qui leur avaient appartenus pendant près de quatre siècles, étaient entièrement arabisés sinon islamisés, et comptaient parmi les plus riches, sans parler de l'ouverture qu'ils offraient sur le commerce méditerranéen. Néanmoins, il s'en fallait de beaucoup qu'ils fissent front commun pour la lutte contre les Francs.

Le simple fait de leur division en principautés diverses, deux principales, Alep et Damas, et quelques subordonnées autres, incitait naturellement celle qui avait le plus à craindre, à souhaiter la neutralité, voire l'alliance des Francs, ou, quand les Francs aussi étaient divisés, de certains d'entre eux contre d'autres, ce qui arriva par exemple en 1115[30]. Mais il y avait plus. Amputées d'une grande partie de leurs territoires, ces principautés n'avaient d'autre chance de se ressaisir que les secours envoyés par les coreligionnaires de Mésopotamie. Mais comme il s'agissait toujours, en Syrie, de princes qui s'étaient émancipés du sultanat seldjuqide, ceux-ci ne pouvaient pas ne pas voir, dans les troupes envoyées à leur secours, le danger tout aussi grand d'une réaction contre leur autonomie[31]. Et même lorsque le sultanat seldjuqide proprement dit se fut trop affaibli pour être redoutable, il resta que les chefs mésopotamiens représentaient une force ressentie comme étrangère par les puissants autonomismes locaux, et trop grande par rapport à celle des princes de Syrie pour ne pas leur paraître périlleuse, donc à écarter.

Deux périodes, en gros, sont cependant à distinguer dans les réactions de la Syrie musulmane à l'occupation franque. Dans la première, il n'existe en Syrie que des princes autonomes, surtout Rudwân et ses éphémères successeurs à Alep, à Damas Duqâq et son *atabek* (tuteur) puis successeur Toghtegin. Confrontés à des Francs et à des Orientaux tantôt unis tantôt autonomes, voire ennemis les uns des autres, eux-mêmes tantôt rivaux tantôt réconciliés, ils pratiquent une politique alternée de guerre et de trêve locale avec les Francs où n'apparaît pas de grande différence d'orientation générale entre le nord et le sud. Mais peu à peu, de 1118 à 1128, les choses changent. La géographie protégeait mieux Damas qu'Alep du danger franc. Elle faisait aussi que les contingents orientaux, pour contourner le désert syro-arabe, arrivaient de la Syrie du nord, avant d'atteindre, s'ils le voulaient, celle du centre. Il en était résulté que les résistances s'étaient manifestées sinon exclusivement, du moins le plus souvent, d'abord en Syrie du nord. Mais il en résultait aussi que c'était là qu'on pouvait le plus songer à faire appel à eux quand le danger franc devenait trop grand. Sa persistance, les excès francs firent peu à peu progresser à Alep le parti de ceux qui estimaient que, des deux dangers, le franc était le plus grave, et que, pour intéresser un prince musulman de Mésopotamie à la défense de la Syrie musulmane, le mieux était de se donner à lui. L'expérience fût d'abord faite au bénéfice d'Ilghâzî, le prince turcoman de la dynastie artuqide de Dyar Bakr[32] en Haute Mésopotamie, qui avait l'avantage de tenir toujours prêts ses contingents de Turcomans encore semi-nomades, mal vus des Alépins mais faciles à tourner contre les Francs, et il était assez autonome pour n'apporter avec lui aucune arrière-pensée de reconquête seldjuqide. La mort en peu de temps d'Ilghâzî et de ses héritiers amena un déplacement de l'allégeance alépine vers les gouverneurs de Mossoul, qui, s'ils représentaient officiellement encore un pouvoir seldjuqide, étaient devenus en fait indépendants. Après quelques intermédiaires éphémères, Alep fut ainsi occupée en 1128 par Zenghi, maître depuis peu de Mossoul. Il allait être le fondateur d'une dynastie qui posséderait la Syrie du nord musulman pendant un demi-siècle, puis toute la Syrie, et se prolongerait en Haute-Mésopotamie jusqu'au cœur du XIIIe siècle.

A partir des années 1118-1128, il y a donc inégalité de puissance entre la principauté musulmane du Nord, appuyée sur un hinterland mésopotamien, et celle de Damas, réduite à elle-même. Comme cependant Damas, derrière le Liban et l'Antiliban, était pour les Francs difficile à attaquer et moins intéressante en général pour eux qu'Alep, qui gênait les communications d'Antioche avec Edesse, il s'établit, en dépit de crises momentanées, une politique de fait de coexistence pacifique franco-damasquine, tournée contre les expansionnistes du trop puissant voisin du nord. Nous verrons ce qu'il en adviendra au milieu du XIIe siècle. Pour le moment, la politique de Zenghi renversa à son bénéfice la situation en Syrie du nord et dans ses annexes ouest-mésopotamiennes. Désormais l'assaillant ne fut plus franc, mais musulman. La principauté d'Antioche fut grignotée, et le comté d'Edesse amputé, avec sa capitale (1144), de sa majeure partie, à l'est de la boucle euphratésienne, pour ne conserver que sa section occidentale adossée à la principauté d'Antioche et aux seigneuries arméniennes du moyen Taurus. Zenghi n'avait pas été formé en Orient aux idées de guerre sainte, mais politiquement il la pratiquait[33].

*
* *

Le résultat de la Croisade vu par Byzance ? Elle a permis de reconquérir l'Asie Mineure occidentale, d'assurer les positions côtières, ce qui est appréciable. Qu'elle n'ait pas permis de regagner l'ensemble de l'Anatolie ne paraît pas trop grave, car il peut sembler que les Turcs, qui n'ont pas de véritable Etat, seront peu à peu grignotés ou assimilés, et de toute manière, le pays intérieur n'est pas ou n'est plus très riche, et au-delà de la Cappadoce occidentale il n'est guère plus grec. Par contre, la formation du comté d'Edesse et surtout de la principauté d'Antioche sont des faits graves pour Byzance, qui considérait ces pays comme siens ; ils étaient des têtes de pont pour le commerce, et ils permettaient de contenir les Arméniens, dont la présence presque centenaire accentuait le particularisme. Davantage, l'installation des Francs en Syrie-Palestine signifiait l'implantation d'une influence latine nuisible aux intérêts byzantins, et compromettait le recrutement des mercenaires francs dans le cadre du système militaire byzantin. Il est remarquable que, pendant plus de quinze ans, les efforts du basileus sont beaucoup plus tournés vers la Syrie et la Cilicie, contre les Francs, que contre les Turcs, qu'on neutralise pas la négociation ou l'intrigue en profitant de leurs difficultés internes. Tout au plus s'intéresse-t-on à la conservation des côtes qui permettent d'atteindre le golfe d'Alexandrette. Cette politique alla même jusqu'à des accords conclus, sinon avec les Turcs d'Asie Mineure, du moins avec ce qui restait de sultanat en Mésopotamie et Iraq, pour intervenir contre les Francs.

C'est seulement tout à la fin de sa vie qu'Alexis Comnène esquissa une évolution, qu'allait accentuer son fils et successeur Jean Comnène. Il se peut que l'opinion ait réclamé une politique plus ferme en Anatolie, qui entraînait en contrepartie un assouplissement des efforts faits en Syrie. De toute façon ceux-ci avaient échoué, et il fallait essayer de regagner par la diplomatie ce qui avait été perdu par la force. Certes, les Francs n'étaient pas disposés à rien céder à Byzance de leurs territoires, mais la situation, chez eux aussi, avait évolué : le danger de contre-offensive musulmane était de plus en plus net, et les renforts d'Occident étaient lointains, lents, limités. Un certain protectorat byzantin, s'il n'entamait pas l'indépendance réelle, pouvait être accepté, et l'on sait que Byzance se contentait assez facilement de satisfactions de prestige ou de principe. A tout le moins fallait-il, pour les Francs, obtenir la neutralité de Byzance. De son avènement (1118) jusqu'aux environs de 1135, les efforts de Jean Comnène se portèrent sur l'Asie Mineure, où des résultats partiels mais substantiels furent obtenus. Pendant ce temps, Zenghi était devenu maître d'Alep, avec les conséquences que l'on a vues. Le Basileus pensa qu'il pouvait, pour prix d'une aide contre le prince turc, obtenir la vassalité de Raymond d'Antioche. Les réactions de la bourgeoisie franque furent plus dures qu'il n'avait pensé, et le prince franc usa de ruse. On alla tout de même combattre Zenghi, mais, par un jeu qui allait se renouveler, le basileus s'arrêta au moment où, ayant montré sa force, il aurait en battant les Musulmans supprimé le besoin que les Francs avaient de lui. Il se limita à assurer ses arrières ciliciens aux dépens des Arméniens.

Chapitre 7

*Orient latin et Occident ;
conditions politiques
jusqu'à la deuxième Croisade*

Les Croisés rentrés en Europe et leurs cousins établis en Orient allaient-ils s'oublier ?

Installés en Orient, les Francs étaient naturellement partagés. D'un côté, ils ne pouvaient se détacher de l'Europe sans se priver des appuis sans lesquels ils risquaient de ne pouvoir survivre. Mais, au bout d'un certains temps, n'envisageant plus le retour, ils se sentirent membres des Etats nouveaux qu'ils avaient constitués, et ils n'auraient pas accepté que, sous prétexte de les secourir, de nouveaux venus prétendissent leur disputer, ou partager, les situations acquises. Il y a là un parallélisme compréhensible avec le comportement des petits princes turcs de Syrie vis-à-vis de leurs cousins de Mésopotamie.

Godefroy de Bouillon avait engagé ses biens, et mourut bientôt en Orient. Aucun de ses héritiers européens ne pouvait revendiquer ses biens d'Orient. Quant à son frère Baudouin, il ne possédait pratiquement rien en Europe[1]. Les autres chefs Croisés retournèrent en Europe. Seul, Raymond de Saint-Gilles demeura en Orient tout en restant comte de Toulouse et de Provence. Cela signifie que, sauf dans son cas, les Francs demeurés en Orient, pouvaient se sentir à l'abri de l'une ou l'autre des possibles tutelles de l'Occident. Certes, nous ignorons si ce facteur a joué, mais il reste qu'en fait les choses étaient ainsi. Elles étaient moins claires à Antioche avec Bohémond, resté seigneur de Tarente, mais il s'agissait d'un petit domaine, pour lequel il était en rapports difficiles avec son frère et ses cousins : Bohémond devait d'ailleurs plus tard liquider cette seigneurie; et il faut aussi remarquer que c'est en France, non en Italie, qu'il alla recruter une armée contre Byzance en 1106 ; de toute façon, il n'était question d'aucune dépendance, et divers épisodes, par exemple à la mort de Baudouin 1er de Jérusalem, montrent clairement que les barons d'Orient ne l'eussent pas admis. Raymond de Poitiers, appelé au principat d'Antioche, ne fut jamais comte de Poitou, et Foulque d'Anjou renonça au comté d'Anjou; ils ne furent pas non plus vassaux des comtes de ces principautés; ils n'appartenaient d'ailleurs ni l'un ni l'autre aux régions ou familles d'origine des princes auxquels ils succédaient en Orient, et nous ne savons pas clairement quelles raisons avaient conduit vers eux le choix des barons[2]; ce qui est sûr est que Raymond s'opposait à d'éventuelles prétentions des Normands d'Italie[3]. Quant à Raymond de Toulouse, nous ne pouvons savoir comment il se serait comporté comme roi de Jérusalem ou, plus tard, comme comte de Tripoli, puisqu'il mourut; ses fils se disputèrent de telle façon que jamais le comté d'Orient n'appartint au détenteur de l'Etat d'Occident, bien que peut-être ce dernier l'eût souhaité ou eût été soupçonné de le souhaiter (jusqu'à la deuxième Croisade). Naturellement, cela ne signifiait pas qu'aucun des princes installés en Orient n'eût gardé des liens avec son pays d'origine. Cela n'exclut pas non plus qu'en Occident, telle ou telle maison princière ait envisagé d'exercer une certaine forme de tutelle. Ce n'était pas encore l'ère des grands monarques, mais la question se pose, bien qu'on semble ne l'avoir jamais posée, pour la Maison de Flandre, et pour celle de Sicile désormais réunifiée, même si ni pour l'une ni pour l'autre elle n'était essentielle.

Parlons d'abord de la Sicile, presque à mi-chemin de l'Occident et de l'Orient. La Croisade s'était déroulée sans autres Normands que ceux de Bohémond, et avait abouti à l'établissement durable de « Latins » en Syrie-Palestine. Les troupes et les chefs en étaient pour majeure partie français, souvent même français du Nord : leur pays d'origine était lointain, et la pointe avancée de l'Occident latin en Méditerranée, les Etats normands d'Italie mériodionale et Sicile, bien plus proche. L'abstention normande initiale ne pouvait empêcher que ces Etats fussent plus directement intéressés que les grands fiefs français à ce qui se passait dans le Proche-Orient, et en particulier en Syrie. On n'a pas porté suffisamment attention à cet état de choses, et trop raisonné comme si l'acquisition du royaume de Jérusalem par le descendant des Normands, l'empereur Frédéric II, au XIIIe siècle, était un fait à peu près sans préface. Il n'en est rien.

Une première donnée que la géographie impose : l'Orient latin est maigre, fragile, entouré d'ennemis, ses ressources propres sont insuffisantes, en hommes, en denrées diverses, en moyens matériels pour se les procurer. La région la plus proche pour en acquérir est le territoire italo-normand. Le hasard nous a conservé mention d'un navire apportant d'Otrante du ravitaillement à Antioche (il doit s'agir là d'une affaire de Bohémond) et, un peu plus tard, de ravitaillement venant par l'Italie du Sud, du Temple et de l'Hôpital. Mais surtout il est instructif d'étudier la répartition des premiers biens que les Eglises latines d'Orient dès le début essayèrent d'acquérir, ou de se faire donner par la piété des fidèles, en Occident : Notre-Dame de Josaphat, Sainte-Marie latine, l'Hôpital pour ne parler que du début du siècle et des Eglises sur lesquelles nous sommes informés[4]. Le constat est éloquent. Si le Saint-Sépulcre a la majorité de ses biens, pour une raison difficile à assurer (dons de l'armée de Saint-Gilles?) en France du sud et Espagne du nord, il en a cependant aussi plusieurs en Italie continentale du sud (Barletta, Venosa, Troia, Bénévent, etc.). Sainte-Marie latine est dotée en Sicile. Notre-Dame de Josaphat a une grosse fortune foncière aussi bien en Sicile et Calabre, héritage de Roger Ier, qu'en Apulie, héritage de Bohémond. L'Hôpital Saint-Jean, qui eut aussi en France du sud ses premiers biens, n'en acquiert pas moins rapidement d'autres en Italie, sur la route de France à Bari, Tarente, Otrante, et d'autre part en Sicile, où une Commanderie (supposant donc d'abondants biens) existe avant 1136; d'autres s'y ajouteront à Naples, Capoue et Barletta plus tard, et il ne faut pas oublier que les archives les concernant sont perdues. Il est bien connu que lorsque, au XIIIe siècle, les territoires latins d'Orient tombèrent, c'est en Italie méridionale que diverses communautés ecclésiastiques se replièrent, et c'est là qu'ont été partiellement retrouvées leurs archives. Il se peut, pour la même raison, que quelques biens aient été détenus en Sicile par l'Eglise de Gethsemani[5]. Ces possessions n'auraient pas eu de sens si n'avaient existé des relations navales régulières entre l'Italie normande et l'Orient latin, même si elles pouvaient occasionnellement être assurées par des marins des ports septentrionaux, mouillant en Italie méridionale avant de franchir la Méditerranée orientale.

Ces mêmes relations expliquent que les princes normands aient pu porter une attention active à l'Orient latin : ainsi par des envois de fonds, plus discrets qu'une participation militaire, attestés dès 1099 et 1102[6], et un peu plus tard à Daimbert de Pise devenu patriarche de Jérusalem. Par la suite, les rapports entre Fatimides et Orient latin s'étant stabilisés (pas d'hostilités de 1124 à 1153), l'intérêt porté à Jérusalem ne fut pas en contradiction avec l'amitié fatimide, comme il l'eût été avec une amitié alépine, par exemple. On ne sait rien des privilèges accordés ni aux sujets normands en général, ni à Amalfi[7] en particulier ou Salerne, dans la première moitié du XIIe siècle en Orient latin. Cela n'est pas une preuve qu'il n'en ait pas existé, et de toute manière, les Croisés ne pouvaient être fiscalement très durs envers ceux qui leur apportaient les denrées dont ils avaient besoin. Mais il est non moins certain qu'étant donnée la place qu'ils occupaient en Egypte, les Italiens du Sud n'avaient pas de raison de porter un grand intérêt commercial à un Orient latin beaucoup moins apte à leur fournir les denrées qu'ils désiraient acquérir, et même à leur acheter celles qu'ils pouvaient vendre. Mais politiquement les choses allaient autrement, et là l'histoire nous a transmis quelques épisodes intéressants.

Le principal est le remariage, fort peu canonique, de Baudouin Ier de Jérusalem avec Adélaïde, fille d'un de ces Montferrat dont nous aurons à reparler, mais surtout veuve de Roger Ier de Sicile et mère du jeune Roger II. L'intérêt pour Baudouin était qu'elle apportait une grosse dot ; l'intérêt pour la dynastie normande qu'il était entendu que, s'il ne naissait pas d'enfant de ce mariage (ce qui, vu l'âge de la mariée, était fort probable), la succession, Baudouin Ier n'ayant pas eu non plus d'enfants de son premier mariage, irait à Roger II : ainsi se serait réalisée, avec cent ans d'avance, l'union territoriale que devait plus tard réussir Frédéric II. Elle avorta, parce qu'à son lit de mort Baudouin Ier, pris de crainte, répudia Adélaïde, sans cependant restituer la dot, et que sans doute un parti de barons, appuyés sur le patriarche, préféraient à Roger II le plus proche et moins puissant Baudouin de Bourg, cousin de Baudouin Ier et alors comte d'Edesse. Mais la signification de l'épisode est claire[8].

Bohémond Ier avait un moment possédé à la fois Tarente et Antioche. Lorsqu'il mourut en 1111, il laissait un jeune fils, au nom duquel, en même temps que prince en leur nom, régnèrent successivement Tancrède et Roger, sans que leurs cousins d'Italie, qui au contraire leur avaient envoyé des subsides, parussent s'en inquiéter[9]. Lorsque, Roger étant mort, Bohémond II devenu majeur s'embarqua pour l'Orient (1127), le duc Guillaume de Pouille lui donna aide et flotte, mais en échange, non seulement il reçut de lui son fief, mais la promesse que chacun d'eux hériterait de l'autre s'il mourait sans enfant[10]. Là encore la chose échoua : Bohémond II mourut dès 1130, tué dans une rencontre en Cilicie avec des Turcs, mais il avait épousé une fille de Baudouin II, dont il avait eu une fille, et celle-ci, non sans querelle, devait plus tard être mariée à Raymond de Poitiers, cependant que le trône de Jérusalem passait de même par mariage à Foulque d'Anjou. En tout cela, on a bien le sentiment d'une opposition entre un parti « normand » (d'Italie) et les barons français, ceux-ci cherchant en France des chefs[11]. Mais on ne voit pas que jamais la maison d'Anjou comme telle, ni celle de Poitiers, aient agi en Orient, malgré leur puissance, comme agissaient les Normands, et cela se comprend fort bien. Elles acceptèrent les offres faites à tel des leurs, mais on ne voit pas qu'elles les aient suscitées, ni qu'elles aient prétendu contrôler ce qui se passait dans les Etats à la tête desquels l'un des leurs avait été appelé. Pour ce qui est des Normands, ils semblent avoir cessé de s'intéresser à Antioche, mais nous les verrons réapparaître, dans d'autres circonstances, en Orient à la fin du siècle.

A première vue, on pourrait trouver une contradiction entre cette politique des Normands du début du siècle en Orient latin et l'attitude que nous leur avons vue envers les musulmans. Il se peut que certaines données nous échappent. Mais la contradiction était atténuée par la trêve existant entre l'Egypte et le royaume de Jérusalem.

Pour l'Occident musulman, nous avons montré comment, à la veille de la Croisade, les Normands de Sicile s'étaient mis à pratiquer avec lui une politique de bon voisinage. Il s'agissait alors essentiellement des Zirides de Tunisie, affaiblis par les suites de l'invasion hilalienne. Les Almoravides n'ayant pas atteint le Maghreb oriental, les Normands, semble-t-il, eurent peu à se soucier d'eux. Ils s'intéressaient plus, en raison des relations commerciales de leurs sujets, à l'Egypte. Notre documentation ne nous permet pas de savoir si, au début du siècle, ils maintinrent la paix à la fois avec les Fatimides et avec les Zirides dont, depuis la rupture religieuse du milieu du XIe siècle, les Fatimides ne se souciaient plus. L'occupation de Malte, poste musulman avancé qui politiquement ne dépendait alors de personne, ne signifie pas grand-chose à cet égard. Plus le temps passe, en tout cas, et plus l'alliance fatimide paraît nette. Le hasard de nos textes nous a conservé le souvenir d'ambassades, en 1099 même (donc pendant la Croisade), et en 1122 à la veille de l'attaque de Tyr par les Francs d'Orient et les Vénitiens[12]. Mais le plus remarquable est la correspondance, récemment exhumée dans une collection tardive de modèles épistolaires, entre Roger II et le calife al-Hafîz en 1135[13].

Une lettre, dont il n'y a aucune raison de mettre en doute l'authenticité, est très remarquable par un ton d'étroite collaboration, presque d'amitié. Certes, l'amitié avait pu être favorisée par la présence au vizirat de l'Arménien chrétien Bahram, frère du catholicos arménien de Syrie-Cilicie; mais malgré l'intérêt que Roger d'une part, et le calife d'autre part, continuent à témoigner à celui-ci, elle n'en a pas moins été écrite sous le vizirat du successeur et adversaire de Bahram, Rudwân, à un moment donc où la politique des deux souverains l'un envers l'autre restait inchangée. Le caractère diffus et ampoulé du style de chancellerie dissuade de reproduire le texte, mais l'analyse du contenu sera suffisamment éloquente. Roger avait expliqué comment la malfaisance des habitants de Djerba l'avait amené à occuper l'île : le calife, informé ainsi de l'occupation par les chrétiens d'une terre musulmane placée sur les lignes de communication entre l'Egypte et le Maghreb, comprend et acquiesce. Un navire égyptien avait été arraisonné, on ne sait par qui, dans les eaux siciliennes; le roi le fait libérer et le prend sous sa protection; à vrai dire, ce n'était pas un quelconque navire, mais un navire qui commerçait pour le compte privé du calife. Réciproquement nous apprenons que Roger commerçait à Alexandrie et au Caire, où il était défrayé des droits usuels. Il obtient même les mêmes avantages pour son grand amiral, ce Georges d'Antioche, d'une famille syro-grecque émigrée, qui venait de prendre Djerba après avoir quitté le service des musulmans zirides pour passer à celui du chrétien Roger. Il y avait dans les prisons du calife des chrétiens que Roger a quelque raison de prendre sous sa protection : le calife les fait libérer. Roger a demandé ce qu'il était advenu de son ami le vizir Bahram après qu'il avait été renversé par le musulman Ridwân : c'était presque une intervention dans les affaires intérieures d'un autre Etat; on lui expose, du point de vue de Rudwân, les raisons de ce renversement, mais on l'assure qu'on s'occupe de Bahram, sincèrement d'ailleurs, puisque le calife, après l'avoir discrètement fait revenir dans un coin de son palais, où il mourra, suivra personnellement son cortège funèbre. Enfin on annonce un échange d'ambassades, et on espère recevoir des nouvelles. Tout cela, détails mis à part, implique évidemment un climat qui est à lui seul remarquable. Il n'y a rien de surprenant que les Siciliens, ainsi que Salerne et d'autres cités, aient profité de ce climat, et sans doute Amalfi qui, même après ses malheurs, continuera à commercer en Orient : puisque les Pisans la mirent à sac en 1135, il faut bien admettre que même une fois sujette des Normands elle restait une rivale et qu'elle devait donc avoir conservé en Egypte ses anciens privilèges[14].

Il y a peut-être un autre cas de maison féodale qui, avant le développement des monarchies française et anglaise, dut porter à l'Orient latin un intérêt marqué, et il serait excessif de prétendre comme on le fait qu'avant le XIIIe siècle les appétits ou querelles politiques de l'Occident n'interféraient pas en Orient. Nous le reverrons avec les Etats italiens, mais pour le moment nous voulons parler de la Flandre. Certes, Robert de Flandre n'avait été qu'un des chefs croisés parmi d'autres et, comme il ne prétendait pas rester en Orient, et n'avait reçu du pape ni de personne aucun mandat, on ne doit sans doute pas lui attribuer alors des prétentions sur l'Orient latin encore à naître. Cependant, avant la Croisade, le père de Robert, Robert le Frison, avait fait le pèlerinage, puis prit un temps du service auprès de l'empereur byzantin Alexis Comnène et, de retour chez lui, lui avait envoyé des auxiliaires contre les Turcs et les Petchénègues. On attribue en général à Bohémond la paternité pour sa propagande lors de son expédition antibyzantine, d'une lettre certainement en partie fausse qui se donne comme adressée par Alexis à ce Robert : à vrai dire, il est difficile de ne pas penser que la partie très probablement authentique de cette lettre concernait le comte de Flandre plutôt que Bohémond, qui n'y est nulle part désigné[15]. Certes, son fils Robert, qui n'envisageait pas de rester en Orient, eut, malgré sa parenté avec Bohémond, une attitude discrète tant qu'il resta en Palestine. Il ne s'opposa pas à l'élection de Godefroy de Bouillon, qui avait été en Europe son voisin et son allié. A Godefroy succéda son frère, Baudouin de Boulogne, puis le cousin de celui-ci, Baudouin de Bourg, et lorsqu'ensuite la succession du royaume passa aux mains d'une autre famille, ce fut par mariage avec une héritière qui en était seule la légitime détentrice. On peut alors se demander si, sans jamais avoir été les suzerains du royaume, les comtes de Flandre ne s'attribuèrent pas une sorte de droit de regard sur ce qui s'y passait. Tout n'est probablement pas imaginaire dans le fait rapporté par un chroniqueur flamand, selon lequel un parti de barons palestiniens adversaires de Baudouin II, et partisans peut-être naguère d'Eustache de Boulogne, auraient envoyé offrir la couronne au comte Charles de Flandre : cela témoigne au moins qu'en Flandre on y pensa[16]. Le successeur de Charles, Thierry d'Alsace, n'était pas ennemi du nouveau roi de Jérusalem, Foulque d'Anjou, dont il était le gendre; en 1130, il amena en Orient des renforts, ce dont nous ne pouvons cependant rien conclure de précis.

Plus trouble devait apparaître le comportement de ce même

Thierry, puis de son fils Philippe, dans les expéditions successives qu'ils firent en Orient. Thierry participa à la seconde Croisade et au siège de Damas ; il désirait, la ville une fois prise, la recevoir en fief du roi de France ou de l'empereur allemand, donc indépendamment du roi de Jérusalem, suzerain indigne d'un si haut seigneur. L'hostilité des barons palestiniens à ce projet fut une des causes de l'échec de l'expédition : que celle-ci eût été dirigée contre Damas, et non contre le principal ennemi, Nûr al-Dîn d'Alep, avait été une erreur, dont peut-être Thierry s'était rendu compte, et lorsqu'il revint une troisième fois, il commença par se porter au secours des Francs d'Antioche. Mais on cherchait toujours pour lui un grand fief, pour l'attacher à l'Orient, ou du moins recevoir de lui des secours réguliers. Baudouin III de Jérusalem aurait voulu lui donner le moyen Oronte, mais la région relevait du prince d'Antioche, qui voulait qu'il la tînt de lui : chose inconcevable pour un comte de Flandre. Revenu une quatrième fois en 1164, Thierry participa à la défense d'Antioche menacée par Nûr al-Dîn, sans que nous sachions s'il fut pour lui question d'autre chose.

L'histoire recommence avec son fils Philippe : en 1177 celui-ci vint en Orient où, en accord avec Byzance, on comptait sur lui pour s'associer à une expédition contre l'Egypte. Baudouin IV, dont il était cousin, était lépreux, et le régent venait de mourir : on offrit à Philippe la régence avec direction des affaires militaires ; mais Philippe ne pouvait sans risque prolonger son séjour loin de son comté. Son plan était de marier les deux jeunes héritières de Jérusalem aux deux fils d'un de ses petits vassaux : la solution était militairement mauvaise, et les barons refusèrent. Philippe devait encore revenir avec la Croisade dirigée maintenant par Philippe-Auguste et Richard Cœur de Lion, et y trouver la mort. On sait que finalement la maison de Flandre devait être représentée à la quatrième Croisade par le nouveau comte Baudouin, à qui allait échoir l'empire de Constantinople. L'avait-il ambitionné ? Du moins était-il là pour le recueillir, et cette fois il pouvait accepter sans déchoir.

Nous sommes parvenus à un moment où l'influence dominante en Orient était passée aux grands souverains. Mais l'antériorité et la permanence des interventions flamandes font supposer que les comtes de Flandre s'étaient senti quelque droit, si vague fût-il, sur les affaires de l'Orient latin. La question en tout cas mérite d'être posée.

A un niveau inférieur, l'Orient latin recevait des visites d'Occident, et certains moins hauts seigneurs, qui se jugeaient insuffisamment lotis en Occident, venaient chercher fortune en Orient, dont nous ne connaissons que ceux qui ont « réussi ». Parmi ces derniers, par exemple, les Ibelins[17], apparemment de très humble souche italo-normande (mais indépendants des Normands d'Antioche); un peu au-dessus les Courtenay, qui seront aussi représentés plus tard dans l'empire latin de Constantinople; ensuite les Lusignan, les Brienne, etc.[18] Il faudrait faire la liste, et l'histoire, de ces familles « internationales », probablement peu nombreuses. Mais un autre type est celui de familles dont on rencontre un peu partout des membres entreprenants, mais qui restent liées à leur souche, à qui leur fortune profite. Les Aleramici, marquis de Montferrat (Italie du Nord), sont un bon exemple.

Les Aleramici de Montferrat sont une famille nombreuse dont on trouve des membres mariés partout. Un cadet était venu combattre avec Roger Ier de Sicile, qui épousa sa sœur Adélaïde, la future femme en secondes noces de Baudouin Ier de Jérusalem, et la mère de Roger II. Il est possible qu'un autre membre de la famille ait figuré dans l'armée de la Croisade sous Bohémond ou Tancrède. Guillaume V, allié par mariage tant à la famille impériale d'Allemagne qu'à la famille royale de France, participe tantôt dans l'armée française et tantôt dans l'armée impériale à la deuxième Croisade. Son fils aîné, Guillaume Longue-Epée, épouse plus tard Sibille, héritière présumée du royaume de Jérusalem par suite de la lèpre de Baudouin IV, et est fait vicomte de Jaffa et d'Ascalon : il est le père de Baudouin V. Mais il meurt tôt, peut-être empoisonné à l'instigation du parti palestinien hostile. Vers le même moment, un de ses frères, Renier, épouse à dix-sept ans Marie, fille de l'empereur byzantin Manuel Comnène, âgée de trente ans; il est possible qu'il ait reçu tout ou partie de la province de Thessalonique à un titre ou un autre. Sous Alexis II, il se révolte au nom de sa femme, et sera emprisonné par ordre d'Andronic. Là-dessus, en Orient, meurt le jeune Baudouin V. Le vieux Guillaume de Montferrat se rend en Terre Sainte, sera fait prisonnier à Hattin, et mourra en 1190. Un troisième de ses fils, Conrad, est invité par le nouvel empereur Isaac Ange à venir épouser sa sœur Théodora et, ralliant les Latins de Constantinople, écrase pour Isaac la révolte de Branas. Cependant, il se sent peu en sûreté, et à son tour gagne la Terre Sainte, où après avoir en Crète emprunté de l'argent à un homme d'affaires[19] il arrive au moment de Hattin, sauve Tyr, et obtient la libération de son père. La suite de son histoire est connue, son avènement au pouvoir (par remariage non précédé de divorce avec Isabelle elle-même mariée), et son assassinat. Il est inutile de rappeler que son frère, Boniface, sera l'un des principaux chefs de la quatrième Croisade, et deviendra seigneur de Thessalonique, où lui succéderont ses descendants. On le voit, une belle famille.

On remarquera que, dans tout cela, il n'a guère été question de la papauté[20]. Pourtant la Croisade, même si elle avait été un peu autre que ce qu'Urbain II avait prévu, avait été voulue et d'abord organisée par lui. La victoire une fois remportée et Urbain II mort, c'est, au XIIe siècle, la relative réserve de la papauté qui est remarquable. Urbain II avait disparu sans avoir livré ses idées, s'il en avait eu, sur l'avenir des pays occupés, et ses successeurs paraissent bien en avoir eu fort peu. Certes, à travers les querelles entre premiers rois et patriarches ils consacrèrent l'organisation de l'Eglise latine en Orient, sans se soucier des problèmes que cela pouvait poser pour les rapports avec l'Eglise melkite ou les autres Eglises d'Orient, et ils confirmèrent les dons que princes et fidèles lui avaient faits. Ils s'intéressèrent un peu, sans que l'idée fût venue d'eux, à la fondation de l'ordre du Temple. Mais leur politique fut peu ferme sur le principal problème posé par la naissance du royaume de Jérusalem : personne ne pensa à en faire un second Etat de l'Eglise romaine et, fait plus remarquable, personne même ne proposa qu'à l'instar de quelques Etats d'Europe, le royaume de Jérusalem fût un vassal du Saint-Siège : les discussions qui affectèrent les premières années du royaume portèrent sur le point de savoir s'il serait un royaume comme un autre, ou un Etat dirigé directement ou par personne interposée par l'Eglise de Jérusalem, et si la Ville sainte devait avoir un statut spécial[21]. La papauté souhaitait probablement un royaume ordinaire, peut-être par crainte des ambitions d'une Eglise rivale[22] que favoriserait le prestige de la Ville sainte, par sens aussi des nécessités de la défense militaire. Mais on ne peut pas dire qu'elle eut à ce sujet une politique active ni ferme. On ne voit pas que, même à Antioche ni à Tripoli, malgré les liens privilégiés de la papauté en Europe avec les Normands et les Provençaux, les papes aient eu à intervenir plus que dans les plus indifférents des pays occidentaux[23]. Même dans une question de discipline intérieure, comme celle du rattachement de l'archevêché de Tyr aux partiarcats d'Antioche ou de Jérusalem, on ne voit pas que Rome ait su nettement choisir entre la revendication du premier, fondée sur la carte ecclésiastique traditionnelle, et celle du second, prétendant faire coïncider ses frontières avec les frontières politiques du royaume. Il ne semble pas non plus que lors des problèmes de succession, à Jérusalem ou à Antioche, la papauté ait jamais été consultée.

Bien entendu, Jérusalem vue d'Occident[24] continue à bénéficier de son prestige de Ville Sainte. La conquête franque, le développement des voyages maritimes au départ des villes italiennes améliorent les conditions de pèlerinage, et un nombre croissant de pèlerins vont venir en Orient. Quelques-uns s'y attardent, le temps de participer à quelque expédition militaire, s'ils ont un peu d'aptitudes au combat; ils apportent à leurs cousins d'Orient un petit souffle et des nouvelles d'Occident; ils entretiennent la conscience d'une appartenance, dont témoigne l'envoi de reliques aux églises du pays natal[25]. Mais presqu'aucun de ceux-là ne reste définitivement[26]. Il en est de même des marchands, même si plusieurs prennent le temps de greffer une visite aux Lieux saints sur leurs déplacements d'affaires. Il en va différemment des membres des ordres religieux ou militaires, Bénédictins, Templiers, Hospitaliers; les biens que possèdent leurs communautés en Occident exigent un minimum de relations, et ils ont au moins un navire à eux.

Les Francs d'Orient, eux, s'intéressent aux pèlerinages pour autant qu'ils peuvent, comme avaient fait les chrétiens indigènes avant eux, en tirer des bénéfices, fût-ce en exploitant la crédulité des visiteurs[27]. D'autres Occidentaux viendront en Orient latin pour y chercher une fortune qui leur avait été refusée : sans doute sont-ils souvent déçus, mais les textes ne nous parlent que de ceux qui par chance, ou par savoir-faire, ont réussi. Ce qu'ils rapportent ne transcende pas leur valeur personnelle, et leur réussite, lorsqu'elle se produit, est de peu de profit pour leur famille, qui n'en tire aucune prétention à se mêler des affaires d'Orient; tout au plus leur présence peut-elle un peu servir l'influence du suzerain dont ils relevaient en Occident, et auquel ils s'adressent en cas de besoin.

Il est difficile de savoir si, lentement, le peuplement latin en Orient a pu se développer, si même dans les premiers temps il y a eu suffisamment de nouveaux-venus pour équilibrer les morts précoces causées par la guerre. Celles-ci pouvaient au plus inciter à l'aventure de jeunes ambitieux, les trous creusés dans les maisons féodales facilitant, par le remariage des veuves ou autrement, le renouvellement des familles. Nous ne savons pas s'il faut faire intervenir des considérations de natalité. On doit admettre qu'il y a eu un repeuplement latin suffisant pour assurer la survie après le retour des premiers Croisés, et un certain essor par la suite.

L'Occident, de son côté, par les pèlerins et marchands de retour, était tenu informé des affaires d'Orient, sans qu'on puisse cependant affirmer qu'elles aient tenu le premier rang dans les préoccupations. On cultivait plutôt un souvenir progressivement embelli de la Croisade. A l'exception de Foucher de Chartres, les chroniqueurs qui l'avaient racontée étaient revenus en Europe, y apportant leur œuvre, et même la chronique de Foucher y était parvenue; et l'Europe connaissait aussi la remarquable chronique d'Albert d'Aix qui, sans être allé en Orient, se faisait parfaitement renseigner (pour la Croisade elle-même, il est désormais presque sûr qu'il avait utilisé le poème de Richard le pèlerin[28]). Sur la base de ces œuvres s'opérait tout un travail de diffusion, où s'introduisait le merveilleux[29], dans lequel à vrai dire avaient baigné les Croisés eux-mêmes; et parfois il s'agissait d'exalter les exploits d'une famille commanditaire[30]. Ne citons pour l'exemple que le plus répandu des arrangements latins, celui de Robert le Moine[31], et, à la fin du siècle, la chanson d'Antioche de Graindor de Douai. On remarquera que l'Orient latin était beaucoup moins sensible à ce besoin : aucune vulgarisation n'y fut faite des récits de la Croisade, dont il n'est même pas sûr que tous y aient été connus[32]. En Occident même, on commençait à discuter l'idée de Croisade, les avantages et inconvénients de s'expatrier, les moyens de faire son salut.

Ce fut dans ces conditions qu'on connut en Occident, non seulement la chute d'Edesse, ville trop peu connue pour émouvoir, mais surtout les appels au secours que des ambassadeurs apportaient d'Orient. Y répondrait-on, et comment ? Après tout, les participants de la Croisade n'avaient pas pensé qu'elle était la première, qu'une deuxième, une troisième suivraient. Ce fut Bernard de Clairvaux qui en imposa l'idée, mais la deuxième Croisade marque avec la première un contraste significatif. Dirigée par deux souverains, l'empereur Conrad III et le roi de France Louis VII, ayant l'autorité et des relations normales avec la papauté, elle marque implicitement le retour à la vocation naturelle des pouvoirs laïcs, que le souverain Pontife se bornait à encourager et à bénir[33]; et elle marque la première intervention officielle des Allemands[34]. Elle est faite contre la volonté des Normands d'Italie, occupés à leurs préparatifs contre Byzance. Elle n'a requis aucune participation des villes marchandes italiennes. Elle a bénéficié de la tolérance de Byzance, mais celle-ci, attentive aux dangers normand et turc, et peu soucieuse d'accroître l'influence latine, s'est abstenue d'y participer, alors qu'elle avait fait et allait faire des expéditions autonomes; la

Croisade d'ailleurs ne s'occupa pas de lui reconquérir des terres en Asie Mineure, où l'Etat seldjuqide autour de Qunya s'organisait. Du pape Eugène III, le moins qu'on puisse dire est que, empêtré dans la lutte contre la révolution d'Arnaud de Brescia, il avait été peu enthousiaste; au surplus, le déroulement de la Croisade précédente avait montré que, pour le but principal visé par Rome, le rapprochement ecclésiastique avec Constantinople, la formule était mauvaise; et s'y ajoutait la querelle d'Antioche, dont on reparlera.

En Occident même, malgré l'ardeur éloquente de saint Bernard, il est évident qu'on ne vit pas s'enrôler les masses enthousiastes de la première Croisade, et que les souverains ne le souhaitaient probablement pas[35]. Nous verrons dans un moment que, outre l'attiédissement des formes de piété conduisant à la Croisade, certains envisageaient des attitudes nouvelles en face de l'Islam.

En Orient latin même, avait-on souhaité une Croisade? Des renforts, certes, mais une Croisade, c'est-à-dire une vaste expédition dont il faudrait laisser le commandement aux souverains? Il est permis d'en douter. Elle fit d'ailleurs éclater au grand jour le désintérêt désormais croissant du royaume de Jérusalem pour la Syrie du Nord, abandonnée à l'aire byzantine. Le siège de Damas, où l'on attira les Croisés, était totalement étranger à la lutte qu'il aurait fallu engager contre l'ennemi le plus redoutable, Nûr al-Dîn. Il servit à ce dernier à orchestrer sa propagande personnelle auprès des damascènes, et lorsque les Croisés, par suite de leurs propres désaccords, se retirèrent, ils laissèrent en fait à Nûr al-Dîn le champ libre pour ses prochains succès. On notera d'ailleurs que l'émotion n'avait pas été beaucoup plus grande dans le monde musulman, d'où aucun secours n'avait été envoyé.

Le désenchantement en Europe même alla au point que d'aucuns, tel Geroh de Reichensberg, accusèrent la Croisade d'avoir été suscitée par de faux prophètes, et par les Francs de Jérusalem, qui n'avaient besoin de rien, mais désiraient se gonfler d'hommes et d'argent. Les seuls dangers aux frontières étaient provoqués par les Francs eux-mêmes[36].

Chapitre 8

La première moitié du XIIe siècle ; commerce et évolution spirituelle

Ce n'est pas le simple fait de l'établissement des Croisés en Orient qui pouvait y transformer du tout au tout les conditions du commerce. Certes, ils y avaient leurs besoins propres, mais ceux-ci n'impliquaient nécessairement la possibilité ni de financer ni de trouver à réaliser effectivement toutes les acquisitions requises, et les marchandises qui au Levant intéressaient les commerçants occidentaux se négociaient toujours principalement en Egypte. Il est certain même que, dans la mesure où elles parvenaient auparavant aux ports syriens, la chute de Tripoli, Acre, Tyr, et le climat de guerre et d'incertitude des premières années du XIIe siècle, avec l'établissement d'une frontière entre la Syrie intérieure musulmane et les régions franques, n'ont pu que détourner le trafic de ces ports. Quant aux clientèles orientales intéressées par les exportations européennes, elles n'étaient pas concentrées dans l'Orient latin[1]. Les marchands syriens n'ont pas perdu courage, mais ils ont été amenés à détourner leurs opérations vers l'Egypte : ce n'est pas par hasard si, quelques années après la première Croisade, leur est donné au Caire un entrepôt particulier *(Dâr al-Wikâla)*[2]. Il ne faut pas tenir les nouveaux Etats latins pour inexistants, mais il faut éviter de les considérer isolément, comme si les conditions du commerce méditerranéen ne dépendaient que d'eux, comme s'ils en étaient devenus du jour au lendemain le centre.

Pour l'Orient latin comme pour l'Egypte, le commerce maritime était lié au commerce terrestre, qu'il s'agît des produits du pays (voir *infra*), ou de produits lointains apportés par les caravanes. Au lendemain de la Croisade, beaucoup de Francs ont sans doute considéré comme de bonne prise n'importe quels marchands ou marchandises qui leur tombaient entre les mains, ce qui faisait évidemment hésiter les caravaniers à conserver leurs itinéraires traditionnels. Néanmoins ce comportement n'a eu qu'un temps : les Francs, une fois bien installés sur une bande de territoire sans arrière-pays profond, mais commandant les liaisons entre l'Egypte et la proche Asie, ont compris la nécessité d'un *modus vivendi*, et le profit à retirer des droits de passage qu'ils pouvaient percevoir sur les caravanes, comme le faisaient de longue date les Etats et tribus arabes de la région. Même en temps de guerre, on considérait que c'étaient les princes ou les aristocraties dominantes qui étaient concernés[3]; les hostilités avaient d'ailleurs toujours un caractère localisé. On condamnait avec vigueur comme violateurs du droit des gens et étrangers à la civilisation, ceux qui auraient porté la main sur une caravane, ou qui lors d'un siège auraient détruit les plantations et travaux d'irrigation, si coûteux et longs à rétablir, même pour le parti victorieux. Ce n'est pas à dire que l'état de guerre ne comportât aucun inconvénient : on savait bien que l'habit de marchand couvrait souvent, justement à cause de la liberté de circulation, une activité d'espion ou d'agent ennemi; et l'on ne pouvait admettre que des membres d'une nation fussent un jour marchands, le lendemain soldats ennemis, ou fournisseurs d'armes à l'ennemi. Mais, facile avec l'Occident, la démarcation était difficile à établir entre Orientaux.

Les marchands de Gênes, de Pise, de Venise ont demandé et obtenu, on a vu dans quelles conditions, en Orient latin des concessions et des privilèges, mais il ne s'ensuit pas nécessairement qu'ils en aient tiré tout de suite plein profit ; il ne semble même pas qu'ils aient toujours effectivement pris possession des terrains et quartiers qui leur avaient été concédés, et qui l'avaient d'ailleurs été en fonction d'une carte économique que précisément la conquête franque avait contribué à modifier. La documentation dont nous disposons pour la première moitié du XIIe siècle est maigre, ce qui est en soi-même peut-être un signe, d'autant qu'il n'est pas sûr que certains actes de privilège, tels que nous les avons, ne soient pas au moins partiellement des faux, fabriqués à l'époque où les Italiens commenceront à leur accorder plus d'importance[4]. De toute manière ce que nous savons pour cette période est bien différent de l'image classique, peut-être elle-même excessive, que l'on nous trace pour l'époque suivante. En particulier le commerce de l'Orient latin, à la différence de celui de l'Egypte, ne peut se suffire : s'il est possible à un navire de faire l'aller et retour d'Alexandrie en réalisant son équilibre marchand sans avoir besoin d'aller en Syrie, l'inverse, un voyage en Syrie sans trajet par l'Egypte, est commercialement impossible.

Deux autres différences importantes entre ce premier demi-siècle et les suivants sont, d'une part, la persistance d'une certaine flotte maghrébine[5] transportant des marchands musulmans et juifs, d'autre part, le rôle proportionnellement notable de l'Italie méridionale en face des ports septentrionaux. Un traité écrit vers 1170[6], d'après une documentation en partie antérieure, nomme parmi les commerçants venant en Egypte les Siciliens, voire les Sardes[7] (avant la Croisade ?) ; même les marchands génois viennent encore parfois sur des navires amalfitains.

Enfin nous aurons à revenir sur le fait, qu'il faut cependant signaler tout de suite, que les besoins des Francs d'Orient ne pouvaient être satisfaits que moyennant des capitaux dont les butins de la première heure ne pouvaient assurer le renouvellement régulier.

La persistance d'un certain commerce des Amalfitains est attestée, malgré la perte des archives d'Amalfi, par le document de la Geniza qu'on lira en appendice, datant du califat d'al-Âmir (1101-1130)[8], et qui montre les Amalfitains toujours apportant le bois de construction navale[9]. Nous avons un document vénitien qui signale des marchands de Venise s'embarquant en Egypte à destination de Constantinople sur un navire amalfitain, document auquel sa date (1144) confère une portée particulière, parce qu'elle est postérieure au sac d'Amalfi par les Pisans (1135) dont nous reparlerons[10]. On a vu que l'attitude normande n'avait nullement été d'abstention en Orient, politiquement ni commercialement. Tant que les Normands n'ont pas été maîtres d'Amalfi, ils ont cherché à soutenir leurs sujets siciliens, salernitains, et jusqu'au milieu du siècle ils ont cherché à leur assurer une position privilégiée dans le commerce avec l'Etat fatimide. Encore en 1143 et 1148, des traités sont conclus entre Roger II et le califat fatimide, reconduisant des accords antérieurs dont nous ne savons rien[11]. En 1137, Roger II promet à Salerne d'essayer de lui faire obtenir les privilèges dont jouissait depuis longtemps en Egypte Amalfi. Un document de 1135 mentionne un navire de Bari en Egypte, un de 1119 un autre à Damiette, la lettre du calife à Roger II un navire égyptien à Messine en 1136[12] : le roi de Sicile et le calife avaient, d'après cette même lettre, des affaires personnelles dans ce commerce[13]. Les privilèges dont il s'agit ne consistent peut-être que dans le respect de la dîme traditionnelle en Egypte, où le gouvernement fatimide, contrairement à d'autres Etats musulmans, prélevait fréquemment des droits de 19 %[14].

C'est cependant dans cette période que commence à se développer l'activité des rivaux septentrionaux des Amalfitains. Les Génois, profitant des conflits des princes d'Antioche avec Byzance, qu'ils n'avaient pas à ménager, s'étaient fait reconnaître un tiers des revenus du port de Saint-Siméon, débouché d'Antioche, et plus tard des avantages comparables à Laodicée – Lattakieh, cette fois à côté de Pisans. Le caractère stéréotypé des confirmations que leur accordèrent les princes d'Antioche jusqu'à Bohémond III suggère qu'ils n'avaient pas désiré, ou pu, développer davantage leur activité[15].

L'histoire paraît la même dans le royaume de Jérusalem et à Tripoli, avec un léger retard au début. Les privilèges que les Génois acquirent en particulier à Acre étaient la contre-partie de l'aide qu'ils avaient apportée à la conquête de ce port ; et on leur en promettait de semblables pour les autres ports qui seraient pris avec leur aide[16]. Mais les querelles qui se produisirent au milieu du siècle, autour d'anciens droits plus ou moins authentiques, prouvent encore qu'ils avaient jusqu'alors été médiocrement efficaces[17]. Il n'en était pas de même pour l'Egypte : un recueil de lettres imaginaires composées vers 1135 montre que la participation des Génois, et particulièrement de la famille des Embriachi, était bien connue ; et plusieurs références établissent, dans le tiers de siècle antérieur, la présence de Génois à Alexandrie[18].

Les activités marchandes des villes italiennes en Orient, dont le lien avec l'imbroglio des affaires italiennes est éclatant au XIIIe siècle, ne leur sont apparamment pas non plus étrangères au XIIe. Venise était depuis plusieurs générations la maîtresse effective du commerce de l'Adriatique, et l'on a vu la place éminente qu'elle tenait dans celui de l'empire byzantin. Cependant, ayant besoin, pour ses relations avec son arrière-pays, de la paix avec l'empire d'Occident, elle essayait autant que possible de rester en dehors des conflits sans cesse renaissants qui opposaient dans la péninsule impériaux et anti-impériaux. Pise et Gênes avaient encore un intérêt commun à la sécurité de la Méditerranée occidentale, et entreprirent ensemble contre Almeria une expédition d'ailleurs ruineuse[19]. Mais à mesure que leurs ambitions débordèrent la mer Tyrrhénienne, elles se trouvèrent souvent rivales. Pise était de longue date du parti impérial ; Gênes était partagée, les familles aristocratiques étant pro-impériales, le petit peuple plutôt opposé. Mais au début du siècle, la papauté avait continué à s'appuyer contre l'Empereur sur les Normands ; après leur réconciliation lors du Concordat de Worms (1123), elle fit volte-face, et demanda l'appui de l'Empire contre l'expansion normande en Italie centrale. Les Pisans se trouvèrent donc entraînés dans la guerre contre le royaume Normand, à laquelle les excitaient peut-être des exilés amalfitains comme les Pantaleoni[20]. Amalfi dépendait maintenant du royaume Normand, et les Pisans en profitèrent, sans gaspiller leurs forces en•d'autres entreprises, pour la mettre à sac.

Nous ne savons pas bien comment a évolué à ce moment le commerce des Italiens à Byzance, où les Vénitiens conservent la première place, bien que les Pisans, puis les Génois aient obtenu eux aussi des traités, un peu moins favorables. L'importance de ce commerce n'est pas niable, mais la nature des marchandises qui l'alimentaient est peu claire. Il est évident que les Italiens achetaient les produits de l'industrie de luxe byzantine; non moins évident que ne parvenaient plus qu'exceptionnellement à Constantinople des caravanes ayant traversé l'Anatolie avec les marchandises de l'Orient plus lointain, ce qui accroissait d'autant l'importance de l'Egypte. Mais on aimerait savoir si les Italiens ne portaient pas vers l'Egypte du bois et du fer byzantin aussi bien qu'italien; on peut admettre qu'ils y portaient en tout cas la poix apportée à Constantinople de Russie par la mer Noire[21].

Il serait important pour nous de savoir en quoi et dans quelle mesure les événements méditerranéens avaient des répercussions sur le commerce vers l'Orient plus lointain, en particulier dans l'océan Indien.

Si, avant la Croisade, existait depuis longtemps un commerce maritime de l'océan Indien, maintenant orienté surtout vers le Yémen et la mer Rouge, nous savons très mal comment il était organisé et il nous est difficile de nous rendre compte si et en quoi l'existence de l'Orient latin avait pu le modifier[22]. Sans doute faut-il établir un rapport avec le développement du port d'Aydhab en Haute Egypte, moins exposé que Suez et Qulzum à d'éventuels raids francs. La mer Rouge, malgré quelques nids de pirates (Dahlaq, au sud), était à peu près sûre, en particulier pour la traversée vers Djedda et les villes saintes du Hedjâz. Pour l'océan Indien proprement dit, nous ne pouvons qu'énoncer quelques faits bruts, dont le contexte reste obscur.

On a vu que le commerce du golfe Arabo-persique avait profondément décliné. Le grand port de Siraf, qui en était la tête, n'existait pratiquement plus : sur le plan régional il avait été remplacé par le petit Etat semi-pirate de l'îlot de Qish, et les ports du 'Oman sur le bord arabique. Mais il semble que l'appellation de Sîrâfî ait été conservée pour désigner les grands marchands de cette zone. Bien entendu, ils s'en prenaient aux Yéménites, désormais leurs rivaux ; ou plus exactement peut-être y avait-il, en particulier à Aden, lutte entre un parti désireux de s'entendre avec eux, et un autre plus tourné vers l'Égypte. Au XIIe siècle, il est probable qu'il y a eu au moins pendant quelque temps, unité politique entre Qish et Aden. C'est à cette époque que nous rencontrons un personnage aussi important économiquement, ce qui lui permet de manifester sa générosité à La Mecque même, que sur le plan politico-militaire, car il intervient dans les affaires d'Aden : le Sîrâfî Ramesht, dans la première moitié du XIIe siècle[23].

A la même époque, nous constatons une participation croissante des commerçants juifs aux affaires (mais non à la propriété des navires) dans l'océan Indien. Pratiquement exclus de la Méditerranée par le progrès des Italiens chrétiens, ils avaient tourné de ce côté leur activité, loin de leur Maghreb original. Les denrées apportées par les Italiens en Egypte y étaient redistribuées, en grande partie, par les chrétiens coptes, sans que les juifs pour le moment y prissent part.

C'est aussi à cette époque, et justement d'abord par des lettres juives, que nous entendons parler pour la première fois du *kârim,* puis bientôt des *kârimis.* Le mot *kârim,* dont on ne connaît pas l'étymologie et qui a peu de chance d'être arabe, désignait un convoi régulier de navires marchands venant d'Inde, emprunté par des utilisateurs de toutes confessions, bien que les musulmans y aient été majoritaires ; on appelait *kârimis* ceux qui empruntaient le *kârim*[24]. Peut-être étaient-ils spécialisés dans le commerce des épices et autres produits coûteux, et jouissaient-ils de quelques avantages, spécialement douaniers, mais on ne voit pas qu'ils aient formé de corporations ou associations. A la fin du siècle, ils joueront un grand rôle en Egypte, mais nous ne savons pas s'ils l'atteignaient déjà sous les derniers Fatimides.

Ce n'est probablement pas un hasard non plus si la littérature géographique de cette période, qui souvent se borne à recopier les grands ancêtres du Xe siècle, leur ajoute pour l'océan Indien, que ces derniers connaissaient pourtant bien, de substantiels compléments. C'est le cas d'al-Idrîsî, qui écrivait en Sicile. C'est le cas aussi du lecteur ou copiste d'Ibn Hawqal, le grand géographe du Xe siècle, qui ajouta à son exemplaire d'importantes additions heureusement parvenues jusqu'à nous. Un peu plus tard, au Yémen, Ibn Mudjâwir nous donnera du commerce d'Aden un tableau dont nous ne possédons pas d'équivalent chez les auteurs anciens[25].

C'est une question de savoir si l'accroissement de la demande européenne en produits de l'océan Indien et de l'Asie du Sud-Est, transitant surtout par l'Egypte, a entraîné comme conséquence une raréfaction et un renchérissement de ces denrées dans ce pays, ou un accroissement global de leur commerce. Nous inclinons plutôt vers cette seconde solution, bien que sans preuve documentaire, et quoique le *Minhâdj* ne paraisse pas faire à ces marchandises une bien grande part dans l'exportation des ports méditerranéens de l'Egypte.

Certes, il serait excessif de penser qu'il n'y a plus de navires dans le golfe Arabo-persique. Nous avons conservé le récit d'un pèlerin chinois qui a visité Bagdad; et lorsque l'historien Ibn al-Djawzî nous parle d'une tempête qui avait causé le naufrage d'un navire avec 1800 passagers marchands, il ne doit pas s'agir d'un cas unique. Ce commerce lointain atteint, on le voit, la Chine entre autres raisons pour la vente de l'encens[26]. Mais probablement avait-on affaire à un commerce entre les deux rives du Golfe, de l'Oman au Fars, et en partie provenant, par les ports arabiques, d'Afrique orientale. L'importation des esclaves noirs rapportait de gros bénéfices au sultan du Kirman et aux marchands de Shiraz[27]. Bagdad, qui n'était plus le centre du monde, ne pouvait plus par elle-même constituer un puissant appel[28].

*
* *

Nous ne devons pas perdre de vue que c'est à l'époque même des Croisades que naît et croît en Occident l'intérêt pour la philosophie et la science arabo-musulmane, telles qu'elles étaient représentées en Espagne. En Orient, la tradition classique avait à cet égard décliné, et c'est en Espagne qu'elle se maintenait, illustrée à son apogée par le nom d'Ibn Rushd (Averroès). L'Espagne étant en contact plus direct avec l'Occident chrétien que l'Islam d'Orient, il était normal que ce fût surtout sous la forme qu'avait prise la pensée arabo-musulmane en Espagne que l'Europe apprît à la connaître; à condition, mais cela se trouvait justement le cas, que le développement de l'Europe eût atteint le niveau où elle pouvait en avoir la curiosité et la compréhension. La pensée classique se trouvait d'ailleurs plus assimilable que la pensée orientale d'alors, cette dernière se référant trop explicitement ou trop exclusivement à l'Islam pour qu'une pensée chrétienne pût prendre contact avec elle. En revanche, la philosophie classique transmettait les acquis tenus pour définitifs de la sagesse antique, dont l'Occident n'avait conservé que de misérables bribes (en latin plus qu'en grec); elle pouvait donc intéresser les chrétiens, même si l'expérience devait prouver qu'elle leur posait des problèmes. Certes, toute proportion gardée, un mouvement analogue se dessinait en Italie normande, où au début du XIIe siècle se créait, sur la base des enseignements de Constantin dit l'Africain en raison de ses origines, l'Ecole médicale de Salerne.

Evidemment, tout cela ne concerne qu'une élite d'intellectuels, bien que, comme c'étaient eux qui écrivaient, il en soit beaucoup parlé dans la littérature d'alors, et que cela dût aboutir au siècle suivant à de profondes influences exercées dans le milieu beaucoup plus large de l'enseignement universitaire. Cela ne touche donc pas directement la Croisade, encore qu'il soit difficile de penser que, pour ceux de ces intellectuels qu'elle pouvait préoccuper, ils n'aient pas été amenés à assouplir l'idée d'arabo-musulmans barbares et diaboliques. Cela devait dans certains cas conduire à la conclusion qu'il y avait intérêt à connaître la religion musulmane, quand ce ne serait que pour en discuter. Cela ne contredisait pas forcément l'idée de Croisade, car, là ou des pouvoirs orgueilleux empêchaient la propagation de la vraie foi, il fallait les contraindre; tout de même, cela déplaçait un peu l'accent, et tendait à établir une répartition des tâches entre savants et combattants. Au début du XIIe siècle, Pierre Alphonse, juif converti au christianisme et établit en Aragon, avait fait connaître en latin certains éléments de l'Islam. Mais le moment décisif fut celui où, dans ce même Cluny où s'était élaborée la conception de Croisade, l'abbé Pierre le Vénérable se fit faire une traduction du Coran, qu'il accompagnait de lettres à un musulman imaginaire pour lui expliquer qu'il venait à lui non avec le glaive, mais avec la parole. La connaissance de l'Islam devait faire de nouveaux progrès dans la deuxième moitié du siècle, lorsqu'en Italie Geoffroy de Viterbe traduisit des versions abrégées de la *Sîra* (vie du Prophète) et de ses *Maghazî* (razzias).

Ni à ce mouvement de traductions scientifiques, ni à la curiosité pour l'Islam, l'Orient latin ne participa. Certes, on attribue à Guillaume de Tyr une « Histoire des Arabes », mais ce n'était apparemment qu'une traduction (faite par lui-même?) du chrétien Eutychius (Sa'îd) b. Bitriq, et le fait qu'il ne nous en soit parvenu aucun manuscrit suggère qu'elle intéressait peu de monde[29]. Tout au début du siècle, un certain Etienne d'Antioche[30] avait traduit l'ouvrage médical d'al-Madjusî : sans doute s'agissait-il d'un homme lié à l'Ecole médicale de l'Italie normande, et nous ne voyons pas qu'en Syrie l'effort ait été poursuivi.

Nous devons nous rappeler que les Croisés n'avaient mis la main sur aucune des grandes métropoles scientifiques de l'Islam; et au début, ils avaient détruit les bibliothèques qui tombaient entre leurs mains (pour Tripoli, voir appendice).

Les contacts dont nous venons de parler ne concernent que les intellectuels. C'est vers d'autres textes que nous devons nous tourner pour comprendre ce qui se passait dans les masses : romans populaires, littératures apocalyptiques, etc. On a déjà souligné qu'aucune chanson de geste, même relative aux combats contre les musulmans, n'est née dans l'Orient latin. Seule y fut plus ou moins élaborée la *Chanson des Chétifs*[31] (captifs), liée à des traditions poitevines, et qui ne fut connue qu'en Occident. Pas davantage de renouveau des romans chevaleresques arabes, qui au Xe siècle avaient célébré la lutte contre l'infidèle byzantin : tout au plus aperçoit-on que les versions colportées au temps des Croisades remplacent quelquefois le nom d'un ennemi byzantin par celui d'un ennemi franc, quitte à faire vivre un héros préislamique, toujours jeune (Antar), jusqu'au temps des Croisades[32]. Naturellement les Arabes de Syrie n'avaient plus à combattre les Byzantins, mais ils ne combattaient guère plus les Francs, puisque le soin de les combattre incombait désormais principalement aux professionnels turcs. Les Turcs d'Asie Mineure, eux, n'en étaient pas encore, au XIIe siècle, au stade culturel des grandes compositions narrant leurs exploits (ce qui sera le cas à partir du XIIIe en persan, du XIVe en turc). Lorsque cependant ils retrouvent sur place la tradition de l'ancien héros arabe Seyyid Battâl Ghazî, dont on traduit en turc le vieux roman, il ne s'agit que de Byzantins, sans qu'on en convertisse aucun en Franc. Ce genre de littérature paraît toucher les diverses populations du Proche-Orient. C'est probablement à la même époque que voit le jour l'épopée arménienne de David de Sassoun[33], qui paraît nous reporter vers le XIe siècle, en tout cas avant la fin du XIIe (les Kurdes ayant alors exterminé les Arméniens du Sassoun aux sources du Tigre; pas d'allusions aux Francs). Un peu plus loin, en Géorgie, c'est l'époque où Chota Roustavéli compose son « Homme à la peau de léopard », qui nous rapproche plutôt des modèles un peu plus anciens de l'Iran. Il n'y a pas grand-chose non plus dans la composition, échelonnée sur un millénaire, des « Mille et Une Nuits », bien que dans les versions tardives égyptiennes se manifeste un sentiment anti-franc[34]. « Le Roman de Baybars » parlera bien plus tard de la lutte de Mamluks contre les Francs, mais c'est une composition tardive, et plus ou moins de commande, pour redonner confiance aux Mamluks face maintenant à la puissance des Ottomans. Il y aurait lieu aussi de considérer le périple de légendes comme celle de la Montagne qui marche, connue en milieu copte égyptien, empruntée en Italie du sud vers 1130 par l'auteur de l'*Historia Belli Sacri,* et retrouvée plus tard en Asie Mineure par Marco Polo[35]. La littérature apocalyptique est représentée pendant toute la période des Croisades en milieu latin, juif, arabe[36]. Et c'est le lieu de parler de la légende du prêtre Jean.

Nous avons souligné l'atonie de la majorité des indigènes chrétiens devant le fait de Croisade, et les conditions convenables de leur vie en pays d'Islam, avec une baisse cependant de leur importance numérique et de leur influence générale. Dans certains milieux cependant, plus particulièrement chez les Nestoriens, qui avaient peu de rapports avec les Francs, subsistait ou reparaissait une sorte d'espérance messianique en un salut obtenu aux dépens de l'Islam[37], salut qui viendrait d'un Orient plus lointain, semi-mythique, où l'on se remémorait vaguement qu'il existait une chrétienté. Bien que les Francs n'eussent rien à voir dans cette affaire, quelques habiles gens purent penser qu'il y aurait profit à les en informer. En Orient, où l'on savait à quoi s'en tenir, la légende passa inaperçue, mais elle devait se développer en Occident pendant trois siècles. Voici de quoi il s'agit. Pendant que se produisaient dans le Proche-Orient les événements dont nous avons parlé, d'autres événements modifiaient la physionomie de l'Asie Centrale. Le pouvoir y était exercé depuis le début du siècle, par Sandjar, l'aîné de la famille seldjuqide. Mais dans la steppe au nord se formait un nouvel empire nomade, celui des Qarakhitaï, apparentés aux Mongols. En 1143, ils écrasèrent Sandjar, et annexèrent les vieux pays musulmans jusqu'à l'Amou Darya. Les Qarakhitaï, au moins nominalement, comprenaient un amalgame de religions diverses, et leur chef, le Gour-Khan, était peut-être adepte plus ou moins de l'Eglise chrétienne nestorienne qui, restée en relations avec l'Eglise mère d'Iraq, avait encore une réelle influence. Les Nestoriens du monde musulman, que leur déclin démographique rendait par compensation sensibles à des espérances eschatologiques, virent dans la victoire du Gour-Khan l'annonce d'une revanche, venue du lointain Orient, du Christianisme sur l'Islam. Il n'est pas impossible que le Gour-Khan ait envoyé un message à l'empereur de Constantinople. En tout cas, l'histoire du « Prêtre Jean » fut rapportée au Concile de Latran ; et une lettre, remplie d'un magma folklorique hérité de l'Antiquité, finit par atteindre le pape. Telle fut l'origine de la légende du « Prêtre Jean », où les siècles suivants devaient voir, après les Qarakhitaï, les Mongols, puis au prix d'un saut géographique insoupçonné, le Négus d'Abyssinie[38].

Chapitre 9

L'évolution au milieu du XIIe siècle

Le milieu du XIIe siècle marque un tournant dans les relations économiques et politiques en Méditerranée et au Proche-Orient. On a vu comment, au cours du second quart de siècle, l'Islam, face à la domination franque dans les régions syro-euphratésiennes, s'était ressaisi et avait repris l'initiative des opérations, en partie grâce aux Turcomans, toujours prêts pour leur activité traditionnelle de razzias. Celles-ci, en Asie centrale, s'étaient combinées avec l'action des combattants frontaliers de la guerre sainte. Parvenus en Asie Mineure, les Turcomans reprirent leurs razzias, mais surtout contre Byzance, rejoignant là aussi de vieilles traditions de *ghazis*. Contre les Francs de Syrie, leur activité fut plus faible, et probablement sans motivation idéologique. En milieu musulman plus traditionnel, même Zenghi, lorsqu'il reprit Edesse, obéissait probablement plus au désir de réoccuper une ville chrétienne que les Byzantins n'avaient enlevée à l'Islam qu'un siècle plus tôt, et de protéger la voie de communication Mossul-Harran-Alep menacée de flanc par les Francs, qu'à la conviction profonde d'un devoir de guerre sainte. Il n'en reste pas moins que pour ceux chez qui survivait cet idéal, son action et ses succès faisaient de lui un héros de cette guerre sainte. Cette situation fut profondément comprise par son successeur en Syrie, Nûr al-Dîn.

Lorsque Zenghi mourut, en 1146, sa succession fut partagée entre son fils aîné, qui eut Mossul, berceau de la puissance de la dynastie, et un cadet, Nûr al-Dîn[1]. En fait, l'importance relative des deux principautés apparut tout de suite inversée : les princes successifs de Mossul ne furent jamais que des personnages falots[2], alors que Nûr al-Dîn se révélait une personnalité de premier plan. Si son territoire était plus réduit, du moins était-il dégagé des intrigues mésopotamiennes; et la guerre sainte le lui la base et le moteur de toute sa politique, où il est vain de mettait au premier rang dans l'opinion publique. Elle fut pour chercher à distinguer ce qui relevait d'une conviction sincère, et ce qui était ambition. La doctrine officielle fut que le succès de la guerre sainte exigeait l'union de tous, au-dedans et au-delà des frontières, derrière le chef qui manifestait le plus d'ardeur et d'aptitude[3]. La cohésion des musulmans appelait, d'autre part, la répression de l'hérésie, shi'ite en particulier, et le développement de la formation des cadres politico-religieux du régime selon le modèle inauguré par les grands Seldjuqides, mais encore à peine introduit en Syrie[4]. Le résultat de cette politique fut, en un premier temps, l'unification de la Syrie musulmane par l'annexion de Damas, permettant de nouveaux succès contre les Francs; puis en un deuxième temps, une sorte de protectorat sur Mossul et sur les Danishmendites d'Anatolie centrale; une alternance d'ententes et de querelles avec les Seldjuqides de Rum, que Nûr al-Dîn s'efforça d'intéresser à la lutte contre les Francs, mais sans les autoriser à prendre pied en Syrie; et enfin l'expédition d'Egypte, dont nous aurons à reparler. A l'intérieur, Nûr al-Dîn renforça son armée par le recrutement de Kurdes qui vinrent s'ajouter aux forces turques, par des mesures militaires et économiques sur lesquelles nous aurons à revenir, par la multiplication des *madrasas*, des *khanqâhs* et autres œuvres pies (hôpitaux, etc.), pour lesquelles il n'hésita pas, lorsque le personnel syrien ne convenait pas, à faire appel à nombre d'Iraniens[5]. Le renforcement de l'armée permit d'autre part à Nûr al-Dîn de réprimer les activités autonomistes des milices urbaines d'*ahdâth*.

On aura remarqué que, dans tout cela n'interviennent ni les Seldjuqides d'Iran-Iraq, ni même le califat. Les premiers étaient trop occupés par leurs luttes intestines en Iran et en Iraq, et par leurs efforts pour contenir les grands officiers en train de se constituer à leurs dépens des principaués autonomes. Quant aux califes, entraînés dans ces conflits, ils étaient impuissants à s'occuper efficacement même de leurs affaires propres, *a fortiori* de celles de Syrie. On a vu la protestation que cela avait suscitée de la part des Alépins en 1111. Cela n'est pas à dire que tout sens de la *'umma* ait disparu, mais il ne semble pas que le *djihâd* ait occupé dans les esprits une grande place, hors des régions directement concernées. Les cadres du régime n'étaient pas indifférents au redressement islamique, de violentes luttes de partis déchiraient la population bagdadienne, au sein de laquelle se développaient le mouvement hanbalite et les organisations de *futuwwa* des *'ayyârun*. C'étaient là affaires internes, et quand d'aventure on regardait hors des étroites frontières, c'était exclusivement vers l'Iran. Certes, le vizir Ibn Hubayra introduisait dans son traité de Droit un chapitre sur le *djihâd*, mais c'était dans la tradition, et sans référence aux circonstances présentes. L'historien et prédicateur bagdadien Ibn al-Djawzî, dans sa grande *Histoire*, insérait quelques épisodes des guerres islamo-franques de Syrie, mais c'était visiblement pour lui chose secondaire, et peut-être d'ailleurs ne trouvait-il pas beaucoup plus dans les archives qu'il consultait. *A fortiori* s'intéresse-t-il peu aux Fatimides hérétiques. Il apparaît en revanche que le réveil du *djihâd* gagna un peu l'Egypte (voir *infra,* p. 129.

L'Asie Mineure turque continue à être tout à fait distincte des vieux pays musulmans du sud. Malgré quelques raids sur les confins arméno-francs au sud du Taurus, les Turcs ne se préoccupent que de s'adapter à leur domaine nouveau, le plateau intérieur anatolien, entouré par des régions côtières plus ou moins larges, restées ou redevenues byzantines. Laissant de côté l'extrême est du pays, on distingue deux formations politiques encore frustes : les routes est-ouest du nord appartiennent à la dynastie turcomane des Danishmendites, celles du sud à la branche des Seldjuqides établie là depuis la fin du XIe siècle. Ces derniers avaient le désir plus ou moins net d'organiser un Etat inspiré autant que possible des modèles irano-musulmans où régnaient leurs cousins. La chose était difficile, faute de substrat musulman indigène, ou d'immigrants iraniens. Du moins essayaient-ils de refouler aux frontières les Turcomans, peu enclins à s'insérer dans ce schéma : ceux-ci étaient restés d'humeur à pratiquer des raids qui ne pouvaient menacer que les Byzantins, donc sans rapport avec les événements de Syrie. Au surplus, les Seldjuqides ne les y encourageaient pas, et aspiraient plutôt, en partie justement pour les contenir, à une certaine coexistence pacifique avec Byzance. Nûr al-Dîn, un peu plus tard, aura encore bien de la peine à les rendre sensibles à l'idée de guerre sainte contre les Francs. Politiquement leurs efforts principaux étaient tournés contre les Danishmendites, aux dépens desquels ils devaient, malgré une intervention de Nûr al-Dîn, réaliser à leur profit, à la mort de ce dernier, l'unité du pays [6].

La politique byzantine en direction de l'Asie Mineure et de la Syrie paraît obéir à un mouvement de balance. Au moment de la Croisade, Alexis Comnène avait utilisé la force qu'elle représentait pour reprendre aux Turcs une partie du littoral occidental de l'Asie Mineure. Mais à partir de la rupture avec Bohémond, il paraît avoir considéré que provisoirement, l'abandon du plateau anatolien ravagé à des semi-nomades mal organisés présentait moins d'inconvénients, tant qu'on conservait la côte, que le maintien en Syrie du Nord d'une principauté normande bravant Byzance. Peut-être, à la fin de son règne, eut-il tendance à modifier cette politique, et son successeur Jean Comnène eut à l'égard des Turcs une attitude plus entreprenante. Il n'abandonna pas pour autant l'idée d'un redressement en Syrie; il prenait acte de l'existence des Etats francs; mais celui d'Antioche, ancienne province byzantine, le plus proche et pour lui le plus important, menacé par les débuts de la contre-offensive musulmane, ne pouvait plus lui opposer de refus aussi énergique qu'à son père. Dans ces conditions, Jean Comnène essaya de réaliser un savant équilibre : obtenir des Francs d'Antioche une reconnaissance de vassalité, en échange de laquelle il leur porterait secours contre les Musulmans, sans aller jusqu'au point où l'élimination du danger musulman eût rendu inutile pour les Francs cette reconnaissance de vassalité (expédition d'Antioche, 1137)[7].

Manuel poursuivit cette politique. Il laissa passer par son territoire l'empereur Conrad et le roi de France Louis VII, avec lesquels il n'avait pas intérêt à se brouiller, mais ne participa pas à leur Croisade, dont il n'aurait pu tirer aucun profit[8]. Il intervint ultérieurement à Antioche, dans le même esprit d'équilibre que son père, obtenant cette fois le rétablissement d'un patriarche grec; sur sa route, il s'efforça de consolider ou de rétablir, dans le Taurus cilicien, sa domination sur des barons arméniens de plus en plus indociles, et pour le moment portés contre lui à rechercher une sorte de condominium avec les Francs[9]. Il combattait les Turcs à l'occasion, mais estimait qu'il suffisait de les maintenir dans certaines limites, sans modifier pour cela sa grande politique internationale; si bien qu'il se prêta, moyennant quelques satisfactions de prestige, en 1162, à une véritable paix avec le Seldjuqide Qilidj-Arslan II, qui vint à Constantinople.

L'affaiblissement des Francs d'Antioche, confinés à l'Oronte, sans qu'il y eût en Cilicie de véritable réimplantation byzantine, profitait aux seigneurs du Taurus occidental, surtout à ceux de la famille roupénienne, dont certains crurent possible de secouer à la fois le joug byzantin (ou ce qui en restait) et latin. L'un d'eux, Mleh, alla même, pour obtenir l'appui de Nûr al-Dîn, jusqu'à se convertir à l'Islam. Il fut désavoué par ses sujets, sans que le prince turc ait jugé utile de se préoccuper de lui. Mais les Roupéniens étaient désormais pratiquement indépendants, et l'on verra leurs démêlés avec les princes d'Antioche.

Pendant ce temps, que devenaient les rapports entre Byzance

et l'Egypte ? Ils n'avaient sans doute plus, pour l'une ni l'autre, la même importance qu'avant que ne fussent venus s'interposer entre elles les Francs et les Italiens. Il est cependant peu vraisemblable que les relations aient tout à fait cessé : si le commerce était sans doute passé entre les mains des Italiens, Byzantins et Egyptiens pouvaient avoir intérêt à coordonner leur attitude envers ceux-ci, par exemple parce que, pour se rendre en Egypte, ils faisaient escale en Crète byzantine; ou encore envers les Normands qui reprenaient alors leurs projets antibyzantins. Au milieu du XIe siècle, le gouvernement byzantin n'avait pas hésité à sacrifier son amitié avec les Fatimides à l'espoir, d'ailleurs vain, d'une normalisation avec les Turcs[10]. Nous ignorons ce qu'il en était au temps de la première Croisade, pendant laquelle une ambassade byzantine gagna le Caire[11]. Ensuite, nous pouvons seulement dire qu'il y eut des échanges d'ambassades, dont nous ne savons rien[12].

*
* *

A la même époque se détériorent les rapports entre l'Egypte et les Normands. Les causes en peuvent être multiples. On a vu le rôle qu'avaient joué dans le califat fatimide les Arméniens, convertis ou non à l'Islam[13]. A partir des environs de 1140, une sorte de réaction arabo-musulmane, peut-être influencée par Zenghi et Nûr al-Dîn, donne le pouvoir viziral à des chefs militaires arabes ou kurdes arabisés (le vizir Talâ'i' b. Ruzzîk), moins complaisants envers les chrétiens, et peut-être plus sensibles aux atteintes portées par les puissances chrétiennes à la terre musulmane. Parallèlement, du côté normand, Roger II se met à attaquer les ports de l'Afrique du Nord, y compris Tripoli, jusqu'à susciter appréhensions ou mécontentements dans divers milieux d'Egypte, intéressés au maintien des formes traditionnelles de relations commerciales avec le Maghreb[14]. C'est aussi le moment où le royaume normand reprend une politique d'offensive contre l'empire byzantin : sans doute le détourne-t-elle d'aider la deuxième Croisade, qui d'ailleurs ne dérangeait pas l'Egypte; mais peut-être Byzance excite-t-elle les Fatimides contre les Normands ? Roger mort, l'évolution interne du royaume provoque, sous Guillaume Ier, un mouvement antimusulman, ou du moins hostile à des avantages consentis aux musulmans. Pour Roger II, Idrîsî avait composé sa célèbre *Géographie*[15]. Mais bientôt on assiste à une émigration de lettrés siciliens vers l'Egypte[16], où ils n'ont pas dû apporter le sentiment d'un avenir favorable pour les musulmans de Sicile, même si ceux-ci continuaient à n'être pas persécutés. D'autre part, on assiste à ce moment à une expansion des Almohades dans le Maghreb oriental, favorisée justement par la réaction musulmane aux empiètements normands. Tripoli est reprise aux Chrétiens, et c'est avec la nouvelle puissance maghrébine que les Italiens, quels qu'ils soient, doivent traiter. Nous ignorons quelles furent les conséquences du côté fatimide, mais il est difficile de penser qu'il n'y en ait pas eu.

Sur cet arrière-plan se dessinent des faits économiques plus précis. Il est certain que le XIIe siècle, en Italie, marque l'essor du commerce des ports du nord, qui ne s'ajoute pas à celui des ports du sud, mais le supplante peu à peu. Des circonstances diverses favorisent cette évolution, indépendantes de la politique normande ou autre. Les ports du sud étaient les plus favorisés jadis pour les relations avec les musulmans, tant qu'il ne s'agissait que de relations interrégionales, pour lesquelles on cherchait à diminuer la durée des traversées, par crainte des pirates. Maintenant le développement commercial de l'Occident et, dans une certaine mesure, le mouvement de Croisade donnaient l'avantage aux ports italiens du nord, plus proches des débouchés continentaux, et qui peut-être aussi disposaient mieux que ceux du sud des ressources en bois et fer nécessaires à leur commerce en Orient. La flotte italienne avait peu à peu réduit les risques de piraterie (sauf, en cas de guerre, entre Italiens eux-mêmes), et les transports par mer coûtaient en général moins cher que les transports par terre. Il est symptomatique de voir des exilés amalfitains de la famille des Pantaleoni s'établir à Pise et un riche marchand méridional, connu par les registres du notaire génois Scriba, Soliman de Salerne, probablement un juif converti, s'installer définitivement dans la métropole ligure[17]. Bien entendu, Génois et Pisans, pour se rendre en Orient, passaient par le détroit de Messine; ce sont eux désormais qui assurent les relations orientales de l'Italie méridionale elle-même. Bientôt le fameux voyageur musulman d'Espagne, Ibn Djubayr, fera la traversée de Messine à Alexandrie sur un navire génois[18].

Nous avons vu que le premier témoignage du commerce génois en Egypte (si l'on excepte l'épisode des Génois incarcérés au début du siècle), se trouve dans le recueil de modèles épistolaires de 1135, où ce commerce est considéré comme normal. Nous possédons aussi, d'une date indéterminée, au dos d'un acte du notaire Scriba, donc antérieur à 1156, quelques lignes d'arabe à moitié effacées faisant allusion à un accord entres Gênes et l'Egypte[19]. Nous sommes mieux renseignés pour Pise dont, vers 1150, le géographe arabe al-Udhrî et le voyageur juif Benjamin de Tudèle nous disent que ses navires à Alexandrie sont les plus nombreux de tous[20]. C'est sur cet arrière-plan général qu'il nous faut étudier des faits dont l'exposé nous a été conservé dans la traduction latine d'un acte arabe du début de 1154[21].

Le préambule de ce document et quelques passages montrent qu'existait depuis quelque temps, entre Pise et l'Egypte, un accord qui, sans mettre les Pisans tout à fait encore sur le même pied que les Siciliens, avait contribué à développer suffisamment leur commerce pour qu'ils eussent déjà à Alexandrie leur *funduq* particulier. Il se peut que Génois et Vénitiens aient eu l'équivalent, mais les témoignages sont plus tardifs. On peut se demander si l'effort de Pise en direction de l'Egypte avait coïncidé avec les accords conclus avec de petits princes du Maghreb, vers 1130-1140. Quoi qu'il en soit, en 1153 le gouvernement fatimide avait incarcéré des marchands pisans et confisqué leurs biens : l'affaire était d'une telle importance aux yeux des autorités pisanes qu'elles dépêchèrent en plein hiver, par galère spéciale, un ambassadeur muni de pleins pouvoirs. Les Egyptiens avaient beau jeu de répondre que la sanction avait été prise en représailles du massacre par des Pisans des passagers musulmans d'un de leurs navires, dont femmes, enfants et marchandises avaient été saisis : après restitution et indemnisations, le gouvernement fatimide agirait de même, et rétablirait les marchands pisans dans leurs droits antérieurs, étant entendu qu'ils ne s'appliquaient qu'aux vrais commerçants, et non à ceux qui collaboraient aux opérations anti-égyptiennes des Francs d'Orient : allusion probable au siège d'Ascalon, sur lequel nous aurons à revenir. Il est clair que le gouvernement fatimide était aussi anxieux que Pise de rétablir de bons rapports, toujours pour la même raison, l'approvisionnement en bois et fer, dont l'accord faisait aux Pisans une obligation. Précision d'autant plus éloquente que, lorsque, deux ans plus tard, les Pisans sollicitèrent un privilège du roi de Jérusalem, il leur fut interdit d'apporter en Egypte du bois et du fer.

Vers 1154-1155, une flotte normande ravagea le delta du Nil[22]. Les Normands avaient-ils à se plaindre des avantages accordés aux Pisans ? Nous l'ignorons. Mais ce qui est désormais certain, malgré quelques échanges d'ambassades[23], c'est qu'à un demi-siècle de paix succède une période de tension.

D'autre part, le royaume de Jérusalem, qui avait pendant trente ans maintenu la paix avec les Fatimides, attaque en 1153 leur dernier port en Palestine méridionale, Ascalon. Nous constatons que dans la même période, les Italiens se préoccupent de rendre, à leurs privilèges du début du siècle, l'efficacité dont ils paraissent jusqu'alors s'être peu souciés[24]. C'est à la même époque encore que remontent dans le Royaume, les quelques assises concernant le Droit maritime dont nous reparlerons[25]. Tout cela signifie que l'Orient latin prend maintenant dans le commerce une place notable, que les Italiens lui étendent leurs activités, ou cherchent à se ménager contre les incidents avec les musulmans, des places de repli; et sans doute le Royaume, malgré les avantages douaniers consentis, trouvait-il maintenant intérêt à les attirer.

Cependant autour des années 60, nouveau bouleversement dans les rapports internationaux, tant en Occident qu'en Orient. En Italie, nouvelle rupture entre impériaux et anti-impériaux, donc aussi entre Pise et Normands : Pise s'était promis un bon morceau de la peau de l'ours normand lorsqu'on l'aurait pris. Cela pourtant se révélant difficile, les Pisans, dans l'intérêt de leurs communications commerciales, se réconcilièrent tant bien que mal avec les Normands. Les Génois avaient pris une position inverse, et collaboraient avec les Normands. On ne voit pas clairement les répercussions de ces querelles en Orient : ce n'est tout de même pas un hasard si, en 1165, les Pisans avaient saisi un navire génois revenant d'Egypte[26]. Il n'est pas douteux, enfin, que ces incertitudes éveillèrent chez les Pisans le désir d'une mainmise plus ferme sur l'Egypte.

Tout cela explique l'attention croissante portée par les Italiens à leur situation dans le Royaume. En même temps que les Pisans liquidaient leur conflit avec les Fatimides, leur ambassadeur obtenait un privilège de Renaud d'Antioche, revenant sur les abandons de la première moitié du siècle. Le même ambassadeur encore, deux ans plus, obtenait du roi Baudouin III un privilège et sa médiation pour une réconciliation avec Amaury. Nous ne savons pas ce qui avait opposé les Pisans et Amaury : peut-être le traité avec l'Egypte de 1154, car Amaury, maître de la façade maritime de la Palestine, représentait la politique d'intervention contre l'Egypte. Le privilège de Baudouin interdisait maintenant aux Pisans de livrer à l'Egypte précisément le bois et le fer que le traité de 1154 avait exigés d'eux. Y a-t-il relations entre ces faits et l'attaque par les Egyptiens d'un navire pisan près de Tinnis en 1157 ? Si vague que soit notre information, elle montre l'importance qu'avaient pour les Pisans leurs affaires, tant à Alexandrie qu'à Acre, et la difficulté qu'ils avaient sans doute à les concilier. En 1167, nous retrouvons les Pisans défendant Alexandrie, aux côtés d'Amaury devenu roi, contre l'armée envoyée par Nûr al-Dîn; attitude compatible cette fois avec des relations correctes avec les Egyptiens, puisque le vizir Shawar et Amaury sont à ce moment alliés. D'après les annales de Pise, il en serait résulté un nouveau privilège, qui ne figure cependant pas dans la collection conservée[27]. On peut penser, comme l'a déjà depuis longtemps suggéré R.S. Lopez, que les Pisans voulaient faire en Egypte ce que les Vénitiens devaient faire plus tard à Constantinople.

Il est peu vraisemblable que les Génois et les Vénitiens, dont la présence et l'activité sont attestées pour cette période à Alexandrie, soient restés indifférents à ces conflits. Les textes cependant n'en disent rien, et ils peuvent avoir adopté une attitude prudente. Les Normands tentèrent sans doute de rétablir leurs affaires, ils envoient une ambassade en 1163, mais on n'entendra plus parler d'intervention en Egypte que sous forme militaire[28].

L'Etat fatimide sombrait dans l'anarchie, et les factions rivales appelaient à leur secours qui les Francs, qui Nûr al-Dîn, les uns comme l'autre savourant d'avance la proie riche et facile que l'Egypte aurait constituée. Les marchands italiens balançaient entre les risques d'une association avec les Francs en cas d'échec, et les profits en cas de succès.

Pendant ce temps, au Maghreb et en Espagne, les Almohades renversaient l'empire almoravide, dont subsistait seulement aux Baléares l'Etat semi-pirate des Banu Ghaniya, que nous retrouverons. Au Maghreb oriental, ils dépassaient les frontières almoravides, grâce à l'appui des populations musulmanes gênées, on l'a dit, par l'expansion normande. Les Italiens ne purent faire autre chose que de traiter avec la puissance nouvelle.

Puis, en 1169-1171, nouveau bouleversement, tant en Egypte qu'à Byzance.

Dans l'empire byzantin on se rappelle que les Vénitiens occupaient depuis la fin du XIe siècle une position commerciale prépondérante. Ils n'avaient cependant pas pu empêcher les Pisans d'y pénétrer au début du XIIe siècle, avec des avantages moindres, mais suffisants pour qu'ils y fissent d'appréciables profits. Les Amalfitains devaient être gênés par leurs liens avec les Normands, ennemis de Byzance. Même les Génois, qui collaboraient en général avec les ports du Sud, avaient attendu, peut-être en partie pour cette raison, avant d'y obtenir eux aussi une place; sans doute d'ailleurs mettaient-ils l'accent sur le Proche-Orient proprement dit. D'une manière générale, quel qu'ait été l'intérêt que les profits réalisés ou escomptés pouvaient leur faire porter au commerce byzantin, on peut penser que pour les Italiens, surtout dans le sens des importations vers l'Italie, il avait moins de nécessité que le commerce musulman (peut-être aidait-il à l'équilibre des comptes : cf. *infra*). Le détournement de l'ancien commerce du golfe Arabo-persique vers la mer Rouge, et l'invasion de l'Asie Mineure par les Turcs sans que longtemps aucune organisation stable s'y développât, avaient pratiquement interrompu l'approvisionnement direct de Constantinople en produits asiatiques par caravanes, et réduit le trafic naval à partir des ports syriens ; *a fortiori* lorsque ces derniers furent intégrés à l'Orient latin, avec la frontière intérieure supplémentaire qui le séparait de l'Islam. Quoi qu'il en soit les Italiens, Vénitiens en tête, jouissaient presque d'un monopole préjudiciable aux Grecs, qui ne disposaient plus de marine, sauf militaire, que pour le trafic local. Dans ces conditions, le comportement des Italiens à leur égard était ressenti par eux de plus en plus comme l'effet d'une morgue intolérable. Ce qui se heurtait à la forte tendance de Manuel Comnène à s'entourer de Latins, comme auxiliaires militaires ou conseillers, et à chercher dans sa politique au Proche-Orient à apparaître comme le chef moral d'une coalition chrétienne gréco-latine. Momentanément pourtant, il semble que les deux domaines n'aient pas interféré. En 1171, la populace de Constantinople exaspérée attaqua le quartier vénitien, le pilla et massacra beaucoup de marchands, non sans s'en prendre aussi aux Pisans et Génois voisins[29]. Il ne semble pas que Manuel s'y soit vraiment opposé, et en tout cas rien ne fut fait les années suivantes pour rétablir un commerce normal. Les Italiens se trouvaient donc incités à chercher en Orient une compensation.

Pendant ce temps, en Egypte, Nûr al-Dîn avait envoyé une armée commandée par son lieutenant kurde Shirkuh, qui expulsa les Francs et occupa le pays. Sur ces entrefaites il mourut, mais sa place fut immédiatement occupée par son neveu, Salâh al-Dîn (Saladin), qui officiellement succède aux vizirs égyptiens des Fatimides. En fait, il réprima les mouvements suscités par les cadres politico-religieux et militaires du régime : la supériorité technique de l'armée turco-kurde sur l'armée arabe et noire des Fatimides était éclatante, mais surtout la masse de la population, qui n'avait jamais adhéré à l'idéologie ismâ'ilienne officielle, et avait en outre été déconcertée par les schismes à l'intérieur de la dynastie elle même, assistait désormais, comme l'a bien vu le contemporain le Qadî al-Fâdil, avec indifférence à l'agonie du régime. Saladin bien entendu était sunnite; seulement comme les Kurdes en général il appartenait à l'école shafi'ite comme les sunnites égyptiens d'alors, mais contrairement aux Turcs, eux, hanéfites. En 1171, il mit officiellement fin à la dynastie fatimide, et proclama le retour de l'Egypte à la famille sunnite et à l'obédience théorique abbasside. Désormais l'Egypte, avec ses ressources, est intégrée au front commun de la guerre sainte contre l'Orient latin encerclé ; la zone névralgique passe de la Syrie du Nord à la Syrie méridionale et à la Palestine. Le plein effet de ces changements ne se fit pas immédiatement sentir, à cause de la méfiance mutuelle entre Nûr al-Dîn et Saladin, puis, à la mort du premier (1174), au conflit entre ses jeunes successeurs et Saladin, qui s'était immédiatement posé comme le seul capable de continuer la guerre sainte, et à ce titre fondé à réclamer la totalité de l'héritage aussi bien syrien qu'égyptien. En 1180, l'unité était refaite à son profit, et la menace désormais totale contre les Francs.

Ceux-ci n'avaient pas attendu pour essayer de réagir.

On a vu que plusieurs fois Baudouin III et son frère Amaury avaient envisagé d'attaquer l'Egypte, avec l'aide de Byzance. Le même projet fut repris contre l'Egypte de Saladin. Manuel Comnène avait, on le sait une inclination personnelle pro-latine, et avait beaucoup de Latins à son service. Il se concevait volontiers comme le chef suprême, lui et non l'empereur allemand ou le pape, d'une sorte de coalition byzantino-latine contre l'Islam. Avec le royaume de Jérusalem, auquel ne l'avaient jamais opposé les litiges territoriaux qu'il avait eu avec la principauté d'Antioche, il entretenait de bons rapports, non sans une nuance protectrice (Amaury avait épousé sa fille). Les projets en direction de l'Egypte furent facilités par la conclusion de la paix avec les Normands d'Italie, qui libérait sa flotte. Les discordes à Jérusalem retardèrent la réalisation, et tout sombra en un jour à Myrioképhalon (voir *infra*).

Chapitre 10

Le commerce au XIIe siècle, son organisation ; la monnaie

C'est au milieu du XIIe siècle que nous pouvons commencer à nous rendre compte des modalités du commerce du Levant. Si à Pise les actes privés connus sont bien plus tardifs, pour Venise on en possède un assez grand nombre pour le XIIe siècle[1], et pour Gênes, où se sont conservés depuis la fin de ce même siècle un grand nombre de registres notariaux, nous avons à notre disposition, déjà pour les années 1156-1164, celui de Johannès Scriba[2]. Certes, nous ne pouvons dire dans quelle mesure le hasard de la conservation des documents autorise des conclusions valables, et pour reconstituer les itinéraires, nous sommes gênés par le sens vague de l'expression *ultra mare*, qui désigne d'habitude l'ensemble des ports de l'Orient latin, mais semble parfois plus élastique. Quoi qu'il en soit, trois directions apparaissent, sans parler du commerce maghrébin : Constantinople, Alexandrie et l'Egypte, Acre et l'Outre-mer. Un premier problème : quelle est, pour chaque ville marchande italienne, la proportion des voyages vers ces trois destinations ? Pour Venise, si nous faisons le compte dans la publication de Morozzo et Lombardo pour la période antérieure à 1171, nous trouvons Constantinople 200 fois; Alexandrie 64 et Damiette 7, soit Egypte 71; enfin Acre 40, Tyr 4, Antioche 4, Tripoli 1, Jaffa 1, Syrie vague 4, soit Orient latin en général 54. Résultats éloquents : le primat de Constantinople pour Venise n'est pas surprenant, il n'en est pas moins net; l'Egypte l'emporte sur l'Orient latin, et dans celui-ci Acre sur les autres ports, malgré l'établissement spécial de Venise à Tyr. Si nous faisons la même statistique pour Gênes moins intéressée par l'empire byzantin, nous trouvons, pour les huit années du registre de Scriba : Alexandrie 84, Outre-mer 47.

Nous n'avons pas de chiffres pour Pise, mais tout ce que nous avons dit de celle-ci montre que les proportions seraient comparables. Cela témoigne que si, pour les Italiens, l'Orient latin n'est pas négligeable, leur principal intérêt cependant se porte sur l'Egypte[3], ce qui ne peut pas ne pas avoir de conséquences pour leur politique générale.

Si maintenant nous cherchons à préciser la nature des marchandises transportées dans un sens et dans l'autre, notre documentation nous place dans une situation difficile : la littérature arabo-musulmane[4] et celle de la Geniza[5] parlent essentiellement du bois et du fer à l'importation, de l'alun et denrées diverses à l'exportation. Cependant ces produits ne sont pratiquement jamais cités dans les contrats qui nous renseignent sur les denrées emportées d'Italie pour être vendues en Orient. La vente de bois et de fer, *a fortiori* d'armes à l'étranger était prohibée par la plupart des législations d'alors, et en outre par des décisions formelles, pour le cas des musulmans, des papes et des conciles[6] ; les chargements devaient se faire subrepticement, et les produits interdits être dissimulés sous des marchandises autorisées, ou peut-être y avait-il tricherie sur la destination déclarée. A en juger par les contrats, le principal objet d'exportation consistait en draps, étalon de la valeur des emprunts à rembourser ; mais la documention égyptienne est presque muette à leur égard. Tout au plus peut-on supposer qu'à cette époque, il s'agissait encore de draps bruts qui, travaillés et teints par l'artisanat local, étaient distribués en même temps que les tissus indigènes[7]. La plupart des autres produits, dans les deux sens, étaient de consommation plus courante. Par ailleurs le gouvernement égyptien, comme tous les Etats au stade mercantiliste, encourageait l'importation de l'or et de l'argent, mais refrappait les monnaies étrangères. Nous retrouverons plus loin la question de savoir si et comment s'établissait un équilibre commercial et monétaire. Nous pouvons seulement dire tout de suite qu'en ce qui concerne le bois et le fer, ainsi que l'alun, ils étaient monopolisés par un organisme d'Etat qui en garantissait l'achat et le paiement à des conditions satisfaisantes pour les uns et pour les autres.

La comparaison est difficile avec l'Orient latin. Nous avons bien pour celui-ci, dans deux chapitres des Assises de Jérusalem[8], une liste de produits importés et taxés, mais comme à l'époque de leur rédaction définitive les Occidentaux avaient à Acre entière franchise sur les denrées qu'ils apportaient, on s'abstient de les énumérer, et on ne parle que de celles qu'apportent les caravanes terrestres indigènes, ou quelquefois les petites flottes de cabotage. Les caravanes terrestres apportaient entre autres choses les fameuses épices, et en Egypte aussi il est certain qu'elles arrivaient. Mais le *Minhâdj* paraît se désintéresser, sans qu'on en voit bien la raison, des denrées en transit, et il est probable que celles-ci étaient dans l'ensemble du commerce égyptien proportionnellement moins importantes qu'elles ne le seront plus tard, et que le commerce tant des Egyptiens que des Italiens dépendait moins des épices qu'on ne l'a cru en général.

Il est possible que les Occidentaux aient vendu autre chose que du bois et du fer aux Fatimides. Ibn Tuwayr[9], haut fonctionnaire et historiographe contemporain des événements, décrivant les magasins du palais califal à la veille de la chute du régime, raconte qu'il s'y trouve des stocks d'armes qu'il désigne de façon ambiguë comme « faites de la main des Francs ». Il est peu vraisemblable qu'elles aient été fabriquées en Egypte par des prisonniers, ni qu'elles aient été vendues par les Francs de Syrie, qui d'ailleurs devaient recevoir leurs armes d'Europe. Peut-être s'agit-il d'armes laissées par Amaury, lors de ses expéditions d'Egypte, mais il n'y avait pas subi de vraie défaite et n'avait pas combattu les Fatimides. Si l'on exclut ces hypothèses, il ne reste que celle du commerce. Les épées franques, on l'a vu[10], étaient réputées en Orient pour leur tranchant et acquises à prix d'or lorsqu'on pouvait tourner les interdictions européennes de vente ; l'acier dit de Damas, réputé pour son brillant, ne devait pas les égaler, et les artisans orientaux fabriquaient des sabres courbes et non des épées (voir p. 63). Par ailleurs nous savons que les armées de Saladin, successeur des Fatimides, avaient de grands boucliers différents des boucliers légers traditionnels en Orient et dont les noms de *târiqa* (targe ?) et de *djanawiya* (génoise ?) suggèrent une provenance occidentale[11]. On sait que des contingents francs ont figuré au Moyen Age dans certaines armées musulmanes (Almohades, Turcs d'Asie Mineure[12]; peut-être même quelques-uns à Hattin)[13], mais on ne voit pas qu'ils puissent expliquer le texte d'Ibn Tuwayr.

Ceci nous conduit à un autre problème. On a presque toujours admis que le commerce du Levant, pour les Occidentaux, était déficitaire ; idée qui reposait implicitement sur la conviction que l'Orient vendait des marchandises chères, alors que l'Occident ne pouvait lui en fournir que de bon marché. Récemment néanmoins, quelques doutes ont été émis, sur la base de documents différents de ceux que l'on utilisait[14]; mais il ne semble pas que la question ait jamais été discutée d'ensemble et à fond. Remarquons que de toute façon les Italiens pouvaient se procurer au Maghreb et en Occident de quoi contrebalancer leurs pertes éventuelles en Orient. Mais même sans sortir de l'Orient, on peut se demander si la balance des comptes, avec les objets de commerce que nous avons énumérés, était aussi négative qu'on le pense. Nous retrouverons le problème à propos de la circulation monétaire et, au XIIIe siècle, du retour à l'or en Europe. Mais sans attendre il faut bien penser que les marchands n'auraient pas maintenu et développé leur commerce en Orient s'il ne leur avait été profitable; il pouvait certes l'être par la revente en Occident d'objets achetés moins cher en Orient, mais l'Occident aurait-il pu accepter longtemps cette ponction s'il n'avait pu accroître ses productions commercialisables?

Nous pourrions mieux discuter ces problèmes, si nous connaissions mieux la nature du commerce à Constantinople comparé à celui des autres places d'Orient. Il n'y figure sans doute pas de denrées de première nécessité comme le bois, le fer, l'alun. Cela ne signifie pas que les nombreux produits de luxe, ou surtout d'usage courant qui constituaient l'essentiel de ce commerce, ne montaient pas à un total considérable. Les profits et pertes pouvaient sans doute se combiner, au retour en Italie; et il y avait souvent aussi des voyages triangulaires, où les pertes d'une escale étaient compensées par les bénéfices d'une autre; naturellement enfin, lorsque les Italiens servaient d'intermédiaires entre plusieurs ports successifs, ils avaient un bénéfice de « commission ».

Quoi qu'il en soit, le bénéfice pour tous les marchands de ce temps sans distinction de religion se faisait fondamentalement par la différence entre les achats d'une denrée là où elle était bon marché et sa revente là où elle était chère. Ajoutons qu'en ce temps comme en d'autres l'état de guerre était profitable, lorsqu'on vendait des armes aux deux parties.

C'est dans le commerce que les usages de diverses sociétés communiquant entre elles ont le plus de points communs, ou le plus tendance à les rapprocher. Le *Minhâdj* d'al-Makhzûmî, rédigé sous le règne de Saladin d'après une documentation essentiellement fatimide, nous permet maintenant de mieux comprendre les renseignements épars dans les actes italiens qui commencent à la même époque à se multiplier. Il est impossible d'étudier ici dans leur détail les aspects techniques du commerce méditerranéen, mais pour l'histoire générale, certains traits doivent être rappelés[15].

Si les principes et les orientations obéissent à peu près partout aux mêmes soucis, chaque port a cependant sa réglementation, correspondant à la politique des autorités. En gros, pour les ports égyptiens de la Méditerranée (Alexandrie à l'ouest du delta, Damiette et Tinnis à l'est), lorsque les navires étrangers approchent, on fait une liste des passagers et des marchandises, puis on débarque celles-ci et on les entrepose dans un *funduq* (fondaco)[15 bis]. L'opération essentielle consiste alors dans l'organisation, par les fonctionnaires du port, d'une vaste vente aux enchères, au cours de laquelle les intermédiaires indigènes viennent acquérir les marchandises qu'ils écouleront ensuite auprès des détaillants de l'intérieur. Les étrangers en effet, à cette époque, n'effectuent qu'exceptionnellement eux-mêmes les ventes dans le pays, que leur ignorance de la langue et des usages leur rendraient de toutes manières difficiles. Ils ont quelquefois le droit d'aller au Caire, et d'inspecter dans le delta les récoltes, par exemple de lin, qu'ils peuvent souhaiter acheter. Naturellement il faut bien que l'ensemble de leurs opérations, dans les divers ports qu'ils touchent, soient équilibrées, mais la politique des gouvernements d'alors, avant tout préoccupés d'assurer le ravitaillement intérieur, en bonne partie pour l'aristocratie, vise à favoriser l'importation plus que l'exportation.

C'est au cours des ventes aux enchères que l'administration établit et perçoit les droits à payer par les marchands étrangers. Ces droits varient selon la nationalité des marchands et la nature des marchandises; ils sont, par exemple, fortement abaissés pour les métaux précieux monnayables. Le principe de base un peu partout (aussi bien dans l'océan Indien), paraît être le prélèvement d'une dîme, mais il s'y ajoute tous les services, ce qui aboutit souvent à doubler le montant. Il n'y a de différence entre musulmans et non-musulmans que pour les biens personnels non commercialisables. Les *funduqs* sont à cette époque gérés par l'administration du pays, mais il y a tendance à les répartir par nationalités, car ils servent aussi à la vie intérieure des colonies de passage. Les affaires juridiques concernant les marchands relèvent d'un *wakîl*, qui n'est pas forcément un musulman.

Quel pouvait être le rôle de l'Orient latin dans cette recherche d'équilibre? Il est difficile de penser que ses achats n'aient pas dépassé ses ventes, même si les ordres religieux avaient cherché à développer des productions comme l'huile, le sucre, le vin, susceptibles d'être vendues avec profit. Pour le reste, d'où pouvaient venir les ressources dont disposaient les Latins? La réponse paraît simple : qu'ils en eussent ou non conscience, de la piété des fidèles d'Occident (princes et papes compris). Les envois de fonds pour secourir la Terre Sainte sont difficiles à chiffrer, mais ils étaient certainement abondants : apports de particuliers, pèlerins ou autres, mais surtout le produit des biens occidentaux des ordres militaires et autres transportés sur leurs navires propres, et bien d'autres offrandes confiées aux commerçants italiens. Il n'y a pas de raison de soupçonner ceux-ci d'avoir jamais été des commissionnaires infidèles, mais on peut penser qu'ils pouvaient, en attendant la remise finale, profiter des disponibilités qu'ils s'étaient ainsi procurées. Ainsi c'est l'Occident qui indirectement finançait par sa piété les entreprises des marchands.

La documentation dont nous disposons pour les autres pays est quelquefois plus riche, quelquefois moins, ce qui rend difficiles des comparaisons. Il serait d'un intérêt particulier de savoir si et comment l'Orient latin s'est adapté à des usages préexistants, ou a innové en la matière. Mais le Tarif d'Acre, que nous ont conservé les Assises des Bourgeois, date d'une période où s'était partout produite une évolution, et nous en parlerons mieux plus loin.

C'est cependant à notre période, on l'a déjà suggéré, que remonte l'intérêt porté par le royaume de Jérusalem au droit maritime[16]. Son commerce étant jusqu'alors moins important, il laissait régler les affaires par les marchands italiens entre eux, ou par les petites cours de la Fonde *(Funduq)* et de la Chaîne (qui fermait le port d'Acre), dont les origines sont obscures[17] et qui, comprenant sans doute des indigènes, devaient être coutumières sans intervention d'un Droit nouveau. Maintenant au contraire, nous trouvons plusieurs Assises, dont deux certainement d'Amaury Ier, et quelques autres de la même période. Les deux Assises d'Amaury portent l'une et l'autre sur un sujet abordé également dans plusieurs des privilèges pour les Italiens, celui des naufrages dans les « eaux territoriales » : c'était un usage assez général, sauf accord contraire, que les biens du navire naufragé fussent considérés comme de bonne prise par l'Etat riverain ; les Assises en garantissent désormais la récupération par les survivants ou les héritiers des défunts. D'autres Assises portent sur les prêts pour voyages en mer. Si en effet, on le rappelle, les équipages des flottes sont italiens, les passagers peuvent être indigènes.

En Egypte, paradis de l'étatisme, un organisme spécial, le *matdjar*, s'occupait des denrées, comme le bois et le fer, dont l'Etat monopolisait l'achat, à des prix convenus sans intervention du marché libre. Mais il semble que les ports des autres pays musulmans aient été plus ou moins rétifs à une institution de ce genre ;

et en ce qui concerne le royaume de Jérusalem, on n'en entend pas parler.

Sur terre comme sur mer, les marchands évitaient de circuler isolément et organisaient des convois maritimes et des caravanes. Les Occidentaux, dans les ports de l'Orient latin, avaient leurs *funduq* par nationalité; nous voyons moins clairement s'il en allait déjà de même en Egypte, où ils n'étaient en tout cas pas dotés de l'autonomie. En Egypte, la redistribution intérieure était pratiquement réservée aux indigènes; la chose paraît moins nette à Byzance et dans l'Orient latin.

On a vu qu'au début du siècle, il y avait encore quelques liaisons maritimes par navires musulmans entre l'Egypte et le Maghreb, voire l'Italie normande[18]. Au cours du XIIe siècle, il semble bien que les Italiens conquirent l'exclusivité de ces liaisons, même entre Orient et Ocident musulman. Nous aurons à discuter dans quelle mesure cela servait leur équilibre monétaire. Pour le moment, évitons une erreur : l'épisode de 1153, vu précédemment, montre que sur les navires italiens prenaient place des Orientaux, musulmans compris, et nous savons qu'on en rencontrait dans les rues de Pise[19]. En 1183, le pieux Ibn Djubayr, malgré ses propres exhortations, devra faire sur navire génois la partie méditerranéenne de son pèlerinage[20]. Naturellement, il n'est toujours pas question que les Européens puissent pénétrer dans la mer Rouge.

A pareille époque on trouve des marchands maghrébins musulmans en Orient, témoins ces deux gros commerçants qu'Ibn Djubayr rencontre à Damas, qui emploient les bénéfices de leurs affaires au rachat de leurs compatriotes occidentaux prisonniers de guerre des Francs[21]. Ils méritent qu'on s'y arrête un instant. Ibn Djubayr nous donne leur nom de manière trop incomplète pour nous renseigner. A la conquête fatimide de l'Egypte et de la Syrie ont dû participer tant des musulmans, que des juifs et des Amalfitains, mais peu de témoignages nous permettent de les suivre en Syrie. Il est possible que certains aient accompagné à Damas les troupes maghrébines, et nous savons qu'il existait au XIIe siècle encore dans cette ville une bibliothèque maghrébine[22]. Il serait cependant anormal que l'on fît encore, au bout de deux siècles, mention dans leur nom de la lointaine origine de leurs descendants, et il paraît plus simple d'admettre qu'il s'agit de marchands récemment venus chercher en Orient une compensation au déclin de leurs affaires en Afrique du Nord (voir ci-dessus le cas des juifs[23]). Certes, la présence des Francs sur la côte ne facilitait pas la pénétration dans l'intérieur; elle ne l'empêchait cependant pas. Certains pouvaient aussi être venus d'Egypte, voire d'Asie Mineure, si la tension entre Fatimides et Zirides, puis entre Ayyubides et Almohades, les décourageait de passer par Le Caire[24]. Quant aux prisonniers maghrébins d'Orient, il ne s'agit probablement plus de descendants des Berbères conquérants, intégrés à la population et qui n'auraient plus eu besoin de bienfaiteurs particuliers. Il est aussi peu vraisemblable qu'il puisse s'agir de volontaires de la guerre sainte, qui ne manquaient pas d'occasions de combattre les Francs en Occident. On a donc probablement affaire à quelques marchands, et surtout à des pèlerins de La Mecque surpris au cours de leurs voyages.

On a vu que dès le XIe siècle des musulmans d'Occident étaient parfois amenés pour se rendre en Orient à emprunter des vaisseaux francs. Dans la première moitié du XIIe siècle subsistent quelques éléments de flottes musulmanes, surtout sans doute le long des côtes africaines. Même vers la fin du siècle, on verra par exemple les « Assassins » posséder un navire pour le cabotage[25]. Saladin, et d'autres après lui, construiront au moins pour un temps des flottes militaires, comme le fera de son côté Byzance[26]. Mais dès le milieu du siècle il est certain que, si des passagers musulmans embarquent sur des navires de commerce, ces navires sont désormais exclusivement italiens[27].

On s'est interrogé sur les causes de la quasi-disparition de la marine musulmane, et l'on a en particulier incriminé la difficulté croissante de l'approvisionnement en bois de construction navale[28]. Ce déclin n'est pas niable, cependant nous avons vu que les Italiens eux-mêmes apportaient aux Etats musulmans beaucoup du bois qui leur manquait, et qu'il y en a tout de même assez pour la marine de guerre. Le déclin est d'ailleurs moins rapide en Méditerranée occidentale, Espagne, Baléares, etc. Par ailleurs, on constate le même déclin dans l'empire byzantin, qui pourtant ne manque pas de bois. Ce déclin peut donc avoir été accentué par les dissensions entre Egypte et Maghreb, et au Maghreb même. La flotte sicilo-normande elle-même décroîtra, du moins la flotte marchande. Sur le plan local des relations maritimes entre la Syrie et l'Egypte, l'initiative avait toujours appartenu aux Syriens, que maintenant les Italiens évincent. Tout cela montre que la cause principale de la disparition de la flotte musulmane réside dans l'essor des flottes italiennes du nord. Même les relations entre Etats musulmans sont désormais assurées par le commerce de commission des Italiens, qui vont trouver ainsi, en faisant payer leurs services et grâce aux différences des conditions du commerce dans les divers pays, le moyen d'équilibrer les déficits d'un endroit par les bénéfices d'un autre, et d'obtenir une balance correcte. Il en allait de même de l'empire byzantin dont traditionnellement flottes et équipages s'étaient longtemps recrutés dans l'Anatolie côtière, que désorganisait le voisinage turcoman.

On s'est souvent étonné, voire scandalisé, que des marchands chrétiens en pleine période des Croisades aient conclu avec l'« Infidèle » ce que les juristes et canonistes ont appelé *impium foedus*[29]. A vrai dire, les termes du problème doivent être inversés. Ni du côté chrétien, ni du côté musulman (ni sans doute ailleurs) on n'avait de la guerre politique ou même confessionnelle une idée aussi totalitaire que de nos jours. Le commerce, la circulation des marchands étaient choses quasi sacrées. Le crime majeur était d'y porter atteinte, et en pays musulman l'incapacité à assurer la sécurité des routes était la condamnation d'un mauvais prince. La guerre ne devait rien y changer[30]. Elle posait un problème en ce sens que certains pouvaient être un jour marchands, un jour soldats, et que certains marchands pouvaient être en même temps des espions : cela appelait des précautions, mais n'altérait pas le principe. On ne voit donc pas que dans la mentalité de l'époque, les Pisans par exemple aient rien fait d'extraordinaire en sollicitant du gouvernement égyptien des privilèges au moment même où leurs frères le combattaient. En Islam, Ghazâlî avait enseigné au nom de l'utilité de la communauté qu'il était pleinement permis d'élargir les règles primitives du Droit musulman au bénéfice d'étrangers, s'il y avait profit à le faire. Il y avait peut-être des limites à ne pas franchir, et nous avons vu que les Etats et l'Eglise s'efforçaient d'interdire la vente à l'ennemi des armes et des produits stratégiques ; la répétition même de telles mesures témoigne de leur peu d'efficacité. De l'autre côté, l'arrestation, au moment d'une croisade, des marchands se trouvant à Alexandrie n'empêchait jamais leur retour, dès la croisade finie.

*
* *

L'histoire de la circulation monétaire au Proche-Orient et dans la Méditerranée au temps des Croisades, et de la place qu'y tient l'Orient latin, est encore très mal débrouillée ; et il est impossible d'y voir clair sans un tableau d'ensemble englobant toutes les régions en contact.

En gros, au haut Moyen Age, les pays musulmans et byzantins de la Méditerranée, sans ignorer l'argent, vivent essentiellement sur la base d'une monnaie d'or. L'Europe, en revanche, y compris l'Espagne musulmane avant le Xe siècle, ne connaît de frappe indigène que d'argent. Il en est presque de même des régions orientales du monde musulman, Iran et Asie Centrale, Bagdad, capitale du califat, formant zone de contact entre les deux régions. Il n'y a pas bimétallisme de principe, puisque le cours respectif des deux métaux est strictement réglementé, mais on se libère principalement ici dans l'un, là dans l'autre[31]. Les exposés traditionnels, qui reposent surtout sur l'examen des collections numismatiques, nous présentent brusquement un changement de conjoncture à partir de l'an Mil[32]. L'argent partout se raréfierait, au point, vers la fin du XIe siècle, de disparaître de certaines régions totalement, du moins pour ce qui est des mondes musulman et byzantin[33]. L'or inclut l'Italie méridionale, qui avait fait partie des deux empires, et qui conserve sous les Normands son régime monétaire précédent : seul cas donc dans l'Europe chrétienne de monnaie d'or. Il y a dans ce tableau une part de vrai, et nous savons par exemple de façon sûre qu'à Bagdad au début du XIIIe siècle, faute de trouver aucune monnaie d'argent, les paiements de moyenne importance s'effectuaient en rognures d'or[34]. Néanmoins le tableau est beaucoup trop grossier et l'interprétation très discutable. On ne répétera jamais trop que les collections monétaires, telles qu'elles ont été traditionnellement constituées, donnent une image irréelle de la circulation effective. Seuls les textes ont valeur à cet égard. Or les textes nous apprennent que l'argent a continué à être utilisé dans la plupart des régions, bien qu'avec des cours variables, et en général sous forme de monnaies d'alliage[35]. Cela est particulièrement vrai de l'Egypte, probablement à cause de ses relations marchandes avec l'Europe. D'autre part, une étude précise montre qu'il n'y a en aucune manière dévaluation de l'argent, la confection d'alliages répondant à des besoins de commodité. Une certaine insuffisance d'argent, lorsqu'elle est établie, paraît s'expliquer non par une raréfaction du métal, mais par une augmentation de la demande pour les transactions moyennes, augmentation liée à l'évolution des conditions de vie et des relations extérieures[36]. Quoi qu'il en soit, en Egypte à la fin du XIe et dans les trois premiers quarts du XIIe siècle, la vie s'organise autour d'une monnaie d'or et d'une monnaie mixte d'argent dite *waraq*, à 30 % de fin et 70 % de cuivre[37], 40 dirhams pour un dinar fatimide de 13,5 g environ; en Syrie au XIe siècle on avait cependant continué à frapper des dirhams d'argent pur *nuqra*.

Ces indications très grossières étant données, nous nous trouvons, en ce qui concerne le Proche-Orient asiatique au temps des Croisades, devant une situation bizarre. Laissons provisoirement de côté l'Orient latin : aucun des Etats musulmans, qu'il s'agisse de ceux du monde arabe traditionnel ou de l'Anatolie turque, ne frappe plus de monnaie ni d'or ni d'argent (peut-être en Syrie des monnaies à faible teneur d'argent?)[38]. On s'y contente de monnaie de cuivre pour autant qu'il faille ajouter foi à nos collections numismatiques. Qu'il s'agisse de monnaies de type traditionnel ou, comme en Anatolie et même dans les Etats de Syrie et Mésopotamie septentrionales, de monnaies à images d'influence turque ou byzantine, le problème économiquement est le même. Le cuivre avait dans le passé servi aux menues transactions, sans qu'on eût toujours éprouvé le besoin de lui garantir de valeur légale, mais il sert maintenant aussi bien à de gros règlements. Dans le cas de Nûr al-Dîn, dont les textes établissent qu'il ne manquait pas de ressources, et aurait pu s'il l'avait cru bon avoir sa monnaie d'or, sinon d'argent, l'explication doit être cherchée ailleurs que pour les petits Etats peut-être démunis. La frappe d'or aurait pu perturber les habitudes des marchés locaux, et probablement aussi le pieux souverain affectait-il de considérer la frappe d'or comme un monopole du califat, sinon du sultanat seldjuqide[39]. Mais ces explications ne peuvent jouer pour l'argent, dont l'absence, pour autant qu'elle est établie, frise le paradoxe, puisqu'on est au voisinage de l'Orient latin, où les Croisés et leurs successeurs n'ont pu apporter que des espèces d'argent[40].

Tel est le milieu dans lequel baigne l'Orient latin. Il va de soi qu'il y circule en abondance les petits deniers d'argent, en général de bas aloi, qui sont arrivés d'Europe. Les numismates y ont aussi depuis longtemps relevé l'existence de monnaies d'imitation arabe, du moins à certains moments[41]. S'agit-il d'une simple curiosité? de monnaies frappées pour la commodité des indigènes? Quoi qu'il en soit, l'essentiel est la frappe de monnaie d'or permanente (à légende latine) que les Francs, ayant connu d'abord la monnaie byzantine, appellent besant; ils appelleront la monnaie arabe besant sarracénat, plutôt que dinar, qui aurait fait confusion avec le denier. S'il ne faut pas exagérer la masse de ces besants francs, il ne faut pas non plus la sous-estimer, puisqu'on les trouvera circulant sur les marchés de Syrie musulmane à côté des monnaies arabes. Dans ces conditions, on doit se demander d'où venait l'or. On voit mal par quelle raison politique ou économique il serait venu d'Egypte, non plus que des pays asiatiques, qui ne devaient guère acheter aux Francs. Il doit falloir se tourner d'autre côté, et envisager un circuit plus compliqué. Depuis la fin du XIe siècle, l'or du Soudan, dont le rôle international avait auparavant été limité, a été apporté massivement au Maghreb, en Espagne, et indirectement en Occident chrétien par les Almoravides, dont les Almohades à cet égard prendront la suite au XIIe siècle[42]. Il n'est guère douteux que les marchands italiens acquièrent de ce côté, par des ventes excédentaires, l'or que l'Europe ne pouvait leur fournir, et qu'ils doivent maintenant réutiliser en Orient, que ce soit pour leurs achats ou pour le transfert des dons pieux des fidèles européens. Du moins, pour l'Orient latin, ne voit-on pas d'autre explication. En raison des rapports économiques privilégiés avec l'Italie normande, il semble qu'au moins au début les Francs de Jérusalem aient aligné leur monnaie d'or, pour le titre (environ deux tiers de fin), sur la monnaie de ce pays[43]. D'un point de vue européen, l'Orient latin et l'Italie normande, l'un et l'autre au contact de l'Islam, sont les deux seuls pays à frapper d'or. Du point de vue musulman, le besant ou dinar franc est parfaitement considéré. Il ne s'agit pas, quoi qu'on en ait dit[44], d'une monnaie dévaluée, destinée à combattre le dinar musulman. Comme les autres monnaies circulant alors dans le Proche-Orient, elle a un taux de change officiel, les prix sont calculés en conséquence, et il n'y a aucun jeu d'une quelconque loi de Gresham[45].

Pour discuter des relations entre monnaies, nous devons avoir fortement dans l'esprit une différence fondamentale entre le Moyen Age et le monde moderne. Dans ce dernier, on peut changer des monnaies étrangères, mais ne circulent que les monnaies d'un système national unique. Au Moyen Age, pouvaient circuler simultanément les monnaies « légales » du jour, et d'autres (musulmanes jusqu'au XIVe siècle) d'Etats et d'époques divers, qui avaient un cours officiel ou libre. Certes, on pouvait trouver les unes plus commodes que d'autres, mais il n'était pas question de faire passer les unes pour les autres. La loi de Gresham (« la mauvaise monnaie chasse la bonne ») ne jouait donc guère.

Chapitre 11

Saladin

Salâh al-Dîn (Saladin)[1] est de toutes les personnalités musulmanes du temps des Croisades la plus populaire : parce que sa politique a une ampleur que n'avait pas connue celle de Nûr al-Dîn; parce qu'elle a abouti à la reconquête de Jérusalem, au démantèlement de l'Orient latin, et à la résistance aux souverains unis de la troisième Croisade ; parce qu'il a eu la chance, et sans doute l'art, de trouver pour le célébrer de grands historiens[2]; parce qu'en Occident même les Croisés ont rapporté de lui l'image qui allait progressivement en faire un héros de roman originaire de l'Occident chrétien; enfin peut-être, plus obscurément, chez certains modernes, parce qu'il était un Kurde et non un Turc. Pour toutes ces raisons, on a voulu le dresser en face de Nûr al-Dîn comme l'incarnation d'un idéal de combat pour la foi, opposé au Turc pour lequel la guerre sainte n'aurait été que prétexte à servir une ambition[3]. A vrai dire, cette querelle, pour l'historien, paraît vaine : les motivations mentales n'ont pas de démarcation aussi nette, et les deux souverains ont l'un comme l'autre pratiqué dans les faits une politique où le rassemblement pour la foi aidait au renforcement politique, et celui-ci au développement de la guerre sainte.

La politique de Saladin continue donc, dans des conditions renouvelées, celle de son ancien maître. Rappelons-nous d'ailleurs que si Nûr al-Dîn utilisait des contingents kurdes à côté de ses Turcs, Saladin, à côté de ses Kurdes, employait des troupes turques. Même politique sur le plan intérieur : en Syrie, développement des institutions orthodoxes, avec peut-être un assouplissement dans le traitement des shi'ites, contre lesquels Nûr al-Dîn avait déjà gagné la partie : les descendants des grandes familles shi'ites d'Alep sont désormais passés au sunnisme. C'est cependant sous le règne de Saladin que son fils, régent d'Alep, y fait exécuter le mystique iranien Suhrawardi[4]. En Egypte, la situation était plus délicate. Nous l'avons dit, la population avait été étrangère à l'ismâ'ilisme fatimide, et le régime des conquérants n'eut pas grand-peine à faire disparaître ou oublier les témoignages de la doctrine honnie. Malgré tout, le peuple égyptien avait vécu à l'écart de l'Asie voisine : aussi ressentit-il la nouvelle domination comme étrangère, et les nouveaux maîtres eurent quelque peine à trouver sa coopération pour introduire leurs coutumes et institutions familières. Choqués de l'influence qu'avaient eue les Arméniens, ils les exclurent, en un sens au bénéfice des Coptes, mais non sans ressentir méfiance et jalousie à l'égard de ces chrétiens qui n'avaient pas leur équivalent en Orient[5].

Le centre de tout est désormais la guerre, quel qu'en doive être le prix, à rembourser par les succès futurs. Plus précisément, le but, marqué déjà par Nûr al-Dîn[6], est la reprise de Jérusalem, que paraissent faciliter la maladie du jeune roi lépreux Baudouin IV et les querelles autour de la régence et de la succession. La propagande se développe autour de ce thème, et ce n'est pas par hasard si l'on voit paraître alors plusieurs traités de *djihâd*[7]. Certes, il y a longtemps que les bases en avaient été constituées, et ce ne sont pas les périodes de désintérêt qui pouvaient les avoir renouvelées[8]. Sur un point cependant, on répond à la propagande franque : l'importance attachée par celle-ci à la ville sainte du Christianisme réveille l'attention des musulmans sur le fait que, si elle n'est pour eux l'égale ni de La Mecque ni de Médine, elle n'est pas une ville indifférente, mais celle où le Prophète a été transporté une nuit, celle où le calife Omar a posé la première pierre de sa mosquée, etc. Sa reconquête peut donc enflammer les cœurs, et ce n'est pas en vain qu'on voit se développer, dans le cas de Jérusalem (en arabe *Quds* : béni), la littérature des *fadâ'il*[9].

C'est pour Saladin et dans la même période qu'est composé le précieux traité d'armurerie de Mardî al-Tarsussî, ancêtre d'une lignée de traités militaires[10]. C'est aussi de cette époque que datent les activités du pèlerin-espion Alî al-Harawî[11]. De cette époque encore datent peut-être les dernières versions des romans épiques qui rappellent aux Musulmans leurs succès dans la guerre contre les Byzantins, la gloire des premières conquêtes[12]. Dans les pays musulmans traditionnels, peut-être le réveil de l'idée de guerre sainte estompe-t-il l'écart moral entre le peuple et l'armée.

La guerre entre chrétiens et musulmans se déroule autant

sur mer que sur terre. Saladin est pour longtemps le dernier prince musulman d'Orient à avoir tenté de reconstituer une flotte de guerre[13].

Si centrale que fût pour Saladin la guerre sainte, elle était liée à d'autres préoccupations qu'entretenaient les membres de sa famille nombreuse et cupide. Hors de l'Egypte et de la Syrie, il intervint dans trois directions. A vrai dire, on ne voit pas clairement à quoi correspondait l'envoi vers le Maghreb oriental de Qaraqush[14], mamluk d'un de ses frères, à la tête d'une troupe d'Oghuz, nom sous lequel les auteurs égyptiens et maghrébins désignent confusément, semble-t-il, les nouveaux venus turcs et turcomans. Cette expédition était-elle motivée par le désir de trouver un exutoire à l'activité d'éléments remuants ? Dans quelle mesure répondait-elle à un appel des Banu Ghaniya pour combattre les Almohades ? L'entreprise finalement échoua, non sans avoir créé un climat d'hostilité entre Saladin et les Almohades, auxquels on ne sait s'il avait des raisons de s'opposer, et dont il devait ultérieurement essayer de se rapprocher contre les Francs de la troisième Croisade[15].

On pressent mieux les raisons de ses deux autres interventions, en Djazira et au Yemen. On a parfois dit, dans le dernier cas surtout, qu'il s'agissait pour lui de se préparer un refuge pour le cas où l'Egypte lui échapperait. Plus simplement il devait caser des frères et des neveux. Mais d'autres intérêts étaient en jeu : en s'enfonçant comme un coin jusqu'au lac de Van entre les Seldjuqides d'Asie Mineure et les Zengides de Mésopotamie avec leurs alliés Artuqides et autres, les Ayyubides – c'est le nom de la famille de Saladin, fils d'Ayyub –, outre qu'ils prenaient leurs précautions contre des coalitions possibles, atteignaient le pays partiellement kurde où s'opérait une partie de leur recrutement militaire.

Plus complexes étaient les intérêts au Yémen. Celui-ci abritait des résidus de sectes diverses, et le pouvoir y avait appartenu aux Sulayhides qui, malgré des scissions[16], restaient ismâ'iliens, disposés à accueillir des réfugiés fatimides préoccupés de revanche. Cette opposition ne pouvait qu'être préjudiciable aux relations marchandes de l'Egypte dans l'océan Indien. La conquête du pays fut donc décidée, et confiée à un neveu de Saladin. Certes, le particularisme yéménite empêcha de maintenir très longtemps une domination ayyubide directe ; mais l'unité confessionnelle[17] entre le pouvoir yéménite avec l'Egypte, et les relations commerciales, étaient rétablies pour trois siècles. C'est quelques années après la conquête qu'un chroniqueur[18] signale l'arrivée au Caire des *kârimis*[19]. Etait-ce un retour à une situation des temps fatimides, ou leur première apparition ? C'était en tout cas un fait important, et dès lors nous assisterons à l'influence croissante de ces marchands en Egypte comme au Yémen.

Pour le commerce méditerranéen, on pouvait s'attendre à ce que le climat de guerre sainte fût nuisible à la continuation ou à la reprises des relations marchandes avec l'Occident. En réalité, les besoins de la guerre sainte eux-mêmes pouvaient plaider en sens inverse. Pour Saladin, le bois pour sa flotte, le fer et les armes elles-mêmes étaient encore plus indispensables qu'ils l'avaient été pour ses prédécesseurs. Il ne pouvait les obtenir des Italiens qu'en leur accordant des privilèges d'autant plus substantiels, que les interdictions de ce commerce se faisaient en Occident de plus en plus insistantes[20]. Tout au plus prit-on la précaution de limiter à Alexandrie, la présence des marchands étrangers en Egypte, sans leur permettre de pénétrer dans l'arrière-pays ni au Caire[21]. A ce prix, les approvisionnements traditionnels reprirent, et l'on connaît la lettre de Saladin au calife dans laquelle il se vante d'obtenir des chrétiens eux-mêmes les armes avec lesquelles il combattait leurs frères[22]. Et lui-même, pour pouvoir livrer à ces chrétiens l'alun convenu, intervenait contre les Bédouins qui compromettaient l'approvisionnement en provenance du Kawar soudanien[23]. Du côté italien, on a déjà vu que les scrupules religieux s'effaçaient volontiers devant les intérêts du commerce. Et la tentation était d'autant plus forte que les événements de Constantinople venaient de frapper durement les intérêts italiens à Byzance et que, la statistique des contrats conservés le montre[24], il fallait une compensation qu'on pouvait chercher un peu en Orient latin, mais naturellement surtout en Egypte.

Bien entendu, au début, les prises de position des uns et des autres dans les conflits politiques interférèrent avec les combinaisons économiques. Un épisode intéressant, en 1174, nous fait bien saisir la réalité. Cette année-là, un navire pisan arraisonna en Méditerranée orientale un navire génois qui transportait de l'alun appartenant au frère de Saladin, al-Adîl[25]. Nous voyons par là que ce commerce continuait, et que la famille ayyubide, comme le Fatimide de la lettre à Roger II, savait très bien combiner ses affaires privées avec les intérêts publics. Nous voyons aussi que les rapports des Ayyubides étaient bons avec les Génois, ennemis des Pisans, et l'on aura plus loin l'occasion de constater les attaches durables entre Génois et Ayyubides. Cela n'est pas à dire que les Pisans, une fois constaté le caractère irréversible des événements d'Egypte, n'aient pas cherché à faire leur paix avec les nouveaux pouvoirs. La chose était, au premier abord, délicate puisqu'ils avaient aidé, contre Saladin, les Fatimides et les Francs alors alliés. On y parvint cependant (1177)[26], et les contrats vénitiens prouvent, sans que nous connaissions le détail, qu'il en alla de même pour Venise. Ce n'est sans doute pas par hasard que Makhzûmî, dans les exemples qu'il donne de commerçants étrangers en Egypte, cite des Génois et des Vénitiens, et pas de Pisans ; mais cette situation ne dura pas.

L'organisation même des affaires pouvait contribuer à rallier les chrétiens d'Egypte à la politique de Saladin. D'une manière générale, les marchands italiens vendaient à l'encan, en liaison avec l'administration locale, leurs marchandises au port même de débarquement ; et c'était surtout pour leurs achats qu'on leur avait accordé quelques libertés de circulation. L'écoulement des marchandises était donc la tâche des indigènes, en fait surtout des Coptes chrétiens, auxquels les restrictions apportées par Saladin à la circulation des étrangers ne pouvaient que profiter. De leur côté, les juifs, que vers cette époque les musulmans paraissent avoir refoulés de l'océan Indien[27], obtiennent de Saladin le droit de participer, au même titre que les coptes, aux opérations de redistribution sur les marchés de bétail[28]. Nous verrons que leurs rapports avec Saladin seront aussi bons qu'ils l'avaient été avec les Fatimides.

Quant aux Normands, ils n'apparaissent plus que sur des flottes de guerre, par moments sur les côtes d'Egypte, bientôt sur celles de Syrie ; il n'est plus question de commerce, mais au mieux de prestige, face à d'autres, comme défenseurs de l'Orient latin[29]. Si la mort n'avait empêché Guillaume II, puis son successeur Henri VI, de participer à la Croisade, ils auraient pu clairement marquer la continuité de la politique normande, jusqu'à Frédéric II.

Pour le moment, un autre défenseur de l'Orient latin s'était présenté en la personne de Manuel Comnène. Il était clair désormais que les opérations principales contre les musulmans devaient être tournées vers l'Egypte. La rupture avec les marchands italiens n'avait pas compromis les bons rapports avec les autres Latins de l'empire, ni avec le royaume de Jérusalem. Une flotte était nécessaire à ce dernier pour attaquer l'Egypte, et l'on comprend aisément qu'il était difficile de la demander aux Italiens, qui au surplus avaient peu de navires de guerre. Manuel offrit la sienne[30]. Mais, on l'a vu, tout sombra en un jour à

Myrioképhalon (1176)[31] ; et après la mort de Manuel, la politique générale anti-latine de ses successeurs empêcha que fussent repris de pareils projets.

Que s'était-il passé ? Qilidj-Arslan s'était prêté à la politique de détente avec Byzance, parce qu'il avait à surveiller, sur ses confins méridionaux, la puissance croissante de Nûr al-Dîn, qui soutenait contre lui les derniers Danishmendites. Mais en 1174, Nûr al-Dîn mourut, et ses Etats se morcelèrent (en attendant d'être reconquis et réunifiés par Saladin). Dès lors Qilidj-Arslan ne fut plus tenu à aucune précaution. Manuel Comnène préféra prendre les devants : avec d'importantes troupes il envahit le territoire seldjuqide; mais dans le défilé de Myrioképhalon, il se laissa surprendre et son armée fut anéantie (1176). Bien que le sultan turc n'abusât pas de sa victoire, les conséquences pour Byzance étaient graves. D'un côté, le désastre signifiait la renonciation à tout espoir de reconquérir l'Anatolie, dont Qilidj Arslan acheva l'unification à son profit; les Turcomans allaient même bientôt atteindre la mer en face de Rhodes, rompant la continuité de la côte restée jusqu'alors byzantine[32]. Cette situation, et la chute de prestige de l'empereur, favorisaient les tendances autonomistes des Arméniens de Cilicie[33], et rendaient sa pleine indépendance à la principauté d'Antioche[34]. Au-delà, ils sonnaient le glas de toute la politique de Manuel avec le royaume de Jérusalem, à l'avantage de Saladin. Cela permit aussi, à Constantinople, au parti anti-latin de relever la tête : après la mort de Manuel, son frère et successeur Andronic fit ou laissa massacrer les Latins de la capitale (1182).

Cette politique continuera après 1185, sous la nouvelle dynastie des Anges. Elle n'empêche pas une certaine reprise du commerce avec l'Italie, mais dans des conditions beaucoup plus précaires qu'avant 1171; et les familles des massacrés ne sont pas enclines au pardon. Le changement est aussi visible en politique extérieure. Il n'était plus question de reprendre les vastes projets de Manuel, mais il y eut plus. Saladin comprit que, des empereurs anti-latins, il pouvait se faire des alliés pour prévenir l'envoi éventuel de secours des Occidentaux à leurs frères d'Orient. Une difficulté pourtant consistait dans le fait que l'île de Chypre était aux mains d'un rebelle byzantin; et, bien que nous ne sachions presque rien de l'histoire de la grande île au XIIe siècle, il va de soi que ce qui s'y passait ne pouvait laisser indifférents ni les Francs, ni Saladin. Celui-ci trouva moyen d'entretenir de bons rapports simultanément avec les Anges et avec le rebelle de Chypre[35]. Mais on a aussi l'impression que

Chypre connut alors un début de pénétration des Francs, ou du moins des Templiers[36].

C'est au temps de Saladin que se produit, du côté franc, l'expédition de la mer Rouge qui a frappé les imaginations, organisée par Renaud de Chatillon, maintenant seigneur de Karak en Transjordanie, en direction des Lieux Saints de l'Islam. On a parfois voulu y voir un désir de disputer aux Egyptiens et aux Yéménites le monopole du commerce en mer Rouge. C'est aller bien loin. De Renaud, qui avait commencé sa carrière en Orient par un raid de pillage contre les Chypriotes, qui ne lui avaient rien fait, on ne peut attendre qu'une nouvelle entreprise, plus téméraire, de pillage[37]. Elle aboutit à l'exécution de tous les participants, et plus tard, lorsque Renaud tomba aux mains de Saladin, celui-ci le tua de sa main. C'est également dans cette période, qui est celle de leur grand-maître Sinân, que les Assassins intervinrent le plus vigoureusement dans les luttes de partis, tant du côté franc que du côté musulman (attentat contre Saladin, meurtre de Conrad de Montferrat, etc.)[38].

C'est dans ce contexte que se donna, à l'automne de 1187, la bataille de Hattin[39], triomphe pour Saladin, déroute pour les Francs : elle permit à Saladin d'occuper Jérusalem, et profitant du désarroi des Francs divisés et réduits à de faibles effectifs, d'emporter en quelques semaines la plupart de leurs grandes forteresses de l'intérieur, et même des ports, rompant par là la continuité de leurs lignes côtières. Il est peu douteux que les discordes à l'intérieur du camp franc aient aidé au désastre, et en aient accru les conséquences[40] : l'histoire du siècle suivant montrera que les Francs restaient capables de résister sur le littoral et d'y déployer encore une grande activité. Nul doute cependant que le rapport des forces leur rendait désormais impossible de conserver le Royaume et les autres principautés dans les mêmes conditions qu'auparavant. Pour le moment, Saladin repeupla Jérusalem en y admettant des chrétiens de rite grec, ainsi que des juifs[41].

Il était difficile aux souverains musulmans de ne pas répondre par de chaleureuses félicitations aux communiqués de victoire que Saladin leur adressa, et le calife n'y fit pas exception. Il est pourtant facile de lire entre les lignes que l'accroissement de puissance et de prestige que ses succès valaient à Saladin ne les satisfaisait qu'à moitié[42].

*
* *

Les Francs d'Orient étaient renseignés par les pèlerins et les marchands sur ce qui se passait en Occident. Ils prirent ainsi peu à peu conscience que les secours devaient être désormais sollicités non plus des grands feudataires, mais des monarques : l'empereur, maintenant Frédéric Barberousse, le roi de France[43], et, bien qu'on ne l'eût pas encore vu en 1148, le roi d'Angleterre. Les papes aussi, mais, hormis Alexandre III, le sort voulu qu'on eût affaire à des pontifes de peu de relief et qui, élus âgés, duraient peu ; ils étaient d'ailleurs encore disposés à laisser l'initiative et la conduite des opérations aux souverains, et trop occupés de la politique italienne pour, malgré le lointain souvenir d'Urbain II, se soucier vraiment de l'Orient latin. Seul Innocent III, à l'extrême fin du siècle, devait avoir une autre attitude.

Nous ne voyons pas que les rois de France ni d'Angleterre, bien qu'ils envoient quelques subsides en Orient, aient alors une quelconque politique envers Byzance ni les princes musulmans. Il en allait sans doute un peu différemment de Barberousse, qui rencontrait Byzance sur son chemin. Il envoya à Qilidj-Arslan II, le seldjuqide d'Asie Mineure, et à Saladin des ambassades dont nous ne savons malheureusement pas l'objet[44]. Nous savons qu'à la fin de son règne, il se préparait à récupérer pour son fils Henri l'héritage des Normands de Sicile, mettant fin ainsi à une longue querelle : cela ne le rapprochait pas de Byzance, comme le montrera la troisième Croisade. Il devait être mal reçu à Constantinople, et s'il ne le fut pas mieux en Asie Mineure, ce n'était pas à cause de Qilidj-Arslan, mais des querelles qui avaient surgi entre le vieux sultan et l'un de ses fils, appuyé sur les Turcomans[45]. Qilidj-Arslan avait toujours été en mauvais termes avec Saladin, son rival sur les confins du Taurus, et la Croisade de Frédéric n'avait rien pour le déranger.

Nous ne raconterons pas la troisième Croisade, et retiendrons seulement quelques faits. Les premiers secours avaient été apportés aux Francs par une flotte normande et par Conrad de Montferrat : ni dans un cas ni dans l'autre nous n'en savons les raisons. Barberousse mourut en Cilicie[46], et les Allemands désemparés ne jouèrent plus grand rôle. Richard Cœur de Lion et Philippe Auguste avaient en apparence mis fin à leurs querelles. Richard vint sur une flotte pisane, Philippe eut recours aux Génois[47]. Chemin faisant, Richard occupa Chypre, sans souci de Byzance[48] : il la donna d'abord aux Templiers, qui sans doute avaient déjà des intérêts dans l'île, mais comme leurs forces militaires étaient insuffisantes, Richard la transféra aux Lusignan, ses vassaux d'Europe, établis, mais discutés, dans le royaume de Jérusalem. L'île allait pendant un siècle servir de position de repli à l'Orient latin, lui procurant quelques ressources complémentaires, mais distrayant aussi l'attention des barons.

La troisième Croisade marque un tournant décisif dans l'histoire des marchands italiens au Proche-Orient. En interrompant tout commerce avec l'Egypte, elle a attiré leur attention sur l'utilité d'activités de substitution, et de places de sécurité en Orient latin. Les Croisés, d'autre part, avaient besoin d'eux pour le transport des troupes et pour leur ravitaillement. Sans presque qu'ils eussent à le demander, les princes d'Orient, pour attacher les marchands italiens à leur destinée, leur offrirent des privilèges considérables, dont il n'était pas question qu'ils pussent jamais obtenir l'équivalent en Egypte. Non seulement ils échappèrent à tout droit de douane, mais leurs concessions territoriales furent agrandies et reçurent une pleine autonomie administrative, qui fit de ces communes marchandes l'équivalent des seigneuries civiles et religieuses. Dès lors le commerce du Levant, sans changer de nature, tendit à s'orienter davantage vers les ports syriens, sans tout de même déserter l'Egypte[49].

Cette évolution fut pourtant compliquée par des rivalités intestines. On remarquera la relative abstention des Vénitiens, à vrai dire déjà largement lotis à Tyr depuis 1123. Les Génois et les Pisans pouvaient maintenant les concurrencer, mais ils se querellaient entre eux. La couronne royale était disputée, dans le Royaume, entre Conrad de Montferrat et les Lusignan, puis Henri de Champagne. Les Génois avaient pris parti pour Conrad et le roi de France ; les Pisans pour les Lusignan et le roi d'Angleterre[50].

Les dures opérations autour d'Acre[51] montrèrent d'une part que l'Occident, même avec tout ce qu'il pouvait rassembler de moyens à une telle distance, ne pouvait venir à bout de Saladin, et que Saladin ne pouvait venir à bout de l'Occident. Il avait essayé de se réconcilier avec les Almohades[52], afin d'obtenir l'aide de leur flotte pour intercepter les convois des Croisés ; mais les Almohades étaient peu intéressés par ce qui se passait à l'autre bout de la Méditerranée, ils avaient à surveiller les chrétiens d'Espagne, bien plus menaçants pour eux, et ils ne se considéraient d'ailleurs pas comme ayant une quelconque allégeance envers le califat de Bagdad dont Saladin se réclamait. Saladin obtint le concours plus proche de petits princes mésopotamiens, qui moralement ou matériellement n'avaient pu faire autrement, mais qui continuaient à ne pas désirer travailler à sa gloire et à sa puissance, et saisissaient toutes les occasions, devant la longueur des opérations, pour lui demander des subsides supplémentaires, ou le droit de se retirer. Du côté des Croisés, les querelles reprirent entre les rois, et Philippe s'en alla. Richard ne put que conclure une paix qui laissait Acre aux Francs, mais non Jérusalem. Saladin d'ailleurs mourut peu après, et les Francs purent profiter des querelles qui surgirent entre ses fils et leur oncle al-Âdil, pour reprendre pied sur l'ensemble de la côte palestinienne et libanaise. Mais il resta autour de Lattaqieh une enclave musulmane, qui ne put être réduite, et qui maintenait à l'écart la principauté d'Antioche et ses voisins arméno-ciliciens. Les Francs de l'hinterland refluèrent à Acre et sur la côte : le royaume d'Acre remplace le royaume de Jérusalem. De part et d'autre, le conflit avait coûté très cher, et la leçon ne devait pas être perdue.

On a déjà remarqué que le Califat s'était pratiquement désintéressé de la lutte contre les Francs, et la chose a de quoi surprendre. Qu'il n'ait pu, dans toute la première moitié du XIIe siècle, qu'envoyer de loin en loin de pieuses exhortations lorsqu'il était vigoureusement sollicité, n'est pas encore vraiment étonnant : il avait assez à faire des querelles intestines de ses protecteurs seldjuqides, et pour se dégager d'eux ; il n'avait ni troupes ni ressources financières ; quant aux sultans, les velléités qu'ils avaient eues un instant avaient vite sombré dans l'anarchie générale de leurs Etats, et tout ce qu'ils pouvaient faire était d'aider à la constitution de pouvoirs autonomes syro-djézirénens, capables, eux, de combattre effectivement ; encore a-t-on vu que Zenghi avait été gêné par son persistant intérêt pour les affaires mésopotamo-iraqiennes. Mais dès la deuxième moitié du siècle, le califat est émancipé, il gouverne effectivement l'Iraq puis d'autres provinces limitrophes ; son prestige est à nouveau reconnu de tous les Sunnites, sinon son pouvoir ; il a une armée, des finances. Dans ces conditions, qu'un calife comme al-Nâsir[53], personnalité remarquable, ardent à rechercher tout ce qui pouvait rehausser sa fonction, n'ait presque rien fait, ait découragé Saladin par la tiédeur de ses réponses aux appels qu'il lui adressait, mérite explication. Il est certain que, du point de vue matériel, la lutte contre les Francs ne rapportait rien au califat : menée par des princes indépendants, elle pouvait contribuer à leur gloire et à leur puissance, non profiter au califat. Et les graves événements dont l'Iran était le théâtre, les répercussions qu'ils avaient souvent en Iraq, ne pouvaient pas ne pas requérir en premier l'attention du calife. En outre, ayant encore le souvenir frais de la tutelle seldjuqide, il avait une sensibilité particulière à l'accroissement des princes voisins, dont les frontières avec les siennes propres, ou les zones d'influence, n'étaient pas toujours clairement définies, et dont la sincérité lui paraissait à tort ou à raison suspecte. il reste que l'idéologie du *djihâd* occupait certainement, dans son esprit et sa politique, beaucoup moins de place que l'effort pour reconstituer, autour du califat, l'unité des tendances socio-spirituelles de l'Islam. Les princes s'y adonnaient aussi, comme condition de la victoire sur les Francs ; pour al-Nâsir, il n'y avait pas à lier les deux, seul comptait le redressement unitaire.

Chapitre 12

Institutions de l'Orient latin

Notre intention n'est pas d'étudier en détail les institutions de l'Orient latin, sur lesquelles ont été publiés depuis un demi-siècle, ou sont encore en cours, d'importants travaux. Mais, il est nécessaire d'essayer de les situer, et d'en préciser quelques-unes : les situer, c'est-à-dire voir comment elle s'insèrent dans l'histoire institutionnelle occidentale et orientale, et en quoi elles sont influencées par les conditions d'existence propres aux Latins d'Orient; en présenter quelques-unes, c'est-à-dire celles qui illustrent le mieux l'insertion de l'Orient latin dans la tradition des populations auxquelles il se superpose. L'étude de ces institutions a un intérêt qui déborde le Proche-Orient au sens étroit, puisqu'on les retrouve non seulement à Chypre, bien que dans un contexte différent, mais aussi en « Romanie », c'est-à-dire dans les régions de Grèce demeurées au XIVe siècle sous domination latine. Pour l'Occident cependant, l'importance en est limitée, car peu de Francs d'Orient y revinrent, et l'on ne voit pas qu'ils aient apporté avec eux les caractères originaux du Droit franc d'Orient.

Il est évident que les institutions de l'Orient latin combinent des apports occidentaux, en substrat syro-oriental, enfin des innovations inspirées par les besoins du moment.

Dans les apports occidentaux, il faut distinguer les régions, les périodes, les couches sociales. Nous ne savons pas si la principauté normande attira plus spécialement des Normands, le comté de Tripoli des Languedociens, etc. Il paraît peu probable que des mélanges ne se soient pas produits, particulièrement dans le Royaume, qui attirait certainement la majorité des immigrants. Les couches sociales : seigneurs féodaux, petits ou grands, marchands, menu peuple des villes ou parfois des campagnes. Les régions : Normands d'Italie, Français du Sud, Français du Nord, Italiens. Tous ces gens viennent de pays plus ou moins féodaux, et apportent donc en Orient des usages et des conceptions de type féodal. Cependant quelques distinctions sont à rappeler : la conception normande de fiefs assez petits, dépendant directement du prince, domine à Antioche; la conception française des grosses unités intermédiaires, à Jérusalem. Le comté de Tripoli s'y prête mal, en raison de son exiguïté. Les seigneuries arméniennes du comté d'Edesse et de Cilicie ont un statut moins précis. Le Royaume, le plus grand des Etats de l'Orient latin, a les dimensions d'un grand comté ou duché en France, et par conséquent ne peut être comparé qu'à des comtés ou duchés d'Occident, et non au royaume de France ou à l'empire. La majorité des seigneurs de l'Orient latin, même de ceux qui vont acquérir d'assez grandes seigneuries, sont de petite origine, par conséquent pas du milieu des grands féodaux volontiers autonomes, mais au contraire de ceux chez qui reste vigoureux le sentiment de fidélité. De toute façon, la féodalié ainsi importée n'existe qu'au niveau supérieur, celui des conquérants, conservant leurs propres traditions.

Dans toute conquête, la franque comme auparavant l'arabe ou la turque, on distingue, dans la société qui en résulte, l'aristocratie dominante et la population assujettie. Les familles de l'aristocratie se perpétuent, même si à certains égards elles s'assimilent à la société indigène. Les Francs arrivés d'Occident comprennent socialement deux groupes : une aristocratie seigneuriale, souvent de modeste origine, mais dont la situation nouvelle augmente le pouvoir; et des éléments, soit urbains, soit ruraux, que les circonstances amènent à se grouper dans les villes. L'aristocratie seigneuriale restera jusqu'à la fin distincte de la population indigène, même si l'on peut citer quelques cas de mariages mixtes ou de promotion individuelle. Il est probable, bien qu'il soit difficile de le préciser, qu'il y a eu plus d'interpénétration sociale dans les villes. La population rurale, elle, malgré des cas très limités d'implantation latine dans des conditions spéciales, reste indigène et sans mélange.

Les quatre Etats, bientôt réduits à trois, de l'Orient latin, ont à leur tête un roi, prince ou comte, dont on attend surtout qu'il soit un chef militaire, ce qui exclura les successions féminines. La mort prématurée de plusieurs d'entre eux oblige donc, lorsqu'il il y a de jeunes héritières, à les marier au plus vite. Comme les barons excluent du choix les parents du défunt qui ne se trouvent pas en Orient, ils se sont plusieurs fois trouvés amenés à jeter leur dévolu sur des personnalités étrangères à la dynastie, mais sans que cela parût faire problème ni entraîner aucune rupture dans les « coutumes » du pays. On assistera même, à la fin du XIIe siècle, à la remise du comté de Tripoli à un prince d'Antioche de descendance normande, donc à l'union personnelle des deux petits Etats. Pour ceux-ci, on ne voit pas que ces circonstances aient provoqué un relâchement dans l'autorité du prince ; il en alla autrement dans le royaume de Jérusalem, où les problèmes de succession se combinaient avec des luttes de clans, des influences étrangères, la puissance de quelques hauts feudataires (une monarchie solide se maintenant cependant, au XIIIe siècle, à Chypre).

D'après l'image traditionnelle, le royaume de Jérusalem aurait connu au XIIe siècle une royauté forte, qu'aurait minée au XIIIe le progrès d'une féodalité centrifuge ; la royauté jérusalémite aurait même, sous Baudouin III et Amaury Ier, augmenté son pouvoir, en particulier grâce à l'« Assise de la Ligesse » qui faisait de tous les seigneurs du Royaume les liges directs du roi. On a montré ces derniers temps qu'il y avait là une arme à double tranchant. Il est certain que la féodalité, fragile au début du siècle où les pertes de la guerre avaient entraîné de fréquents transferts de fiefs, s'était renforcée progressivement par la constitution de quelques grosses seigneuries stables, parmi lesquelles devait émerger la puissance neuve des Ibelins. Il est difficile de dire si les pertes territoriales nuirent devantage à la monarchie ou aux féodaux ; il est donc difficile aussi de dire dans quelle mesure la dégradation politique dans le Royaume fut conjoncturelle ou congénitale : elle n'eut de parallèle dans aucun des trois autres petits Etats.

Le prince et les seigneurs gouvernaient et rendaient justice avec l'aide de leur petite cour de type occidental. Le cérémonial modeste qui entourait le roi lors de son sacre comportait quelques emprunts byzantins (il aurait été difficile d'en faire à l'Islam). Dans l'administration locale, les Francs avaient plus ou moins conservé les organismes, surtout financiers, qu'ils appelaient selon les cas ou les régions du nom grec de *sékréton* ou arabe de *diwan*[1]. Les emplois subalternes étaient par force largement occupés par des indigènes, probablement presque tous chrétiens, mais on ne voit pas qu'aucun d'eux ait jamais atteint un des postes supérieurs (contrairement à la Sicile). La Grande Cour des barons et celle des bourgeois avaient des rôles surtout judiciaires, mais pouvaient être convoquées aussi pour des raisons politiques, dans les occasions exceptionnelles.

En principe, une différence essentielle existe entre un seigneur latin d'Occident et un seigneur oriental. Pour le premier, mis à part ce qui relève du Droit canon, toute l'administration de son domaine est sous ses ordres, y compris en particulier la justice, même si la « coutume » est préexistante. Le deuxième s'occupe certes de la gestion, en particulier financière, de son territoire, mais la justice, application de la loi, est le métier du cadi, nommé certes par lui, mais agissant seul. A vrai dire, il n'est pas sûr que la masse du peuple, dans l'Orient latin, ait eu vraiment l'occasion de remarquer la différence. Coutume ou loi, le seigneur franc ne la connaît qu'en ce qui concerne la poignée de ses compatriotes. La confessionnalité des lois a depuis longtemps fait distinguer les affaires de Droit public et les affaires de Droit privé. Celles-ci, en fait, tombent sous le contrôle du clergé de chaque Eglise, et rien ne permet de penser que les Francs n'aient pas conservé cette tradition, qu'ils connaissaient d'ailleurs en Occident dans le cas des juifs. Il est vrai qu'en général, ils ont supprimé le cadi musulman; mais il est plus que vraisemblable que les musulmans, pour leurs affaires internes, ont continué avec les notables locaux à appliquer leurs lois propres. Il apparaît donc qu'à cet égard les sujets de l'Orient latin n'ont pas eu à constater, dans leur vie de tous les jours, de grand changement; et nous allons voir qu'il en va de même pour l'organisation économique et sociale des masses rurales.

L'aristocratie seigneuriale franque est arrivée porteuse des traditions féodales telles qu'elle les avait connues en Occident. Cela ne veut pas dire que le transfert en Orient ait posé de graves problèmes, puisque tout se passait toujours au sein du même groupe social. Simplement l'état de guerre, active ou latente, conduisait à mettre l'accent sur les obligations de caractère militaire; nous n'y insisterons pas ici[2]. Pour ce qui est de l'implantation des nouveaux maîtres sur le sol, la société indigène fournissait un cadre qu'il n'y avait pas à modifier. Propriétaires de plein droit ou bénéficiaires d'*iqtâ's*, ils possédaient des domaines, correspondant en général à une communauté villageoise, où les seigneurs francs ne pouvaient faire autre chose que de leur succéder, sans en modifier les limites ni les structures traditionnelles; le caractère de solidarité collective qui caractérisait ces communautés aurait rendu tout partage ou redistribution impossible, à moins d'établir une population immigrée nouvelle, que précisément les Francs ne procuraient pas. Les bénéficiaires auxquels va le revenu changent, mais le revenu ne change pas, à tel point que dans certains districts frontaliers on put le partager entre un maître franc et un maître musulman sans que cela posât aucun problème[3]. Si l'on regarde les choses du point de vue indigène, la conquête n'a donc pas, une fois passée la phase des opérations militaires, bouleversé grand-chose, et il ne semble même pas qu'il y ait lieu de distinguer profondément entre districts chrétiens et musulmans. Dans les villes, l'intolérance à l'égard de l'Islam pouvait être ressentie, mais dans les villages, qui n'avaient ni mosquée ni église de plein exercice, et où ne vivait aucun Franc, la pratique des dévotions locales dut se continuer sans heurt. On a souvent pensé, en raison de la fréquence des noms de lieux en *khirbat* ou « gâtine », et de quelques tentatives de repeuplement (il a été question d'amener des paysans arméniens, mais la tentative avorta, parce que le prince arménien de Cilicie demandait pour ses compatriotes des avantages supérieurs à ceux des autres paysans de l'Orient latin, ce que le roi de Jérusalem refusa)[4], qu'il y avait eu dépeuplement rural, en raison de l'état de guerre; cela se peut, mais ce mouvement avait pu commencer lors de désordres antérieurs aux Francs, et d'autre part, dans l'état des techniques agricoles sans engrais ni même cycle de cultures bien établi, il y avait souvent lieu d'abandonner un site pour un autre voisin, sans que cela signifiât un déficit. Sur un point, les Francs étaient habitués à une pratique qu'ils ne purent importer en Orient, et d'ailleurs ne cherchèrent pas à importer. En Occident existait la réserve seigneuriale, cultivée par les corvées de paysans; en Orient il n'y avait de corvée que pour les petits travaux vicinaux d'intérêt public[5]. D'ailleurs, quelle que fût l'importance des châteaux pour les seigneurs francs, ils vivaient souvent en ville, comme leurs congénères italiens, ce qui diminuait pour eux l'intérêt d'une réserve rurale. Il y eut certainement moins d'émigration et de fuite parmi les paysans que parmi les citadins, qui pouvaient plus facilement se recaser.

Tout le monde sait qu'au XIIIe siècle ont été rédigés les ouvrages juridiques transmis sous le titre commun des *« Assises de Jérusalem »*. On sait aussi que l'on distingue alors deux grands organismes, la Cour des barons et la Cour des bourgeois (dirigée par le vicomte). On peut penser que la Cour des barons gagna en ampleur et en importance à la suite de l'« Assise de Ligesse », qui faisait de tous les seigneurs les hommes-liges directs du roi; elle devint en tout cas l'organisme principal dans les périodes d'éclipse de la monarchie. Il nous est beaucoup plus difficile de comprendre l'histoire de la Cour des bourgeois; il est bien évident que les non-nobles francs, groupés dans les villes à côté mais à part des indigènes, avaient besoin d'un statut spécial, sans que nous puissions nous rendre compte si ce statut s'accompagnait dès le début d'un organisme autonome[6]. L'Occident ne présentait alors aucun exemple de ce qu'on appellera plus tard des Assemblées d'Etat, et il y a donc là une originalité de l'Orient latin, imposée par les circonstances. Que cette spécificité bourgeoise remonte à l'époque assez haute ressort de ce que les auteurs arabes de la première moitié du XIIe siècle, qui connaissaient pourtant chez eux des populations citadines remuantes, ayant des milices avec un chef jouant le rôle d'un maire en face du prince étranger, ne trouvent cependant pas d'autre moyen de désigner les bourgeois francs que de transcrire le terme même de « bourgeois ».

Il est probable, mais la documentation antérieure aux Croisades est trop maigre pour permettre de rien affirmer, que les domaines et circonscriptions de la nouvelle structure correspondent en fait souvent à des domaines et circonscriptions des régimes précédents, sous la réserve de la proportion des terres conservées par le pouvoir central. A mesure de l'amenuisement du territoire et de l'accroissement des besoins militaires, il deviendra nécessaire d'ajouter ou substituer aux fiefs fonciers du plat pays des revenus liquides urbains. Cette conception de fiefs-rentes se fait jour aussi en Occident, mais le caractère plus urbanisé de l'Orient permettait de la développer, et nous savons que la concession de revenus sur des métiers ou des taxes urbaines était usuelle dans les Etats d'Orient.

Dans l'Orient latin se développe peut-être plus vite et plus largement qu'en Occident le « fief de soudée ». L'évolution y conduisait, dans un pays urbanisé où les territoires ruraux, toujours insuffisants, s'amenuisaient encore à mesure de la reconquête musulmane : on concédait alors au bénéficiaire le revenu d'un atelier, d'un métier, d'un poste commercial, etc. Il n'est nul besoin, pour en rendre compte, d'imaginer une influence des Etats musulmans périphériques. Mais le rapprochement n'en est pas moins net avec ceux-ci qui, vivant dans les mêmes conditions, avaient forcément pratiqué des usages parallèles. Sans parler de la caste militaire, des notables civils pouvaient préférer recevoir la propriété ou l'usufruit de villages ou domaines ruraux ; mais il se révélait souvent plus simple de leur donner, de manière moins durable le revenu d'un moulin, d'un four, etc. De toute façon, la perception des taxes sur les métiers et le commerce était fréquemment concédée par l'Etat en une sorte de ferme, *qabâla* (d'où notre mot gabelle), dont les adjudicataires tiraient un appréciable bénéfice[7].

On s'est parfois demandé s'il y a eu influence du fief de

l'Orient latin sur l'évolution de l'*iqtâ'* dans la Syrie musulmane voisine. En effet les officiers de l'armée musulmane étaient payés en tout ou partie par des concessions fiscales et territoriales appelées *iqtâ'*. Primitivement ces concessions étaient temporaires, conformément au désir des bénéficiaires qui demandaient à en changer au moindre fléchissement de revenus, mais aussi de l'Etat, qui sauvegardait ainsi son droit de regard et, quoi qu'on en ait dit, il en était encore ainsi sous les Grands Seldjuqides. Cependant les gouverneurs de district ou de province, ou les petits seigneurs (indigènes ou non) de places fortifiées, aspiraient, eux, à la pérennité et à l'hérédité : les seconds, parce qu'il s'agissait de vraie propriété familiale; les premiers, parce qu'ils désiraient s'en constituer. Lorsque le pouvoir central était fort, il s'y opposait, mais il cédait quand il avait besoin de secours contre des rivaux. Un texte nous signale que Nûr al-Dîn, voulant réchauffer l'ardeur de ses troupes dans une expédition contre les Francs, leur promit l'hérédité de leurs *iqtâ'*; comme on est au voisinage de l'Orient latin, et que les dimensions et la structure du petit fief et du petit *iqtâ'*, faisant vivre l'un et l'autre un cavalier, se ressemblent, on a pu parler d'influence du premier sur le second. Cette hypothèse paraît inutile : l'évolution était parallèle; en outre elle était en fait limitée du côté musulman parce que, à la différence du système féodal occidental, où la fonction militaire était héréditaire, l'Orient musulman, pour maintenir le caractère ethniquement ségrégatif de l'armée, évitait de transmettre aux fils plus assimilés que leurs pères, l'obligation du service militaire, et préférait qu'ils eussent les occupations civiles de tout le monde. L'entretien de l'armée était assuré par l'engagement de nouveaux mercenaires, et surtout l'achat de nouveaux esclaves[8].

Si laïc qu'ait été le régime politique qu'on vient de définir, personne ne mettait en doute que la sainteté de la terre reconquise dût être marquée par l'implantation d'établissements religieux, chargés entre autres choses d'assurer la gestion des lieux sacrés; en Palestine bien entendu, mais aussi dans quelques autres lieux, telle la Montagne Admirable en Syrie du Nord. Certes, il existait des établissements de ce genre relevant des Eglises grecque et orientale, surtout des monastères, dans la Syrie aussi bien musulmane que byzantine, bien longtemps avant la Croisade. Mais les Latins voulaient non seulement s'associer à eux, mais sans les supprimer, marquer leur suprématie. Au début, ils s'installèrent sans doute à côté de Grecs, puisqu'ils se considéraient comme de la même Eglise; bien vite ils tinrent à avoir leurs établissements propres, et le premier demi-siècle de leur présence est sûrement accompagné d'une activité de construction, dont la parenté de style avec des édifices d'Occident garantit la chronologie approximative. Les fonds nécessaires furent procurés sans peine, semble-t-il, par la piété occidentale.

Ces établissements furent organisés de manières diverses. L'Eglise sainte par excellence, celle du Saint-Sépulcre, qui était celle du patriarcat de Jérusalem, fut gérée par un chapitre de chanoines réguliers qui se trouva bientôt à la tête de biens fonciers dispersés dans toute la Chrétienté, et dont il fallait faire passer en Orient les revenus. La grande majorité des monastères furent cependant bénédictins : il faut le souligner, parce que cela implique l'absence d'une organisation commune autre qu'une certaine dépendance de l'Eglise séculière et une activité étrangère à toute idée de prédication ou de prosélytisme, comme à l'évolution militaire qui devait bientôt être celle des Hospitaliers, pour ne pas parler des Templiers. Les ordres nouveaux qui éclosent en Occident à cette époque ont été longs à gagner l'Orient latin : les Cisterciens, malgré leur rôle à l'origine de la deuxième Croisade et dans les rapports avec les infidèles en Europe orientale, ne s'introduiront en Orient qu'au début du XIIIe siècle, sur l'initiative d'évêques venus d'Europe; leur rôle sera bref, par suite de l'apparition, en provenance directe d'Europe, des ordres mendiants[9].

On parlera plus loin du rôle militaire des deux ordres qui apparaissent dans le second quart du XIIe siècle. L'un d'eux cependant, celui des Hospitaliers, avait existé sous une première forme dès le lendemain de la conquête. Il est compréhensible que l'afflux des pèlerins ait exigé un renouvellement complet des institutions hospitalières antérieures à la Croisade. Là encore, la piété des fidèles autant que la faveur des princes en donna rapidement les moyens à la communauté religieuse spécialisée, qui fut dotée d'une règle particulière. Du point de vue ecclésiastique, l'essentiel en est, comme ce sera aussi le cas des Templiers, une autonomie presque complète, sous la seule dépendance lointaine du pape. Nous savons mal comment les Hospitaliers furent amenés à prendre une activité militaire qui devait éclipser dans la vie politique et dans l'opinion publique le rôle charitable que cependant, sans en avoir l'exclusivité, ils n'abandonneront jamais dans l'Orient latin; sans doute, mais c'est une hypothèse gratuite, cette évolution eut-elle pour origine la nécessité d'assurer la sécurité des convois de pèlerins.

Nous n'avons presque rien dit du clergé séculier, analogue à ce qu'il était dans tout l'Occident chrétien. Précisons seulement que la carte des évêchés fut celle de l'Eglise grecque traditionnelle, y compris deux patriarcats, ceux d'Antioche et de Jérusalem, dont l'Occident n'avait pas l'équivalent, mais qui n'avaient pas vis-à-vis de Rome la quasi-autonomie de leurs devanciers grecs melkites. Le roi tient à être sacré par le patriarche de Jérusalem, qui n'en retire pas plus de pouvoir effectif que dans le reste de l'Occident chrétien.

*
* *

Un peu paradoxalement il se trouve, l'information sur le plat pays syro-libanais avant les Croisades étant très maigre, que la documentation latine, à condition qu'on sache l'interpréter, est notre meilleure source. Dans les banlieues urbaines, les oasis horticoles, et probablement la plus grande partie de la plaine côtière libanaise, l'exploitation se fait par parcelles individualisées. Comme c'est cette région que l'on connaît le mieux on a tendance à se représenter ce type d'exploitation comme à peu près général[10]. En réalité, ce que nous savons de l'ensemble de la Syrie laisse peu de doute que la plus grande partie des zones cultivées en champs ouverts de céréales, de légumineuses, etc., était cultivée collectivement, et solidairement responsable du versement des impôts et redevances. Dans le détail, il y avait sans doute beaucoup de diversité, et chaque petite communauté avait son régime traditionnel, comme cela sera encore le cas au temps des Mamluks. Les cultures étaient variées, et si l'on peut supposer que les Francs, surtout les communautés religieuses, ont cherché à développer quelques productions commerciales (canne, oléagineux, lin, vin, coton), à vrai dire nous n'en savons rien, ni *a fortiori* comment éventuellement ils ont pu s'y prendre.

La communauté villageoise a à sa tête un *ra'îs*, auquel les Francs n'avaient pas de raison de toucher. C'est un petit noble, qui s'occupe des affaires locales, et est responsable envers le propriétaire ou seigneur, particulièrement en matière de prestations. A ce titre, il peut arriver au seigneur franc de l'associer à sa petite cour[11].

Dans les villes, l'interpénétration des groupes ethniques et de leurs institutions est plus complexe. Les seigneurs francs avaient en Occident des vicomtes, qui représentaient leur autorité auprès des bourgeois; ils les ont apportés en Orient, avec quelques différences régionales de dénomination. Mais on trouve auprès d'eux des institutions aux appellations indigènes, en particulier celles du *ra'îs* et du *mathessep/muhtasib*. On a voulu y voir des organes « inférieurs » de l'administration franque[12]. C'est là une conception un peu ambiguë : bien entendu, ils sont subordonnés aux organismes francs, et on leur a donné dans les structures nouvelles des fonctions moins officielles. Mais il faut bien comprendre qu'il s'agit d'institutions, de fait ou de droit, qui préexistaient à la Croisade, et que les Francs ont conservées sous des formes un peu réduites.

En Syrie et Haute-Mésopotamie musulmane, avant et pendant la période des Croisades, le *ra'îs* était une sorte de chef de la population civile, et parfois d'une milice, représentant l'opinion citadine, voire une amorce d'organisation municipale, en face du prince souvent étranger et de son armée[13]. La fonction existait en fait, mais à l'opposé de celle du *cadi* (lui aussi souvent un notable local), étant extra-canonique, elle n'est nulle part mentionnée dans les traités de Droit musulman. La fonction existait aussi bien dans les communautés chrétiennes, et n'était donc en rien spécifiquement musulmane : caractère qui la rendait plus acceptable pour les Francs que celle de *cadi*, ou de tout autre personnage étroitement lié au pouvoir politique et religieux de l'Islam. Il est exclu que les Francs aient jamais fait du *ra'îs* un quelconque chef de milice : seuls les Francs portent les armes et assurent l'ordre. Mais le *ra'îs* peut conserver vis-à-vis d'eux la représentation responsable de son groupe social, et vis-à-vis de ses congénères l'exercice d'une justice intérieure et civile.

D'après la doctrine courante, qui repose essentiellement sur un texte de Jean d'Ibelin éclairé par un autre des Assises des bourgeois[14], la « Cour du *ra'îs* » aurait été une organisation primitive de justice inférieure entre indigènes, organisée sur leur demande au lendemain de la conquête, en partant de leur organisation traditionnelle. Puis les affaires commerciales, au sens le plus large (ventes de biens-fonds, dettes, etc.), ayant été attribuées aux nouvelles cours de la Fonde (*funduq, fondaco*), interconfessionnelles, pratiquement le « Bailli de la Fonde » aurait fait office de *ra'îs* pour toutes les affaires indigènes courantes, et la cour du *ra'îs* aurait disparu. Mais on n'a organisé de cour de la Fonde que dans les gros centres au commerce actif, et cette théorie doit être nuancée, semble-t-il, en ce sens que des *ra'îs*, entourés de quelques adjoints jurés, ont dû subsister dans toutes les bourgades où il n'y avait pas de cour de la Fonde. Il est bien vrai que le nombre de *ra'îs* de grandes villes, dont la trace documentaire peut être retrouvée, est très faible, et concerne essentiellement les premiers temps de l'Orient latin. Cependant, si l'on se rappelle qu'il s'agit d'un personnage qui n'a que des raisons exceptionnelles d'intervenir dans les documents latins, les seuls massivement conservés, si d'autre part on envisage que leur nom peut être en territoire grec remplacé par celui, également attesté, de juge (au sens méditerranéen usuel de notable, chef local) ou de *nomikos* (chef de quartier ; en effet, il se peut qu'à Tripoli il y ait eu trois *ra'îs*), cette rareté apparaîtra peu démonstrative. En sens inverse, c'est un fait qu'à Chypre l'institution a été adoptée, sous son nom arabe, et a conservé sa vitalité jusqu'à la chute de la domination latine au XVIe siècle ; même en admettant qu'elle ait connu là des développements spécifiquement chypriotes, on sera enclin à admettre que le régime des Lusignan l'a empruntée, aux alentours de l'an 1200, à un royaume de Jérusalem où elle devait donc exister.

La fonction de *cadi*, juge spécifiquement musulman, ne pouvait en revanche subsister, dans l'organisation franque, que dans le cas exceptionnel d'une communauté musulmane jouissant d'un statut privilégié. C'est en ce sens, et en se gardant de toute généralisation, qu'il faut interpréter la mention d'un *cadi* de Djabala (Gibel) dans la principauté d'Antioche, d'une famille notable de la région[15]. Il s'agit uniquement, à la veille de la conquête de Saladin, d'un effort pour assurer la loyauté d'une région musulmane qu'on sait par ailleurs avoir été de fidélité instable.

L'histoire du *mathessep* n'est pas beaucoup plus claire que celle du *ra'îs* urbain. En terre d'Islam, le *muhtasib* était un fonctionnaire coranique, qui avait en principe le devoir de préserver la moralité publique et la religion, et en fait exerçait essentiellement le contrôle des métiers et du commerce local : il pouvait requérir le concours de la force armée, mais aucune police ne dépendait de lui. Il est évident que chez les Francs, le côté proprement islamique du *muhtasib* ne pouvait subsister ; l'ordre public, contrôle du commerce compris, apparaît dans les textes en général comme du ressort du vicomte. L'unique texte mentionnant un *mathessep* dans le royaume de Jérusalem est l'inventaire des biens vénitiens de Tyr en 1243, où l'on n'en parle que comme d'un personnage du passé, qui n'existe plus. Aussi serait-on enclin à penser que le *mathessep* est dans le Royaume une apparition exceptionnelle et sans rôle réel, si cette fois encore la documentation chypriote ne devait nous rendre circonspect. A Chypre en effet, au XIVe siècle, le *mathessep* est un personnage auquel l'*Abrégé des Assises* attribue une importance réelle comme contrôleur général des métiers ; et là, il dispose même, sous la responsabilité supérieure du vicomte, d'une petite troupe de sergents. Comme il est peu vraisemblable que les Chypriotes aient emprunté directement l'institution à leurs contemporains musulmans, il faut conclure qu'il y avait des *mathesseps* dans le royaume de Jérusalem, bien que nous ne sachions rien d'eux et que Chypre ait pu développer de façon autonome l'institution[16]. Malheureusement, il n'y a pas de *mathessep* à Antioche, où la tradition byzantine en attribuait sans doute les tâches à un « préteur », subordonné maintenant au vicomte et au duc francs.

*
* *

Nous ne voyons pas clairement quelle place occupait dans l'Orient latin l'esclavage. On le sait, il n'était pas inconnu de l'Occident, surtout peut-être de l'Italie; il y était cependant peu développé, et avait dû décroître encore depuis que la conversion des Slaves et Hongrois au christianisme en avait interdit le recrutement chez ces peuples[17]. Il était beaucoup plus important dans la société musulmane, qui recrutait ses esclaves parmi les Turcs, les Slaves, les Noirs, etc. Il faut bien considérer que pas plus qu'en Occident, les esclaves n'étaient employés au travail de la terre, effectué en Europe par les serfs, en Orient par des paysans théoriquement libres, mais en fait liés également à la terre par l'obligation collective d'acquitter les redevances et travaux. L'esclavage était donc surtout un esclavage domestique; à un niveau supérieur, les esclaves étaient des agents de l'autorité des maîtres, privés ou publics. Il ne semble pas que ce dernier cas ait pu être très répandu dans l'Orient latin. Il est peu douteux cependant que l'esclavage ait été plus répandu qu'en Occident, recruté par le commerce, mais plus encore probablement parmi les prisonniers de guerre ne pouvant payer de rançon. Les fuites d'esclaves étaient donc relativement fréquentes, car la frontière n'était jamais loin pour retrouver la liberté en pays d'Islam.

Il est encore plus difficile de parler, parmi les indigènes, des Bédouins nomades. Ceux-ci n'étaient d'ailleurs nombreux que dans les zones intérieures, de plus en plus réduites par la reconquête musulmane. On peut admettre qu'ils devaient acquitter, en passant en territoire franc, les mêmes droits en espèces ou en bêtes que dans les pays musulmans; à vrai dire nous n'en savons rien.

Chapitre 13

Les indigènes

On a vu que les Croisés avaient considéré la plupart des indigènes, même chrétiens, comme des hérétiques peu dignes d'intérêt, et ne s'étaient pas gênés pour dépouiller leurs églises et leurs notables à leur profit. La nécessité cependant, et la cohabitation, les amenèrent peu à peu à un comportement plus souple[1]. Certaines croyances locales, certaines dévotions firent leur chemin d'une communauté à l'autre[2]. Dès le XIIe siècle, on vit, dans les milieux monastiques, quelques hauts ecclésiastiques s'aviser du profit que des emprunts mutuels pouvaient procurer à leurs Eglises[3]. On vit même le patriarche monophysite Michel le Syrien adresser un message à un concile romain. A l'origine, le clergé latin ne s'était pas gêné pour intervenir dans les affaires intérieures des clergés indigènes ; il semble l'avoir beaucoup moins fait par la suite, et ceux-ci appréciaient chez lui, à la différence du clergé byzantin, l'indifférence aux querelles théologiques[4]. Au XIIe siècle, les chrétiens latins d'Orient paraissent avoir ignoré toute idée de réunion des Eglises ; l'exception du cas maronite, négocié par l'homme peu ordinaire qu'était le patriarche d'Antioche Aimery, présente des caractères qui n'infirment pas cette règle[5]. *A fortiori* ignorait-on toute idée de conversion des musulmans : elle devait naître plus tard en Occident, au XIIe siècle, avec Pierre le Vénérable[6], en liaison avec les milieux espagnols. Entre chrétiens et musulmans, en Orient, il y avait eu des discussions dans le passé ; on en connaît encore au temps des Croisades[7], par exemple dans l'entourage du petit ayyubide d'Alep, al-Zâhir Ghazî, mais on ne voit pas qu'elles aient jamais concerné les Latins ; il est très exceptionnel que les polémistes musulmans, lorsqu'ils parlent des Eglises chrétiennes, fassent mention des Latins[8]. Les Croisés, sauf en quelques lieux favorisés, fermèrent les mosquées[9] (« mahomeries »), mais cela ne suffisait pas pour obtenir des conversions[10].

Les musulmans étaient donc privés le plus souvent de leurs cadres socio-religieux officiels et traditionnels, sans que nous puissions nous rendre compte s'ils étaient jugés d'après le Droit musulman, en ce qui concerne leurs affaires internes (naturellement pas pour le droit public). Il est probable qu'ils s'arrangeaient entre eux pour les affaires de famille, et que leurs structures sociales ne furent pas bouleversées. Le statut des non musulmans dans les Etats musulmans, et plus généralement celui de toutes les communautés étrangères reconnues dans les Etats médiévaux leur reconnaissait une sorte d'autonomie interne. Tel était le statut, en particulier, des membres des Eglises orientales dans l'Orient latin. Mais les musulmans n'étaient pas vraiment une communauté reconnue. En outre, il arrivait fréquemment qu'en cas de conflits internes, les intéressés fissent appel aux autorités franques, civiles ou religieuses, ou que celles-ci d'elles-mêmes se saisissent de l'affaire. Il en allait de même, en sens inverse, dans les Etats musulmans vis à vis de leurs sujets non musulmans. Etant donné le rôle de l'Eglise au Moyen Age dans les affaires familiales, la différence entre l'Orient et l'Occident à cet égard ne devait pas être sensible.

J'avais autrefois publié dans la revue *Syria* un article, dans lequel j'attirais l'attention sur la nécessité de réviser l'interprétation courante du fameux passage où le voyageur musulman Ibn Djubayr décrit la condition des paysans de sa confession en Orient latin. Ce que je disais alors reste en gros vrai, et peut-être appuyé par des remarques nouvelles; mais un des textes sur lesquels je me fondais, de 'Imâd al-Dîn cité par Abu Shâma, en accordant une juvénile confiance à la traduction donnée dans le *Recueil des Historiens des Croisades*, appelle une nouvelle traduction qui en renverse la signification, comme l'a montré D.S. Richards[11]. Le passage d'Ibn Djubayr, disjoint de son contexte dans l'édition du *Recueil*, était interprété, dans l'euphorie de l'âge colonial, comme montrant sans nuance la qualité de l'administration franque, même pour les populations musulmanes. Dans mon article, j'insistais sur la confrontation du texte en question avec d'autres, dont certains d'Ibn Djubayr lui-même. D'autre part, il faut comprendre le texte de celui-ci en fonction de son attitude politico-religieuse favorable à la guerre sainte, qui le portait à faire honte à ses coreligionnaires de leur mollesse. Il faut aussi rappeler, ce que je n'avais pas fait, que la condition des musulmans dans la province de Tyr, où passait Ibn Djubayr, était peut-être meilleure qu'ailleurs, en raison des clauses particulièrement favorables qu'il avait fallu leur consentir en 1124 pour obtenir la reddition de la ville[12]. D'une manière générale, on a bien l'impression que, sauf en quelques régions, la population rurale, habituée à courber l'échine sous tant de maîtres successifs, le fit encore sous les Francs tant qu'ils parurent les plus forts, et cessa progressivement de le faire lorsque les princes musulmans reprirent le dessus et s'efforcèrent de développer, au moyen d'espions, un réseau de propagande souterraine.

Les spécialistes de l'architecture militaire des Croisés n'ont peut-être pas porté une attention suffisante à la signification des châteaux qu'ils étudiaient. Implicitement, ils les considèrent comme destinés tous d'abord à la défense du territoire contre des ennemis extérieurs. Tel est évidemment le cas de ceux qui se trouvent aux points stratégiques des frontières successives. Mais beaucoup ne peuvent avoir eu d'autre fonction (comme aussi en Occident) que de surveiller des districts de l'intérieur. Quelques textes montrent que cette surveillance n'était pas superflue[13].

Pour une saine appréciation des choses, il faut comparer les situations dans l'Orient latin et dans les Etats musulmans voisins. Au cas où dans ces derniers la condition des chrétiens leur aurait paru nettement plus dure que chez les Francs, on devrait constater une émigration, soit des petites gens, soit tout au moins des clercs. Or il y eut bien des voyages occasionnels, mais d'émigration point. Il y eut de bons rapports entre quelques dignitaires des Eglises monophysite ou arménienne et les Francs, mais ce ne fut pas moins une lettre du catholicos arménien qui annonça à Saladin la mort de Barberousse, et Michel le Syrien se vantait de ses bonnes relations avec Qilidj-Arslan, qu'il félicitait de ses succès sur les Grecs. Nous savons peu de choses des Eglises chrétiennes de Haute Mésopotamie, mais elles subsistèrent, ayant à leur tête des évêques et fréquemment visitées par leur patriarche. La situation était la même pour les Nestoriens d'Iraq, bien que leur nombre probablement eût diminué.

Les colonies juives[14], en Asie étaient elles aussi assez peu denses, mais restaient vivantes, comme le prouvera aux temps mongols le rôle des deux vizirs, Sa'd al-Dîn et Rashîd al-Dîn. Peut-être les juifs avaient-ils une tendance qu'il faudrait expliquer à se convertir au christianisme, comme le père du polygraphe et historien Bar-Hebraeus. Mais au siècle précédent, c'était toujours l'Egypte qui était le paradis des juifs, et à cet égard Saladin ne différait pas des Fatimides. N'ayant pas dans l'administration le rôle des Coptes, ils ne provoquaient pas les mêmes jalousies, ni les mêmes suspicions d'entente avec les Francs. C'est en Egypte que passa la deuxième moitié de sa vie le grand docteur

Maymonide venu d'Occident et qu'il rédigea, moitié en hébreu moitié en arabe, ses œuvres les plus connues.

Au surplus, si tranchées que fussent les limites confessionnelles, elles n'entraînaient pas le comportement de caractère « national » des temps modernes. Le médecin chrétien Abû Ghâlib, sur lequel j'ai jadis attiré l'attention, servit d'abord Amaury 1er, puis Saladin, sans se considérer ni être considéré comme un traître.

Même dans la partie de la Syrie du Nord réoccupée pendant un siècle et demi par les Byzantins, la langue usuelle était restée l'arabe, comme s'en plaignait à la veille de la Croisade Nicon de la Montagne noire[15], et comme en plein XIIIe siècle en témoignera la rédaction en arabe de documents destinés à des chrétiens melkites indigènes[16]. Il en allait de même à Tripoli, comme le montre une lettre de Jacques de Vitry qui y prêchait, dit-il, voire y confessait, par interprète[17]. On ne voit pas que le latin ou le français aient beaucoup touché les indigènes. A Jérusalem, puis à Acre où s'entassèrent les Latins après la chute de la Ville sainte, peut-être le latin conquit-il une meilleure place, sans jamais abolir la nécessité d'interprète. Quand un mot franc s'imposait pour désigner en arabe une chose neuve originellement franque, on l'arabisait : témoin l'amusante histoire de la racine f.s.l., venue du mot « vassal », dont on fit au participe passé *mafsûl* = vassalisé[18]. Les Maronites eux-mêmes, les plus proches des Latins et de l'Eglise de Rome, parlaient et écrivaient, (y compris leurs livres religieux) en arabe, quitte à ce que l'un d'eux, entré dans l'Eglise latine, se fît faire en latin son épitaphe[19]. Au total, il semble bien que les Francs, sous réserve du cas douteux d'Acre, aient toujours été démographiquement minoritaires. On croira difficilement qu'il n'y ait eu aucune union mixte, légitime ou non ; mais comme les enfants étaient intégrés à la famille franque, il ne s'en suit pas une francisation des familles indigènes.

On a vu les débuts particulièrement difficiles des juifs dans l'Orient latin ; on constate par la suite qu'il en vint même d'Occident, sans que nous puissions savoir ce que furent leurs rapports avec leurs coreligionnaires locaux, ni des uns et des autres avec ceux des pays musulmans[20].

Chapitre 14

Les armées

En Orient, les armées étaient devenues de recrutement étranger ; en Asie, surtout turc. Une évolution plus tardive avait de même fait de l'armée byzantine une armée hétérogène de mercenaires, Turcs d'Europe, Normands (au XIᵉ siècle), Arméniens (ceux-ci sujets de l'empire), etc. Les forces militaires de l'Occident chrétien reposaient, comme dans les deux cas précédents, sur une cavalerie aristocratique, mais « nationale ». Mais transportés en Orient les Francs, par rapport à la population indigène, surtout lorsqu'elle était musulmane, étaient ressentis comme spécialement étrangers, voire ennemis, sans appui indigène possible. De l'armée musulmane, l'essentiel était formé d'esclaves de souche étrangère, et de mercenaires libres lorsqu'il s'agissait de recrues musulmanes ; on voit mal d'ailleurs en quoi différaient concrètement le statut des esclaves et celui des mercenaires. Dans l'armée seldjuqide, esclaves de type traditionnel et Turcomans libres se mêlaient.

Sous les Zenghides, comme cela avait été le cas pour d'autres dominations mésopotamiennes avant eux, au recrutement turc fondamental s'ajoutait un notable appel aux Kurdes voisins. Jusqu'alors, les Kurdes avaient surtout été des combattants montagnards à pied, tandis que les Turcs étaient des cavaliers particulièrement aptes aux combats en plaine. Mais dans l'armée zenghide, les Kurdes paraissent avoir été formés aux combats à la turque, si bien que les Egyptiens, lorsqu'ils auront affaire à eux, ne les distingueront guère. Les deux catégories de troupes éprouvent parfois l'une envers l'autre quelque jalousie, mais les Zenghides sauront dans l'ensemble maintenir l'équilibre. Les Ayyubides qui, eux seront kurdes, mais emploieront de fort contingents turcs, sauront aussi maintenir longtemps un équilibre. Les Kurdes, plus ou moins arabisés, sont peut-être moins ressentis comme étrangers que les Turcs par la population indigène ; réciproquement, les Turcs ont pour les aptitudes militaires, moins de méfiance ou de mépris des Kurdes que des Arabes et, on l'a dit, ils s'emploient à grignoter ce qui restait de seigneuries arabes en Syrie et Mésopotamie. Certes, le sentiment persistant de la guerre sainte créait, dans les moments de danger ou lors d'exploits particulièrement valeureux, un rapprochement entre les indigènes et les troupes étrangères chargées de leur défense. D'autre part, ces étrangers, on les arabisait ou iranisait et lorsqu'il y avait lieu on les islamisait ; leurs enfants, nés souvent de mères indigènes ou en tout cas vivant en milieu indigène, étaient plus ou moins assimilés ; mais justement pour cette raison, ils ne restaient que très exceptionnellement dans la carrière militaire, et c'est par l'enrôlement de nouveaux étrangers qu'on maintenait le caractère spécial de l'armée. On n'interdisait pas aux indigènes de s'enrôler pour la guerre sainte, mais on ne les employait que dans des corps francs, pour des tâches subalternes, et sans solde régulière.

L'armée fatimide d'Égypte, longtemps composée surtout de maghrébins, s'était progressivement ouverte à des Turcs, à des Noirs, voire à des Arméniens ; au XIIe siècle où l'on se méfiait des Turcs, elle faisait appel surtout aux Arabes bédouins du pays, bien qu'ils n'eussent pas les qualités militaires des Turcs.

La situation militaire des Francs était difficile. Si les indigènes les supportaient, ils ne les aidaient pas, et les musulmans agissaient souvent envers eux en espions ou en ennemis. Les Francs devaient donc à la fois affirmer leur domination à l'intérieur, et combattre, à peu près seuls, pour la défense de leurs frontières. Dans le comté d'Édesse, on l'a vu, il y avait eu au début une certaine entente des forces arméniennes et franques (les Arméniens étaient aussi des immigrés relativement récents). Mais là non plus la confiance ne régnait pas, les Francs évincèrent progressivement les seigneurs arméniens, et restèrent seuls pour défendre leurs possessions (hormis la participation de la population d'Édesse à la défense lors du dernier siège).

Peut-être faut-il, à certaines époques, nuancer un peu les affirmations précédentes, puisque l'on signale parfois, au XIIe siècle, combattant aux côtés des Francs, des *turcoples*. On a souvent considéré les turcoples comme des auxiliaires indigènes combattant à la manière turque en détachements légers. Il ne semble pas que ce soit exact. Dans l'empire byzantin des XIe et XIIe siècles, l'armée faisait grand usage de *tourcopouloi* et de *francopouloi* : il s'agissait de Turcs convertis et de Francs mariés à des femmes grecques, ou de leurs enfants; un parallèle existera plus tard, sous la domination latine, avec les métis dits *gasmoules*. Dans l'Etat seldjuqide d'Asie Mineure, on rencontre également sous le nom de *igdish* (litt. mulet) des métis d'indigènes convertis à l'Islam et de femmes turques, métis utilisés entre autres dans la police[1]. Il y a donc lieu d'admettre que les turcoples de l'Orient latin, imités des *tourcopouloi* byzantins, se rattachent à ce type d'institution, répandu dans tout l'Orient méditerranéen. Sans doute s'agit-il d'indigènes, voire de Turcs prisonniers ou transfuges mariés à des femmes franques et convertis au christianisme latin. Les textes ne précisent pas s'ils avaient une spécificité militaire bien définie : ils paraissent peu nombreux, et n'avoir qu'un rôle épisodique.

L'insuffisance des forces permanentes de l'Orient latin a entraîné, entre autres conséquences, et parallèlement à ce qui se passait en Espagne[2], la création des ordres militaires, l'un celui des Templiers, sur une initiative occidentale, l'autre, celui de l'Hôpital, par une évolution locale peut-être influencée par le précédent. A partir du second quart du XIIe siècle, on trouve donc dans l'Orient latin deux milices cléricales, entretenues par la générosité des fidèles européens, et les concessions plus calculées des chefs francs d'Orient. Les ressources ainsi obtenues, supérieures à celles des seigneurs laïcs, ont amené ces derniers, pour développer et entretenir le réseau des principales forteresses, à en transférer la propriété aux ordres militaires[3]. Il n'est pas besoin de rappeler comment la puissance ainsi acquise, plus stable que celle des princes qui changeaient, a amené les ordres à devenir des Etats dans l'Etat, souvent aussi nuisibles qu'utiles, par leurs prétentions et leurs querelles, à ceux qu'ils avaient mission de défendre. On ne voit pas clairement s'il y a eu à cela d'autres causes que des rivalités pour les concessions princières ou dans les alliances locales. La différence d'origine entre les ordres entraînait-elle des oppositions de conceptions? L'énigmatique procès des Templiers, en Occident, après la chute de l'Orient latin, a peu de chances de pouvoir nous renseigner[4]. A côté des ordres, des pèlerins occidentaux pouvaient occasionnellement participer à des expéditions, surtout au temps du royaume d'Acre. A mesure que s'émancipent, sur un modèle plus ou moins communal, quelques grandes villes, on trouve aussi des milices urbaines, mais qui n'ont de rôle que défensif[5].

Dans le monde musulman la distinction entre l'état laïc et l'état clérical n'est pas aussi nette que dans le monde chrétien, et l'organisation communautaire de la vie religieuse, qu'on peut rapprocher du monachisme chrétien ne fait que commencer, et spécialement en Syrie, au XIIe siècle ; même plus tard, lorsqu'elle se sera développée, elle ne prendra qu'exceptionnellement un caractère militaire. En revanche, se recrutaient dans la population ordinaire, des volontaires de la foi, pour combattre ou surveiller aux frontières les infidèles païens ou chrétiens. On les appelait d'habitude *ghazîs,* parfois *mudjâhid (-un),* ou du nom des postes fortifiés où ils résidaient, les *ribâts, murâbit (-un)* surtout en Occident (d'où par l'espagnol nous avons fait le nom de la dynastie des Almoravides, issus du groupe le plus ardent et le plus structuré des confins arabo-soudanais). A l'époque des Croisades, le nom de *ghazî* subsiste, mais beaucoup moins la chose, même dans le cas de « guerre sainte ». Le recul des frontières de l'Islam en Syrie, leur avance en Anatolie, a fait disparaître les établissements stables peu à peu constitués au cours des siècles. Certes, les Turcs d'Anatolie se disent *ghazîs,* mais il s'agit là non de groupes spécialisés, mais de toute la population en état de porter les armes.

L'Eglise aurait condamné – et les princes musulmans évité – l'emploi de soldats francs pour combattre d'autres Francs. Il ne s'ensuit pas que le service de Francs sous les ordres de chefs musulmans ait été impossible. Bien des princes ont préféré s'appuyer, contre les partis autochtones, sur des milices étrangères, et même au temps des Croisades et de la Reconquista, il n'y avait pas de raison de faire à cet usage une exception dans le cas des Francs, particulièrement appréciés. Ceux-ci étaient donc nombreux, avec l'acquiescement officiel même des grands papes du XIIIe siècle, dans les armées des Almohades, non en Espagne certes, mais au Maghreb. Il y en avait de même, peut-être à l'imitation des armes « byzantines », dans l'Etat seldjuqide d'Asie Mineure au XIIIe siècle. C'était exceptionnel en Syrie et dans l'arrière-pays arabo-musulman ; on en peut cependant relever un ou deux cas, notamment peut-être à la bataille de Hattin[6].

On a consacré de belles études à l'architecture militaire des Croisés et à quelques forteresses musulmanes. Cependant on ne peut dire que les auteurs, écrivant les uns d'un point de vue occidental, les autres d'un point de vue oriental, aient tenu compte les uns des autres. Il n'existe pas de synthèse des travaux concernant la place de l'architecture militaire de l'Orient latin face à celle de l'Occident, ni les influences mutuelles à cet égard de Byzance, du Proche-Orient et de l'Orient latin.

Les châteaux des Francs, on l'a vu, servaient autant à assurer leur mainmise sur les territoires intérieurs qu'à la défense des frontières. Citons, entre bien d'autres fameux, ceux de Sahyoun (Saône), Safad et de Marqab (Margat). Souvent ils continuaient simplement les châteaux qui, on l'a vu, s'étaient multipliés dans la période précédente. Par la suite, ils seront repris par les musulmans. Malgré les inscriptions arabes datant de cette troisième période, il n'est pas toujours facile de distinguer les trois phases, ni *a fortiori* de les caractériser. On peut seulement affirmer que de gros efforts ont été faits par les Croisés pour renforcer ce qu'ils avaient trouvé en arrivant. Au début du XIIe siècle, ces efforts encore modestes furent le fait des seigneurs laïcs; mais vite ceux-ci durent s'avouer qu'ils n'en avaient pas les moyens. Les plus importants châteaux furent donc concédés aux ordres militaires, voire construits pour et par eux, certains presque entièrement à neuf, tel le célèbre Crac des Chevaliers. Les Templiers ont peut-être été moins novateurs : Baghras, l'une de leurs principales places, paraît n'être pas très différente de celle qui l'avait précédée. Au XIIIe siècle, dans le royaume de Petite Arménie, des châteaux furent construits, à l'exemple et avec le concours des ordres militaires francs, pour renforcer les anciens réseaux frontaliers byzantins : ainsi Anazarbe, construit par les Teutoniques (voir la photo en appendice).

Les progrès réalisés, souvent à la fois des deux côtés de la frontière, consistent dans l'ampleur des proportions, l'épaisseur des murs, l'emploi de revêtements en grand et bel appareil souvent en ronde-bosse, la fréquence des tours rondes à la base en pente (comme celle des remparts), les entrées coudées, les avant-murs, etc. Les machines de siège étaient souvent construites sur place par l'assaillant. Les influences réciproques, au moins dans les détails, étaient facilitées par le fait que d'un côté comme de l'autre la main-d'œuvre était constituée par des prisonniers de guerre. Mais ce qui vient d'être dit ne peut l'être pour le moment que sous bénéfice d'inventaire.

Rien ne nous permet de savoir si l'on a essayé, dans l'Orient latin, d'améliorer le réseau des chemins, au moins de ceux d'intérêt stratégique, ou les passages traditionnels à gué des rivières.

En gros les techniques militaires, du côté franc comme du côté musulman, sont restées les mêmes d'un bout à l'autre de la période ici envisagée. La seule invention attestée est, du côté franc, celle du trébuchet, sorte de mangonneau auquel son contrepoids conférait une puissance particulière, et dont l'empereur Frédéric II commanda quelques exemplaires pour les emporter en Italie. Du côté musulman, la nécessité de combattre les

Francs est sans doute responsable de l'adoption de lourds et grands boucliers, dont les noms de *târiqa* (targe) et de *djanawiya* (génoise) dénoncent l'origine. Il est vraisemblable aussi que les Turcs, comme les Francs, ont développé l'archerie lourde et l'arbalète. Par ailleurs l'évolution paraît avoir été surtout quantitative : les effectifs mis en ligne dans les grandes occasions augmentent de part et d'autre, comme dans l'artillerie de siège le nombre des machines, tendance que les Mongols développeront encore en utilisant comme main-d'œuvre leurs prisonniers. Peut-être apprend-on à faire usage du feu grégeois, non plus seulement dans les sièges ou les combats navals, mais dans les batailles rangées; c'est ce qu'un auteur, il est vrai tardif, dit à propos de la bataille de 'Ayn Djalut (1260). Mais il n'y aura aucun changement fondamental avec l'introduction, bien postérieure, des armes à feu venues d'Europe.

Il y avait probablement un problème des deux côtés, dont malheureusement nous ne savons rien, celui de l'approvisionnement en chevaux de combat, le traditionnel cheval arabe inadapté à l'armement lourd. On importait des chevaux d'Europe dans l'Orient latin, peut-être de Russie à Byzance et dans les pays musulmans, et en Asie Mineure, grâce aux Turcomans, l'élevage se développa vite, mais nous ne savons de quelles races. Nous n'avons pas, pour la période des Croisades, de preuves d'une exportation de chevaux du Proche-Orient vers l'Inde, comme en d'autres temps[7].

Chapitre 15

La période ayyubide

Le XIIIe siècle s'ouvre pour tous les pays du Proche-Orient – empire byzantin, sultanat d'Asie Mineure, Syrie et Mésopotamie musulmanes, Orient latin, Arméno-Cilicie enfin –, dans des conditions nouvelles. Les Ayyubides, successeurs de Saladin (fils d'Ayyub), constituent, comme les principautés antérieures et à la différence des califats, une sorte de fédération familiale qui, malgré les dissensions intestines, surtout entre descendants de Saladin lui-même et de son frère et successeur al-Âdil, reconstitue tant bien que mal jusqu'au milieu du siècle une unité, sous la primauté du maître de l'Egypte. Il n'est pas utile d'en raconter ici l'histoire, sur laquelle nous disposons d'une documentation particulièrement riche, mais qui a fait l'objet récemment d'une bonne synthèse et de plusieurs travaux de qualité[1]. Qu'il suffise de souligner certains caractères. Sur le plan socio-culturel, les Ayyubides continuent la politique de leurs prédécesseurs, à cela près que la victoire étant désormais acquise sur les non-sunnites, ils peuvent, tout en développant les fondations de *madrasas* à l'aide, en Egypte, d'émigrés syriens ou iraniens, se montrer plus souples, et renouer même avec les traditions administratives que Saladin avait parfois combattues ou négligées. Les luttes de clans au sein du personnel gouvernemental amènent des personnalités notables à émigrer à Alep, qui fait un peu l'effet d'un hâvre de paix[2]. Les Ayyubides, comme la plupart des Egyptiens et les Kurdes, étaient shafé'ites, ce qui pouvait faciliter le rapprochement ; mais les Turcs étaient hanéfites, ce qui pouvait provoquer certaines tensions au sein de l'armée kurdo-turque, et, par suite de mariages mixtes politiquement nécessaires, au sein de la famille même. Nous verrons qu'à la fin de la dynastie, l'équilibre finira par être rompu au bénéfice des Mamluks turcs, sans que nous voyions clairement si cela provenait, en partie au moins, de difficultés dans le recrutement des Kurdes.

Nous n'avons pas l'intention d'engager, après tant d'autres, une discussion sur les origines et la déviation de la quatrième Croisade[3], et le rôle qu'y jouèrent la papauté et les Vénitiens. La prise de Constantinople par les Latins est le résultat de malentendus et griefs progressivement grossis entre Grecs et Latins, et aggravés à Byzance même par les luttes entre partis. La méfiance avec laquelle le gouvernement des Anges accueillit l'annonce de la préparation de la Croisade s'explique, entre autres raisons, par le fait que l'Eglise romaine, depuis les conquêtes normandes en Italie du Sud et la Croisade en Orient, avait toujours considéré comme devenant automatiquement siennes les Eglises grecques tombant entre ses mains; récemment encore, elle s'était gardée d'élever aucune objection à la conquête de Chypre et à la latinisation de son Eglise[4]. Il est inutile d'insister, d'autre part, sur les intérêts de Venise à Constantinople, et sa volonté de les garantir sans risquer le retour de drames comme ceux des dernières décennies[5]. Cela ne veut pas dire que les chefs de la Croisade[6] n'avaient pas à l'origine le dessein sincère de se rendre en Palestine, mais cela explique qu'ils se soient arrêtés à Constantinople. Peut-être certains pensaient-ils que la Terre Sainte elle-même gagnerait à ce qu'on eût neutralisé les mauvaises humeurs des Byzantins à l'égard des Croisades. On sait qu'il n'en fut rien : l'empire latin ne put embrasser tous les territoires de l'empire grec, il fut presque dès ses débuts menacé d'anéantissement par ses voisins, il accapara[7] pour sa défense une partie des énergies occidentales qui auraient pu servir en Syrie, et naturellement il ne fit qu'envenimer la haine des Grecs contre les Latins, et ne servit donc en rien à l'union des Eglises désirée par la papauté. Quant aux intérêts commerciaux de Venise, nous verrons plus loin ce qu'il advint[8].

Politiquement, pour ne nous attacher ici qu'à la partie asiatique de l'ex-empire byzantin, presque tout ce qui en avait été conservé, à l'Ouest de l'Asie Mineure, face aux Turcs et aux Seldjuqides, constitua l'Etat grec de Nicée[9]. Au fond de la mer Noire, la longue province côtière de Trébizonde se rendit également autonome. L'empire latin noua sur leurs arrières quelques rapports avec les Turcs[10], mais la défense des frontières grecques était au total mieux assurée par des pouvoirs plus proches qu'elle ne l'avait été de Constantinople, et les Seldjuqides, on le verra, tournaient maintenant leur attention vers l'Est. La suzeraineté que Byzance avait exercée sur Antioche n'avait plus de sens. Sur l'échiquier international, Frédéric II, en lutte contre la papauté marraine de l'empire latin, fut allié des souverains grecs de

Nicée. On ne sera pas surpris que dans les Eglises orientales, la chute de la Constantinople grecque ait été saluée avec joie, et les Latins considérés comme les successeurs des Romains, maîtres légitimes de la ville[11].

L'Orient latin, réduit à une bande côtière elle-même coupée par l'enclave musulmane de Lattakieh, gagnait peut-être en concentration de sa population franque (et l'on reparlera de son rôle commercial). La principauté d'Antioche et le comté de Tripoli se trouvaient réunis entre les mains des mêmes princes, mais séparés par l'enclave musulmane, ils n'étaient pas vraiment unifiés. Antioche, ennemie des Arméno-Ciliciens avant de devenir plus tard leur vassale, ne se préoccupait plus du tout des affaires du Sud, ni par conséquent des Croisades; la royauté de Jérusalem revendiquée par Frédéric II ne la concernait pas directement. Le Royaume et Chypre appartenaient à deux branches distinctes de la famille des Lusignan, mais, tandis que dans l'île se conservait une monarchie relativement forte au-dessus des feudataires immigrés, dans le Royaume les hasards de succession entraînaient une détérioration de l'institution monarchique : la prise de pouvoir par Frédéric II, que la majorité de la noblesse locale refusait, ne put l'enrayer. De toute manière, l'importance des concessions faites à certaines grandes familles, aux Ordres militaires et aux Italiens, laissait peu de ressources au gouvernement royal, maintenant privé de l'arrière-pays. Les luttes entre ces divers pouvoirs interdisaient toute action combinée. Un réflexe de résistance aux dangers extérieurs provoqua, à Antioche, la formation de la seule commune durable qu'ait connue l'Orient latin; les tentatives ultérieures à Acre et ailleurs, plus proches du modèle italien semi-nobiliaire semi-bourgeois, furent plus ou moins éphémères, liées qu'elles étaient aux luttes des partis.

La faiblesse de l'Orient latin le mettait dans la croissante dépendance des puissances européennes. Cependant, elle incitait aussi la majeure partie des Francs d'Orient à rechercher un *modus vivendi* pacifique avec leurs voisins musulmans, dans l'intérêt de la sécurité militaire et du développement du commerce. Cette situation se compliquait de divers autres facteurs. L'Occident était déchiré par ses propres conflits, en particulier, dans les deuxième et troisième quarts du XIIIe siècle, par la nouvelle lutte de la papauté et de l'Empire (ou ses alliés et héritiers), conflit qui allait avoir ses répercussions sur l'Orient latin. D'autre part, la papauté n'avait pas admis l'échec des Croisades, dont maintenant elle a repris l'initiative; mais la volonté de Croisade restait un fait occidental, que l'Orient latin accueillait avec d'autant plus de tiédeur que la conception et la direction lui en échappaient. En fait, qu'il s'agisse du pape ou de Frédéric II, les Croisades sont surtout méridionales. Nous sommes à l'époque où se développaient les monarchies française et anglaise, mais occupées de leur politique européenne, elles se désintéressent de l'Orient.

En même temps, toutefois, on constate aussi la croissante dépendance de l'Orient latin vis-à-vis de l'Occident. Au XIIe siècle, le clergé y avait été largement recruté sur place. Au XIIIe, tous les évêques furent envoyés par Rome[12], avec la différence de mentalité que cela impliquait : on connaît le mépris de Jacques de Vitry pour les « Poulains »[13]. Certes, il s'agit de la politique de la papauté, et il arriva en plusieurs pays qu'elle suscitât des réactions. Mais les conséquences étaient graves en Orient latin, dont la dépendance se trouvait soulignée, et où, en transportant sur le plan local la guerre entre le pape et l'empereur, on accroissait le désordre et la faiblesse, qui n'avaient déjà que trop d'autre raisons. Il sera plus loin question des missionnaires.

*
* *

Les Arméniens, seuls des chrétiens d'Orient, avaient profité des circonstances pour se constituer progressivement une puissance régionale autonome : en 1197, Léon Ier trouva moyen de se faire donner en Cilicie une couronne royale, bénie simultanément par les deux empereurs allemand et byzantin et par la papauté. A celle-ci, il faisait espérer un ralliement de son Eglise à Rome. La partie était délicate : Léon et ses successeurs, bien que ne participant à aucune Croisade, se savaient liés au sort de l'Orient latin. Des barons francs s'étaient établis dans la plaine cilicienne, des ordres militaires, en particulier le nouvel ordre teutonique, contribuaient à la défense du pays, et l'aristocratie arménienne aspirait, malgré son nationalisme, à se faire reconnaître comme membre de la société féodale du Proche-Orient latin. Comme Chypre, elle offrait aux marchands italiens une base plus sûre, en cas d'attaque musulmane, que les ports syriens. Cependant la masse arménienne était fortement attachée à une Eglise nationale sans compromissions : il était difficile de ne pas tenir compte des Arméniens de la Grande Arménie, bien que le royaume cilicien se fût du point de vue ecclésiastique détaché d'eux; difficile surtout de ne pas tenir compte de tous ceux qui restaient nombreux dans la région du Moyen Euphrate, et craignaient l'hostilité de leurs maîtres musulmans s'ils paraissaient incliner du côté franc. La querelle qui opposa pendant un demi-siècle les Arméniens de Cilicie aux Francs d'Antioche put bien compliquer le jeu, sans en modifier les données fondamentales. La réconciliation obtenue in extremis par Saint Louis entre les deux Etats conféra une prééminence officielle à la dynastie arménienne sur la Syrie du Nord, en même temps que la pénétration du Droit franc sur le sol cilicien provoquait la traduction arménienne des *Assises d'Antioche*, ordonnée par le connétable Sempad, frère du roi, et qui se trouve par un paradoxe de l'histoire être la seule forme sous laquelle ce texte nous est parvenu.

Il n'y a pas lieu d'insister ici sur le royaume géorgien, mais on peut rappeler que nous sommes à l'époque où il atteint sa plus grande puissance, s'étendant même sur une partie de l'Arménie traditionnelle, et cherchant des assurances à la fois du côté russe, à Trébizonde, chez les Seldjuqides d'Asie Mineure et ailleurs. Il n'avait pas de rapports directs avec l'Orient latin, où l'on n'entendait parler des Géorgiens qu'à propos des monastères que leur Eglise entretenait à Jérusalem.

Les Seldjuqides de Rûm sont alors à l'apogée de leur puissance. Ils ont une politique d'expansion sur les confins musulmans syro-djézireens, qui culmine avec la prise d'Amid en 1236; mais leur attitude sur les autres frontières, en général chrétiennes, est de neutralité ou de paix. Les raisons qui les poussent à mettre l'accent sur la politique de l'Est sont peu claires. S'agit-il d'une volonté d'expansion normale chez tout Etat fort, l'incitant à profiter des divisions de ses rivaux? Ils avaient unifié à leur profit l'Asie Mineure orientale : voulaient-ils y ajouter tous les pays ayant une part de population turque, ou neutraliser les intrigues qui pouvaient s'y nouer? Pensaient-ils que plus leur glacis serait large, mieux il briserait les offensives qui se profilaient à l'horizon? Quoi qu'il en soit, on constate au début du siècle une politique agressive sur le Taurus occidental, jadis byzantin, maintenant arménien, politique qu'ils relâchent au second quart de siècle, mais qui les avait entraînés, en accord avec le petit Ayyubide d'Alep, à soutenir les Francs d'Antioche contre les Arméniens plus ou moins alliés des grands Ayyubides. Ils ont conquis des débouchés sur la mer, au nord Sinope, Samsûn, et au sud, Antalya[14], au détriment de provinces ex-byzantines, mais qui n'appartenaient plus à l'Etat de Nicée, héritier de la tradition byzantine. Avec celui-ci, même si sur les frontières du nord-ouest les Turcomans ont entretenu une certaine tension, les relations officielles ont été correctes, parfois cordiales. Certes, on a de bons rapports, derrière eux, par précaution, avec les Francs de Constantinople, mais sans aller jusqu'à les aider : peut-être ne tient-on pas à changer de voisins en sacrifiant les Grecs, concentrés dans l'Etat de Nicée, qui en ont organisé la défense de façon bien plus efficace qu'elle ne l'était au temps de l'empire balkano-anatolien. La mémorable expédition de Crimée pouvait nuire aux Grecs de Trébizonde qui avaient succédé à ceux de Constantinople après 1204 comme puissance protectrice, elle pouvait peut-être nuire à quelques Italiens, elle ne nuisait certainement pas aux Grecs de Nicée. Avec les Italiens mêmes, surtout les Vénitiens, comme avec les Chypriotes, on recherche des accords commerciaux fructueux. L'émotion suscitée en 1231 par l'invasion khwârizmienne ne fait que renforcer cette politique : si elle provoque momentanément une alliance seldjuqide-ayyubide, cette alliance fait place, dès le danger passé, à une rupture d'autant plus grave, qui renforce la volonté de paix sur les autres frontières. Les difficultés intérieures du règne de Kay Khusrau II accentuent cette politique, une alliance matrimoniale inaugure une collaboration avec les Géorgiens ; d'autres unions resserrent les liens des Turcs de Qonya et des Grecs de Nicée.

Le développement de l'Etat, et les malheurs de l'Iran, attirent vers les Seldjuqides de Rûm un nombre croissant d'Iraniens, qui contribuent à l'organisation du système administratif et à l'essor culturel du pays, sous la réserve que les Turcomans frontaliers lui restent étrangers[15]. Le territoire seldjuqide devient ainsi, avec ses originalités, une branche de la civilisation irano-turque musulmane, plus que du monde arabe ; on dira cependant dans un instant ses liens privilégiés avec le califat, et peut-être un peu avec l'Occident musulman.

Aucun texte ne nous explique l'attitude des Ayyubides al-'Âdil et al-Kâmil envers les Francs. Il n'en est pas moins évident, d'après les faits, qu'ils désiraient une coexistence pacifique : la politique de Saladin avait coûté cher, et l'on voyait bien que les secours obtenus par lui à grand peine des princes environnants ne pourraient être renouvelés. Leurs rivalités mutuelles, aggravées à mesure de l'approche des Khwârizmiens, puis des Mongols (voir *infra*), les entraînaient à se détourner d'expéditions hasardeuses, voire à souhaiter l'appui des Francs, ou d'un parti franc. De toute manière ces derniers n'étaient plus dangereux, et il apparaissait que l'essor de l'Europe permettait de faire avec eux des affaires fructueuses. Certes, on devait en voir plus tard les inconvénients pour l'économie du Proche-Orient ; mais on ne pouvait encore s'en aviser dans la première moitié du XIIIe siècle. Cette politique rencontrait certainement le désir d'une grande partie des Francs d'Orient, ainsi que des marchands italiens[16]. Elle était cependant contrariée par le fait que c'est précisément alors surtout que les puissances chrétiennes d'Occident organisèrent des 'Croisades[17]. Celles-ci, on le sait, différèrent dans leurs motivations, leur organisation et leurs résultats.

Celle de 1200, bien que confiée à des seigneurs laïcs, à défaut de l'empereur Henri VI prématurément décédé, avait été voulue par la papauté. Elle aboutit en fait à la prise de Constantinople au début de 1204. Ceux des Croisés qui atteignirent tout de même la Syrie étaient trop peu nombreux pour y exercer aucune influence. D'autre part, les Vénitiens s'étant taillé dans l'empire byzantin la part du lion, au détriment des autres cités marchandes, il en résulta, particulièrement avec les Génois, une tension qui, pour n'être pas nouvelle fut cependant aggravée. On sait que les Génois, avec l'aide de leurs compatriotes les comtes de Malte, essayèrent de disputer aux Vénitiens la Crète, principale escale en Méditerranée orientale sur la route de l'Egypte; on a moins remarqué qu'ils envoyèrent une ambassade extraordinaire auprès d'al-Âdil, qui la garda plusieurs semaines et promena même l'ambassadeur à travers l'Egypte, au grand scandale de ses sujets. On se rappelle les liens privilégiés que les Ayyubides, et al-Âdil spécialement, avaient entretenus avec les Génois : il est difficile d'échapper à l'impression qu'une négociation s'était nouée contre les Vénitiens entre le Sultan et la république de Gênes. Militairement, rien n'en sortit, pour des raisons que nous ignorons. Politiquement, cette situation devait durer, bien que l'annonce de la cinquième Croisade ait amené al-Âdil à renouer avec Venise, pendant que les Génois se résignaient à faire de même dans l'empire latin. Il se peut que Pise aussi ait eu une politique méditerranéenne : c'est l'époque où des aventuriers pisans s'emparent momentanément de Syracuse en Sicile, et d'Antalya en Asie Mineure ex-byzantine[18].

La cinquième Croisade, commandée par le légat du pape, présenta l'originalité d'être sinon la première attaque contre l'Egypte, du moins la première Croisade directement tournée contre elle, considérée dès lors comme le centre de la puissance musulmane au Proche-Orient. Sans doute n'était-il plus dans l'esprit des Croisés de conquérir l'Egypte; pas même, semble-t-il dans l'esprit des marchands. Mais on pouvait, en occupant les ports égyptiens, en faire une monnaie d'échange pour la récupération de tout ou partie de la Syrie-Palestine. La Croisade aboutit à un désastre, en partie à cause du retard du jeune Frédéric II, que le pape avait poussé à y participer[19].

Quelques années plus tard, Frédéric II fit bien une expédition que l'historiographie classique numérote comme sixième Croisade. Son but était de profiter de ce qu'il ne restait, de la famille royale de Jérusalem, qu'une jeune héritière pour unir à ses couronnes de l'Empire et du royaume de Sicile celle, prestigieuse, de Jérusalem. Il reprenait ainsi, dans des conditions nouvelles, la politique de ses ancêtres normands[20]. Mais Frédéric II, qui dans l'intervalle s'était querellé avec Rome, partit excommunié pour cette expédition, qui donc prenait un caractère anti-romain et ne pouvait plus espérer de secours chrétiens[21]. Il n'y avait plus d'autres solutions pour Frédéric, qui devait remporter un succès, que de le rechercher par la voie diplomatique. Cela rencontrait les désirs du sultan al-Kâmil (voir *infra*), et la paix fut conclue, avec quelques réserves, moyennant restitution de Jérusalem au royaume. Même si la motivation de l'un et l'autre souverain était politique, elle impliquait un comportement de considération mutuelle et de tolérance, qui scandalisa également les Francs et les Musulmans de Syrie[22]. Pour ce qui est de Frédéric II, on a souvent voulu expliquer son attitude par son long contact de jeunesse avec la société de civilisation mixte de Sicile. Certes, cette expérience lui facilitait certaines compréhensions, et l'on peut admettre que les rapports scientifiques qu'il sut nouer avec quelques savants musulmans n'avaient pas exclusivement une intention de propagande. Il ne faut pas cependant oublier que le même Frédéric II, pour avoir la paix en Sicile, en déporta les musulmans à Lucera en Italie méridionale où, encerclés de toutes parts de chrétiens, ils étaient condamnés à s'éteindre. Le réalisme politique lui fit appliquer, en Orient, sa politique musulmane, qu'il suivra encore au temps de la Croisade de Saint Louis[23], et que son successeur Manfred devait continuer[24]. Il est possible aussi qu'il ait espéré redresser le commerce des ports italiens méridionaux avec l'Orient[25] ; mais là les places étaient déjà prises, et les Italiens du Nord, même s'ils mouillaient dans ses ports, restèrent les maîtres du commerce. Sur l'échiquier politique général, Frédéric comme les Musulmans fut l'allié de l'« empire » grec de Nicée contre l'empire latin de Constantinople[26].

Pendant ce temps s'étaient produits en Orient des événements qui, bien qu'à l'origine sans rapport avec ceux du Proche Orient, devaient avoir pour celui-ci des conséquences. Sur les ruines de l'empire seldjuqide s'était constitué, à partir de la province du

Khwârizm (Amou-Darya), un vaste Etat englobant l'Asie centrale musulmane et une partie de l'Iran. Il avait une forte armée de Turcs dits Khwârizmiens, en réalité des Qiptchaqs de la steppe eurasiatique. Plus loin Tshingiz-Khan (Gengiskhan) commençait à fédérer les tribus mongoles et turques orientales. Le massacre d'une caravane de marchands, soupçonnée de comprendre des espions, provoqua la rupture entre les deux puissances. En 1217, le Khwârizmshâh Muhammad fut écrasé, et alla mourir dans une île de la mer Caspienne, tandis que les envahisseurs dévastaient atrocement le pays. Son fils, Djalal al-Dîn Mangubertî, parvint à rallier les troupes khwârizmiennes, et pendant une douzaines d'années se tailla à la pointe de l'épée, toujours talonné par les Mongols, des possessions en Iran central puis occidental, avant de finir écrasé pour avoir voulu envahir l'Asie Mineure seldjuqide : il fut tué dans sa fuite par un paysan kurde. La terreur qu'il avait inspirée, et la puissance régionale qu'il avait représentée, avaient amené les petits princes ayyubides et autres à rechercher son alliance les uns contre les autres, et la conscience de ce danger fut une des raisons qui incitèrent al-Kâmil à s'entendre avec Frédéric II. Aucun de ces princes ne paraît, pour le moment, avoir considéré que l'invasion mongole, qui ne dépassait pas encore l'Iran, pouvait mériter attention.

Ce furent cependant les conséquences de ces événements qui gâtèrent ensuite les relations entre Francs et Musulmans. Al-Kâmil mort (1238), ses héritiers se disputèrent. Al-Sâlih s'appuya sur les redoutables Khwârizmiens qui, regroupés de plus en plus à l'Ouest, se cherchaient un employeur. Contre eux, d'autres Ayyubides, moyennant des cessions territoriales mineures, demandèrent l'aide des Francs. Les coalisés se firent battre, et Jérusalem fut reprise (1244) : la nouvelle allait provoquer la Croisade de Saint Louis. Les Khwârizmiens s'affaiblissaient cependant, et al-Sâlih préférait en Egypte augmenter par des achats massifs son armée de Mamluks turcs. Encore fallait-il les employer, et l'on en revint, à la veille de l'arrivée des nouveaux croisés, à des opérations de guerre sainte. Là-dessus se produisirent à la fois la mort d'al-Sâlih et le débarquement des Français. L'armée des Mamluks prit le pouvoir pour son compte inaugurant un régime original qui s'avéra durable[27].

La Croisade de Louis IX se présente comme une parenthèse anachronique dans un déroulement historique qu'elle modifie à peine. Nous n'en dirons que quelques mots. On sait que si l'initiateur et le chef de l'expédition est ici un souverain, sa motivation est une piété comparable à celle des premiers Croisés, même si elle se teinte de l'esprit missionnaire qui commençait alors à se faire jour. La Croisade n'en n'est pas moins du XIIIᵉ siècle par les tractations financières auxquelles elle donna lieu avec les transporteurs italiens, cette fois les Génois comme pour Philippe Auguste, et par la destination égyptienne qu'elle prit, presque sans participation militaire de l'Orient latin. On sait qu'elle aboutit à un désastre, à la capture du roi et de ses chevaliers. Libéré moyennant rançon et resté quatre ans en Orient, Louis IX dût se convaincre que pour le moment il n'y avait pas mieux à faire qu'essayer de profiter des discordes musulmanes (entre Mamluks d'Egypte et Ayyubides d'Alep entre autres,) et en revanche tâcher de réconcilier les partis Francs ennemis[28] : il parvint à rétablir la paix entre la monarchie arméno-cilicienne et Antioche, (voir *supra*), mais non à rétablir la paix entre Génois et Vénitiens. Une chose est certaine : Louis IX ne se comporta ni en souverain ni en suzerain, différent en cela de Frédéric II et bientôt de son propre frère Charles d'Anjou[29].

    Sans qu'on puisse bien comprendre pourquoi ni comment, on constate que la plupart des communautés chrétiennes d'Orient connaissent alors une sorte de renaissance culturelle, dans laquelle d'ailleurs il serait vain d'attribuer un rôle à l'Orient latin ou aux missionnaires. Dans le cas de l'Eglise monophysite, l'instrument de cette renaissance fut la langue syriaque, bien que les fidèles utilisent l'arabe comme langue courante. Les *Chroniques* de Michel le Syrien et de l'Anonyme d'Edesse en sont de remarquables témoignages. L'apogée, d'ailleurs aussi un chant du cygne, est atteint dans l'ambiance de l'empire mongol par Grégoire abu'l-Faradj, dit Bar-Hebraeus, dont la production est beaucoup plus variée, l'information polyglotte, et qui d'ailleurs, pour rendre sa grande chronique accessible à un large public, la traduisit, un peu abrégée, en arabe. Les autres confessions chrétiennes d'Orient s'expriment toutes en arabe; c'est le cas en Iraq de Mari b. Sulayman, nestorien, et de quelques auteurs melkites de Syrie, pour ne pas parler des Maronites. La communauté la plus vivante est celle des Coptes d'Egypte. Leur rôle restait considérable dans l'administration, et le commerce intérieur du pays, tranchant à cet égard sur le déclin des chrétiens dans les Etats d'Asie. Il en résultait une animosité croissante contre eux, dont témoignent, sans attendre l'époque mamluke, les pamphlets de Nabulsî, et qui dans le temps des Croisades les faisait parfois soupçonner de complicité avec les Francs[30]. Ils produisent alors une œuvre historique (al-Mâkin) et juridique importante (des Banu 'Assâl)[31], bien que paradoxalement ce soit le moment où s'interrompt l'histoire des patriarches d'Alexandrie.

Par contre, après Maymonide, est en déclin l'activité intellectuelle des Juifs d'Orient, qui ne trouvent peut-être plus, dans les conditions nouvelles du monde musulman, l'ambiance des temps classiques qui leur avait été favorable. Leur orientation suit une courbe un peu comparable à celle des Musulmans, mais ce sera plutôt du côté de l'Europe, et indépendamment de l'Islam, que se développeront des courants parallèles.

Sur un autre plan aussi, l'initiative vint d'Occident. On a souvent présenté le mouvement missionnaire, qui se développe au XIIIe siècle, comme une sorte d'appendice aux Croisades. Bien entendu, comme elles, il se rattache à l'attention prêtée à l'Islam et aux Eglises d'Orient, et d'aucuns ont pu concevoir que la Croisade avait pour but de permettre aux infidèles d'entendre la parole du Christ. Mais, on l'a vu, toute idée d'évangélisation paraît avoir été étrangère aux Latins d'Orient au XIIe siècle. Ni l'ordre des Bénédictins, auquel se rattachaient les établissements latins importés d'Occident, ni d'ailleurs les ordres indigènes, ne s'étaient jamais proposé une mission de conversion, qui en pays musulman aurait été interdite. En Europe orientale, les Cisterciens avaient développé une activité de ce genre, mais l'ordre ne prit pied en Orient latin qu'au début du XIIIe siècle, avec des représentants purement occidentaux. Une véritable idée missionnaire apparut avec les ordres mendiants des Franciscains et des Dominicains. Au départ, le souci d'une diffusion de la foi leur vint au contact des musulmans d'Espagne et du Maghreb, et c'est toujours d'Occident que devait venir l'inspiration, jusqu'à Ramon Lull et au-delà. Un récit semi-légendaire montre Saint François allant visiter le Sultan al-Kâmil. Mais un véritable travail de son ordre en Orient ne commença qu'après sa mort, lorsque la volonté en fut venue au pape Innocent IV. Dans les missions alors envoyées, il faut distinguer deux catégories. Les unes étaient provoquées par l'approche des Mongols, que rendaient manifeste leurs victoires sur les Seldjudiques d'Asie Mineure en 1243 ; les Mongols, comme au siècle précédent les Qarakhitaïs, combinaient toutes les religions d'Asie Centrale, christianisme compris, et reportant sur eux l'histoire du prêtre Jean, on se prit à penser que des négociations politico-religieuses étaient possibles. Mais d'autre part, il s'agissait moins maintenant pour la papauté de convertir des musulmans, que d'essayer d'amener à l'union les Eglises d'Orient, pour une espèce de front commun face à l'Islam, forme de prédication que les Etats musulmans pouvaient tolérer. L'innocente naïveté de missionnaires, convaincus qu'il suffisait de prêcher la vraie foi pour en rendre évidente la vérité et y gagner ceux qui l'avaient ignorée, se heurta à la déception de l'expérience, même dans les pays où les Mongols devenus maîtres laissaient les missionnaires s'adresser aux musulmans. Du moins ces missionnaires s'ouvrirent-ils peu à peu à l'idée qu'il pouvait y avoir des qualités réelles dans l'Islam. Quant aux Eglises orientales, on aurait pu penser que les missionnaires trouveraient un appui auprès des Latins d'Orient, devenus trop faibles pour triompher à eux seuls de l'Islam. En fait, leur rôle consista exclusivement à procurer une base territoriale à certaines missions, et il arriva même que, dans la difficulté de trouver sur place un clergé suffisant en nombre, on y suppléât en désignant des Franciscains ou des Dominicains, amenés ainsi à considérer l'Orient latin comme lui-même pays de mission. L'idée d'une union des Eglises était utopique, et n'aboutit pas. La majorité des chrétiens orientaux étaient extérieurs à l'Orient latin et, outre qu'ils étaient attachés à leurs particularismes, ils pouvaient craindre de provoquer la mauvaise humeur de leurs maîtres musulmans s'ils se rapprochaient des Latins. Mais bien plus, même lorsqu'il s'agissait, comme dans le cas des Melkites, de chrétiens vivant dans les limites de l'Orient latin, ce fut le clergé latin lui-même qui fit échouer les projets du pape. Celui-ci avait souhaité que l'Eglise grecque d'Orient fût assimilable aux autres Eglises que l'on pouvait doter d'un statut autonome, de manière à mettre fin, à Antioche surtout, à l'interminable querelle entre Grecs et Latins. Mais de quelque Eglise qu'il s'agît, l'union espérée par le pape aurait eu pour conséquences pratiques une atteinte à la prédominance du clergé latin, et l'obligation d'un partage plus équitable des revenus. Les projets échouèrent donc, et les catastrophes de l'Orient latin dans la deuxième moitié du siècle ne pouvaient en favoriser la reprise. C'est d'ailleurs l'époque où sombrent aussi les espoirs nés des négociations directes entre Rome et Constantinople reprise par les Byzantins[32].

*
* *

On a vu que le califat s'était à peu près désintéressé de la lutte contre les Croisés, même au temps de Saladin, malgré les efforts de ce prince, et alors que la désintégration du sultanat seldjuqide lui avait rendu quelques moyens. En politique extérieure, Bagdad s'intéressait toujours plus au danger venu d'Iran qu'aux autres, et l'époque de la troisième Croisade était aussi celle de l'expansion khwarizmienne. La situation reste la même *a fortiori* pendant les moments de paix entre les Ayyubides et les Francs, puis lorsque le califat se trouva confronté à la formation du sultanat de Djalal al-Dîn Manguberti, en attendant les Mongols, que d'aucuns accusaient le calife al-Nâsir d'avoir appelés contre les Khwârizmiens. Dangers auxquels il faut bien avouer que les princes syriens et égyptiens paraissaient tout aussi indifférents que le calife l'était aux leurs. Ce n'était pas que le calife al-Nâsir en particulier (1180-1222) ne se souciât de la puissance ni de la gloire du califat : il les recherchait autrement. A défaut d'un rassemblement politique du monde musulman autour de lui, il cherchait du moins à redonner à l'institution qu'il représentait une nouvelle autorité morale[33], et d'abord dans le cadre bagdadien propre à souder autour de lui toutes les couches de la société, sans distinction d'école religieuse. On a dit un mot précédemment de ces organisations populaires dites de *futuwwa* ; contrairement à ses prédécesseurs qui les avait combattues, d'ailleurs en vain, il y adhéra et y fit entrer l'aristocratie. Puis il s'appliqua à convaincre tous les princes musulmans du Proche-Orient d'adhérer personnellement à cette sorte d'ordre qu'il avait ainsi institué, en sorte qu'ils réalisassent chez eux le même projet social. Sous cet aspect, la chose échoua. Mais il en resta dans l'aristocratie une espèce d'organisation sportive privilégiée, qui donna au premier orientaliste qui la découvrit au XIXe siècle l'impression de ressembler aux ordres de chevalerie du bas Moyen Age occidental. Il se trouva d'autre part que les réformes d'al-Nâsir correspondirent chronologiquement à l'organisation, par les Seldjuqides d'Asie Mineure, de l'Etat musulman que le XIIe siècle n'avait pu qu'ébaucher. Les Seldjuqides étaient tout aussi indifférents que le calife à toute idée de solidarité musulmane face aux nouvelles Croisades, et se souciaient même assez peu de combattre les Byzantins. Au dehors, eux aussi avaient les yeux d'abord tournés vers l'Iran, que leurs ancêtres avaient traversé, et d'où maintenant affluaient les cadres civils et religieux qui les aidaient à structurer leur régime. C'est ainsi que se développa chez eux une forme de *futuwwa* inspirée de celle d'al-Nâsir, et qui conféra à ce calife un prestige auquel cependant la conquête mongole devait bientôt mettre fin.

Dans ces conditions on comprend que le sens de la Communauté (*Umma*), pour autant qu'il subsistait, ne s'organisait plus autour du califat. L'Iran vivait de sa vie propre, ce que ne fera bientôt qu'accentuer la conquête mongole. Dans les pays arabes, c'est la Syrie, en attendant l'Egypte, et malgré la Croisade, qui est désormais le pôle d'attraction. Chez les souverains, on a vu que Saladin ne parvint pas à intéresser à la lutte commune contre les Francs les Musulmans d'Occident; ceux d'Orient avaient d'autres soucis que de s'inquiéter de la reprise des offensives chrétiennes en Espagne, qui vont réduire le domaine de l'Islam au royaume de Grenade, ou des conséquences de la chute des Almohades au Maghreb. Mais au niveau des lettres et des savants, on a vu, dès le XIIe siècle, ce qu'avait été la diaspora sicilienne; et au XIIIe, c'est en Orient ayyubide que vont finir leur vie le mystique Ibn 'Arabî, le botaniste Ibn Baytar, le polygraphe Ibn Sa'îd, et d'autres. Nous reviendrons sur ce rôle de la Syrie.

Chapitre 16

L'*organisation commerciale et monétaire*

Les conditions du commerce, dans la première moitié du XIIIe siècle, ne sont pas identiques à celles de la période précédente. L'importance relative de l'Egypte diminue peut-être par suite d'une part de la baisse de sa production aurifère[1] et de la découverte en Anatolie d'un alun rival du sien[2]; d'autre part du contrôle plus strict, imposé par la papauté, sur les exportations occidentales d'intérêt militaire, bois et fer compris[3] (ce qui n'empêchait peut-être pas des Italiens d'en apporter d'Asie Mineure). D'autre part la chute de Constantinople avait largement désorganisé le marché byzantin. Venise s'était réservé la part du lion dans les bénéfices escomptés, mais quels bénéfices ? La cour des empereurs byzantins avait disparu, et ce n'étaient ni leurs petits successeurs latins, ni même leurs épigones grecs, qui pouvaient commercialement la remplacer. Certes la Croisade avait fait sauter le verrou du Bosphore, et les Vénitiens pouvaient maintenant pénétrer dans la mer Noire à la place des Grecs. Mais cela ne suffisait pas à augmenter la demande commerciale et, pour autant qu'il y avait toujours commerce de fourrures, d'esclaves, etc., en provenance des territoires russes, les Grecs et indigènes de Crimée l'orientaient désormais soit vers Trébizonde, maintenant leur protectrice, soit, lorsque les Seldjuqides se furent par Samsun et Sinope ouvert un débouché sur la mer Noire[4], sur leur Etat désormais bien organisé, leur procurant ainsi une certaine clientèle[5]. Siwas, le principal nœud routier de l'Asie Mineure centrale, est dès lors une grande place de commerce, dont il est difficile de penser que les caravanes n'aient pas fait profiter également la Syrie musulmane[6].

Il est vrai que de ces relations, du moins en Méditerranée, ce sont encore des Italiens et secondairement des Provençaux[7], des Ragusains, des Anconitains, etc., qui sont les artisans. Nous les voyons fréquenter, surtout sans doute pour leurs achats, un nombre croissant de petits ports et, vite convaincus de l'insuffisance des territoires gréco-latins d'Europe, ils ne se font scrupule de traiter ni avec les Grecs de Nicée[8] ni avec les Seldjuqides qui ont enlevé sur leurs côtes méridionales le port d'Antalya à un aventurier pisan[9]. Par Chypre, ils atteignent le jeune royaume arménien de Cilicie. Et nous revenons ainsi à l'Orient latin et au Proche-Orient musulman.

Le regroupement des Francs sur le littoral, et en particulier à Acre, faisait de cette place un marché commercial important, et ce n'est pas par hasard qu'est alors mis au point le tarif douanier que nous ont conservé les *Assises des Bourgeois*, et dont nous aurons à reparler. Cependant la principauté musulmane d'Alep a désormais accès à la mer, par le bon port de Lattakieh. Et les Italiens se font octroyer le droit d'y commercer, avec l'avantage sur les ports des Francs que les caravanes intérieures l'atteignent sans frontières à traverser. Comme dans l'ex-empire byzantin, les Italiens pénètrent eux-mêmes maintenant jusqu'aux capitales intérieures, Alep, Damas (on y connaît des Florentins)[10], ainsi qu'à Qonya en Asie Mineure, où un Génois et un Vénitien venus de l'Orient latin se partagent le monopole de l'exportation de l'alun[11].

Ces faits ne réduisent pas l'importance des ports de l'Orient latin[12]. La répétition des Croisades, bien que certains Italiens y participent en se faisant payer, oblige les marchands à avoir des refuges sûrs en pays chrétiens. Et même en temps de paix, il est en général préférable pour ceux des navires qui font le circuit triangulaire Occident-Syrie-Egypte de le faire dans cet ordre et non en passant d'abord par l'Egypte, où on leur aurait peut-être retenu des marchandises destinées aux Francs. Depuis la troisième Croisade, ils possèdent à Acre et à Tyr de véritables petits territoires autonomes dont, même quand les dispositions leurs étaient favorables, ils n'auraient pu trouver en Egypte l'équivalent. Mais cela accentue évidemment la rivalité entre villes qui empoisonnent l'Orient latin[13]. Dans la guerre dite de Saint-Saba (1255-1259) s'opère un chassé-croisé : les Vénitiens chassés de Tyr s'installent à Acre, d'où ils expulsent les Génois.

Nous nous rendons mal compte si l'invention de la boussole a rapidement transformé les conditions de la navigation. Et on ne pourra peut-être jamais clore la discussion sur l'origine de la boussole : l'augmentation de la circulation maritime incita certainement à améliorer l'utilisation de l'aiguille aimantée, connue des Chinois; la première attestation précise paraît être celle d'un auteur musulman, Qibtshâqî[14], se rapportant à un navire franc à Tripoli, vers 1240.

Nous avons conservé, pour Acre, une liste (en deux parties) de tarifs douaniers, dont certaines articles remontent au XIIe siècle, mais dont l'ensemble, grossi sans doute par additions successives à mesure des circonstances et des besoins, reflète la situation dans la première moitié du XIIIe siècle[15]. Cette liste a ceci de particulier que n'y figure aucune denrée importée d'Europe, pas même de celles dont nous savons le plus sûrement qu'elles arrivaient en quantités appréciables. Sans doute cette absence provient-elle de ce que, le plus fréquemment, les denrées en question étaient importées en franchise dans les quartiers italiens[16]. Il est bien fait allusion à quelques produits apportés par mer (seul exemple explicite, une partie du sucre), essentiellement d'Egypte, et aux diverses « épices » d'Orient dont le chemin d'arrivée n'est pas précisé, et qui peuvent aussi bien avoir été apportées par caravanes, de terre, de Syrie intérieure ou d'Egypte, que par mer, encore d'Egypte : dans l'ensemble, cependant, il doit s'agir à peu près exclusivement de commerce terrestre et indigène, et les autres produits sont tous, soit du territoire franc lui-même, soit de « païenime », entendez ici surtout la Syrie musulmane proche. Une bonne part sont de petits objets de consommation locale, qui devaient peu intéresser les marchands italiens ; cependant les épices, et quelques autres denrées, sucre, lin, coton, soie, alun, pouvaient les concerner, encore qu'ils en trouvassent l'équivalent ailleurs, et qu'on ne puisse savoir dans quelle mesure ce qui pénétrait sur le marché d'Acre excédait ce qui était utilisé par la consommation ou réexportation locale.

Nous avons dit que les colonies marchandes, en Orient latin, étaient devenues presque de petits Etats autonomes, et il en était *a fortiori* de même, sinon davantage encore, pour les Vénitiens de l'empire latin. La situation était différente dans les Etats musulmans, mais l'évolution se fait dans le même sens : les cités italiennes ont chacune leur *funduq*, que désormais elles gèrent elles-mêmes, et elles s'occupent elles-mêmes des opérations de débarquement, d'entrepôt, etc., qui relevaient au siècle précédent des autorités du pays. Désormais ce n'est plus le *waqîl* qui doit s'occuper des intérêts des marchands, mais chaque colonie a son ou ses consuls. Si les renouvellements de privilèges s'espacent, c'est qu'il n'y a rien à ajouter ou modifier.

On ne trouve guère dans les ports des Francs, ni même à Damas ou Alep, de marchands de provenance orientale lointaine, mais beaucoup de l'arrière-pays mésopotamien. Deux villes paraissent jouer à cet égard un rôle particulier, Harrân et Mossoul. Les Mossoulitains, que ne connaissent pas comme tels les textes arabes, figurent en revanche comme une catégorie confessionnelle ou professionnelle dans les textes francs du XIIIe siècle[17]; comme leur confession (fraction orientale des monophysites) n'était pas représentée dans les communautés indigènes de Syrie, ce sont sans doute des Méspotamiens venus pour affaires, comme celui qu'Ibn al-Athîr[18] chargeait de faire fructifier une partie de ses capitaux. Peut-être y avait-il aussi parmi eux de ces artisans cuivriers réputés, auxquels est dû par exemple le grand bassin dit « baptistère de Saint Louis » du musée du Louvre (qui peut avoir été acquis ailleurs).

Quant à la ville de Harrân, au cœur de la grande boucle occidentale de l'Euphrate, grande étape de la route de Mossoul à Alep, elle avait été jadis le centre de la secte originale des Sabiens, mais depuis trois siècles était maintenant islamisée; de là devait venir, peu avant la destruction de la ville par les Mongols, la famille du grand docteur Ibn Taymiya, établie en Egypte. Mais le rôle de Harrân paraît avoir été maintenant surtout marchand, à en juger par le nombre des commerçants harranis qu'on rencontre à Bagdad et en Syrie, voire à Aden et en Chine : l'historien de la ville Hamad b. Hibatallâh aboul-Thana, avait commercé du Khurasan à l'Egypte[19].

Les artisans d'art, qui gravaient des scènes sur les objets de cuivre, associaient à des sujets musulmans d'autres sujets, admissibles pour des musulmans, mais tirés des Ecritures judéo-chrétiennes, soit que ces artisans aient été chrétiens (il restait beaucoup de chrétiens en Haute-Mésopotamie), soit simplement pour que les objets pussent être offerts indifféremment à des clientèles des diverses confessions, Francs compris[20].

L'importance de Mossoul, centre culturel (l'historien Ibn al-Athîr, etc.), industriel et commercial avait été en partie due à l'existence d'une dynastie autonome, mais certainement aussi au déplacement vers le nord, sous les Turcs (et bientôt les Mongols) massés en Iran du Nord-Ouest, des routes qu'attirait moins Bagdad[21].

La fin du XIIe et la première moitié du XIIIe siècle voient de profondes transformations dans le marché monétaire, qu'à vrai dire nous comprenons encore mal. A la fin du régime fatimide, l'or a eu tendance à disparaître presque complètement d'Egypte, en partie peut-être mais pas uniquement en raison des dépenses militaires. Au temps de Saladin, l'argent joue dans la vie courante du pays le rôle capital, mais Saladin a cherché à remplacer le *waraq* fatimide par un dirham nouveau, plus en rapport avec le système syrien, mais qui se révéla en fait moins adapté aux conditions égyptiennes; les deux monnaies circulaient côte à côte. Dans l'Asie ayyubide, l'or conservait une large place, et peut-être se redressa-t-il un peu en Egypte même, sous al-'Âdil et al-Kâmil. Ce dernier prince est l'auteur d'une réforme monétaire à laquelle l'historien ultérieur Maqrizi[22] a donné une certaine notoriété, et qui fut l'occasion du précieux petit traité d'Ibn Ba'ra. Elle n'en est pas moins de signification contestée. Il semble qu'il s'agisse moins d'une réforme du système monétaire que d'une simple transformation de la forme du dinar. A cette époque d'ailleurs, circulaient concurremment au Proche-Orient plusieurs espèces de monnaies d'or, au taux de change quasi officiel, parmi lesquelles la monnaie franque dite *sûrî*[23] (du nom de la ville de Tyr, lieu de frappe remontant aux temps antérieurs à la Croisade)[24].

Cependant, on l'a vu, l'argent réapparaît à Bagdad, et sans doute reprend sa progression dans tout le Proche-Orient[25]. Aux alentours de 1240, le contemporain al-Nâbulsî[26], sans en comprendre la raison, signale une chute verticale de la frappe de l'or en Egypte. Douze ans plus tard, Gênes et Florence entamaient la première frappe d'or que l'Occident eût connue depuis cinq siècles (sauf en Italie méridionale où l'« Augustale » de Frédéric II continue avec une définition nouvelle la tradition normande); elle se révéla définitive, et fut d'ailleurs bientôt imitée par Venise et par les monarchies européennes[27]. Même l'argent, en Orient non mongol, déclina, contraignant l'Etat des Mamluks à s'orienter vers des espèces de cuivre. On ne voit pas clairement les conditions de ce transfert. Nous savons que les gisements aurifères de Haute-Egypte s'épuisaient, ou du moins que leur exploitation coûtait maintenant plus qu'elle ne rapportait. Mais si cela peut expliquer la baisse de l'or en Orient, cela n'explique pas sa présence en Occident, et d'illustres exemples montrent que l'or ne reste pas forcément à la disposition de ceux qui l'ont primitivement récolté. En Europe, des gisements aurifères jusque-là négligés ont pu être exploités. Tout cela revient à dire que ce qui est à considérer en priorité doit relever du marché international. Les Européens dont les besoins devaient s'accroître, avaient, pour la commodité des paiements, mis en circulation de grosses pièces d'argent; mais elles-mêmes se révélaient insuffisantes. Bien que leurs nouvelles pièces d'or dussent, au siècle suivant, envahir les pays d'Orient, il n'y eut jamais hémorragie d'or en Europe. Nous ne pouvons mesurer la place qu'y occupe maintenant l'or du Soudan. Sur le plan local, les nouvelles monnaies européennes signifient qu'on pouvait désormais se passer de celles de la ville d'Acre, dont le déclin n'a d'ailleurs pas dû attendre la chute des dernières ville latines. Sur le plan général, on en revient au problème déjà évoqué de l'équilibre dans le commerce du Levant. Il nous paraît difficile de croire, dans le cadre général ci-dessus esquissé, à une balance déficitaire pour l'Occident[28].

Chapitre 17

La période mongole

La période mongole est presque un post-scriptum, et il n'en peut être donné ici que des linéaments, comme aboutissement de ce qui a été dit précédemment, et sans qu'il y ait en aucune manière à considérer la date de 1291, chute de la dernière ville franque en Syrie, comme marquant une quelconque coupure, même pour les Francs, puisqu'ils restent à Chypre pour trois siècles encore.

La formation de l'empire mongol, un des événements les plus impressionnants de l'histoire, est dans son origine tout à fait étrangère au Proche et Moyen-Orient, et nous n'avons donc ici rien à en dire. Qu'il suffise de rappeler que justement parce qu'ils étaient des inconnus, venus de « derrière la muraille de Gog et Magog », ces hommes d'aspect et de noms déconcertants, (bien plus que n'avaient été les Turcs) sont apparus comme des êtres terrifiants, ce dont ils ont su magistralement jouer pour accroître par l'effet moral[1] les chances de victoire matérielle[2]. Ne raconte-t-on pas qu'un petit prince arménien, pour s'assurer la victoire sur un rival, a habillé ses soldats en Mongols, et que cela a suffi[3] ? Quoi qu'il en soit, ils ont en 617/1220 détruit l'Etat des Khwârizmiens et submergé l'Asie Centrale[4] ; au cours des quatre décennies suivantes, ils ont occupé d'une part l'Iran, avec même l'Asie Mineure (1243), en même temps que la Russie, poussant jusqu'à la Silésie (1242) et la Chine. Ils ont, dans le premier de ces pays, anéanti la puissance terrifiante des « Assassins » d'Alamut, et en 1258 mis fin au cinq fois centenaire califat de Bagdad ; en 1260, envahi la Syrie même et atteint la frontière égyptienne. Les raisons de ces victoires, les plus grandes que l'histoire ait enregistrées, résident pour une part dans la terreur qu'ils inspiraient ; mais aussi dans leur remarquable discipline ; l'art d'utiliser, pour espionner et désintégrer l'ennemi, toutes les ressources du commerce, des oppositions de sectes et de confessions ; la combinaison d'une cruauté impitoyable envers les opposants (quelque méfiance qu'il faille avoir des chiffres, ils ont été les plus grands massacreurs de l'histoire médiévale) et de promesses et garanties pour les ralliés et soumis ; enfin un certain art d'organiser dans la mesure des possibilités restantes, les régimes issus de leurs conquêtes[5].

Ceux qu'on appelle les Mongols, légitimement pour autant qu'ils furent le moyen et le centre organisateur, n'en comprenaient pas moins nombre de populations qu'ils avaient entraînées parmi eux, la plupart de souche turque. En même temps que celles-ci, ils avaient été touchés par diverses propagandes religieuses, et se gardaient de s'attacher trop à aucune aux dépens des autres. Avec le Bouddhisme, le Christianisme nestorien continuait chez eux la carrière qu'il avait commencée sept cents ans plus tôt en Asie Centrale, et poursuivie chez les Turcs non musulmans. Aussi bien les espoirs semi-apocalyptiques, exprimés au XIIe siècle dans la légende du prêtre Jean[6], connurent-ils un essor nouveau, même dans les populations chrétiennes du Proche-Orient, au bénéfice maintenant des Mongols ; leur caractère même aidait à imaginer qu'ils annonçaient, avec la fin du monde, l'écrasement prochain de l'Islam. Pendant plus d'un demi-siècle, de vieux pays d'Islam traditionnel avaient été dirigés par des chefs qui, certes, ne persécutaient pas les musulmans, mais tenant la balance égale entre toutes les confessions, leur retiraient certains privilèges, et politiquement s'appuyaient sur ceux qui avaient eu à se plaindre des régimes antérieurs, redonnant espoir aux chrétiens et aux shi'ites. Les conséquences se firent sentir jusqu'aux bords de la Méditerranée. Tandis qu'en milieu musulman, les appels isolés au *djihâd* antimongol se diluaient dans l'épouvante, certains milieux chrétiens, en particulier les Arméniens de Cilicie mais aussi les chrétiens de Damas[7] en pays musulman, se considéraient comme les fourriers des nouveaux maîtres, pour en recueillir quelques bénéfices[8]. Des Francs même, surtout ceux d'Antioche, liés aux Arméno-Ciliciens, leur emboîtaient le pas, ce que les uns et les autres devaient bientôt payer cher. D'autres, il est vrai, ne parvenaient pas à triompher de l'effroi et du désarroi causés par ceux qui apparaissaient comme les barbares absolus, négateurs de toute civilisation, en face d'un monde où Chrétiens et Musulmans, pour ennemis qu'ils eussent été, représentaient tout de même les deux branches d'une civilisation à laquelle obscurément ils se sentaient également parties. L'éloignement finit par permettre l'organisation en Egypte d'une résistance, où les porteurs de l'espérance musulmane furent ces Mamluks, Turcs de Russie méridionale, pour cette raison peut-être moins effrayés que les Arabo-iraniens. En 1260, la petite armée mongole aventurée en Palestine fut écrasée par eux : triomphe militaire médiocre, vu la disproportion du nombre, mais moralement immense. On s'aperçut qu'on pouvait vaincre les Mongols, du moins leur résister. Ils ne disparurent pas, mais la Syrie fut reconquise, et la frontière établie pour longtemps au milieu de la Haute Mésopotamie, et du désert qui la protégeait. La décadence de l'Iraq, sa coupure avec l'Iran d'une part, le gros du monde arabe d'autre part, évolution commencée sous les Seldjuqides, s'accentuèrent et devinrent irrévocables. La civilisation arabo-musulmane, cela veut désormais dire, non plus Bagdad, mais Le Caire et Damas ; la connaissance de l'arabe disparut de l'Iran ; celle du persan, langue de culture de l'Iran gouverné par les Mongols, achève de se répandre en Asie Mineure turque.

Politiquement, l'expansion mongole aboutit à la constitution de quatre Etats : celui d'Asie Centrale (Tshaghatay) s'avéra fragile, mais plus solides ceux de Chine, d'Iran (avec l'Iraq et le protectorat de l'Asie Mineure), et de la Horde d'Or ou *Ordou*[9] (Russie méridionale avec protectorat sur les principautés slaves). Ces deux derniers se dressèrent l'un contre l'autre sans parvenir à se détruire. L'Etat d'Iran (les Ilkhâns) dura jusque vers 1335, mais avec plusieurs épigones ; celui de la Horde d'Or, après bien des amenuisements, devait disparaître seulement au début du XVIe siècle. Les Byzantins ont en général entretenu de bons rapports avec les Mongols d'Iran, pour résister mieux aux Turcomans frontaliers (mais en vain), et à la Horde d'Or alliée, elle, aux Mamluks qui recrutaient leur armée sur son territoire. L'apport ethnique et linguistique avait au total été faible, et en Russie les peuples qu'on appelle « tatars », synonyme médiéval de mongols, sont tous de langue turque. Religieusement, l'intermède multiconfessionnel ne dura pas, car les Mongols se convertirent à la religion, l'Islam, qui était celle de leurs sujets sédentaires et nomades majoritaires ; simplement, ils tinrent la balance égale entre shi'ites et sunnites. Le Christianisme de Mésopotamie et d'Asie Mineure reflua, non à la suite de persécutions, mais de la ruine des communautés agricoles dont il était encore la religion dominante.

Ce fut en effet l'un des pires et moins contestables effets de la conquête mongole. Contrairement à des nomades antérieurs, ceux-ci, que leur habitat ancestral avait peu habitués à cette symbiose entre économies agricole et pastorale familière au Proche-

Orient, s'en prirent en fait, quoique peut-être sans esprit de système, aux populations paysannes[10].

Que devient dans tout ceci le Proche-Orient, musulman, franc, arménien ? Les Mamluks ne vivaient que par et pour la guerre. Les Ayyubides avaient pu laisser subsister quelques îlots francs peu dangereux, mais l'expérience maintenant avait montré que leur présence, souvent accompagnée de complicité avec les Mongols, constituait un danger grave, et que cette complicité ne pouvait être pardonnée. L'activité extérieure du nouveau régime fut donc essentiellement tournée vers la liquidation impitoyable des dernières forteresses et villes franques, quelques ports étant peut-être provisoirement épargnés dans l'intérêt du commerce. Au-delà des Francs, les Mamluks s'en prennent déjà aux Arméniens de Cilicie, et intriguent avec les éléments antimongols d'Asie Mineure[11].

On a déjà dit que la chrétienté avait cru un moment pouvoir profiter des Mongols pour prendre l'Islam à revers : d'où les envois de missionnaires franciscains et dominicains, auxquels nous devons de si précieux récits de voyages, mais qui n'obtinrent aucun résultat. Entre sociétés si différentes, les malentendus étaient inévitables, et même du côté chrétien l'opinion était loin d'être unanime. Les Ilkhâns, devenus moins sûrs de leur puissance, admirent d'envisager des projets combinés d'intervention militaire occidentale et d'offensive mongole en Syrie, dans lesquels l'Orient latin ne joue aucun rôle. La méfiance, et simplement la distance, empêchèrent que fussent jamais synchronisés les efforts. Les Mongols restèrent tenus à l'écart de l'Etat mamluk, et ne servirent de rien aux Franco-arméniens. Certains historiens modernes, avec une nostalgie anachronique, paraissent avoir regretté que l'Europe chrétienne n'ait su mieux profiter de l'occasion qui s'était offerte à elle. C'est oublier que les Mongols d'Europe, tout de suite convertis à l'Islam, n'avaient pas été tendres pour les chrétiens. Et qui aurait osé pour un secours quelconque faire appel à ces Martiens ?

L'apparition des Mongols au Proche-Orient se trouve coïncider, sur un plan régional mais important, avec la reprise de Constantinople par les Grecs. Reprise aux conséquences limitées, en ce sens qu'il ne s'ensuit pas une reconstitution territoriale de l'empire byzantin d'avant 1204 ; limitées aussi parce qu'elle s'est faite avec la participation des Génois : que ceux-ci aient dû bientôt laisser les Vénitiens revenir en mer Noire n'empêche pas que les Italiens excluent de plus en plus les Grecs d'un commerce dont, on va le revoir, l'importance va croissant.

Par ailleurs la papauté, inflexible, a poursuivi en Italie la descendance de Frédéric II, et remis l'héritage du royaume de Sicile et d'Italie méridionale à Charles d'Anjou, frère de Louis IX[12]. Nous n'aurions pas à en parler ici, si Charles n'avait immédiatement repris les visées antibyzantines de ses prédécesseurs, et ne s'était déclaré le vengeur des Latins expulsés. Les désordres au sein de la dynastie de Chypre et d'Acre l'amenaient en même temps à reprendre à son compte dans l'Orient latin les anciennes prétentions de l'empereur. Ses adversaires tournèrent les yeux vers le roi d'Aragon-Catalogne, dont la flotte à la fois marchande, militaire, corsaire prenait alors un développement nouveau en Méditerranée orientale. Le conflit aboutit en 1285 aux Vêpres siciliennes qui, réduisant les Angevins à l'Italie méridionale sans la Sicile, anéantirent leurs ambitions orientales, en même temps que l'espoir de secours que les Francs d'Acre pouvaient concevoir. Les Mamluks, dans ces affaires, n'avaient pas de raison de choisir l'un plus que l'autre ; ils se contentèrent en général de tirer profit de marchandages avec ceux qui successivement mendiaient leur alliance, sans le moindre souci des débris de l'Orient latin[13]. De celui-ci l'on peut dire que, Chypre mise à part, il n'a plus d'existence propre, ballotté qu'il est dans le jeu des grandes politiques. N'étaient les souvenirs qui s'attachaient à lui, on pourrait presque dire que ce qui va disparaître n'était plus qu'une apparence[14].

Ce qui nous intéresse le plus est l'incidence de ces événements sur les relations commerciales, culturelles et autres entre l'Orient et l'Occident. Du point de vue religieux, la tolérance mongole facilite la pénétration des missionnaires sur les pas des marchands, et l'organisation pour quelques décennies d'évêchés *in partibus infidelium* (il y en aura même un, à l'autre bout du monde mongol, à Pékin)[15]. Il en résultera un meilleur contact, pour un temps, avec les communautés chrétiennes orientales, voire une meilleure appréciation de l'Islam[16], mais qu'il ne faut pas exagérer : les textes orientaux n'en parlent pas, et tout cela d'ailleurs s'effondrera dans la ruine de l'Etat ilkhânide au premier tiers du XIVe siècle. Pour ce qui est du commerce, l'opinion courante est que la paix mongole, dans la période limitée où elle a existé, a été l'âge d'or des relations entre l'Europe et l'Asie. Cette opinion, vue d'Europe, est renforcée par l'existence du remarquable récit de voyage que nous a légué le Vénitien Marco Polo, en contraste avec le silence habituel des marchands. Que des Européens aient pu maintenant s'intégrer à des caravanes asiatiques est évidemment capital pour l'élargissement des horizons de l'Occident. Mais il ne faut pas en tirer des conclusions abusives[17]. Rappelons d'abord que tout cela n'eut qu'un temps, à peine plus d'un demi-siècle. Puis la diversification des origines ethniques des participants ne signifie pas un accroissement du volume du commerce, dont certains bénéfices, entre les mains des Italiens, sont peut-être simplement retirés des mains des Orientaux. D'autre part l'accroissement du commerce, même s'il est réel, ne signifie pas forcément prospérité économique. L'aristocratie, mongole ou autre, enrichie des dépouilles des peuples subjugués, peut avoir eu recours au commerce pour suppléer les déficiences des économies régionales. Enfin, le progrès de certaines routes peut se faire au détriment d'autres.

Dans l'ensemble les Mongols, tant ceux d'Eurasie que ceux d'Iran établis surtout au Nord-Ouest du pays, s'intéressèrent bien sûr davantage aux caravanes continentales qu'au commerce maritime. Il est vrai qu'un moment, les Ilkhâns eurent l'idée, avec l'aide de quelques Italiens, de développer la flotte du golfe Persique, peut-être pour prendre à revers les Mamluks et leurs alliés yéménites. La tentative avorta, mais il faut bien que les marchands génois dont on a récemment retrouvé les traces en Inde y soient allés, et ce ne fut certainement pas par l'Egypte[18]. Les Mongols de Chine étendirent certainement leurs activités maritimes vers le Proche-Orient, voire l'Afrique orientale, mais probablement sans intention hostile pour les Mamluks, et sans que cela nuisît aux *kârimîs* ni aux autres marchands musulmans[19] (il n'est plus question de ce côté de chrétiens ni de juifs). Il y a au total deux grands itinéraires, les uns maritimes, aboutissant à l'Egypte, les autres continentaux, aboutissant aux ports de la mer Noire et de la Méditerranée orientale non arabe. Les denrées évidemment diffèrent.

Les routes ont en effet une nouvelle fois changé. Celles de la mer Noire ont comme tête de ligne Trébizonde au sud-est, Kaffa et secondairement Tana en Crimée et mer d'Azov. Une autre route traverse l'Anatolie orientale et oblique vers la Cilicie arménienne, vassale des Mongols, où le nouveau port d'Ayas offre désormais aux Italiens un hâvre reculé plus sûr que les ports syriens[20]. Il y a d'autre part un commerce intense entre la Russie méridionale et l'Egypte, pour l'approvisionnement de celle-ci en esclaves. Ces esclaves avaient beau être le noyau de l'armée mamluke, qui combattait les Francs de Syrie, Génois compris, c'étaient les Génois qui avaient maintenant la quasi-exclusivité de ce commerce[21]. On ne voit pas que l'empire byzantin, en moins bons termes avec les Mongols du Nord qu'avec ceux d'Iran et d'Asie Mineure[22], ait cependant rien voulu ou pu faire contre les navires qui traversaient le Bosphore : les colonies italiennes de Constantinople étaient trop puissantes.

Les Génois, on l'a vu, et les autres Occidentaux, Vénitiens[23] et maintenant Catalans, savaient sans scrupules s'assurer de bonnes positions dans les divers Etats, fussent-ils ennemis entre eux. Gênes conclut un traité avec le sultan mamluk Qalâ'ûn, quelques mois avant que celui-ci attaquât Acre[24]. On peut se demander, dans le chaos de l'arrière-pays, à quoi les ports francs pouvaient encore servir, puisqu'aucune grande voie marchande ne pouvait plus traverser la Syrie, et que les Italiens avaient des positions assurées dans les ports plus favorisés. Il faut croire que ces ports francs conservaient, outre celui d'offrir des abris en cas de guerre (mais Chypre valait mieux), un autre avantage, puisque nous voyons des marchands égyptiens réclamer la reprise d'un port aussi secondaire que Lattakieh[25], que la poussée mongole avait permis aux Antiochiens de réoccuper. Il est clair cependant que, du point de vue des marchands, lorsque l'Orient latin acheva de disparaître des côtes syriennes, il n'avait plus aucun intérêt. Et sans être la cause unique de sa chute, c'en est bien tout de même un des facteurs. Malgré les foudres ecclésiastiques, le commerce du Levant ne connut aucun arrêt[26].

Nous ne pouvons ici que faire allusion aux transformations introduites par la conquête mongole dans le régime monétaire, car elles ne seront effectives qu'au siècle suivant ; disons seulement que le système en vigueur dans la zone mongole est désormais complètement autonome par rapport au système méditerranéen.

Par un apparent paradoxe, c'est peut-être l'époque où l'activité culturelle, à Acre en particulier, connaît son plus grand essor, de pur type occidental bien sûr. Des recherches récentes ont permis en effet de retrouver (quels que puissent être les doutes sur quelques cas particuliers) un nombre important de manuscrits, dont certains enluminés, écrits à Acre, et prouvant l'existence d'un véritable *scriptorium*[27].

En ce qui concerne le commerce de l'Egypte, son importance en mer Rouge, que nous ne pouvons mesurer statistiquement, est attestée par la mention de plus en plus fréquente de l'organisation des *kârimis*, que nous avons vus apparaître au siècle précédent[28]. Il serait intéressant de savoir si le commerce de transit des denrées extrême-orientales ne commence pas à y prendre une part peu saine. Les relations terrestres avec la Mésopotamie sont compromises par les guerres entre Mamluks et Mongols, et la désertification partielle qui en résulte[29].

Dans le Proche-Orient arabe, l'Egypte des Mamluks est désormais le pôle politique et culturel. Baybars, le véritable fondateur du régime, a réussi à installer au Caire le califat détruit à Bagdad ; califat certes sans pouvoir, mais qui légitime le pouvoir du sultan mamluk au moins aux yeux de ses sujets, et lui confère un certain prestige (malgré une tentative rivale des Hafsides de Tunisie). En Egypte affluent les émigrés de tous pays, qui vont accentuer le mouvement d'intégration culturelle commencé sous les Ayyubides. La Syrie fait partie du nouvel Etat, auquel les Mongols ont involontairement rendu le service de faire disparaître les petits dynastes autonomes. La situation frontalière encouragera parfois les révoltes, mais il ne sera plus jamais question d'intrigues avec les Francs ou les Arméniens ; il arrive même que tel petit seigneur franc apeuré joue le rôle d'espion des Mamluks.

En Asie Mineure, l'invasion mongole a peu à peu détruit le régime seldjuqide au bénéfice des Turcomans frontaliers. C'est de ceux-ci que viendra bientôt la chute de l'empire byzantin, mais sur le front méridional leur activité, même contre la Cilicie, est modérée : ce n'est pas d'eux, mais des Mamluks que viendra pour le petit royaume arménien le coup fatal, au XIVe siècle.

CONCLUSION

Deux sociétés, l'occidentale et la proche-orientale, avaient coexisté sans rapports profonds (sous réserve de l'intermédiaire byzantin) pendant trois ou quatre siècles, celle que dominait l'Islam ayant une expérience de pluriconfessionnalité qui manquait à l'autre. Aux alentours de l'an Mil, les franges méridionales de l'Occident avaient commencé à élargir leurs rapports commerciaux avec l'Orient; mais bientôt, par un synchronisme fortuit, en même temps qu'un esprit de guerre sainte renaissait aux deux extrémités du monde musulman, un essor socio-religieux soulevait de vastes pans de l'Occident, dressant en face de l'autre une autre guerre sainte, sans qu'en résultât aucune vraie connaissance mutuelle. Si large qu'il fût, ce mouvement ne supprimait aucun des autres éléments, politiques, économiques de la vie occidentale. Les contacts entre la Chrétienté et l'Islam allaient se renforcer, mais en prenant des caractères divers selon les lieux et les moments. La Croisade et l'Orient latin en sont un élément qu'il ne faut ni nier ni exagérer.

Les Arabes, aux premiers siècles de l'Islam, ont occupé des territoires imprégnés de la culture antique, dont ils ont assimilé les éléments les plus communicables, ceux-là mêmes que l'Occident devra plus tard leur emprunter à son tour[1]. L'Occident emprunta surtout en Espagne, c'est-à-dire dans un pays où pendant quelque temps les deux cultures coexistaient, et auquel sa proximité donnait un accès facile. Pour les peuples musulmans, le contact avec l'Espagne était en revanche excentrique et de peu de conséquence. Les visites de marchands occidentaux, et le voisinage de Latins qui ne représentaient que des éléments de l'Occident, étaient insuffisants pour amener, l'eussent-ils voulu, les Orientaux à rechercher s'ils avaient quelque chose à emprunter à cet Occident. On a même l'impression qu'ils ne le cherchaient guère, et qu'ils restaient avec l'idée, vraie quelques siècles plus tôt, d'une Europe « barbare » à laquelle on ne pouvait rien emprunter. De fait, on ne voit pas ce que, au Moyen Age, l'Islam a pu recevoir de l'Europe, hors le plan militaire. La réaction paraît avoir été de repli défensif sur soi[2].

Sur un plan régional, les populations syro-palestiniennes ont-elles subi une influence, positive ou négative, du voisinage des Latins ? Nous ne pouvons qu'ébaucher quelques réponses.

Une constatation paradoxale, mais certaine, est que la Syrie musulmane, qu'on aurait pu croire affectée par le fréquent état de guerre avec les Francs, a connu au contraire pendant cette période, surtout au XIIIe siècle, un intense développement. Il est difficile d'en comprendre bien les causes. La guerre sainte conduisait sans doute à entretenir des forces militaires importantes, mais on a peine à croire que cela ait pu avoir de pareilles conséquences ; tout au plus faut-il admettre que cela ne fit pas obstacle à un développement ayant d'autres causes. L'intensification du commerce avec les Francs peut avoir joué un rôle, mais Damas n'avait pas, comme marché, l'importance du Caire ou d'Alexandrie, depuis la réorientation des routes dont il a été question plus haut[3]. Il faut regarder plus loin dans le monde musulman. Bagdad avait progressivement cessé d'être la grande métropole du troisième ou quatrième siècle de l'Hégire ; elle gardait son prestige, mais n'avait plus de rôle qu'à échelle régionale. L'Iran, par l'effet combiné du réveil linguistique persan et de la conquête turque, oubliait l'arabe : évolution qui atteindra son point maximum à partir de l'irruption mongole. Pour cette raison aussi, Bagdad devenait pour le monde sémitique arabophone un poste excentrique. La première ville de l'Islam était maintenant Le Caire, mais la coupure entre l'Etat fatimide et les Etats sunnites de la proche Asie en avait limité le rôle culturel ; la conquête ayyubide, qui était pour l'Egypte dans une certaine mesure une conquête étrangère, ne put réinsérer assez vite le pays dans la communauté musulmane du Proche-Orient. Cette réinsertion ne s'achèvera que sous les Mamluks, sans, pendant longtemps, faire perdre son rôle à Damas. Cette ville était maintenant la deuxième d'Orient islamique démographiquement, et le principal centre de culture. A côté d'elle, Alep aussi s'était notablement développée[4], et même de petits centres comme Hama avaient une incontestable vitalité[5]. Les guerres entre princes rivaux paraissent avoir peu nui à leur prospérité. Si incertaines que soient ces considérations, auxquelles d'autres facteurs peut-être devraient être ajoutés, le fait est là : la Croisade paraît peu interférer.

Une conséquence de la primauté syrienne, puis syro-égyptienne, est que l'Orient latin occupe dans la littérature documentaire une place peut-être disproportionnée à celle, somme toute limitée, de l'Orient latin dans l'ensemble du Proche-Orient musulman. Ce fait peut être générateur de certaines illusions pour nous, mais il a conféré jusqu'à nos jours, à la Croisade et à la lutte que l'Orient lui livra, un retentissement que la politique contemporaine ne contribue pas à amoindrir.

*
* *

Vu d'Orient, l'établissement des Francs était une conquête, effectuée au nom d'une idéologie qui, bien qu'étant à certains égards la réponse au *djihâd* musulman, restait étrangère au pays[6]. Le mouvement, sans être exclusivement « franc », était circonscrit aux frontières de l'Eglise latine; des Hongrois y participèrent un moment, mais ils appartenaient à cette Eglise, et leurs princes étaient liés aux familles princières occidentales. Les Byzantins, et quelques populations autour de la mer Noire, avaient combattu des musulmans, mais ce n'était pas vraiment des Croisades, et ils ne participèrent pas au peuplement de l'Orient dit latin. Ce fut d'ailleurs au nom d'une Croisade qu'ils furent eux-mêmes attaqués par les Latins. Ceux-ci, même dans les régions de Grèce où ils restèrent longtemps, ne s'assimilèrent pas plus qu'en Orient, au point que nombre de Grecs devaient un jour leur préférer les Turcs[7].

Malgré deux siècles de cohabitation, les Francs ne s'étaient donc pas fondus dans la population locale, à cause évidemment de leurs liens avec l'Occident, peut-être aussi de quelques traits de caractère[8]. Le Proche-Orient, au cours de sa longue histoire, avait toujours trouvé moyen d'amener les groupes ethniques ou religieux voisins mais distincts à s'accepter mutuellement et à s'intégrer plus ou moins les uns aux autres. Cette fois rien de tel ne se produisit, sans que nous puissions savoir s'il en aurait été autrement au bout de délais plus longs[9]. Cependant les Francs étaient implantés et avaient vécu dans le pays pendant deux siècles : ils n'envisageaient pas d'en partir. Ceux qui purent le faire se replièrent sur Chypre, où nous ne pouvons les suivre ici. D'autres moururent, et nous ne savons pas ce qu'il advint des derniers. Ils ne refluèrent pas en Europe, et n'allèrent même pas, malgré quelques contacts, dans les principautés franques de Grèce[10]. Nous ne parlons naturellement ni des marchands de passage, qui continuèrent à fréquenter l'Orient, ni de quelques membres des ordres religieux.

On rencontre aujourd'hui au Proche-Orient des individus blonds aux yeux bleus, et ils se plaisent parfois à dire qu'ils descendent des Croisés. Il serait paradoxal de prétendre que tel ne soit jamais le cas ; mais bien d'autres apports « aryens » ont pu se produire au cours des temps, des Philistins aux esclaves slaves du Moyen Age. De telles spéculations sont gratuites, et on ne peut les faire intervenir dans le jeu des influences socio-culturelles.

La Croisade a existé, et on ne saurait contester l'ardeur et la sincérité des convictions qui y ont entraîné beaucoup d'hommes, y compris ceux pour lesquels existaient aussi d'autres préoccupations. Les causes sont quelquefois plus grandes que les hommes qui s'en réclament. L'esprit de Croisade, en ce sens, a duré jusqu'à Saint Louis, voire au-delà ; le prestige et la célébrité de la Croisade dès le lendemain et jusqu'à nos jours, le fait même que le mot ait fini par déborder son sens propre, témoignent à leur manière de l'écho suscité dans les âmes[11]. Tout cela est vrai, mais n'empêche pas qu'il y ait aussi d'autres vérités.

On a dit depuis longtemps que se mêlaient au sentiment fruste et pur des Croisés, chez eux-mêmes et certains de leurs compagnons, d'autres sentiments et comportements qui l'étaient beaucoup moins. Mais là n'est peut-être pas la bonne manière de poser le problème. Le prestige même de la Croisade a fait couvrir de son nom, sous prétexte de synchronismes approximatifs, beaucoup de choses qui, même si elles ont interféré avec elle, ne lui doivent rien. La Croisade est survenue dans un monde où se mêlaient beaucoup d'autres intérêts, d'autres objectifs, et c'est la manière dont ils se sont combinés (ou combattus) qui constitue le problème principal, et en un sens le tragique de leur histoire. L'évolution, perceptible dès la première expédition, se dessine de plus en plus clairement à travers les Croisades suivantes, dont on a vu que certaines avaient dévié, mais qui néanmoins traduisent exactement la réalité historique. Quant à l'Orient latin, s'il est né de la première Croisade, si d'autres Croisades sont venues le perturber, si l'idée de guerre confessionnelle s'impose à lui parfois malgré lui, on ne saurait dire que son histoire soit principalement une histoire de Croisade : il se compose d'Etats qui sont des Etats comme les autres.

Tout cela dit en regardant les choses d'Europe. Ce point de vue est légitime, puisqu'il s'agit d'initiatives venues d'Europe occidentale ; mais elles ont eu leur effet dans le monde du Proche-Orient, qui mérite tout autant de considération. On s'en est moins préoccupé, même en Orient, où l'on a simplement traduit en victoires les défaites connues par les historiens chrétiens. Encore convient-il d'y regarder de plus près, dans le monde musulman au sens large, et dans la zone des rencontres avec les Francs.

Il est étrange de constater combien l'idée de Croisade est ignorée de l'Orient latin. Certes on y combat les musulmans, mais on ne voit pas que les théologiens et les canonistes aient songé à intégrer les combattants d'Orient au statut de Croisés qu'ils élaboraient pour l'Occident. Sans doute des stipulations justifiées par la longueur de l'absence (par exemple pour les dettes) n'avaient pas de raison d'être en Orient; mais il ne semble pas que, dans cette période où le *djihâd* conduisait les musulmans au paradis, on ait étendu aux combattants chrétiens d'Orient, même en milieu templier et hospitalier, les privilèges que Dieu accordait aux Croisés pour l'absolution de leurs péchés[12]. Du point de vue matériel, une Croisade ne pouvait partir que d'Occident, mais sur le plan spirituel, l'absence de liaison est remarquable. Si les guerres chrétiennes avaient été conduites en Orient dans l'ambiance de la Croisade, on aurait dû voir surgir dans le royaume de Jérusalem quelques figures de saints; or l'Eglise n'a canonisé aucune personnalité de l'Orient latin, pas même le pauvre petit roi lépreux. Aucun sermon ne nous est parvenu, exhortant le peuple chrétien à la guerre contre les musulmans.

Sur un autre plan, aucun roman, aucune légende concernant la Croisade n'est né dans l'Orient latin. En Occident, la distance empêchait de ramener les exploits des Croisés à leurs dimensions humaines, et la Croisade alimenta pendant des siècles des chansons de geste et des romans épiques[13]. Il n'en fut rien en Orient, et dans l'histoire générale du royaume de Jérusalem, composée par Guillaume de Tyr vers 1183, ce que celui-ci sait de la première Croisade est presque entièrement tiré de l'ouvrage de l'occidental Albert d'Aix; il connaît aussi le récit de Foucher de Chartres, Croisé resté lui en Orient, mais dans cet Orient nul n'avait pris la relève de Foucher. On objectera le cas très particulier de la *Chanson des Chétifs,* composée pour Raymond d'Antioche : j'ai exposé pourquoi ce poème me paraît se rattacher à la littérature de la dynastie de Poitiers, d'où venait Raymond[14]. De toute façon une hirondelle ne fait pas le printemps, et le contraste ne reste pas moins frappant.

* *

La Croisade, on l'a suffisamment montré, n'a eu sur le commerce occidental du Levant qu'une influence secondaire. Il existait avant elle, il existera après. Elle a pu, à certains égards, l'encourager, mais ils se sont aussi mutuellement nui, et si elle en a modifié quelques itinéraires, quelques modalités, il serait osé d'affirmer qu'elle en a accru le volume plus qu'il n'aurait fait sans elle. A vrai dire, nous avons affaire à deux formes de l'expansionnisme européen.

Il est difficile de savoir quelles conséquences économiques a pu entraîner pour l'Orient le début de l'essor européen. Dans les temps modernes, il est évident que l'invasion économique européenne a compromis l'économie traditionnelle de l'Orient. Dès la fin du Moyen Age, on a l'impression que l'Europe vend à l'Orient plus de produits fabriqués qu'il n'était compatible avec un sain équilibre, et elle lui impose même certaines de ses monnaies. Peut-on déceler, au XIIe et surtout au XIIIe siècle, une amorce de cette évolution? On peut seulement espérer que des recherches nouvelles nous éclaireront. L'accroissement de la demande européenne peut aussi avoir eu des conséquences, que nous pouvons pour le moment seulement supposer : elle peut avoir contribué à un accroissement du commerce de transit à partir de l'Extrême-Orient, dans des proportions que l'avenir devait montrer dangereuses[15].

*
* *

On peut se demander quel est, quand prennent fin l'Orient latin et les Croisades en attendant les évolutions ultérieures, le bilan des relations des familles chrétiennes entre elles, et avec les musulmans. On a vu que depuis longtemps existait une hostilité entre chrétiens de l'Eglise grecque et ceux des Eglises orientales, parfois jusqu'à faire préférer par ces derniers la domination arabe ou turque à celle de Byzance. Entre chrétiens romains et grecs, sans que le fossé fût aussi ancien ni à l'origine aussi grave, nous constatons dans les pays grecs une hostilité comparable dans laquelle l'attitude de l'Occident et de Rome a bien entendu sa part de responsabilité. De façon moins forte, ces sentiments ont troublé, dans l'Orient latin, les relations entre Melkites et Latins. Avec les chrétiens d'Orient, une fois passée la génération de la première Croisade, les rapports des Latins ont été corrects, sans que, hormis le cas des Maronites et des Arméniens de Cilicie, on ait abouti, malgré l'action des missionnaires, à un véritable rapprochement[16]. Les sentiments des Orientaux vis-à-vis des Grecs n'ont pas changé. Dans les conflits entre Francs et musulmans, ils sont neutres. Les Melkites, dont le nombre peut-être décroît, sont considérés par les pouvoirs musulmans comme des sujets sûrs. Les juifs, bien qu'il y en ait dans l'Orient latin, se considèrent comme relevant des Etats musulmans, et considérés comme tels par ceux-ci. Certes, les relations interconfessionnelles, surtout en Egypte, vont se tendre : mais il s'agit d'un mouvement général qui apparaît aussi bien, à la fin du Moyen Age, dans le monde chrétien que dans le monde musulman, et dont les causes sont d'ordre socio-économique plus que doctrinal. L'effet des Croisades (comme à certains moments de la Reconquista espagnole) a été régional, mais sûrement négatif : la difficulté de distinguer commerçants et combattants a fait peser des soupçons sur les Coptes, dont on jalousait le rôle administratif; et la persistance de la menace franque en Méditerranée fera prendre des mesures, fondées ou non, contre les Maronites du littoral syrien. Momentanément, les répercussions de l'invasion mongole avaient été plus fortes; mais la menace mongole a moins duré, et elle a changé de caractère lorsque les Mongols se sont convertis à l'Islam.

Quant à la connaissance mutuelle, des musulmans et des chrétiens[17], on peut dire d'abord que ni les musulmans ni les chrétiens d'Orient ne paraissent avoir porté attention à la chrétienté romaine[18]. D'autre part, malgré une ou deux exceptions, la connaissance de l'Islam par les Latins d'Orient est restée nulle[19]. Les progrès faits à cet égard en Europe sont dus beaucoup plus au mouvement missionnaire, né en Occident, et au voisinage de l'Espagne. Il y a eu quelque influence des missionnaires sur des milieux chrétiens d'Orient, mais à un niveau qu'on pourrait dire folklorique[20].

Une certaine forme de symbiose entre « savants » musulmans et indigènes juifs ou chrétiens est attestée par les biographies interconfessionnelles composées par Ibn al-Qifti, vers 1200, et celles des médecins d'Ibn abi 'Usaybiya, aux environs de 1250; les premières à Alep, les secondes à Damas. C'est peut-être comme un écho de discussions de la fin du XIIe siècle que nous voyons apparaître à cette époque la légende selon laquelle les Arabes, lors de leur conquête d'Alexandrie, auraient détruit la fameuse bibliothèque de cette ville, alors qu'il a été démontré qu'elle n'existait plus[21]. Chose étrange, c'est chez des auteurs musulmans que nous la trouvons pour la première fois, bien qu'elle ne puisse évidemment correspondre qu'à des accusations chrétiennes. Les Croisés cependant n'avaient guère fait mieux, on l'a vu, à Tripoli, mais il ne semble pas qu'ils aient été un élément de la discussion. Par ailleurs on continue à rédiger des traités dogmatiques, que l'adversaire ne lit jamais : ainsi, à Alep, les rencontres académiques au résultat décidé d'avance[22].

Le contraste avec la Sicile et l'Espagne, si réel qu'il soit, ne doit pas être exagéré[23]. En Sicile, on l'a dit, les Arabes sont progressivement refoulés, ou s'en vont d'eux-mêmes; en Espagne reconquise, la cohabitation durera plus longtemps, en raison d'effectifs bien plus nombreux et d'un passé d'interpénétration autrement profonde, mais elle aboutira aux drames du XVIe siècle. C'est dire que dans aucun cas n'a pu s'édifier une société définitivement pluraliste.

Influence? L'Orient latin a connu surtout, semble-t-il, une intense activité de construction religieuse; mais il s'agit d'artisans européens, venus en pèlerinage avec leur carnet de modèles et l'espoir d'un profit, et qui n'ont jamais regardé une Eglise orientale. Sans doute, des moines et chanoines latins ont dû s'installer dans les bâtiments existant à leur arrivée, il se peut qu'ils aient fait des aménagements, mais rien n'indique que soit né de ces voisinages aucune synthèse. Pas davantage lorsqu'à la chute de l'Orient latin, les chrétiens d'Orient ou les musulmans ont repris possession de leurs anciens édifices cultuels. Les Latins ont envoyé en Occident des objets d'art par dévotion pour l'Eglise de leur ville ancestrale; ils font aujourd'hui encore la richesse de certaines, ou des musées qui en ont hérité; on ne voit pas qu'ils aient inspiré les artisans de la région destinataire.

Ce jugement est peut-être à nuancer pour les arts mineurs; il semble que se développent un peu partout, à cette époque, des fabriques de faïences courantes dites parfois de « *Mina'* » : on en trouve dans tout le Proche Orient, y compris dans l'Orient latin; on en trouve du même genre en Italie. En fait d'influences techniques, il faut peut-être créditer l'Orient latin d'une certaine diffusion de l'industrie traditionnelle syrienne de la verrerie, répandue à Venise puis dans tout l'Occident[24]. Il se peut aussi qu'il y ait eu influence réciproque dans l'enluminure de manuscrits par des moines latins et chrétiens indigènes, en particulier arméniens; mais il ne faut pas en prendre pour preuve l'évangéliaire de la reine semi-arménienne Mélisende, ouvrage unique qui ne paraît pas avoir eu de postérité[25]. Dans deux autres ordres d'idées, ce fut *peut-être* d'Orient latin que furent rapportées plantes ou graines d'espèces végétales nouvelles. Et ce fut *peut-être* aussi en Orient latin qu'on apprit à jouer aux échecs...

Dans toute étude des influences, lorsqu'il existe plusieurs possibilités, jouant sur de vastes domaines, il faut essayer de préciser les itinéraires (plusieurs peuvent se combiner). Certains objets, certains produits, ont plus de chance de provenir d'une région que d'une autre; mais pour beaucoup, le choix est impossible. Les études de vocabulaire peuvent être significative; mais lorsque l'Italie emprunte les mots *dîwân* (douane) et *gabâla* (gabelle)[26], cela peut être dans n'importe quel pays arabophone, à la rigueur même en Orient latin[27].

*
* *

On ne voit pas que ni les Orientaux ni les Latins se soient intéressés à étudier leurs régimes politiques et sociaux respectifs. Deux sociétés voisines se trouvent en général, comme l'a dit G. E. Grünebaum, « au même âge mental », et tel était le cas des sociétés du Proche Orient, voire dans certaine mesure de la Chrétienté médiévale et de l'Islam du même temps. Cela ne suffit pas à prouver qu'ils aient entre eux des rapports profonds.

En dehors des problèmes spécifiquement religieux, on sait l'aversion des conservateurs musulmans pour toute espèce de *bid'a* (innovation). Mais y a-t-il une telle différence entre cette attitude et celle de la Chrétienté attachée à la « coutume »? Bien entendu, les parentés existent d'abord entre milieux socio-culturels correspondants. Les chevaliers francs, après la disparition des seigneuries arabes, sont à rapprocher des Turcs ou des Kurdes semi-turquisés. De même est à rapprocher de l'exemple turc, à vrai dire assez tardif, l'adoption des blasons nobiliaires par l'Occident. Les blasons des Mamluks sont bien connus, mais la question doit être approfondie : il faut se garder des conclusions échafaudées sur des comparaisons superficielles et sans attention suffisante à la chronologie.

L'influence de l'Islam d'Espagne sur l'Occident chrétien n'est pas niable : encore ne faut-il pas ignorer qu'elle ne s'exerça que lorsque celui-ci alla de lui-même la chercher, et se rappeler qu'elle se fit par interprètes, et que les Européens ne purent ou ne voulurent commencer à apprendre l'arabe que dans le milieu missionnaire, à l'extrême fin du XIIIe siècle[28]. Dans l'Orient latin, on cite quelques individus capables de s'exprimer en arabe[29];

mais justement ils étaient l'exception[30], et jamais ne se manifesta une quelconque activité de traduction[31].

On a souvent voulu expliquer l'inégalité entre les emprunts faits par les Occidentaux aux Orientaux, et l'inverse par la supériorité de la civilisation musulmane. Celle-ci n'est évidemment pas niable, si l'on se place au temps de Charlemagne ou de Hugues Capet. Mais au temps des Croisades, les choses ont évolué. La philosophie et la science antiques n'intéressent plus beaucoup les nouveaux Etats musulmans, qui se replient sur les aspects les plus mystiques de la religion, et elles ne subsistent vraiment, jusqu'au XIIe siècle, qu'en Espagne. De son côté l'Occident a progressé. Mais les conditions sont bien différentes en Espagne ou en Sicile, et au Proche Orient. En Sicile, Roger II a commandé sa grande *Géographie* au musulman al-Idrîsî; rien de semblable dans l'Orient latin. En Sicile même, la tendance après lui s'est inversée, et ni là ni en Espagne il n'y a eu réciprocité, en ce sens qu'on ne voit pas de trace d'influence franque en pays musulman. C'est un problème que nous ne pouvons qu'effleurer que celui de comprendre pourquoi l'Islam, qui s'était montré si ouvert aux civilisations environnantes, paraît maintenant vouloir les ignorer, même lorsque de nombreux marchands étrangers fréquentent ses ports. Si l'on me permet un saut par dessus quelques générations, c'est un fait qu'à la fin du XIVe siècle Ibn Khaldûn lui-même saura tout juste qu'il y a, en Occident, une vie culturelle, mais dont il ne connaît rien. Pour en revenir au Proche Orient, où les deux cultures voisinaient, désormais à bien des égards égales, la surprise est qu'elles n'aient aucun contact. On a déjà parlé de l'art. Prenons au hasard quelques exemples dans d'autres domaines. On vante Guillaume de Tyr d'avoir connu un peu d'arabe et d'histoire musulmane, mais au mieux, car ce n'est même pas certain, il a connu l'histoire sommaire d'Eutychius (Sa'îd b. Bitriq), c'est-à-dire d'un chrétien de deux siècles antérieur, histoire qui n'implique aucun contact avec les musulmans. Réciproquement Ibn al-Athîr, le plus intelligent et le plus largement informé des historiens de son temps, ne connaît les Francs que pour autant qu'on les combat, et n'a jamais entendu parler de ce Guillaume de Tyr, certainement son égal intellectuellement. Même ignorance mutuelle entre les grands juristes, Philippe de Novare, Jean d'Ibelin, et leurs homologues arabophones. Même dans le milieu plus interconfessionnel des médecins, nul en milieu latin n'a jamais entendu parler de la « petite circulation du sang », découverte à quelques kilomètres par Ibn Nafis. Les quelques traités médicaux auxquels on s'est peut-être intéressé sont ceux des grands ancêtres, ce qui n'implique aucun contact[32]. Un peu plus tard, dans l'empire beaucoup plus oecuménique des Mongols, Rashîd al-Dîn voulant parler des Francs trouve tout juste à citer la petite chronique de Martin le Polonais, probablement un émigré arménien[33].

Le diagnostic devient encore plus net si l'on remarque qu'il n'y a guère plus de contact, en tout cas qui ait laissé des traces, entre les chrétiens d'Occident et ceux d'Orient. C'est d'Espagne, et non d'Orient, que naissent les problèmes philosophiques qui ont secoué la Chrétienté d'Abélard à saint Thomas. C'est au Maghreb que Leonardo Pisano apprit à connaître les chiffres arabes. Réciproquement, Paul d'Antioche, évêque de Sidon, parle du Christianisme comme si l'Eglise latine n'avait jamais existé (mais on ne peut justement assurer qu'il ne date pas du XIe siècle)[34].

Sans qu'aucun historien de l'Europe médiévale ait jamais considéré l'Orient latin comme la principale source d'influence de l'Orient sur l'Occident, les historiens des Croisades, eux, ont tendance à magnifier le rôle joué à cet égard par l'Orient latin, et donc les Croisades. Il faut essayer de ne pas tout confondre.

Il serait paradoxal de prétendre que les Croisés et leurs successeurs établis en Orient n'aient pas dû s'y adapter. Ils ont habité les maisons qu'ils ont trouvées, ils ont mangé la nourriture que le pays leur procurait, et ils se sont vêtus en fonction du climat. Aucun texte ne nous dit si les différences, par exemple en matière de mobilier ou de vêtements, leur ont posé des problèmes. Mais nous ne pouvons parler d'influence en un sens général, que si ce qui a été acquis en Orient est passé en Europe. Or, par définition, les Francs établis en Orient ne sont pas rentrés en Europe, et l'on peut se demander si des pèlerins de passage avaient le temps d'assimiler assez quoi que ce fût pour le rapporter chez eux. La mentalité du temps était ce qu'elle était, et ce qu'ils rapportaient, ou ce que leurs compatriotes d'Orient envoyaient aux Eglises du pays natal, consistait en reliques, vraies ou qu'on leur avait fait croire telles, et en tissus et œuvres d'art provenant du butin de guerre : il ne nous appartient pas de dire ce qu'indirectement ils ont pu enseigner à l'Europe. En tout cas, ce que les Francs d'Orient avaient acquis pour eux-mêmes y resta avec eux, ou tout au plus avec les survivants gagna Chypre, et, quelques Eglises de l'Italie méridionale.

Posant le problème sur un plan plus général, il faut distinguer, parmi toutes les influences, celles qui venaient de milieux chrétiens arabisés, ou occasionnellement de quelques milieux juifs. Il faut remarquer que les Francs n'avaient occupé aucun des grands centres culturels de l'Orient, ni même de la Syrie musulmane ou chrétienne (Jérusalem n'en n'était plus un). Quand ils avaient occupé une localité ayant une certaine tradition culturelle, ils en avaient détruit les bibliothèques, réduit les « savants » à l'émigration. Une société n'emprunte à une autre que ce dont elle éprouve le besoin, et la Chrétienté comme telle n'avait rien à demander à l'Islam comme tel. Les problèmes philosophiques, plus interconfessionnels, n'étaient plus à l'ordre du jour en Orient, et encore aurait-il fallu, pour qu'il se communiquent d'une société à l'autre, des interprètes qualifiés, si on pouvait en trouver en Orient. En outre la guerre n'encourage pas les contacts cuturels, qui lui sont inutiles, voire nuisibles : tout au plus peut-elle suggérer des échanges de techniques militaires (voir *supra*).

Dans tout ce qui précède, nous n'avons envisagé que les emprunts des Occidentaux à l'Orient, non ceux des Orientaux aux Occidentaux, implicitement considérés comme trop barbares pour en fournir aucune occasion. En fait, on n'a jusqu'ici signalé aucune influence intellectuelle de l'Occident sur l'Orient, si ce n'est quelques légendes pieuses colportées par les missionnaires dans les milieux chrétiens, en dehors de toute Croisade[35].

Prenons le problème en sens inverse. Si nous passons en revue les plus importants emprunts de l'Occident en général au monde musulman en général, la question est de savoir d'où ils sont venus, et en quoi l'Orient latin peut y être pour quelque chose. Car il y a deux ou trois zones de contact possibles. D'un côté l'Espagne, et secondairement la Sicile, reconquises par les chrétiens, mais où subsistent de nombreuses populations islamiques ou judéo-chrétiennes, intégrées à la civilisation ambiante, et de nombreux interprètes, en particulier juifs. A qui désirait, comme Pierre le Vénérable et bientôt de nombreux intellectuels d'Occident[36], se renseigner sur la civilisation « arabe », le plus facile était évidemment de se tourner vers la proche Espagne. Il se trouve que l'évolution spirituelle indiquée ci-dessus pour l'Orient n'a presque pas atteint l'Espagne : Averroès est du XIIe siècle, et ce qui restera d'Espagne musulmane, d'où émigrent ceux qui cherchent la lumière en Orient, est désormais trop réduit pour avoir une importance internationale. De fait, la quasi totalité des ouvrages scientifiques traduits de l'arabe en latin, parfois par l'intermédiaire de l'hébreu, sont venus d'Espagne; deux ou trois, au plus, de l'Orient Latin en deux siècles, ce qui, même si l'on admet des pertes dans le désastre final, est éloquent.

Un domaine où l'influence est évidente, et manifeste dans la diffusion d'un vocabulaire méditerranéen, et même international, d'origine arabe, est celui du commerce. Quel qu'ait été le commerce des Italiens en Syrie franque, il est évident qu'il n'y a pas besoin de lui pour rendre compte des expériences faites dans les grandes métropoles du commerce en pays arabe, quelquefois dès avant la Croisade. Bref, la place de l'Orient latin, difficile à préciser dans chaque cas particulier, est en cette matière secondaire, au point que l'on peut penser que, n'eût-il pas existé, les acquisitions de l'Occident n'auraient pas été moindres. Quant à celles de l'Orient, même en milieu chrétien, elles sont insignifiantes.

* *
*

On a plusieurs fois cherché, de points de vue divers, à situer les Croisades dans une perspective comparative d'histoire coloniale[37], aboutissant parfois même, par suite de l'identité des lieux, à l'entreprise contemporaine d'Israël. Il faut se méfier de l'imprécision du terme de « colonie ». Si l'on se réfère au modèle grec antique, il y a colonie lorsqu'un groupe d'hommes va s'établir, et s'organiser politiquement, sur un territoire étranger plus ou moins éloigné. La colonie n'est pas vraiment, ou reste peu de temps, une dépendance d'une métropole. Elle a pu répondre à des besoins ressentis par celle-ci, mais elle ne lui rapporte pas d'autre bénéfice. Telle avait été aussi bien Carthage pour les Phéniciens. Bien entendu, l'initiative exprime l'existence d'un trop plein démographique (sauf dans le cas d'exil politique). Il ne semble pas que l'on puisse jamais, même si les faits s'entourent d'une aura mythologique, parler de motivations idéologiques.

Aux temps modernes, la colonisation européenne est tout autre chose. Certes elle suppose encore des possibilités démographiques, et inclut parfois des exils religieux (les *pilgrims fathers*). Mais en général il s'agit d'une volonté impérialiste liée à la recherche d'avantages économiques. Les territoires occupés restent dans la dépendance d'une métropole, qui les conserve même si l'expérience se révèle plus coûteuse que prévu. Il peut arriver que l'entreprise se couvre de considérants idéologiques (au XVIe siècle, la diffusion de la foi dans l'Amérique devenue latine), mais ce n'est pas toujours le cas, et même s'il y a des convaincus sincères, telle n'est la motivation ni exclusive ni principale; il n'en est en tout cas plus question depuis le XVIIIe siècle. Elle est remplacée par l'idée d'une mission civilisatrice, qui même quand elle est sincère, s'accompagne de tous autres intérêts.

Placée entre ces deux pôles, la Croisade ne correspond ni à l'un, ni à l'autre. Elle suppose des possibilités démographiques (qu'il ne faut pas exagérer) et quelques malaises sociaux (mais non des exils religieux). Elle a au premier chef, quelle qu'en soit la pureté, une motivation idéologique. Il est difficile de voir, au point de départ, l'intérêt politique ou économique qu'en pouvaient espérer les dirigeants laïcs; quant à la papauté, elle en escomptait sans doute un avantage religieux, susceptible par contre coup de la servir politiquement en Europe. Dans la majorité des cas, les structures socio-politiques empêchaient de concevoir, et *a fortiori* de réaliser, une subordination des territoires occupés à une « métropole » : l'exception de l'Etat italo-normand et de Frédéric II confirmant la règle. Parler d'une dépendance globale, à l'égard d'une Europe que cette expérience aurait amenée à prendre une plus claire conscience d'elle-même, ne peut au mieux avoir qu'un sens très vague. Economiquement, l'Orient latin n'a jamais procuré à l'Europe d'autres profits que des reliques et des œuvres d'art prélevées sur un butin occasionnel. Certes, des marchands occidentaux ont pu réaliser de gros bénéfices, mais en Orient en général, et non spécifiquement dans l'Orient latin. De toute manière ces bénéfices, ils les ont réalisés sur les clients européens, et ce qu'ils ont rapporté à l'Occident n'a jamais équilibré, loin de là, sauf pour eux-mêmes, ce que cet Occident, par piété et par politique, a dû dépenser pour tenir à bout de bras l'Orient latin. Celui-ci mort, les bénéfices ont continué, sans les dépenses, au plus grand avantage de ceux qui, après en avoir tiré profit, l'avaient abandonné. Le propre d'une idéologie, même si elle a élevé un moment des hommes au-dessus d'eux-mêmes, est d'habiller ensuite de bien autres réalités[38].

Pour en revenir à notre Croisade, on peut évidemment l'insérer dans une histoire générale; mais ses caractères sont trop spécifiques pour que sa confrontation avec d'autres phénomènes aide à la comprendre.

DOCUMENTS

Les textes reproduits ci-après ont été choisis au milieu de beaucoup d'autres, qui auraient eu autant de raisons de figurer dans le présent ouvrage, parce qu'ils sont les uns inédits, d'autres inédits en traduction française, d'autres enfin d'accès difficile. Le lecteur ne doit donc pas s'étonner s'il ne rencontre pas certains textes fameux qu'il pourrait légitimement attendre.

I
EXTRAIT D'UN TRAITÉ DE *DJIHÂD* COMPOSÉ VERS 1105
par al-Sulamî à Damas (éd. Sivan, *Journal asiatique,* 1966)

...Une partie des infidèles assaillit à l'improviste l'île de la Sicile, mettant à profit des différends et des rivalités qui y régnaient; de cette manière les infidèles s'emparèrent aussi d'une ville après l'autre en Espagne. Lorsque des informations se confirmant l'une l'autre leur parvinrent sur la situation perturbée de ce pays (la Syrie), dont les souverains se détestaient et se combattaient, ils résolurent de l'envahir. Et Jérusalem était le comble de leurs vœux.

Examinant le pays de Syrie, les Francs constataient que les Etats étaient aux prises l'un avec l'autre, leurs vues divergeaient, leurs rapports reposaient sur des désirs latents de vengeance. Leur avidité s'en trouvait renforcée, les encourageant à s'appliquer (à l'attaque). En fait, ils mènent encore avec zèle le *djihâd* contre les musulmans; ceux-ci, en revanche, font preuve de manque d'énergie et d'union dans la guerre, chacun essayant de laisser cette tâche aux autres. Ainsi les Francs parvinrent-ils à conquérir des territoires beaucoup plus grands qu'ils n'en avaient l'intention, exterminant et avilissant leurs habitants. Jusqu'à ce moment, ils poursuivent leur effort afin d'agrandir leur entreprise; leur avidité s'accroît sans cesse dans la mesure où ils constatent la lâcheté de leurs ennemis, qui se contentent de vivre à l'abri du danger. Aussi espèrent-ils maintenant avec certitude se rendre maîtres de tout le pays et en faire prisonniers les habitants. Plaise à Dieu que, dans sa bonté, il les frustre dans leurs espérances en rétablissant l'unité de la communauté. Il est proche et exauce les vœux.

. . . .

Vos doutes s'étant dissipés, vous devez maintenant être sûr quant à votre obligation personnelle de guerroyer pour la foi. Cette tâche incombe plus spécialement aux souverains, puisque Allâh leur a confié les destinées de leurs sujets, et prescrit de veiller à leurs intérêts et de défendre le territoire musulman. Il faut absolument que le souverain s'emploie chaque année à attaquer les territoires des infidèles et à les en chasser, ainsi qu'il est enjoint à tous les chefs (musulmans), pour exalter dorénavant la parole de la foi et abaisser celle des mécréants, enfin pour dissuader les ennemis de la religion d'Allâh de désirer entreprendre de nouveau une telle expédition. On est saisi d'un étonnement profond à la vue de ces souverains qui continuent à mener une vie aisée et tranquille lorsque survient une telle catastrophe, à savoir la conquête du pays par les infidèles, l'expatriation forcée (des uns) et la vie d'humiliation (des autres) sous le joug des infidèles, avec tout ce que cela comporte : carnage, captivité et supplices qui continuent jours et nuits.

II
LES ORIGINES DE LA PREMIÈRE CROISADE VUES PAR L'HISTORIEN MUSULMAN IBN AL-ATHÎR (XIIIe S.)
(Kâmil, éd. Tornberg, X, an 497)

La première manifestation des Francs, de leur puissance et de leur expansion aux dépens des pays musulmans, fut en 478/1085 la prise de Tolède et d'autres villes espagnoles. Ce dont nous avons déjà parlé. En 484/1091, ils achevèrent la conquête de la Sicile, que nous avons aussi déjà racontée; ils attaquèrent même les côtes d'Afrique, en occupèrent quelques points, mais on les leur reprit; plus tard, on le verra, ils devaient en occuper d'autres. En 490/1097, ils envahirent la Syrie, et en voici la raison :

Leur roi Baudouin[1] avait rassemblé une grande armée franque. Il était parent de Roger le Franc[2], qui avait conquis la Sicile, et il lui fit dire qu'ayant réuni une grande armée, il allait venir dans son pays, passer de là en Afrique (la Tunisie), la conquérir, et ainsi devenir son voisin. Roger convoqua ses compagnons et leur demanda conseil à ce sujet. « Par l'Evangile, dirent-ils, voilà qui est excellent pour nous comme pour eux : demain l'Afrique sera terre chrétienne. » Alors Roger leva le pied, fit un grand pet et dit : « Par ma foi, vous en avez de bonnes, avec vos paroles! Comment? S'ils viennent de mon côté, je vais avoir à faire de gros frais, à équiper des navires pour les transporter en Afrique, à les renforcer de mes armées aussi; et s'ils conquièrent le pays, il sera à eux; à eux ira le ravitaillement produit par la Sicile, et je cesserai de percevoir le bénéfice de la vente annuelle de ses récoltes; et s'ils ne conquièrent pas le pays, ils reviendront dans mes Etats, j'en subirai de grands dommages. Tamîm (le prince musulman de Tunisie) dira que j'ai violé le traité et que je l'ai trompé, et c'en sera fait des bons rapports et des relations marchandes qui durent entre nous depuis que nous avons eu la force de conquérir la Sicile. » Et Roger fit venir l'ambassadeur de Baudouin, et lui dit : « Si vous avez l'intention de faire la guerre sainte contre les musulmans, il vaut mieux conquérir Jérusalem; vous la libérerez de leurs mains, et vous en retirerez la gloire. Pour ce qui est de l'Afrique, il y a entre moi et ses habitants foi et traités. » Alors ils firent leurs préparatifs et se mirent en marche vers la Syrie.

On dit aussi que les seigneurs alides d'Egypte, lorsqu'ils eurent vu grandir la puissance des Seldjouqides et assisté à la conquête par ceux-ci de la Syrie jusqu'à Gaza, si bien qu'il ne restait plus entre l'Egypte et eux d'autre Etat pour les protéger et qu'Atsîz avait envahi l'Egypte, prirent peur et firent demander aux Francs d'envahir la Syrie[3], afin d'en prendre possession, et de s'interposer entre les musulmans et ces ennemis[4,5].

Les Francs se mirent en route...
(suit le récit de la Croisade).

III
L'UNIQUE RÉCIT CONSERVÉ D'UN TÉMOIN OCULAIRE INDIGÈNE
DE LA PRISE D'ANTIOCHE PAR LES CROISÉS
(Traduit du latin de la tradution faite sur le texte arménien par le Père Peeters,
Miscellanea historica Alberti de Meyer, Louvain, 1946, p. 376)

Récit du moine arménien Hovannès (Jean) à la fin d'un manuscrit copié par lui au monastère de Saint-Barlaam, dans la ville haute d'Antioche, pendant les opérations militaires de 1098.

... Cette année le Seigneur visita son peuple[1], comme il est écrit : « Je ne vous abandonnerai ni ne vous quitterai[2] ». Le bras tout-puissant de Dieu devint leur guide. Ils apportèrent le signe de la Croix du Christ, et l'ayant élevé en mer, massacrèrent une multitude d'infidèles, et mirent les autres en fuite sur terre. Ils prirent la ville de Nicée, qu'ils avaient assiégée cinq mois. Puis ils vinrent dans notre pays, dans les régions de Cilicie et de Syrie, et investirent en se répandant autour d'elle la métropole d'Antioche. Pendant neuf mois ils infligèrent à eux-mêmes et aux régions voisines de considérables épreuves. Enfin, comme la capture d'un lieu aussi fortifié n'était pas au pouvoir des hommes, Dieu puissant par ses conseils procura le salut et ouvrit la porte de la miséricorde. Ils prirent la ville et avec le tranchant du glaive tuèrent l'arrogant dragon avec ses troupes. Et après un ou deux jours, une immense multitude fut rassemblée qui apporta secours à ses congénères ; par suite de leur grand nombre, méprisant le petit nombre des autres, ils étaient insolents à l'instar du pharaon, lançant cette phrase : « Je les tuerai par mon glaive, ma main les dominera ». Pendant quinze jours, réduits à la plus grande angoisse ils étaient écrasés d'affliction, parce que manquaient les aliments nécessaires à la vie des hommes et des juments. Et gravement affaiblis et effrayés par la multitude des infidèles, ils se rassemblèrent dans la grande basilique de l'apôtre saint Pierre, et avec une puissante clameur et une pluie d'abondantes larmes se produisait une même flagitation de voix. Ils demandaient à peu près ceci : « Notre Seigneur et Sauveur Jésus-Christ, en qui nous espérons et par le nom duquel en cette ville nous sommes appelés chrétiens[3], tu nous as amenés en ce lieu. Si nous avons péché contre toi, tu as beaucoup de moyens de nous punir ; veuille ne pas nous livrer aux infidèles, afin qu'élevés d'orgueil ils ne disent pas : « Où est leur Dieu ?[4] ». Et frappés par la grâce de la prière ils s'encourageaient les uns les autres, disant : « Le Seigneur donnera la force à son peuple ; le Seigneur bénira son peuple dans la paix.[5] » Et chacun d'eux s'élançant sur son cheval ils coururent sus aux menaçants ennemis ; ils les dispersèrent, les mirent en fuite et les massacrèrent jusqu'au coucher du soleil. Cela fut une grande joie pour les Chrétiens, et il y eut abondance de blé et d'orge, comme au temps d'Elysée aux portes de Samarie[6]. C'est pourquoi ils s'appliquèrent à eux-mêmes le cantique prophétique : « Je Te glorifie, Seigneur, parce que Tu t'es chargé de moi, et Tu n'as pas à cause de moi donné la joie à mon ennemi[7], [8]. »

IV
L'OCCUPATION DE TRIPOLI PAR LES FRANCS
(Ibn abi Tayyî, dans Ibn al-Furât)

Il y avait à Tripoli un palais de la Science qui n'avait en aucun pays son pareil en richesse, beauté ou valeur. Mon père m'a raconté qu'un shaykh de Tripoli lui avait dit avoir été avec Fakhr al-Mulk b. 'Ammâr[1] lorsque celui-ci se trouvait à Shayzar[2], et que venait de lui parvenir la nouvelle de la prise de Tripoli. Il s'évanouit, puis revint à lui en pleurant à chaudes larmes. « Rien ne m'afflige, dit-il, comme la perte du palais de la Science. Il y avait là trois millions (?) de livres, tous de théologie, de science coranique, de *hadîth*[3], d'*adab*[4] et, entre autres, cinquante mille Corans et vingt mille commentaires du Livre de Dieu Tout-Puissant. » Mon père ajoutait que ce palais de la Science était une des merveilles du monde. Les Banu 'Ammâr y avaient consacré d'énormes richesses ; il s'y trouvait cent quatre-vingts copistes appointés dont trente y demeuraient nuit et jour. Les Banu 'Ammâr avaient dans tous les pays des agents qui leur achetaient des livres de choix. A vrai dire, de leur temps, Tripoli entière était palais de la Science, les grands esprits de tous pays s'y rendaient, toutes les sciences étaient cultivées auprès de ces princes, et c'est pourquoi l'on y venait, en particulier les adeptes de la science imamienne[5], qu'ils aimaient et dont ils étaient les adhérents. Lorsque les Francs entrèrent à Tripoli et conquirent la ville, ils brûlèrent le palais de la Science, parce qu'un de leurs prêtres maudits, ayant vu ces livres, en avait été terrifié. Il s'était trouvé tomber sur le Trésor des Corans, il étendit la main vers un volume, c'était un Coran, vers un autre, encore un Coran, vers un troisième, encore de même, et il en vit vingt à la suite. « Il n'y a que des Corans des musulmans dans cette maison », dit-il, et ils la brûlèrent. On arracha cependant quelques livres, qui passèrent en pays des musulmans.

Ils détruisirent aussi toutes les mosquées, et furent sur le point de massacrer tous les habitants musulmans. Mais un chrétien leur dit : « Ce n'est pas sage, c'est une grande ville : où prendriez-vous les gens pour l'habiter ? Ce qu'il faut, c'est leur imposer une capitation, après avoir confisqué leurs biens, et les obliger à habiter la ville, sans leur permettre d'en sortir, de façon qu'ils soient comme prisonniers et que leur séjour vous soit profitable. » Ils... après en avoir massacré vingt mille.

Quant au gouverneur et à quelques troupes, ils se réfugièrent au palais de l'émirat, et s'y défendirent quelques jours; puis ils demandèrent l'*aman* et l'obtinrent; ils furent expulsés de la ville, et allèrent à Damas. Puis les Francs prirent les notables et les chrétiens qui avaient avoué être riches, et les frappèrent et les torturèrent jusqu'à ce qu'ils livrassent leur fortune; beaucoup moururent sous la torture. La ville fut partagée entre les Francs en trois parts, l'une pour les Génois, les deux autres pour Baudouin, roi des Francs à Jérusalem, et pour Saint-Gilles le maudit.

La prise de Tripoli et les épreuves de sa population consternèrent tout le monde. On s'assembla dans les mosquées pour le deuil des morts; tout le monde prit peur et se persuada de l'avantage d'une émigration; et un grand nombre de musulmans partirent pour l'Iraq et la Djéziré. Dieu sait mieux... L'on apprit que la flotte égyptienne était arrivée à Tyr huit jours après la chute de Tripoli, par l'arrêt du sort. Jamais une flotte semblable n'était sortie d'Egypte, et elle contenait des renforts, des vivres, de l'argent, de quoi ravitailler Tripoli pour un an. Lorsque le commandant de la flotte eut appris la chute de Tripoli, il répartit les provisions et l'argent apporté entre Tyr, Saïda[6], Beyrouth et les autres places fortes musulmanes, et ramena la flotte en Egypte.

Fakhr al-Mulk b. 'Ammâr, le seigneur de Tripoli, lors de la prise de la ville, se trouvait chez l'émir Ibn Munqidh, qui lui offrait l'hospitalité. Il se rendit à Djabala et s'y fixa après y avoir fait porter des provisions et des armes. Tancrède vint l'attaquer et lui livra de durs combats. Le cadi Fakhr al-Mulk appela au secours les princes des environs, leur faisant craindre la perfidie des Francs, et que, s'ils occupaient cette place, ils en gagnassent une autre, et que leur puissance s'accrût peut-être assez pour leur permettre de s'emparer de toute la Syrie et en expulser les musulmans. La lettre était longue, elle fit saigner les cœurs et pleurer les yeux, mais nul ne lui répondit...

V
FRAGMENTS DE DEUX LETTRES JUIVES ÉCRITES AU LENDEMAIN DE LA PRISE DE JÉRUSALEM PAR LES CROISÉS
(d'après D.S. Goitein, « Contemporary letters on the capture of Jerusalem » dans *Journal of Jewish Studies*, III/1952, p. 162-177)

I. – (...) Vous vous rappelez, Seigneur, qu'il y a bien des années j'ai abandonné mon pays[1] pour chercher la merci de Dieu, subvenir à ma pauvreté, contempler Jérusalem, et ensuite revenir. Cependant, quand je fus à Alexandrie, Dieu provoqua des circonstances qui entraînèrent un certain retard. Puis « la mer devint orageuse », et de nombreuses bandes armées apparurent en Palestine (...). Ce fut tout juste si un survivant sur tout un groupe put revenir ici de Palestine pour nous dire que presque personne ne pouvait se sauver, parce que ces bandes étaient très nombreuses et encerclaient toutes les villes. Et encore il y avait le voyage à travers le désert au milieu des Bédouins, si bien que quiconque échappait aux uns tombait entre les mains des autres[2]. En outre des mutineries éclatèrent à travers tout le pays et atteignirent même Alexandrie, si bien que nous-mêmes fûmes assiégés plusieurs fois et que la ville fut ruinée[3] (...). La fin cependant fut bonne, car le Sultan[4] – Dieu glorifie ses victoires – reprit la ville et y fit régner une justice jusqu'ici sans précédent dans l'histoire d'aucun roi du monde : il n'y eut pas un dirham enlevé à personne. J'en étais donc venu à espérer qu'en raison de sa justice et de sa force, Dieu lui remettrait le pays, et que je pourrais aller à Jérusalem ; pour cette raison, je vins donc d'Alexandrie au Caire, pour entreprendre de là le voyage. Mais, lorsque Dieu lui eut rendue Jérusalem la Bénie, cette situation dura trop peu pour autoriser le voyage. Car les Francs arrivèrent et tuèrent tout le monde dans la ville, qu'il s'agît d'Isma'il ou d'Israil ; les quelques survivants furent faits prisonniers. Quelques-uns ont été rachetés depuis lors, mais d'autres sont encore en captivité dans toutes les parties du monde[5]. Certes, nous avions tous escompté que notre sultan[5] – Dieu glorifie ses victoires – se mettrait en campagne contre les Francs et les chasserait. Mais fois après fois notre espoir fut déçu. Cependant, juste en ce moment[7] nous espérons fermement que Dieu va lui livrer ses ennemis, car il est inévitable que les armées en viennent aux mains cette année. Et si Dieu nous accorde par lui la victoire et qu'il conquière Jérusalem, ainsi soit-il si c'est la volonté de Dieu, je ne serai pas de ceux qui languiront, j'irai contempler la ville, et retournerai droit auprès de vous. Si, Dieu le défende, cette fois était comme les précédentes qu'il soit impossible de faire le pèlerinage, Dieu m'en déchargera, car à mon âge je ne peux plus me permettre de tarder. Je désire retourner chez moi en tout état de cause, que j'aie vu Jérusalem ou que j'aie dû renoncer à cet espoir, deux éventualités également possibles. Vous savez évidemment, Seigneur, ce qui nous arrivé depuis cinq ans. Epidémies, maladies, ennuis se sont succédé sans arrêt pendant quatre ans, les riches sont devenus pauvres, un grand nombre de gens sont morts de l'épidémie, des familles entières y ont péri, et moi-même j'ai été affligé d'une grave maladie dont je n'ai guéri qu'il y a environ un an et pour attraper encore une autre maladie (...)

II. – (...) Nous remercions le Très-Haut qui nous a donné l'occasion d'accomplir cet acte pieux et vous a accordé d'y participer avec nous. Nous avons dépensé l'argent pour la rançon de quelques-uns des prisonniers, après avoir considéré les instructions contenues dans votre lettre, c'est-à-dire que nous avons envoyé ce qui était disponible à ceux qui avaient déjà été rançonnés (?). Nous n'avons pas manqué de répondre à ce que vous nous aviez écrit, mais nous cherchions quelqu'un qui pût vous porter notre réponse. Puis fondirent sur nous ces maladies : épidémie, peste, lèpre, qui nous remplirent d'anxiété, par peur que nous-mêmes ou quelques proches n'en fussions atteints. Un homme en qui nous avons confiance est parti d'ici et a dû vous expliquer ce qu'il en était de la somme envoyée par vous (...). Des nouvelles nous atteignent encore que parmi les hommes qui ont été rachetés des Francs, et sont restés à Ascalon[1], quelques-uns risquent de mourir de misère. D'autres sont restés en captivité, et d'autres ont été tués, devant d'autres qui ensuite ont été tués aussi au milieu de toutes sortes de tortures (...) A la fin tous ceux qui purent être rachetés furent libérés, avec cependant quelques exceptions, y compris, dit-on, un garçon de neuf ans que les Francs pressèrent de se convertir librement au christianisme, mais (qui refusa) (...) Jusqu'à ce jour ces captifs restent aux mains des Francs, aussi bien qu'un petit nombre pris à Antioche, et sans compter ceux qui avaient abjuré par désespoir de ne pouvoir être rachetés ni laissés libres. – Nous n'avons pas entendu dire que les maudits Allemands[2] aient violé les femmes comme faisaient les autres. – Parmi ceux qui ont pu trouver le salut sont quelques-uns qui se sont sauvés le second ou le troisième jour suivant la bataille, ou ont été laissés avec le gouverneur qui avait obtenu un sauf-conduit. Quelques autres, après avoir été pris par les Francs, restèrent quelque temps, puis trouvèrent moyen de se sauver. Mais la majorité consiste en ceux qui ont été rachetés. Malheureusement beaucoup ont terminé leur vie dans toutes sortes de souffrances et d'afflictions. Les privations qu'ils avaient eu à endurer les avaient poussés à quitter le pays sans nourriture ni protection contre le froid, et ils moururent en route. D'autres de même périrent en mer (...) (Le reste de la lettre explique que le prix normal du rachat aurait été de cent dinars pour trois prisonniers[3], mais que cependant beaucoup de pauvres gens ont pu être rachetés à moins. Néanmoins il a fallu contracter bien des emprunts, et il faut inciter toutes les communautés à envoyer des fond pour cette œuvre pie.)

VI
LUTTE DE JOSSELIN[1] ET DE SES ALLIÉS MUSULMANS
CONTRE TANCRÈDE ET SES ALLIÉS MUSULMANS
(Récit arabe contemporain conservé par Ibn al-Furât)
Cf. Cahen, *Syrie*, p. 249 *sq.*

(...) Il y avait eu, entre Josselin le Franc et Tancrède, seigneur d'Antioche, maint combat et grande inimitié, par suite de circonstances qui avaient provoqué des dissentiments et la guerre. Tancrède, grâce à la possession d'Antioche, était le plus fort; Josselin était le plus faible, en raison de l'infériorité de son domaine et de son trésor. Aussi, lorsque Josselin vit qu'il ne pouvait venir à bout de Tancrède, il confia à son fils la garde du pays, garnit ses places fortes, et se rendit auprès du roi de Rûm aux pieds duquel il se jeta en sollicitant son appui. Il en obtint quinze mille dinars et revint, ne passant dans aucune ville chrétienne sans y demander et y obtenir des secours. Et le maudit rentra auprès de sa mère, le costume avec lequel il était parti tout percé, sans en avoir changé. Il distribua l'argent aux troupes, et rassembla une grosse armée de Francs et d'autres.

Cependant le maudit Baudouin fils de (... ? = de Bourg) venait d'être libéré. Josselin le rejoignit avec une grosse armée, et se mit à infester les confins des terres de Tancrède. Lorsque Tchavli (Djawalî)[2] fut réduit à se réfugier auprès de Josselin, il pilla un village (de Tancrède), qui fit ses préparatifs de guerre, puis sortit d'Antioche. Il fut secondé par le renfort de Rodwân[3] dont nous avons parlé[4], et il y eut bataille près de Tell-Bâchir, en un lieu dit A'(b)r. Tancrède prit peur des musulmans qui se trouvaient dans les deux armées et, s'avançant entre les rangs, appela Josselin, avec lequel il s'entretint. Tchavli regardait, et il ne savait pas que c'était une coutume franque que l'ennemi recontrât l'ennemi, précisât la situation, s'entretînt avec lui, sans qu'aucun d'eux eût à craindre aucun tort de l'autre. Si bien que Tchavli conçut de la crainte, et se dit qu'ils étaient peut-être en train de s'entendre contre lui. Tancrède cependant parlait à Josselin de la question des musulmans, mais Josselin n'accepta rien, et Tancrède alla retrouver les siens. On cria alors l'appel au combat.

Josselin vit Tchavli qui se tenait à l'écart de l'armée. Il alla le trouver et lui dit : « Maître, telle est notre manière, ne va pas rien t'imaginer d'autre. » Mais Tchavli ne se rendit pas à ces paroles, et resta à l'écart. Néanmoins il ordonna à son ami Sonqor Derâz de se jeter dans le feu de la bataille. Les Francs le placèrent à l'aile droite. Tancrède chargea contre Josselin, une mêlée suivit cette première charge, une de leurs charges les plus violentes, et Sonqor Derâz tua bon nombre de Francs. Puis les deux armées s'éloignèrent, regagnèrent chacune leur camp, et se préparèrent à la seconde charge; chacun des deux chefs chargea son adversaire, suivi par son armée, et Josselin ne cherchait que Trancrède, et Tancrède ne cherchait que Josselin. Ils se portèrent des coups de lance et de sabre, et chacun fit éprouver sa vaillance à l'autre. Puis les troupes de nouveau regagnèrent leur camp, et Tancrède dit : « Il reste une charge, il faut qu'il me tue ou que je le tue. » Il changea de cheval, prit une nouvelle lance, cria l'ordre, et rechargea ; Josselin fit de même, ils se rencontrèrent, chacun frappant l'autre, mais le coup de Trancrède devança celui de Josselin, et le renversa de son cheval. Là-dessus le seigneur de Mar'ach[5] chargea contre Tancrède, et le jeta à son tour à terre. Mais on crut que Josselin avait été tué ; et comme le seigneur de Mar'ach était son porte-étendard, et que le coup qu'il avait porté à Tancrède l'avait été avec l'étendard, les hommes de Josselin virent non seulement leur maître à terre, mais encore le drapeau tombé, et ils s'enfuirent. Aucun Franc ne tua d'autre Franc, mais les musulmans intervinrent, et eux tuèrent des Francs.

Quant à Josselin, il se releva et se dirigea vers sa forteresse. Mais sa mère l'empêcha d'entrer : « Où viens-tu ? dit-elle. Plût à Dieu que je ne t'eusse pourvu de rien (?). — Par Dieu, répondit-il, je n'ai pas fui, Tancrède m'a porté un vrai coup de lance, je l'ai affronté en vrai combat : voici ma main pour témoigner de la sincérité de mes paroles ». Mais elle : « J'aurais préféré te savoir mort à te savoir vaincu. Je ne veux ajouter foi à tes paroles avant d'être allée trouver Tancrède, et de lui avoir demandé si tu dis vrai ». Et sur le champ elle sortit, et se rendit auprès de Tancrède, qui la reçut avec de hauts égards, et elle lui dit : « Sais-tu pourquoi je viens ? — Non. — J'aurais mieux aimé que Dieu l'eût fait mourir que de le voir fuir. — Mais, ma tante, il n'a pas fui, il n'a pas eu peur du coup de lance, malgré lui à terre il a chu, et les siens ont fui vaincus. Il m'a frappé dans les trois charges, et je lui ai porté bien des coups ». Plusieurs cavaliers confirmèrent le dire de Tancrède, et la mère de Josselin s'en alla[6]...

VII
LETTRE SUPPOSÉE, EXTRAITE D'UN RECUEIL DE MODÈLES
ÉPISTOLAIRES COMPOSÉ VERS 1135
(Ed. W. Wattenbach dans
Archiv für Kunde österreichischer Geschichtsquellen, XIV/1855)

G. fils de Guillaume Embriacho[1] à F... son associé et compatriote...
Les marchands revenant d'Alexandrie et ne rapportant rien de sur de toi sinon qu'ils t'ont laissé en bonne état, je suis un peu surpris de ce que tu n'as voulu me saluer ni par des lettres ni par de simples paroles et que tu as méprisé ou oublié de m'envoyer aucune amitié. Je ne veux cependant pas retourner (à Alexandrie), mais je te visite par lettre en bon ami et fidèle associé, ne pouvant venir corporellement.

Sache donc de manière claire que ta femme gouverne sa maison avec pudeur et sagesse comme il convient à une bonne matrone, que tout va bien sans accident, que tes enfants ont bon caractère et bonne santé et que je me réjouis de leur prospérité. Tu n'as rien à craindre, fais tes affaires avec soin et attends moi pour le prochain automne à Constantinople, où je viendrai te retrouver sur le navire de Bari. Réponds-moi par l'intermédiaire de Vital le Vénitien fils de Pierre Gérardi, fais les affaires qui peuvent nous être utiles et dont nous puissions tirer le meilleur bénéfice.

Par ailleurs ta femme et tes fils te saluent; elle te demande instamment de lui envoyer un *xamit* et deux *xendata* de l'île d'Andros avec des *species* et un peigne en ivoire.

Réponse :
A G... fils de Guillaume Embriacho à F... son associé et fidèle ami...
Tu t'es inquiété de ce que je ne t'ai salué ni par lettre ni par simple parole, mais il n'y avait pas à s'en inquiéter si tu en avais su les raisons. J'étais en effet allé à une demi journée d'Alexandrie pour des affaires utiles et j'avais attendu trois jours les marchands égyptiens avec lesquels j'ai pu ensuite régler tout avec succès. Revenant alors, je n'ai pu trouver les associés parce qu'ils étaient partis avec les envoyés de l'émir de Babylone (Le Caire), avec lesquels j'aurais pu me rendre en sécurité à Constantinople.

Par la suite j'ai été pendant un mois couché avec une grosse fièvre mais, par la grâce de Dieu, j'ai été soigné par un médecin compétent et je me porte bien. J'ai réglé sérieusement toutes les affaires, puisque j'ai vendu toutes les marchandises emportées au prix que nous avions convenu ensemble et j'ai acquis celles que je savais pouvoir être écoulées avec bénéfice en Italie.

Viens me retrouver à la date indiquée dans ta lettre, apporte moi une bonne *scarlate* des *Scalphantas* récente de bon teint, des *bulelli* de Ludria, et des *pignolata* de Plaisance de bon teint, parce que toutes ces choses nous sont fort utiles à Constantinople et à Alexandrie si nous y restons longtemps.

Salue ma femme, qui est une partie de mon corps, et à laquelle j'ai envoyé toutes les choses mentionnées dans ta lettre. En plus je lui ai envoyé un bel anneau d'or pour qu'elle le porte tous les jours au doigt et que lorsqu'elle le regardera cela me rappelle à son cœur. A mes fils transmets ma bénédiction paternelle.

VIII
LETTRE D'AL-ABBAS, VIZIR DU CALIFE FATIMIDE AL-ZAFIR,
AUX PISANS.
(Amari, *Diplomi Arabi*, I, p. 241 sq.)

... Lorsque votre ambassadeur, Raynerio Botaccio, est venu en notre présence, il nous a apporté deux lettres de la part de l'archevêque Villano et des consuls et notables de la ville de Pise, par lesquelles vous nous faisiez savoir que des marchands de chez vous, vos frères et parents, que vous nous aviez envoyés comme un fils à son père, avaient été arrêtés l'an dernier et dépouillés de beaucoup de leurs biens, ce qui ne convient pas à un si grand royaume, plus prestigieux que tous les royaumes de la terre. Raison pour laquelle vous nous avez envoyé cet ambassadeur, dans des conditions où vous ne le faites que pour les grandes affaires, en galère alors qu'il vient usuellement en navire, afin qu'il arrange tout selon son jugement; et vous demandiez que nous nous occupions de la question au plus tôt et vous le renvoyions de même, précisant qu'aucun de vos marchands ne viendrait plus chez nous jusqu'à son retour, et que vous vous déclariez d'accord (par avance) avec tout accord auquel votre ambassadeur aurait souscrit.

Nous avons alors exposé à votre ambassadeur que le tort fait à vos marchands, dont il s'était plaint, n'était pas exact. Et voici la vérité. Nous avons appris que nos marchands d'Alexandrie, qui étaient montés en pleine confiance avec les vôtres sur un même navire, avaient été traitreusement tués : on leur avait dit qu'il y avait en vue des pirates francs, ce pourquoi on les avait fait descendre dans la sentine, et de là on les avait l'un après l'autre jetés dans la mer; après quoi les vôtres s'étaient appropriés leurs épouses, leurs enfants et leurs biens. La loi ordonne que les coupables ainsi que leurs parents soient arrêtés, conformément au traité qui existe entre vous et nous, et que nous gardions prisonniers vos marchands se trouvant chez nous jusqu'à ce que vous nous ayez envoyé les coupables avec une amende et les familles des victimes; ceux que nous avons relâchés nous ont promis d'aller chez vous pour prendre les coupables, nous les amener, et avec eux l'amende et les familles des victimes. Votre ambassadeur nous a d'autre part exposé que beaucoup de vos concitoyens étaient détenus chez nous, et nous lui avons répondu qu'il s'agissait de Pisans que nous avions pris en train de nous faire la guerre avec les Francs et leur portant chez eux secours et ravitaillement[1] : or le traité qui existe entre vous et nous stipule que, si nous trouvons des Pisans et des Francs dans un même navire, les premiers soient traités comme les seconds.

En suite de quoi il y eut une longue négociation entre nous et votre ambassadeur (...) et celui-ci avec ses associés a promis (...) de conserver envers nous une loyauté parfaite et de traiter sans aucune tromperie nos sujets qu'ils rencontreront. Ils ne feront d'accord ni avec les Francs ni avec aucun autre de nos ennemis possibles, ni sur terre ni sur mer ni dans nos ports : ils ne se livreront contre notre armée à aucune hostilité ni seuls ni mêlés à d'autres, et aucun de vos marchands n'amènera sciemment chez nous de Franc de Syrie déguisé en marchand. Vous ne porterez atteinte à notre royaume par aucune grande promesse faite par un autre peuple, qu'il soit chrétien ou musulman... et les Pisans que nous trouverons dans les galères des bandits ou les navires des belligérants seront pris et mis à mort (...) S'il arrive jamais qu'un des vôtres commette à nouveau un crime analogue à celui dont il a été question, vous devez nous le livrer au premier endroit possible, avec tout le dédommagement requis; votre ambassadeur a cependant demandé que nous vous accordions pour réparation un an de délai, mais, passé l'an, tous les Pisans venus chez nous seront arrêtés, et leurs biens et droits de tous genres retenus.

Et maintenant nous vous concédons privilège pour l'or et l'argent et toutes vos affaires à Alexandrie, et vous autorisons à habiter dans votre funduq d'Alexandrie. Tout ce que vous aurez à vendre, une fois payés les droits à la Douane, vous pourrez les porter où vous voudrez dans notre royaume, et aussi bien les remporter chez vous si vous le voulez, à l'exception du bois, du fer et de la poix, puisque ces trois denrées sont achetées par notre Douane au prix de l'heure. Si l'un des vôtres meurt chez nous, nous remettrons ses biens à l'un de ses parents s'il y en a un ici, et à défaut à ceux de ses associés que nous pourrons trouver, moyennant reçu. D'autre part votre ambassadeur Raynerio Botaccio nous a demandé de reproduire, dans le document que nous dressons au sujet du rétablissement de cette paix, les faveurs que nous vous avions jadis accordées, et qui sont les suivantes : la coutume, le (bastasus), les (parate) et la (terra), exemption complète; sur les petites embarcations avec lesquelles vous débarquez et rembarquez, (exemption); et sur les encans, que le navire arrivé le premier vende le premier. Que tout ce que vous vendez en Douane vous soit payé chaque samedi. Nous vous concédons aussi un funduq à Babylone (Le Caire), et l'exemption des droits sur l'argent. Et votre ambassadeur a demandé que si un Pisan se rendait au Saint-Sépulcre sur un navire qui ne soit pas de bandits, et soit pris par notre flotte, au reçu de votre lettre nous vous le libérions avec ses biens. Nous autorisons vos marchands à venir au Caire quand ils voudront, et vos marchands doivent être bien traités dans tout notre royaume (...)

Votre ambassadeur a promis en son nom et pour toute la commune de Pise de rechercher les auteurs du crime contre nos sujets; si vous ne pouvez pas les trouver, renvoyez les biens, les familles, et le (prix du) sang[2].

. . . .

[A cette lettre, adressée à l'Archevêque, en est annexée une autre adressée à la Commune, qui en reproduit à peu près les termes, mais cependant précise que les Pisans à Alexandrie peuvent vivre « selon leur loi », que depuis longtemps le gouvernement égyptien a accordé aux Pisans des remises de droits supérieures à celles qu'ont les Rûm et les Musulmans même, qu'un ancien ambassadeur avait juré que les Pisans traiteraient loyalement les marchands égyptiens avec lesquels ils pourraient se trouver sur terre ou sur mer, qu'il est mal de demander le changement de la coutume, que le droit de Douane est de 12 %, que l'auteur de la lettre envoie aux Pisans une ampoule de balsame. Les Pisans à libérer sont dix-neuf, il y en a dix qui sont morts, neuf qui ont dit être génois, Abdallâh en a pris trois incorporés dans l'armée, onze sont introuvables, vingt-cinq ont été remis à Raynerio (sic). 17 février 1154]

IX
LE PERSONNEL DES ENCANS DE LA DOUANE D'ALEXANDRIE ET SES SALAIRES
(D'après al-Makhzumi dans
JESHO 1965 = *Makhzûmyât* p. 283)

Ce qui est exigé *yadjibu* des marchands siciliens soumis à la dîme, sur toutes les denrées etc., par 100 dinars la dîme soit 10 dinars, sans *quf* ni autre imposition.

La retenue *tarh* fixée pour les encans *hilaq* (pl. de *halqa*) du Khums, chaque jour où il est convenu un encan, sur les acheteurs selon ce qui a été précisé en fonction de l'affaire *mubashara* et de la mise en vente *mabi*, chose dont sont informés acheteur et vendeur lors du contrat d'encan *halqa*. On indique la retenue *tarh* pour chaque vente, et ce qui est ainsi réuni est affecté *yutlaq* aux gens de l'encan *arbab al-halqa* suivant détail que voici : 1 dinar 2/3 dont annonceur *munadi* 1/4 et agents 1 1/4 1/6 répartis comme suit : ceux qui reçoivent 2 qirats, au total 1 dinar, à savoir :
Le porteur de la clé de l'atelier;
le peseur à la balance;
les messagers *raqqas* qui rassemblent [les participants à la] *halqa*;
les manipulateurs qui roulent les marchandises et les exposent en les sortant de leurs récipients;
les percepteurs;
le magasinier du magasin des caisses etc;
les hommes de confiance *umana* des navires;
le sceau, pour ceux qui gèrent le sceau des magasins lors de leur fermeture et leur ouverture;
les inspecteurs à la porte de l'atelier;
les garçons de la tente (?) qui gardent les marchandises;
les garçons de la barque qui font la navette en barque pour apporter les marchandises des navires à l'atelier, chacun d'eux touchant 1/8 de dinar, soit (ensemble) 1/4;
le gardien de l'atelier;
les porteurs au milieu de la *halqa*, en raison du transport des marchandises, à 1 qirat par tête, soit 1/6 de dinar;
le gardien de la mosquée de l'atelier;
les faibles et les débiteurs (?);
le crieur qui annonce les espèces de marchandises sur lesquelles est conclue la *halqa*.

X
EXTRAIT D'UN COLOPHON DE MANUSCRIT SYRIAQUE, JÉRUSALEM 1148
(éd. trad. anglaise dans *The Annual of the American Schools of Oriental Research in Jerusalem*, n° 11, 1931, W.R. Taylor)

L'année où ces événements s'étaient produits, c'est-à-dire en 1459 de l'ère des Grecs (1148), Jérusalem fut pleine d'une infinité de pauvres gens, il y avait manque de nourriture et de toutes les choses nécessaires (...) Beaucoup des pauvres de Jérusalem mouraient de faim et beaucoup d'autres attaquaient les couvents pour y trouver de quoi vivre. A la même époque, nos couvents n'étaient pas assez riches pour satisfaire les demandes de ces pauvres, car leurs ressources étaient justes suffisantes pour pourvoir aux besoins des moines. Mais les pauvres persistaient dans leur demande. Les gens d'Edesse battus[1], qui avaient aussi à s'occuper de leurs prisonniers de guerre, étaient en particulier venus à Jérusalem car ils n'avaient aucun autre refuge que nos couvents où l'on était heureux de les aider, soit en or pour le rachat des prisonniers, soit en pain pour leurs besoins ou en vêtements pour leur nudité.

Notre saint Père Ignace pourvoyait avec joie à leurs besoins, car il avait compassion pour tous les pauvres, qu'ils fussent de notre propre communauté ou de celle des Francs, mais il était triste et troublé de ne pouvoir faire davantage. Lorsque Notre Seigneur vit sa bonne volonté, il lui rappela qu'il y avait un village appelé Deir Dakarieh[2], qui avant les conquêtes musulmanes avait appartenu au couvent, mais que les musulmans avaient pris, et qui était maintenant aux mains des Francs comme maîtres du pays. Plaçant sa confiance en Dieu, son Secours, il alla trouver le roi Sir Baudouin, fils de Foulque, et sa mère la reine Mélisende et leur exposa la question. Comme ils étaient inspirés par Dieu et qu'ils avaient un grand respect pour Ignace, ils lui donnèrent une grande aide. Ils ordonnèrent au possesseur du village de le rendre au couvent de Ste-Marie-Madeleine, et le roi dit à notre Père de verser de l'argent au possesseur, de racheter le village et d'obtenir ainsi un acte légalement attesté et scellé. Obéissant à ces instructions, Ignace racheta le village pour la grosse somme de près de mille dinars d'or jaune, et reçut un acte dûment attesté et scellé du sceau royal.

Comme Ignace cherchait dans l'amour de Dieu le moyen d'obéir à Ses commandements pour nourrir les pauvres, Dieu lui procura le prix du village par des sources inattendues. Egalement avec l'aide de Dieu, il a commencé à construire un château et une église et autour d'eux quelques maisons. Nous prions Dieu d'achever ces projets comme Il l'a toujours en tout favorisé. Dieu bénisse son diocèse et sa vie et humilie ses ennemis.

XI
LETTRE D'UN PRISONNIER MUSULMAN DES FRANCS
(Texte de la Geniza communiqué par S.D. Goitein
Éd. trad. Cl. Cahen dans *Mélanges Labande,* 1974)

Au nom de Dieu Clément et Miséricordieux.

Je fais savoir (au qâ'id Mu'izz), Dieu le protège et l'ait sous sa garde et en son amitié et ne... (et me constitue) pour lui la rançon des maux, que j'ai cessé d'avoir aucune nouvelle de vous..., mon cœur est angoissé, je ne sais qui est vivant et mort, je n'ai pas (la plus petite) lettre qui m'informe de vos nouvelles et de ce qui vous concerne, et pourtant mon cœur est chez vous; lorsqu'arrivera cette lettre, dépêchez-vous de lui répondre avec le premier qui arrive, pour me réconforter le cœur, car l'homme a sa famille où il se lève et se prosterne et qui le préserve et vous avez cessé de m'envoyer aucune nouvelle de vous. Je ne vous blâme pas car je n'ai rien juré qui comporte de blâme pour vous, mais l'homme se lève et se prosterne, et les gens en Égypte sont nombreux comme le sont les hommes faisant des aumônes et se dirigeant dans le chemin de Dieu le Très-Haut. Ne me négligez absolument pas, vous savez dans quelle épreuve et captivité je me trouve, et hâtez-vous de répondre à cette lettre vite pour les vivants et les morts, et faites-moi savoir (ce qu'il en a été) de Murhaf, et ne me cachez rien de vos affaires, saluez Mu'izz al-Dawla et ses enfants et il y a pour vous tous un salut particulièrement complet et salut à tous ceux qu'embrasse votre sollicitude, et réponse à la lettre vite sans empêchement ni raison avec le premier qui arrive.

Au dos :

De la part de leur frère Samsâm qui est prisonnier à Nâbulus[1]. Qu'il arrive en Égypte au Caire – Dieu la préserve – à al-Bâtiliya[2] à [sous le passage] à la maison de Mu'izz al-Dawla... l'arabe et qu'il la transmette aux héritiers de Sârim al-Dawla al-Qû[3]...

XII
UN CAS DE PRISON POUR DETTES
(Lettre de la Geniza d'après une traduction anglaise
communiquée par S.D. Goitein sur la base de
son article hébreu dans *Yerushalayim* 2/5, 1955, p. 60-62[1])

En ton nom, ô Miséricordieux.

« Béni soit l'homme qui a confiance dans le Seigneur, etc. » (Jérémie 17-7.)

Le but de ces lignes à mon cher fils, Dieu prolonge sa vie, le garde et prenne soin de lui, est de t'informer de l'impatience et de l'anxiété où nous sommes de te revoir. Puisse Dieu nous réunir bientôt dans la plus heureuse des circonstances.

Maintenant, si nous avions su que tu pouvais oublier ton fils et ta femme et les chasser de ton cœur, nous ne t'aurions jamais mis en état de voyager, mais nous avions à cœur tes meilleurs intérêts et pensions que tu reviendrais vite. Au lieu de cela tu sièges à la ronde dans des lieux étrangers. Quelles sont tes intentions ? Qui ne pense pas à sa femme et à son enfant ? As-tu vu quelqu'un d'autre qui, en agissant comme toi, t'a induit à agir comme lui ? Regarde Sâ'id, un étranger[2] : il écrit dans sa lettre – et les gens attestent que c'est vrai – qu'il jeûne la plupart du temps dans l'espoir de rassembler les fonds qui lui permettraient de libérer sa femme et son enfant ; mais toi, qui sais très bien comment ça finira, tu restes froid dans ton cœur et ton esprit.

Maintenant, aussitôt que tu auras lu ces lignes, hâte ton retour. Dieu n'abandonnera ni toi ni eux. Les gens[3] de Damas, de Tyr et d'Acre se donnent du mal pour les étrangers. Nous ne pensions vraiment pas qu'il était nécessaire de t'écrire tout cela. Viens en toutes circonstances. Quand tu seras ici, nous pourrions faire des promesses au comte et à la dame maîtresse de Tibériade[4], leur payer une avance de 20 dinars pour qu'ils les libèrent, et tu compléteras plus tard ce que tu leur dois.

Ce dur traitement leur a été infligé seulement parce que tu es resté absent si longtemps. Même si tu avais été en Inde tu pourrais être revenu. Sans doute la compagnie des Egyptiens, leur nourriture, leurs boissons et leur musique te ravissent-elles. N'avions-nous pas convenu avec toi que tu ne resterais pas plus de deux mois ? Qu'est-ce qui t'a retenu si longtemps ? Tu ne nous as jamais dit exactement ce que tu faisais, nous n'avons jamais reçu de toi de lettre donnant un rapport satisfaisant ou disant quelle somme tu as réunie, mais tu as laissé ta femme et ton fils en prison sans y faire attention. Donc, s'il te plaît, rentre immédiatement et nous coopérerons tous deux pour les sortir de là.

Dieu dans sa miséricorde les sauvera, même si je devais être forcé d'aller à ta recherche en tous pays. Ne perds pas espoir, Dieu ne t'abandonnera pas. Parfaites congratulations à toi et à tes amis.

« Puisse le Seigneur donner de la force à son peuple, puisse le Seigneur donner à son peuple la bénédiction de la paix. » (Psaumes 29-11) et salut.

Adresse : A Misr (Fustat), à Abu'l-Husayn b. abi'l-Khayr al-'Akkawî (=d'Acre), Dieu le garde.

De la part de son oncle maternel Zadoc, fils de R. Namer, membre de l'académie, qu'il repose en Eden.

Confié (au porteur)[5].

XIII
UN MÉDECIN D'AMAURY ET DE SALADIN
(d'après Ibn abi 'Usaybiya; trad. Cl. Cahen dans
Indigènes et Croisés, repr. dans *Turcobyzantina*)

[Après avoir vanté en termes généraux ses capacités médicales, notre auteur continue :] « Originaire de Jérusalem, il était venu en Egypte, au temps des califes, et s'y était rendu célèbre par sa compétence astrologique. Il avait cinq enfants. Lorsque le roi Amaury vint en Egypte, émerveillé de sa science médicale, il demanda au calife de le lui accorder, et l'emmena à Jérusalem avec ses cinq enfants. Or Amaury avait un fils qui devint lépreux. Abu Soulayman lui composa une thériaque appropriée. Un peu plus tard il se fit moine, et laissa la succession de sa place à son fils aîné, al-Muhadhdhab abu Sa'îd, conjointement avec ses frères. Il arriva que le roi de Jérusalem en question fit prisonnier le *faqîh* Ysa (ami personnel de Saladin); celui-ci tomba malade, et le roi fit appeler al-Mouhadhdhab pour le soigner. Ayant trouvé le prisonnier vêtu d'un manteau alourdi par des morceaux de fer, notre médecin alla trouver le roi et lui dit que cet homme devait obtenir une faveur; le roi lui faisait bien donner à boire de quoi vivre, mais ce n'était pas de cela qu'il avait actuellement besoin. « Que dois-je faire pour lui? demanda le roi. – Le délivrer de ce manteau et lui enlever ses fers. – Mais nous avons peur qu'il s'évade, et sa rançon pourtant est forte. – Remets-le moi et je me porte garant de sa rançon. – Prends-le, et lorsque arrivera le paiement, qu'il y ait mille dinars pour toi. » On enleva donc au *faqîh* son manteau et ses fers, et le médecin lui donna une pièce particulière dans sa maison, où il resta six mois. [Notre auteur rapporte alors comment, à l'arrivée de la rançon, al-Mouhadhdhab donna au *faqîh*, en présence du roi, ses mille dinars pour qu'il pût se réinstaller en Egypte auprès de Saladin.]

« Cependant, continue-t-il, Abu Soulayman avait prédit, d'après la lecture des astres, qu'al-Malik al-Nâsir (Saladin) s'emparerait de Jérusalem tel jour, de tel mois, de telle année, et qu'il y entrerait par la porte al-Rahma. Un de ses cinq enfants, le cavalier Abu-l-Khayr, était chargé d'élever le fils lépreux du roi de Jérusalem, et lui enseignait l'équitation. Quand le roi fut armé chevalier (...) Abu Soulayman dit à Abu-l-Khayr d'aller de sa part annoncer à al-Malik al-Nâsir sa prophétie. Il obéit, arriva à Gaza en 580, fut chaleureusement reçu par le *faqîh*, puis alla porter à al-Malik al-Nâsir le message de son père. Le sultan enchanté lui fit un cadeau magnifique et lui donna un drapeau d'or en lui promettant que, si Dieu lui accordait d'accomplir cette prédiction, on planterait ce drapeau sur sa maison, et que toute la rue qui y conduisait serait épargnée. Quand vint l'heure, tout se passa comme l'avait prédit le médecin, et le *faqîh* se rendit dans la maison qu'il avait habitée pour la protéger : captifs et tués, ou astreints au tribut, nul ne fut épargné des habitants de Jérusalem, sauf cette maison du dit médecin, aux enfants duquel il donna le double de ce qu'ils avaient eu du temps des Francs. Puis il envoya à tous ses lieutenants sur terre et sur mer une circulaire leur recommandant la plus grande bienveillance à l'égard des chrétiens, qui en bénéficient aujourd'hui encore. Abu Soulayman mourut après avoir été appelé auprès de Saladin et être resté chez lui quelques temps ». [Le sultan, conclut notre auteur, lui avait promis, en récompense de sa prédiction, de s'intéresser à ses enfants; il les recommanda à son successeur; leurs biographies, qui suivent, les montrent en effet au service des Ayyubides.]

XIV
LETTRE D'INNOCENT III AU PATRIARCHE D'ANTIOCHE
(5 JANV. 1199)
(extrait du Registre d'Innocent III, an I, lettre 512,
d'après Migne, *Patrologie Latine*, t. 214, col. 474).

Le soin d'empêcher que soit lésée la liberté ecclésiastique, ou opprimés par des hommes pervers les ministres des Eglises, nous revient avec une attention spéciale, à nous qui, en raison de notre fonction – servir –, sommes particulièrement responsables envers tous. Or il a été porté à nos oreilles que, lorsqu'il y a quelque nécessité de faire des dépenses dans la ville d'Antioche, la commune de cette ville[1] impose aux églises, aux clercs et à leurs hommes, de quelque condition ou langue qu'ils soient, l'exaction de la taille, contrairement à l'antique coutume, et prétend la percevoir et la dépenser selon sa volonté. En outre, maltraitant à bien d'autres égards tant toi que tes églises, ils veulent obliger tous les clercs d'Antioche à passer en justice devant n'importe quel laïc, sous prétexte de leur serment (communal). S'efforçant même de traiter les possessions ecclésiastiques par le jugement et selon les coutumes des Grecs[2], ils transforment abusivement les droits de l'Eglise des Latins en coutumes. Nous donc, refusant de supporter avec patience des excès semblables, par l'autorité des présentes nous interdisons formellement que personne ose à toi ni aux églises, aux clercs ou à vos hommes une telle atteinte et de tels préjudices. Que si quelqu'un avait néanmoins la témérité de le faire, qu'il te soit licite de promulguer contre lui avec l'autorité apostolique la censure de la rigueur ecclésiastique. Qu'à nul donc etc...
Donné au Latran, les nones de janvier.

XV
L'UNIQUE ACTE ARABE CHRÉTIEN D'ANTIOCHE CONSERVÉ
(Cusa, *I Diplomi ed arabi di Sicilia*, 1-2, p. 645-49
Cl. Cahen, Un document concernant les Melkites, dans
Revue d'Etudes Byzantines, 19, 1971, p. 285-292.

Cf. Jean Richard, Eglise latine et Eglises orientales dans les Etats des Croisés, dans *Mélanges Dauvilliers*, 1979)

Au nom du Père, du fils et du Saint-Esprit: Je dis, moi diacre du sanctuaire sacré de Saint-Pierre, Jean, que, lorsque le prieur à Notre-Dame-de-Getsemani était Arnaud, il me donna l'église ruinée dite de la Chaboûba avec toutes ses dépendances en terre et autres choses, et il en fit un diplôme latin. Le lieu resta entre mes mains jusqu'à l'heure présente. Mais j'étais toujours endetté en raison de la ruine du lieu qui était une église. Alors.... un prêtre bien vu de Dieu, Kyr Marî fils d'Ibriqîlî (?), et lui demandai de prendre possession du lieu et de rebâtir l'église, ce à quoi je l'aiderais pour ma part afin qu'on y mentionnât pour l'avenir mon nom et celui de mes deux enfants. Mais il n'accepta que s'il le recevait en pleine propriété perpétuelle aux mêmes conditions où je l'avais eu, et l'affaire en resta là parce que je ne trouvai personne d'autre que lui qui voulût l'occuper en raison de sa ruine et de son délabrement.

Là-dessus j'appris que le noble prieur Frère Bâyân, à Sainte-Marie-Latine, avait occupé les biens de Notre-Dame-de-Getsemani à Antioche, porteur d'un ordre du prieur Frère Adam à Notre-Dame-de-Getsemani et de tous les frères du couvent susdit, stipulant que tout ce qu'il ferait pour les affaires du couvent aurait valeur définitive. J'allai donc le trouver et lui fis connaître la situation; il vint au lieu dit, le trouva en ruines, et vit qu'il n'en pouvait résulter pour le couvent aucun profit petit ni grand; je fis alors venir le prêtre susdit et lui remis le diplôme latin qui était en ma possession, et le prieur susdit lui enregistra le lieu par l'entremise du maître juge du sanctuaire sacré de Saint Pierre, Sire Simon, Dieu lui prolonge sa protection, stipulant que le bien serait désormais sa propriété perpétuelle à lui et à ses héritiers et qu'il en reviendrait annuellement au couvent susdit un montant de 2 1/2 dinars, dont 1 comptant chaque année au mois d'août, après remise du *dîmoûs* (impôt) pendant deux ans à partir de l'année présente, à savoir la première année en date et la seconde, afin que cela aidât le bénéficiaire à la reconstruction du sanctuaire susdit, le début du versement au droit de N.D. de Getsemani étant au mois d'août de la troisième année. Il était fait une obligation au prêtre de reconstruire l'église, de commencer tout de suite, et de se charger de son service, de sa restauration, et de son *dîmoûs* annuel... précisée, et toujours responsable de son *dîmoûs*. Et ni le couvent ni moi, Bâyân le prieur susdit, ni aucun de mes successeurs à l'administration de N.D.-de-Getsemani, ne t'imposerons à toi augmentation d'un seul dirham ni équivalent; désormais tu as et tes remplaçants auront la pleine disposition de ce lieu, de telle sorte que tous les enregistrés-chargés de *dîmoûs* gèrent leur *dîmoûs* perpétuel et continu avec pleine maîtrise et autorité efficace, qu'il prospère et grandisse pour tes droits et tes besoins comme tu le veux et le choisis, sans aucun obstacle d'aucun genre qui survienne pour toi ni pour tes remplaçants. Si tu tardes à verser le *dîmoûs* à l'heure dite et qu'il s'écoule un an, quelle que soit l'année, et qu'on entre dans l'an suivant de quinze jours, le couvent susdit pourra saisir le lieu et en percevoir le *dîmoûs* tout entier, après quoi le lieu te reviendra. Si jamais un présomptueux (Dieu nous en garde) détruit cet écrit, qu'il t'en veuille pour ce lieu à toi, à tes remplaçants ou à quiconque aura reçu livraison de cet écrit, il incombera au couvent sacré de faire opposition, de le repousser, et de te défendre ou tes remplaçants pièce en mains en justice, et d'assurer le lieu entre tes mains ou celles de tes remplaçants, sans inconvénient de redevance.

Ce lieu est limité des quatre côtés comme suit : à l'est par la rue qui l'avoisine; à l'ouest, la place et la ruine sous... le couvent; au sud les maisons et le jardin de Yânî al-Kâmîdârî et le jardin de Yârî fils de Mardalâ; au nord enfin la rue aussi et la terre du Sire ... aujourd'hui aux mains de son héritier le *nomîkoûs* Românoûs, et c'est de ce côté qu'ouvre la porte donnant accès pour entrer et sortir de la rue bordière de ce lieu.

En foi de quoi il t'a été écrit ce document pour être à toi exclusivement après qu'il m'eût été lu à moi le prieur Bâyân et à moi le diacre Jean, qu'il eût été traduit, et que nous l'eussions compris, et eussions mis nos croix de notre propre main en son sommet, et que nous eussions demandé des témoins. Et moi le prieur Bâyân je l'ai confirmé de mon sceau de cire à son extrémité. Ecrit dans la dernière dizaine du mois de *âdâr* (mars) de l'an courant du monde 6721 (1213). En Dieu le secours.

Lieu du sceau :

Dans l'original susdit en lettres latines en haut et à la fin témoignage d'Al-Nûmîloûs, écrit par le prêtre (?) ... Moi Stéphane fils de... le latin ai comparé ce document avec l'original et l'ai trouvé conforme en texte et en sens, sans addition ni retranchement, en foi de quoi j'ai signé. Moi le prêtre Georges fils du prêtre Grégoire ai comparé etc. Moi Jirjir (?)... fils de... fils de... ai comparé ce document avec l'original et ai trouvé les deux identiques de texte et de sens, en foi de quoi j'ai signé.

Moi Samuel fils de Nûmîloûs... ce document avec l'original, etc.

XVI
AFFAIRES MONÉTAIRES EN ÉGYPTE SOUS LES AYYUBIDES
(Extraits du traité d'al-Nâbulsî, éd. C. Becker et Cl. Cahen
dans *BEO*, XVI/1958-1960;
trad. *Bulletin de la Faculté des lettres de Strasbourg*, 1948, p. 113)

Autre affaire anormale : celle de la Maison de la Monnaie. Au temps de sa bonne administration il en sortait mensuellement trois mille dinars, et, dans les deux années 636 et 637/1239-1240, on en fit plus de 80 000; or aujourd'hui, elle est tombée à moins de cent dinars par mois. Voici une fâcheuse négligence : l'habitude régnait dans les ateliers de frappe que tout marchand ou autre vendeur[1] qui apportait de l'or à la Monnaie écrivît son nom et le montant de son apport en pièces, en déchets, en lingots, etc., on mettait ce qui était pour tel cas avec ce qui était pour le même cas, avec précision, et on le fondait. Les vendeurs recouraient à une combinaison remarquable qui par Dieu, n'aurait pas abouti avec des femmes à cervelle légère mais seulement avec les inspecteurs du Diwân : ces vendeurs, donc, demandaient que le Diwân n'inscrivît pas le nom des propriétaires de l'argent, de peur que le Diwân de l'Aumône légale les taxât en conséquence, comme si le Diwân de l'Aumone ne dépendait pas du même chef que la Monnaie. Or, il arrive que le marchand apporte au vendeur trois mille dinars environ pour les convertir en dinars[2], puis va faire le commerce de la soie à Alexandrie, et là meurt : les vendeurs mangent la somme inscrivant seulement en face de cette opération une petite majoration. Combinaison que ne peut autoriser aucun homme avisé, qu'on le paye pour que lui soit caché ce qu'il doit savoir. On n'a entendu parler de rien de semblable au monde, d'une opération qui s'achève sur l'homme-même chargé du contrôle.

Autre carence des gens de la Monnaie, les vendeurs prennent l'or mais sa valeur n'est pas toujours la même : cent dinars de Tyr[3] en valent soixante, les dinars *dhûqî*[4] valent un peu plus et d'autres espèces d'or égyptien et autres valent quatre-vingts dinars les cent. Alors nos hommes en réunissent six ou sept mille ou plus ou moins des divers genres, on les chauffe et il y a une perte de quelque dix dinars au cent, soit pour les autres un gain de cent au mille soit, sur six mille dinars, un gain de six cents réalisé en trois ou quatres jours. Nul ne sait ce qu'en ces opérations successives ont gagné ces vendeurs, sauf Dieu (gloire à Lui); car la mort a déjà enlevé la plupart d'entre eux, et leur fortune a disparu.

XVII
COMMERCE ILLICITE AVEC LES CROISÉS
(extrait de Maqrîzî, *Histoire des Sultans mamlouks*, trad. Quatremère, p. 93-94)

An 687 (1288)

(...) Nedjib, plus connu sous le nom de Katib[1]-Bekdjiri, l'un des *mustavfî*[2] de l'empire, de concert avec le cadi Taki-eddin-Nasr-allah-ben-Fakhr-eddin-Djoudjeri, osa attaquer et dénoncer le vizir Shoudjaï. Il rapporta au sultan plusieurs faits à la charge de son adversaire, avec lequel il soutint une discussion juridique en présence du prince. Il lui reprochait, entre autres choses, d'avoir vendu aux Francs une quantité de lances et autres armes, qui étaient conservées dans les arsenaux du sultan. Shoudjaï ne nia pas ce fait; et il dit : « J'ai fait cette vente avec un grand bonheur et un avantage manifeste. Sous le rapport du bonheur, je leur ai vendu des lances, des armures, qui étaient vieilles, dégradées, de peu d'usage; et j'ai reçu d'eux un prix bien supérieur à la valeur des objets. Quant à l'avantage, les Francs reconnaîtront que, si nous leur vendons nos armes, c'est par mépris pour eux, par dédain pour leurs

efforts, et par suite du peu de souci que nous inspirent leurs affaires. »
Le sultan paraissait accueillir cette excuse avec bienveillance; mais Nedjib répondit : « Malheureux, ce qui t'a échappé est d'une plus haute importance que tout ce que tu viens d'exposer. Ce discours est le produit de ton imagination, et tu as cru que nous l'accepterions comme une réponse valable. Les Francs et nos autres ennemis n'envisagent pas comme tu le supposes la vente des armes. Mais, dans les conversations qu'ils ont entre eux et dans les rapports que nos ennemis adressent à leurs semblables, ils affirment hautement que le souverain de la Syrie et de l'Égypte s'est trouvé réduit à une détresse qui l'a forcé de vendre ses armes à ses ennemis. » Le sultan, ne pouvant supporter une pareille idée, entra en colère contre Shoudjaï, et le destitua le jeudi, second jour du mois de Rebi–premier. Il ordonna contre lui une enquête sévère, afin de l'obliger à payer une somme d'or considérable. Il exigea que, pour acquitter cette dette, il ne vendît rien de ses chevaux, de ses armes, de ses meubles, mais qu'il payât tout en or[3].

XVIII
REPRISE D'ASCALON PAR LES MUSULMANS (1247)
(d'après le témoin Sa'd al-Dîn; trad. Cl. Cahen,
dans *Peuples musulmans*, p. 472-473)

(Après la prise de Tibériade) nous allâmes tous, en emportant nos engins de guerre, à Ascalon, devant laquelle l'émir Shihâb al-Dîn ibn al-Gharz nous avait précédés. Nos troupes entourèrent la place. Au pied se trouvait la flotte franque; nos navires à nous étaient ancrés au rivage. Ascalon est une belle forteresse avec seize tours se succédant au bord de la mer. Nous y campâmes et lui lancèrent des pierres avec nos mangonneaux. La flotte franque vint attaquer la nôtre; ce fut une chaude journée; la mer devint mauvaise et les flots tumultueux, et nos navires furent brisés sur le rivage, au nombre de vingt-cinq; tandis que les navires francs qui étaient mouillés au large sortirent sains et saufs de la tempête. Nous prîmes le bois de nos navires et en fîment des parapets pour les assauts. Nous avions en tout quatorze mangonneaux, lançant des pierres contre la citadelle; les mangonneaux ennemis ne chômaient pas une heure; les Francs brûlèrent les parapets protecteurs de nos mangonneaux; ils lançaient sur eux de grosses flèches de *ziyar*[1] incandescentes et nous brisèrent deux mangonneaux. Puis ils firent une sortie qui nous coûta beaucoup de monde. Au bout de quelques jours, nous nous mîmes à combler le plus vite possible le fossé du côté de la mine. Ensuite ils reçurent douze navires de secours (il leur venait mais il nous venait aussi) et ils firent encore plusieurs sorties. Le dix de djumada premier (13 septembre 1247) nous donnâmes l'assaut de tous les côtés, les musulmans livrèrent un combat acharné et s'emparèrent de l'avant-mur; il y eut une soixantaine de morts et une foule de blessés. Nous passâmes la nuit sur les fossés et l'on commença à miner une tour et une courtine; après deux jours nous nous élançâmes à l'assaut. Un moment ils nous reprirent la mine dont nos hommes s'enfuirent, mais le lendemain nous la reprîmes; le 16 nous mîmes le feu à la mine de la tour, mais l'ennemi avait contreminé et étouffa le feu. Cependant le lendemain la tour s'écroula et ensevelit douze de leurs cavaliers que nos hommes retirèrent pour prendre ce qu'ils avaient sur eux. Il leur arriva encore sept gros vaisseaux. La pierre de mangonneau que je possède pèse un quintal syrien un quart. Le siège se prolongea avec plus d'un incident. Deux chevaliers francs passèrent à nous, et reçurent de Fakhr al-Dîn[2] des vêtements d'honneur. Ils rapportèrent que la discorde avait éclaté entre les Hospitaliers et les Templiers. L'avant-mur s'écroula et huit des nôtres moururent sous les débris. La nuit du jeudi 22 djumada second (25 sept.), nos hommes montèrent par la tour minée et s'en emparèrent : ils poussèrent un grand cri, on sonna les timbales dans la nuit, un grand vacarme s'éleva, la foule accourut, les Francs frappés de stupeur s'enfuirent vers leurs bateaux ou dans les tours où ils se fortifièrent; et les musulmans, toujours de nuit, entrèrent dans la citadelle. Ils massacrèrent à l'envi et, dans la masse, avec l'obscurité et la soif du butin, il se peut que certains se soient tués entre eux. Jusqu'à la fin de la nuit ils ne cessèrent d'emporter objets précieux et armes. Le lendemain l'émir Fakhr al-Dîn fit son entrée et accorda la vie sauve, sans leurs biens, aux Francs réfugiés dans les tours. Parmi eux se trouvaient trois chefs vénérés. Il y eut deux cent soixante prisonniers. Nous trouvâmes dans la mer des noyés et des mains coupées, parce que des Francs s'étaient accrochés à des navires pour fuir, et que ceux de l'intérieur, craignant de couler, leur avaient coupé les mains avec leurs épées. Ensuite nous nous mîmes à démolir la citadelle, puis nous nous en allâmes et nous laissâmes la ville servir d'abreuvoir aux hiboux et d'habitations aux chamois et aux gazelles. Gloire à Dieu qui dure et qui rétribue.

XIX
LA CROISADE DE SAINT LOUIS ET FRÉDÉRIC II
VUE PAR L'HISTORIOGRAPHIE MUSULMANE
(*Qirtây al-'Izzi*, Gotha, ms. arabe 1655-39r°-40r°, trad. Claude Cahen,
Journal asiatique, 1970, p. 9-10)

« Lorsque l'empereur, prince des Francs, avait quitté la Terre Sainte et pris congé d'al-Malik al-Kâmil, à Ascalon les deux souverains s'étaient embrassés et mutuellement promis amitié, assistance et fraternité[1]. Or la seule voie par laquelle le Français pouvait atteindre l'Egypte traversait les terres de l'empereur. Ce dernier alla d'abord au-devant de lui, se rencontra avec lui et lui offrit des secours en cavalerie, en argent et en bétail. Mais ensuite les deux souverains eurent une entrevue, et l'empereur dit au Français : « Où prétends-tu aller? – Par Dieu, absolument en Egypte et à Jérusalem. » Et l'empereur de lui répondre, entre autres paroles : « Cela ne te convient pas, ne va pas en Egypte, considère la chose en toi-même, avec tes princes, ceux qui te sont attachés et ceux qui ne le sont pas (?). J'y ai été avant toi en l'année tant et tant, sous le règne d'al-Malik al-Kâmil, j'ai enlevé aux Musulmans Jérusalem et tous les villages situés entre cette ville et Acre, et stipulé avec al-Malik al-Kâmil que ces localités seraient la propriété des Francs et qu'aucune force musulmane ne resterait à Jérusalem. Si je me suis borné à cela c'est que je m'étais rendu compte de l'impossibilité de combattre les princes, les émirs et toutes les troupes qui se trouvaient dans le pays et de mon impuissance en face d'eux. Alors toi, comment voudrais-tu prendre Damiette, et Jérusalem[2], et l'Egypte ? « Mais lorsque le Français entendit ces paroles, il en fut scandalisé et dit à l'empereur : « Ne continue pas. Par Dieu, par Dieu et la vérité de ma foi, rien ne m'empêchera d'attaquer Damiette, Jérusalem et l'Egypte, et rien ne m'en détournera que la mort de moi et des miens[3]. »

Alors irrité de cette obstination, l'empereur écrivit à al-Malik as-Sâlih une lettre dans laquelle entre autres choses il disait : « En telle année est arrivé dans mon pays le roi des Francs accompagné d'une foule infinie. » Et plus loin : « Seigneur Nadjm al-Dîn[4], garde-toi bien, et sache que l'intention de tes assaillants est de prendre Jérusalem, et pour cela de réduire d'abord l'Egypte. » Et encore : « Le roi de France est persuadé qu'il enlèvera l'Egypte en quelques heures » et « Ce Français est le plus puissant des princes d'Occident, une foi jalouse l'anime, et l'importance de son action de chrétien, l'attachement qu'il a de sa religion, l'opposent à tout autre. » Et il finissait par ces mots : « Mon neveu (désignant par ces mots al-Malik al-Sâlih), en vain j'ai combattu ses projets, j'ai voulu le mettre en garde contre le danger qu'il courait à vous attaquer ; pour l'impressionner j'ai insisté sur le nombre et la force des Musulmans, et sur l'impossibilité de prendre Jérusalem si l'on n'a pas d'abord réduit l'Egypte, ce qui est irréalisable. Le Français ne s'est pas rangé à mon avis, le nombre de ceux qui le suivent s'accroît constamment, ils sont plus de soixante mille, et dans le courant de l'année ils vont descendre dans l'île de Chypre[5]. »

XX

TRAITÉ DE PAIX ENTRE LE SULTAN MAMLUK QALÂUN ET
LA RÉPUBLIQUE DE GÊNES (13 MAI 1290)
(*Liber Jurium Reipublicae Januensis,* II, 243-248,
trad. un peu condensée ; cf. Holt, ch. XVII, p. 23)

I. Que tous les Génois soient garantis dans leurs personnes et leurs biens dans les territoires que possède et possédera le sultan, ainsi qu'en cas de naufrage.

II. Qu'ils aient libre circulation, y compris en Syrie, même lors des expéditions militaires du sultan.

III. Tous les Génois dépendront judiciairement du Consul de Gênes à Alexandrie, devant qui devront être portées les plaintes des musulmans ou des autres sujets du sultan; les plaintes des Génois contre des sujets du sultan devront être portées au Diwân devant l'émir.

IV. Sur leurs apports d'or et d'argent, les Génois devront acquitter 6 besans (= dinars), 16 carats pour cent pour l'or, et 4 besans, 12 carats pour cent pour l'argent; s'ils apportent des monnaies, 4 besans, 12 carats pour cent pour l'or et l'argent. Aucune redevance sur les peaux et fourrures, ni les pierres précieuses.

V. Ils auront un scribe à la douane, qui s'ils s'en vont sera responsable de leurs dettes.

VI. Qu'aucun Génois ne puisse être détenu pour les fautes d'un autre, à moins qu'il ne se soit porté caution pour lui.

VII. Que tout marché conclu en douane en présence de témoins ou du drogman soit ferme.

VIII. Les Génois doivent acquitter à la douane d'Alexandrie, sur les marchandises pesées, 12 pour cent, et ce seulement après vente faite et prix touché.

IX. Sur les tissus de toutes couleurs (on en énumère une série) de soie et de laine, sur l'or filé et sur le bois, 10 pour cent.

X. Toute marchandise déposée à la douane pour mise en vente à l'encan doit être notée, ainsi que le prix de vente réalisé; ils paieront les droits sur les quantités vendues et non sur plus, et une fois le prix touché; l'acheteur n'a rien à verser; s'ils ne veulent pas tout vendre, ils le peuvent sans avoir de droit à payer.

XI. Aucun Génois ne doit être forcé de vendre les marchandises apportées; s'il désire les remporter, il le peut sans droit à payer.

XII. Si un Génois vend de l'or ou de l'argent à un musulman, celui-ci doit le lui régler comptant et non à terme.

XIII. Les agents de la douane doivent laisser les affaires en bon état.

XIV. Si un Génois vend devant témoins ou par le courtier (*simsâr*, censal) de la douane, celle-ci répond de l'acheteur; pour ce qui est vendu dehors et sans témoin, toute contestation doit être soumise au cadi.

XV. Si un Génois est débiteur à la douane mais créancier d'un musulman, il peut partir en reportant sur le créancier la responsabilité de sa dette.

XVI. Si un Génois veut déposer pour son usage propre dans le pays du fromage et autres vivres, qu'il les fasse porter au *funduq*, et qu'il n'ait rien à payer.

XVII. Que les Génois aient des magasins suffisants, fermant à clé, et que la douane leur affecte des gardiens.

XVIII. La douane n'a aucune (autre) taxe à leur faire payer, ni les agents chargés de visiter les navires.

XIX. Les Génois sont libres de faire charger et décharger leurs marchandises par leurs propres barques, sans obstacle.

[XX à XXIV.]

XXV. Qu'aucun Génois ne soit obligé d'acheter d'autres marchandises que celles qu'il veut.

XXVI. S'il a vendu quelque chose à la douane, le paiement doit être fait en or ou en argent[1].

XXI
NOTE SUR LE « GUÉ DE LA BALEINE »

C'est là une question dont je n'ai pas eu l'occasion de parler. Les textes en vieux français parlent d'un Gué de la Baleine quelque part en Syrie du Nord, où l'on voit mal à vrai dire ce qu'aurait pu faire une baleine. En fait, l'expression rend le latin *Vadum Balaneae*. Dans ma thèse sur la *Syrie du Nord*, j'ai établi qu'il s'agissait d'un passage sur le bas Ifrin, affluent de l'Oronte, vers le village appelé aujourd'hui al-Hammam. Ma conclusion était juste, mais un argument direct m'avait échappé : Hammam, comme l'on sait, signifie bain. Or, en grec, bain se dit *Balaneia* (au pluriel), forme d'ailleurs apparentée au latin, et que les arabes ont parfois conservée en la rattachant à la racine *bll*. La région avait été byzantine, et les Arméniens connaissent la localité sous son nom grec. Il n'y a pas d'autre origine à chercher à notre baleine.

CHRONOLOGIE SOMMAIRE

- 632 Mort de Mahomet
- 634 Début des conquêtes arabes
- 712 Conquête arabe de l'Espagne
- 969 Reprise d'Antioche par les Byzantins
  Occupation de l'Egypte par les Fatimides
- 1054 Schisme entre Rome et Constantinople
- 1055 Occupation de Bagdad par les Seldjuqides
- 1071 Défaite des Byzantins à Mantzikert
- 1078 Achèvement de la conquête de la Sicile par les Normands
- 1080 Les Normands attaquent Byzance
- 1082 ou 84 Privilège d'Alexis Comnène pour les Vénitiens
- 1092 Mort du seldjuqide Malikshah
- 1095 Concile de Clermont
- 1097-98 Siège et prise d'Antioche
- 1099 Prise de Jérusalem
- 1123 Prise de Tyr
- 1128 Installation de Zenghi à Alep
- 1135 Sac d'Amalfi par les Pisans
- 1044 Prise d'Edesse par Zenghi
- 1146 Avènement de Nûr al-Dîn à Alep
  Pise de Tripoli d'Afrique par les Normands
- 1148 Deuxième Croisade
- 1153 Prise d'Ascalon par les Francs
- 1154 Traité de Pise avec les Fatimides
- 1157 Manuel Comnène à Antioche
- 1169 Occupation de l'Egypte par Saladin
- 1171 Massacre des marchands italiens à Constantinople
- 1174 Mort de Nûr al-Dîn
- 1176 Défaite des Byzantins à Myrioképhalon
- 1187 Défaite des Francs à Hattin et conquêtes de Saladin
- 1190-92 Troisième Croisade; 1092 mort de Saladin
- 1197 Couronnement royal de Léon Ier en Arméno-Cilicie
- 1202-1204 Quatrième Croisade et fondation de l'empire latin de Constantinople
- 1217-1220 Cinquième Croisade
- 1228 Croisade de Frédéric II
- 1243 Invasion de l'Asie Mineure par les Mongols
- 1244 Prise de Jérusalem par les Khwârizmiens
- 1248 Croisade de Saint Louis
- 1258 Prise de Bagdad par les Mongols
- 1260 Invasion de la Syrie par les Mongols, leur défaite par les Mamluks
- 1261 Reprise de Constantinople par les Byzantins
- 1268 Prise d'Antioche par Baybars
- 1291 Chute d'Acre

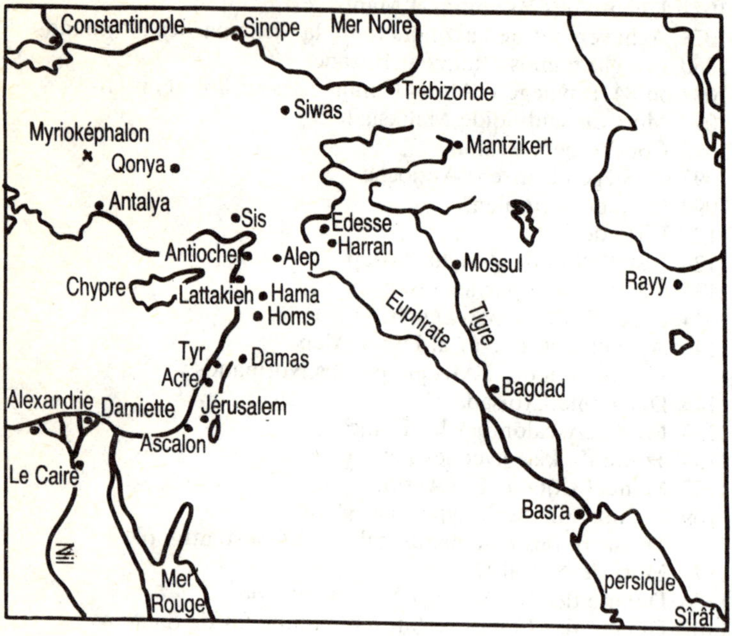
Constantinople
Sinope
Mer Noire
Trébizonde
Siwas
Myrioképhalon
Qonya
Mantzikert
Antalya
Sis
Edesse
Harran
Antioche
Alep
Mossul
Rayy
Chypre
Lattakieh
Hama
Homs
Euphrate
Tigre
Tyr
Damas
Acre
Alexandrie
Damiette
Jérusalem
Bagdad
Ascalon
Le Caire
Basra
Nil
Mer
Rouge
persique
Sîrâf

Le château des teutoniques Anazarbe (Cilicie)
(Ph. de l'auteur)

BIBLIOGRAPHIE

Il n'est pas nécessaire d'allonger ce livre par une bibliographie complète qui, vu l'ampleur des questions traitées, tendrait à la démesure. Il sera facile de consulter à cet égard les ouvrages généraux cités ci-dessous[1], pour les Croisades, le monde musulman et le Proche-Orient, le commerce international, etc. L'essentiel sera donné de notre point de vue à propos de chaque chapitre.

Présentons cependant quelques remarques.

S'agissant de rapports entre l'Orient et l'Occident, ou entre le Proche-Orient et l'Extrême-Orient, il va de soi que les sources de notre documentation relèvent de nombreuses langues. Pour ce qui est de l'Europe dans la période considérée, le latin reste encore presque unique, malgré l'adjonction progressive des langues vulgaires. Pour l'Orient, on a affaire à une mosaïque plus complexe : en dehors du grec et de l'arabe, il existe une littérature et des documents en syriaque, en hébreu, en arménien, en géorgien, en persan, en turc, en chinois, etc. On ne saurait exiger d'aucun spécialiste la maîtrise de toutes ces langues : encore ne saurait-on admettre qu'il n'en connaisse aucune. Lorsqu'il utilise des traductions, il doit savoir comment elles ont été faites, et contrôler, avec les concours nécessaires, les points exigeant précision. On est bien obligé de dire que, malgré sa réputation, le *Recueil des Historiens des Croisades* est à cet égard peu satisfaisant : bien des contresens auraient pu être évités, les éditions elles-mêmes sont de qualité inégale, et quelques œuvres importantes restent inédites[2]. Il faut d'autre part avoir conscience que, d'une langue à l'autre, le schéma conceptuel et le vocabulaire ne se correspondent pas exactement. Il vaut mieux souvent ne pas traduire que traduire à côté ou dans le vague[3].

Même dans une seule langue, et *a fortiori* lorsqu'on passe d'une langue à d'autres, les diverses sources ne couvrent le même domaine ni géographiquement, ni chronologiquement, ni surtout socialement. Il faut donc les compléter les unes par les autres, et avoir conscience du déséquilibre qui peut résulter de leur inégale répartition.

L'historien est naturellement porté à considérer d'abord les sources narratives[4]. Il est évident qu'il doit savoir puiser aussi dans les sources juridiques, administratives, religieuses, scientifiques[5], etc.; il ne saurait donc se contenter de consulter un seul chapitre des répertoires et catalogues[6].

Ce qui vient d'être dit s'entend, *mutatis mutandis,* des sources archivistiques. Sans que l'on soit pour l'Orient aussi totalement démuni qu'on l'a parfois paresseusement laissé entendre[7], il existe à cet égard, surtout pour le bas Moyen Age, un déséquilibre : les domaines sur lesquels nous sommes renseignés, pour les divers Etats, se correspondent souvent mal. A l'intérieur même d'une même zone, de gros problèmes peuvent naître d'une inégale conservation des fonds documentaires[8].

Pour la bibliographie courante, disons seulement que vient de se créer (ou recréer)[9] une *Société pour l'Histoire de l'Orient latin,* qui publie un Bulletin. Le président actuel de la nouvelle société est le professeur Jean Richard, de Dijon. Un congrès international consacré aux Croisades, à l'Orient latin, aux relations Orient-Occident, s'est tenu aux Etats-Unis, aux universités de Ann Arbor et Kalamazoo, en 1981 (*Actes* à paraître).

L'étude des conditions de vie du pays, et particulièrement celles du plat pays, peut profiter dans une certaine mesure d'enquêtes diachroniques menées à travers les siècles. Mais celles-ci présentent des difficultés parce que, dans les territoires soumis au cours des siècles à des maîtres usant de langues diverses, il est souvent malaisé de reconnaître les mêmes localités sous des noms différents[10].

La transcription des noms des diverses langues, et en particulier de l'arabe, en caractères latins pose des problèmes, car les sons exprimés par les lettres des divers alphabets ne se correspondent pas toujours. Malheureusement, il n'existe pas un système unique de transcription. Le plus courant internationalement est maintenant celui de l'*Encyclopédie de l'Islam* : le présent livre s'adressant à un public large, nous utilisons ce système, en le simplifiant encore par la suppression des signes étrangers à l'alphabet latin normal.

Orientations bibliographiques

(les références particulières seront données dans les divers chapitres).

Il n'existe aucune histoire globale du Proche-Orient médiéval. Il faudra donc l'étudier dans l'histoire des grands ensembles politiques, et secondairement de quelques peuples particuliers.

Pour l'histoire de l'empire byzantin, les ouvrages principaux sont : Georg OSTROGORSKY, *Geschichte des Byzantinischen Staates*, München, 1952, 496 p., dont il existe une traduction française, *Histoire de l'Etat byzantin*, Paris 1954; et ZAKYTHINOS, *Histoire de l'empire byzantin*, vol. 1 jusqu'en 1071, en grec, traductions anglaise et allemande; vol. 2 en préparation. On dispose d'une *Histoire de l'Arménie*, 1982, par Gérard DÉDÉYAN; pour la Géorgie, K. SALTA, *Histoire de la Nation géorgienne*, 1979.

Pour le monde musulman on dispose depuis quelque temps de plusieurs exposés d'esprit différent : Robert MANTRAN, *l'Expansion musulmane*, dans la collection Nouvelle Clio, Paris, 1968, est une bonne initiation pour étudiants, bien à jour jusqu'à cette date; Claude CAHEN, *l'Islam*, Paris (Bordas), 1970, s'est efforcé de faire à l'histoire socio-économique du monde musulman une place conforme à celle de l'histoire européenne; Dominique et Janine SOURDEL, *la Civilisation de l'Islam classique*, Paris, 1968, est surtout remarquable pour les chapitres excellemment illustrés, relatifs à l'histoire de l'art. On est obligé de dire que Maurice LOMBARD, *l'Islam dans sa première grandeur*, publication posthume, Paris 1971, malgré des aperçus stimulants, n'est plus du tout à jour. Dominique SOURDEL, *l'Islam médiéval*, Paris, 1979, est un petit ouvrage utile à la réflexion de lecteurs déjà avertis.

Le répertoire fondamental des connaissances est fourni par *l'Encyclopédie de l'Islam*, éditions française et anglaise, 2e édition, 4 gros volumes in 4º parus (actuellement jusqu'à la lettre L; pour la suite, on peut se reporter à la 1ère édition). Citée Désormais E.I.[1], E.I.[2].

Pour l'histoire juive, l'excellente et grosse *History of the Jews* de S. BARON, 8 volumes dont 4 traduits en français, est la seule qui fasse leur place normale aux juifs d'Orient.

L'histoire des Croisades et de l'Orient latin a souffert des défauts mentionnés ci-dessus. L'ouvrage le plus connu en France, celui de René GROUSSET, *Histoire des Croisades et du Royaume franc de Jérusalem*, 3 vols., Paris, 1934-1937, est malheureusement le plus dangereux, en raison de l'insuffisance des connaissances, de la fragilité méthodologique et des préjugés qui le déparent. Le meilleur exposé en français est maintenant celui, traduit de l'hébreu, de Josuah PRAWER, *Histoire du Royaume latin de Jérusalem*, 2 vols., in 4º, Paris, 1969-1970. En anglais, on a un bon exposé du byzantiniste Steven RUNCIMAN, *A History of the Crusade*, 3 vols., Cambridge, 1952-1954; et la collective *History of the Crusades*, dirigée par K. SETTON, quatre volumes parus, I-1955, II-1962, III-1975, IV-1977 (deux autres prévus), mise au point solide aux dates de publication de l'historiographie traditionnelle, sans véritable effort de renouvellement. Il faut recommander Hans E. MAYER, *Geschichte der Kreuzzüge*, Stuttgart, 1965, trad. anglaise, *The Crusades*, Oxford, 1972.

Pour le commerce du Levant, nous sommes obligés de nous en remettre encore à Wilhelm HEYD, *Histoire du commerce du Levant*, deux volumes, in 4°, Leipzig, 1885, remarquable en son temps, mais forcément en retard sur la documentation moderne, et dépassée dans son esprit; un peu plus moderne est Hans SCHAUBE, *Handelsgeschichte der Romanischen Völker des Mittelmeergebietes bis zum Ende der Kreuzzüge*, München, 1906. L'exposé de Robert S. LOPEZ, dans la *Cambridge economic history of Europe*, éd. M. POSTAN, Vol. II, Cambridge, 1952, très intelligent, reste un peu rapide et n'est plus tout à fait à jour.

I. – SOURCES

Beaucoup de textes relatifs aux Croisades et à l'Orient latin sont publiés et traduits dans le *Recueil des historiens des Croisades*, de l'Académie des Inscriptions (sur lequel voir cependant Cl. CAHEN, dans le *Journal des savants*, 1970). Le recueil comprend cinq sections : Historiens Occidentaux, 5 vols. in folio; historiens Orientaux (= arabes), 5 volumes in folio; historiens grecs, arméniens et lois. Il n'y a pas de série syriaque ni hébraïque.

TEXTES ARABES

ABU SHÂMA, « K. Rawdatayn », *R.H. Cr. Or.*, IV; *Al-dhayl... Tarâdjimr*, éd. Le Caire, 1947.
IBN ABI TAYYI, extraits cités dans Ibn al-Furât et Abu Shâma, voir Cl. Cahen, *Syrie du Nord*.
IBN AL-ADÎM (Kamal al-Dîn), *Zubda*, éd. Sami Dahan, 3 volumes, Institut français de Damas, 1954; trad. franc. *R.H. Cr. Or.*, III, jusqu'en 1135, et Blochet dans *Revue de l'Orient latin*, III-IV, 1895-1898.
IBN AL-ATHÎR, *Al-Kâmil*, nombreuses éditions; trad. franç. des parties concernant les Croisades, R.H. Cr. Or., I, II.
IBN AL-DJAWZÎ, *Al-Muntazam*, éd. Hyderabad, 5 volumes.
IBN AL-DJUBAYR, *Rihla* (« Voyages »), trad. Gaudefroy-Demombynes, 4 volumes, 1952-1967.
IBN AL-FURÂT : l'œuvre, qui couvrait les XIIe, XIIIe et XIVe siècles, n'est pas intégralement conservée; des éditions partielles ont été données en Orient. Extraits traduits par Lyons et Riley-Smith, 1971. La partie concernant la première moitié du XIIe siècle, qui contient les très importants extraits d'Ibn abi Tayyi, doit être prochainement publiée et traduite.
IBN AL-MUDJÂWIR, *Description d'Aden*, éd. Löfgren, 1951-1954.
IBN AL-QALÂNISÎ, *Histoire de Damas*, trad. de la deuxième moitié par H.A.R. Gibb, *The Damascus Chronicle of the Crusade*, 1932, et Roger Le Tourneau, *Damas de 1075 à 1155*, 1952.
IBN MUYASSAR, *Annales d'Egypte*, éd. Massé, 1921; n. éd. A. Fuad Sayyid, 1981.
IBN SHADDÂD (Beha al-Dîn), « Vie de Saladin » dans *R.H. Cr. Or.*, III.
IBN SHADDÂD ('îzz al-Dîn), *A'lâq al-Khâtira*, éd. Sami Dahan, 3 volumes, Damas, Institut français, trad. de la partie relative à Alep, Dominique Sourdel, et du reste de la Syrie du Nord, par Anne-Marie Eddé-Terrasse; la partie relative à la Djazirah, analysée par Cl. Cahen dans la *Revue Études islamiques*, 1934, vient d'être publiée *in extenso* à Damas, 1978.
IBN WÂSIL, Histoire des Ayyubides connue sous le titre de *Mufarrij al-Kurûb*, éd. Shayyâl, puis Rabie, 5 volumes, jusqu'en 1248, la suite jusqu'en 1262, manuscrit.
IDRÎSÎ, *Géographie*, éd. complète en cours en Italie, trad. provisoire Jaubert, 1820.
'IMÂD AL-DÎN AL-ISFÂHANÎ, *Barq al-Sham*, nombreux extraits publiés et traduits

dans Abu-Shamâ; *La prise de Jérusalem,* trad. Massé, 1970.
MAKHZÛMÎ, *Al-Minhâdj,* nombreux extraits traduits et commentés dans Cl. Cahen, *Makhzûmiyyât,* 1978.
MAQRÎZÎ, « Histoire des Fatimides » *(Itti'âz),* éd. Shayyal, puis : *Histoire des Ayyubides et des Mamluks,* trad. Blochet dans *Rev. Or. lat.,* 10-12, et pour les premiers Mamluks, Quatremère, 1837-1845 (importante annotation); « Description de l'Egypte et du Caire » *(Khitât),* éd. Bulaq, 2 volumes, 1890; l'édition critique entreprise par G. Wiet ne dépasse pas le premier quart de l'ouvrage.
MARDÎ (Murda) AL-TARSÛSÎ, *Un traité d'armurerie composé pour Saladin,* éd. trad. comm. Cl. Cahen, 1949, Institut français de Damas.
QALQASHANDÎ, *Subh al-A'sha,* éd. Le Caire, 14 volumes et un index, 1920.
SIBT IBN AL-DJAWZÎ, *Mi'rât al-zamân,* éd. Hyderabad.
SULAMÎ, voir chapitre VI.
USÂMA IBN MUNQIDH, *K. al-I'tibâr,* trad. A. Miquel, 1982.
YÂQÛT, *K. al-Buldân,* plusieurs éditions, pas de traduction.

TEXTES LATINS ET FRANÇAIS

ALBERT D'AIX, Liber Christianae expeditionis pro ereptione, emundatione Sanctae Hierosolymitanae Ecclesiae », *R.H. Cr. Occ.,* IV; Peter Knoch, « Studien für Albert von Aachen », des Stuttgarte Beotrage fur Geschichte und Politik, I, 1966; voir aussi *Syrie du Nord.*
FOUCHER DE CHARTRES, « Historia Hierosolymitana », *R.H. Cr. Occ.,* III.
GUIBERT DE NOGENT, « Gesta Dei per Francos », *R.H. Cr. Occ.,* IV.
GUILLAUME DE TYR, nouvelle édition critique, par R.B.C. Huyghens, en préparation; « Continuation de Guillaume de Tyr », dans *R.H. Cr. Occ.,* II, cont. lat. 1183-1193, Marianne Salloch, Die Lateinische Fortsetzung Wilhelms von Tyrus, 1934; cont. franç. manuscrit D, éd. M.R. Morgan, 1982; cf. *The Chronicle of Ernoul and the Continuations of Wiliam of Tyre,* Oxford, 1973.
MARCO POLO, *Le devisement du monde,* commode présentation française, 2 volumes, éd. Maspero, 1980.
RAYMOND D'AGUILERS, « Hist. Francorum Hierusalem », *R.H. Cr. Occ.,* III ; nouvelle édition Hill dans les Documents pour servir à l'histoire des Croisades de l'académie des Inscriptions.
ROBERT LE MOINE, *R.H. Cr. Occ.,* III.
WILBRAND OLDENBURG, dans *Peregrinatores medievi quator,* 1880.
- *Assises de Jérusalem,* R.H. Cr., Lois, 2 volumes.
- *Assises d'Antioche,* éd. trad., Venise, 1876.
- *Chanson d'Antioche,* I, II, éd. Suzanne Duparc-Quioc, Paris, 1977-1978.
- *Gesta Francorum et aliorum Hierosolimitanorum* (Histoire anonyme de la Croisade), éd. Louis Bréhier, 1928; sur le problème des interpolations dans ce texte, voir H.-J. Witzel; ouvrage provençal apparenté par Tudebode, éd. Hill, dans *Documents* pour servir à l'histoire des Croisades[1].
- *Gestes des Chyprois,* Société de l'Orient latin, 1887.

TEXTES ARMÉNIENS

MATTHIEU D'EDESSE, dans *R.H. Cr. Arm.,* I, et sa continuation par Grégoire le Prêtre, *ibid.*
- *La Chronique attribuée au Connétable Smbat,* éd. Dédéyan, 1979.

TEXTES SYRIAQUES

BAR-HEBRAEUS (Abul Faraj), *The Chronography,* éd. trad. Budge, 2 volumes, 1932.
MICHEL LE SYRIEN, *Chronique,* éd. trad. J.-B. Chabot, 4 volumes, 1910.
- *Chronique anonyme syriaque,* éd. J.-B. Chabot, 1935, trad. Abuna, Louvain, 1974.

TEXTE HÉBRAÏQUE

BENJAMIN DE TUDÈLE, éd. trad. Adler, 1907.

Les personnes désireuses de lire des traductions de textes orientaux peuvent en trouver, en dehors du *Recueil des historiens des Croisades* et des ouvrages particuliers cités plus loin, dans la vieille *Bibliothèque des Croisades* de Michaud et Raynaud, et dans le récent volume de Fr. Gabrieli, *Storici arabi delle Crociate* (trad. fr., 1976).

Recueils de documents d'archives

- Geniza, voir Goitein, et Sh. Shaked, *A tentative bibliography of Geniza documents,* 1970.
- Röhricht, *Regesta regni Hierosolymitani,* 1 volume et un additamentum, Oeni Ponti 1893-1904, reprod. New York.
- Notaires génois : Johannès Scriba, R.C.I., 19/20, Rome, 1935.

A partir de la fin du XIIe siècle, les cartulaires conservés se multiplient, dont un certain nombre ont été publiés; voir :

- documents vénitiens : Morozzo et Lombardo, *Documenti del commercio veneziano nei secoli XI-XIII,* Rome et Turin, 1940.
Morozzo, *Famiglia Zusto,* 1900.
- documents pisans : Amari, *I diplomi arabi del Reale archivio fiorentino,* Florence, 1863, 2 volumes.
JINS-MÜLLER, *Documenti sulle relazioni delle città toscane coll' Oriente cristiano et coi Turchi fino all'anno 1531,* Florence, 1879.

Principaux cartulaires de Maisons religieuses

- Hôpital : Delaville-Le Roulx, *Cartulaire général de l'Ordre des hospitaliers de Saint-Jean-de-Jérusalem,* Paris, 1894-1906.
- Notre-Dame-de-Josaphat : H.-F. Delaborde, *Chartes de la Terre sainte provenant de l'abbaye de Notre-Dame-de-Josaphat,* Paris, 1880.
- Saint-Sépulcre : le cartulaire incomplet publié par Rozière, en 1849, devra être très prochainement remplacé par l'édition de Geneviève Bresc-Bautier.

Nous n'avons pas conservé de cartulaires des Templiers; celui qu'a publié le marquis d'Albon n'est qu'un recueil de textes trouvés ailleurs.
Il faut attacher une importance partiulière à la correspondance des papes, qui est bien conservée depuis Innocent III; à partir de Grégoire IX, elle est publiée ou analysée sous les auspices de l'Ecole française de Rome.

Documents archéologiques, voir *Histoire de l'Art,* et Salina de Salvadi, *Corpus Inscriptiorum...* Jérusalem, 1974, etc.

II. – BIBLIOGRAPHIE

Nous ne donnons qu'une bibliographie sélective limitée aux aspects essentiels de l'histoire traitée ci-dessous. La préférence a été donnée aux ouvrages récents, qui ne figuraient pas dans les bibliographies antérieures, et où, en revanche, on trouvera les références aux travaux plus anciens.

F.-M. ABEL, *Géographie de la Palestine,* 1967.
ABULAFIA, *Two Italies: Economic Relations between the Norman Kingdom and the Northern communities,* 1977.
H. AHRWEILLER, *Byzance et la mer. La marine de guerre, la politique et les institu-*

- tions maritimes de Byzance aux VIIe-XVe siècles, Paris, 1966.
Etudes sur les structures administratives et sociales de Byzance (Variorum Reprints), Londres, 1971.
KARL H. ALLMENDINGER, Die Beziehungen zwischen der Kommune Pisa und Äegypten im hohen Mittelalter, Wiesbaden, 1967.
P. ALPHANDERY et A. DUPRONT, la Chrétienté et l'idée de Croisade, 2 volumes, Paris, 1954-1959.
B. ALTANER, Die Dominikaner Missionen, 1924.
MICHAEL ANGOLD, A Byzantine Government in exile. Government and society under the Laskarids of Nicaea, 1204-1261, Oxford, 1975.
H. ANTONIADIS-BIBICOU, Recherches sur les douanes à Byzance, Paris, 1963.
E. ASHTOR, Histoire des prix et des salaires dans l'Orient médiéval, Paris, 1969.
A Social and Economic History of the Near East in the Middle Ages, London, 1972.
AZIZ S. ATIYA, A history of Eastern Christianity, Londres, 1968.
DEREK BAKER, éd., Relations between East and West in the Middle Ages, Edinburgh, 1973.
MICHEL BALARD, la Romanie génoise, 2 volumes, Paris, 1978.
RASHID AL-BARÂWÏ, Hâlat Misr al-Iqtisâdiyyat fî 'ahd al-Fatimîyîn (« La vie économique en Egypte aux temps des Fatimides »), Le Caire, 1948.
M. BENVINISTI, The Crusaders in the Holyland, Jérusalem, 1970.
B. BLUMENKRANTZ, Juifs et Chrétiens dans le monde occidental, 960-1096, 1960.
T.S.R. BOASE, éd. The Cilician Kingdom of Armenia (recueil d'articles), Edinburgh-Londres, 1978.
H. BUCHTAL, Miniature Painting in the Latin Kingdom of Jerusalem, Oxford, 1957.
CL. CAHEN, la Syrie du Nord à l'époque des Croisades, Paris, 1940.
Turco-Byzantina et Oriens Christianus, (Variorum Reprints), Londres, 1974.
Introduction à l'histoire du monde musulman médiéval, Paris, 1983.
MARIUS CANARD, Histoire de la dynastie des Hamdanides, volume I, Alger, 1954 (volume II non paru).
Byzance et les musulmans du Proche-Orient (Variorum Reprints), Londres, 1973.
P. CHALMETA, El señor del Zuoco en España, Madrid, 1972.
M.A. COOK, éd. Studies in the Economic History of the Middle East, Oxford, 1970.
NORMAN DANIEL, Islam and the West, Edinburgh, 1958.
The Arabs and Medieval Europe, Londres, 1975.
PAUL DESCHAMPS, les Châteaux des Croisés en Terre sainte, I-II-III, Pais, 1934-1973.
R. DUSSAUD, Topographie historique de la Syrie antique et médiévale, Paris, Damas, 1932.
A. DUCELLIER, le Miroir de l'Islam, Paris, 1971.
A.S. EHRENKREUTZ, Saladin, New York, 1972.
EKKEHARD EICKHOFF, Friedrich Barbarossa im Orient, Tübingen, 1977.
N. ELISSEEFF, Nur-ad-Din, 3 volumes, Damas, 1967.
C. ERDMANN, Die Entstehung des Kreuzzugsgedankens, Stuttgart, 1937, a été récemment traduit en anglais.
A. FATTAL, le Statut des non-musulmans en pays d'Islam, Beyrouth, 1958.
FOLDA, The Crusaders Manuscrits illuminated at Acre, 1275-1291, 1976.
S.D. GOITEIN, A Mediterranean Society, volume I, 1967 (volumes II, III, IV concernant plus strictement l'histoire juive).
HANS GOTTSCHALK, Al-Malik al-Kamil von Egypten, Wiesbaden, 1954.
A. GRABOIS, « Banyas et Subaïda pendant les Croisades », Cahiers de civilisation médiévale, 1970-1971.
RENÊ GROUSSET, Histoire des Croisades et du royaume latin de Jérusalem, 3 volumes, 1933-1938, Paris.
BERNARD HAMILTON, The Latin Church in the Crusader States, Londres, 1980.
ANGELICA HARTMANN, Al-Nasir li-Din Allah, Berlin, 1975.
HANSGERD HELLEN-KAMPER, Burgen der Kreuzritterzeit in der Grafschaft

Edessa und im Königreich Lein-Armenien, Bonn, 1976.
D. HERLIHY, *Pisa in the Early Renaissance, a study or urban gross*, New Heaven, 1958.
WILHELM HEYD, *Histoire du commerce du Levant*, trad. fran. améliorée, 2 volumes, Paris, 1885.
PH. K. HITTI, *History of Syria*, Londres, 1951.
P.M. HOLT, éd. *The Eastern Mediterranean Lands in the Period of the Crusades*, Warminster, England, 1977.
G.-F. HOURANI, *Arab Seafaring in the Indian Ocean in ancient and early medieval times*, Princeton, 1971.
STEPHEN HUMPHREYS, *From Saladin to the Mongols*, New York, 1977.
KALERVO HUURI, *Zur Geschichte des Mittelalterlichen Geschützwesens aus orientalischen Quellen*, Helsinki, 1941.
H.R. IDRIS, *la Berbérie orientale sous les Zirides*, 2 volumes, Paris, 1959.
A. TH. KHOURY, *les Théologiens byzantins et l'Islam*, Louvain, Paris, 1969.
JAMES KRITZECK, *Peter the Venerable and Islam*, Princeton, 1964.
SUBHI LABIB, *Vierteljahrschrift für Social- und Wirtschafts-geschichte*, Wiesbaden, 1965.
JOHN LA MONTE, *Feudal Monarchy in the Latin Kingdom of Jerusalem*, Cambridge Mass., 1932.
IRA LAPIDUS, *Muslim Cities in the later Middle Ages*, Cambridge, Mass., 1967.
A. LEWIS, *Naval Power and trade*, A.D. 500-1100, Princeton, 1951.
A. MALVEZZI, *L'Islamismo e la cultura europea*, Florence, 1956.
HANZ E. MAYER, *Bibliographie zur Geschichte der Kreuzzüge*, Hanovre, 1960; supplément : « Literaturbericht über die Geschichte der Kreuzzüge » dans un Beiheft de *Historische Zeitschrift*, Sonderheft 3, Munich, 1969.
– Bibliographie sélective préparée pour *History of the Crusades*.
Geschichte der Kreuzzüge, Stuttgart, 1965, trad. ang., Oxford, 1972.
R. MENENDEZ-PIDAL, *La España del Cid*, 2 volumes, Madrid, 1947.
HANNES MÖHRING, *Saladin und der Dritte Kreuzzüge*, Wiesbaden, 1980.
MICHEL MOLLAT, éd., « Sociétés et compagnies de commerce en Orient et dans l'océan Indien » (*8e Colloque d'histoire maritime*), Beyrouth, Paris, 1966-1970.
ALFREDO MORABIA, *la Notion de ğihad dans l'Islam médiéval des origines à al-Gazâlî*, Lille, 1975.
V.J. PARRY et M.F. YAPP, éds, *War, Technology and Society in the Middle East*, Oxford, 1975.
JOSUAH PRAWER, *Histoire du royaume latin de Jérusalem*, 2 volumes, Paris, 1969-1970 (trad. de l'hébreu).
Latin Kingdom of Jerusalem, Londres, 1972.
Crusader Institution, Londres, 1980.
H. PRUTZ, *Kulturgeschichte der Kreuzzüge*, Berlin, 1883.
MAUREEN PURCELL, *Papal Crusading Policy*, Leiden, 1975.
Y. RENOUARD, *les Villes d'Italie de la fin du Xe siècle au début du XIVe siècle*, nouvelle édition par Ph. Braustein, 1976.
JEAN RICHARD, *le Royaume latin de Jérusalem*, Paris, 1947, trad. angl. mise à jour, 1980.
La Papauté et les missions d'Orient au Moyen Age (XIIIe-XVe siècles), Ecole française de Rome, 1977.
Le Comté de Tripoli, Paris, 1943.
Orient et Occident au Moyen Age : contacts et relations (Variorum reprints), Londres, 1976.
D.S. RICHARDS, éd., *Islam and the trade of Asia*, Oxford, 1970.
Islamic Civilisation, 950-1150, Oxford, 1973.
JONATHAN RILEY-SMITH, *The Feudal Nobility and the Kingdom of Jerusalem, 1174-1277*, Londres, 1973.
The Knights of St John in Jerusalem and Cyprus, 1050-1310, Londres, 1967.
What were the Crusades?, Londres, 1977.
R. RÖHRICHT, *Geschichte des Königreichs Jerusalem (1100-1291)*, Berlin, 1897.
G. ROSSI-BATINI, *L'espansione di Pisa*, Florence, 1924.

S. Runciman, *A history of the Crusades,* 3 volumes, Cambridge, 1951, 1952, 1954.
The first Crusade, Cambridge, 1951, deuxième édition, 1980.
Adolf Schaube, *Handelsgeschichte der romanischen Völker des Mittelmeergebietes bis zum Ende der Kreussüge,* 1906.
Ulrich Schwartz, *Amalfi im frühen Mittelalter,* Tübingen, 1978.
Khalil Semaan, éd., *Islam and the medieval West,* New York, 1980.
Emmanuel Sivan, *'l'Islam et la Croisade,* Paris, 1968.
R.C. Smail, *The Crusaders,* 1973.
Crusadin Warfare (1097-1193), Cambridge, 1956.
R.W. Southern, *Western views of Islam in the Middle Age,* Harvard, 1961.
B. Spuler, éd., *Handbuch der Orientalisk,* 1953 et suiv.
W.B. Stevenson, *The Crusaders in the East,* 1907.
P.A. Throop, *Critisism of the Crusade,* Amsterdam, 1940.
A.L. Udovitch, *The Islamic Middle East, 700-1900, Studies in Economic and Social History,* (Colloque, 1974), Princeton, 1981.
O. van der Vat, *Die Anfänge der Franziskanermissionen...,* 1934.
A.A. Vasiliev, *Byzance et les Arabes,* 3 volumes, Bruxelles, 1935-1968.
Giulio Vismara, *Impium Foedus. La illiceità delle Alleanze con gli infideli nella Respublica Christiana medioevale,* Milan, 1950.
John Wilkinson, *Jerusalem Pilgrims before the Crusaders,* Warminster, England, 1977.

Cambridge History of Islam, 2 volumes, 1970.
Cambridge History of Iran, volumes IV et V, 1968-1975.
Index Islamicus, Pearson, éd., volume I, 1906-1955, suppléments jusqu'en 1975 et suite...
La Navigazione mediterranea nell'alto medievo, 2 volumes, Spolete, 1977.
L'Occidente e l'Islam nell'alto medioevo, Spolete, 1964-1965.
Septième Centenaire de la mort de Saint Louis, Paris, 1970.

NOTES

Introduction

1. La *Bibliographie* de H.E. Mayer en 1962 en comptait déjà 5.362.
2. *Saeculum*, 1957.
3. René Grousset, *Histoire des Croisades*, trois vols., 1933-1938. L'auteur, dont les mérites pour la vulgarisation des études sur le Moyen et l'Extrême-Orient ne sont pas niables, parce qu'il travaillait en liaison avec les spécialistes, a cru pouvoir écrire à lui tout seul, et sans connaître aucune des langues nécessaires, cet ouvrage que sa grande diffusion en France, et même à l'étranger, rend particulièrement regrettable, bien que par endroits agréable à lire.
4. Travaux de Maurice Grandclaude (voir Mayer, n°s 1 614 et 4 227), John La Monte, puis surtout Jean Richard, Josuah Prawer, Hans E. Mayer, un peu moi-même, et maintenant quelques jeunes; cf. Franco Cardini, « Gli studi delle Crociate dal 1945 ad oggi », *Riv. St. It.*, 1968. Je suis le premier à savoir que ma thèse de 1940 sur *La Syrie du Nord à l'époque des Croisades* ne devrait plus être reproduite telle quelle aujourd'hui, ce pourquoi, malgré d'obligeantes sollicitations, j'en ai finalement interdit la reproduction; je ne nie pas les services qu'elle a pu rendre à sa date, mais elle comporte des lacunes et des vices de conception dont le lecteur du présent livre, si d'aventure il l'a connue, pourra aisément se rendre compte.
5. Je me permets de souligner un peu l'étrangeté qu'il y a à ce que cet effort de reconsidération de l'Orient soit entrepris par un occidental. Les orientaux jusqu'à ce jour n'ont guère fait qu'utiliser les travaux occidentaux en en changeant le signe, les victoires devenant défaites et réciproquement. Je tiens pourtant à rendre hommage aux travaux de Norman Daniel, consacrés à l'histoire de la compréhension de l'Islam par l'Occident, mais avec une insuffisante connaissance de l'Orient. Plus généralement, on a trop souvent l'impression que des historiens croient pouvoir se contenter, lorsqu'ils parlent de l'Orient, d'approximations qu'ils seraient les premiers à critiquer s'il s'agissait de leur domaine propre.

Chapitre 1

1. Les Maures de la Garde-Freinet qui font actuellement l'objet d'études susceptibles de renouveler la question; les Baléares; et des positions que nous connaissons extrêmement mal en Sardaigne (voir P. Martini, *Storia delle invasioni degli arabi e delle piraterie dei Barbareschi in Sardegna*, Bologne, réimp., 1963.
2. Voir E.I.[2], article *Fatimides*.
3. C'est probablement à cette époque qu'est écrit le précieux petit traité d'Abû'l-Fadl al-Dimashqî, *Mahâsin al-tidjâra*, « Les beautés du commerce », sur lequel voir H. Ritter dans *Der Islam*, 1927, et Cl. Cahen dans *Oriens*, 1967. Abûl-Fadl est un exemple de ces Syriens et Iraqiens qui prennent une importance

croissante dans le commerce de l'Egypte.

4. Sur le problème des marchands dits « rahdanites », on a beaucoup écrit ces derniers temps ; voir entre autre Cl. Cahen, dans *Revue des Etudes juives*, 1963, et E. Ashtor, dans *Revue suisse d'Histoire*, 1977.

5. Peuples turcs plus ou moins convertis au judaïsme ; cf. Dunlop, *History of the jewish Khazars*, Princeton 1954.

6. Voir A. Morabia, « *Djihâd* » ; voir aussi, bien que parfois contestable, Albrecht Noth, *Heilige Krieg im Islam und Christentum*, Bonn 1966 ; aussi Khadduri, *War and Peace in the Law of Islam*, 1941.

7. E.I.², *s.v.* ; A. Fattal (voir Bibliographie) ; N. Edelby, « L'autonomie législative des Chrétiens en terre d'Islam », *Arch. d'Hist. du Droit oriental*, V, 1950-51.

8. Michel le Syrien, éd. Chabot, vol. III.

9. Mon article, « L'accueil des Chrétiens à l'Islam », dans la *Revue d'Histoire des Religions*, 1963.

10. Voir E.I.², article *Dhat al-Himma* (Canard) ; sur Sayyid Battal Ghazi, voir *infra* p. 115. Du côté byzantin, la principale œuvre est le poème de *Digenis Akritas*, ce qui signifie « métis frontalier ».

11. Cette polémique a fait l'objet de plus de littérature que n'en mérite son importance réelle ; parmi les travaux les plus valables, citons ceux d'Armand Abel ; plus généralement, on trouvera une bibliographie presque à jour dans la revue du Vatican *Islamica Christiana*, 1975.

12. Voir Khoury, « *Théologiens* » et Ducellier, « *Miroir* ».

13. L'encyclique du pape Serge IV, qui vivait au temps de la persécution, a été ultérieurement fabriquée pour la propagande de la Croisade, ainsi que l'a démontré Giesztor dans *Medievalia et Humanistica*, V-VI, 1948-50. Pour le retentissement en Occident, voir Raoul Glaber, éd. Prou, 3-7 ; Adhémar de Chabannes, 149 ; « Chronique de Saint Martial », Bouquet, *Hist. France*, X, 262.

Chapitre 2

1. Des Espagnols au début du IXe siècle avaient razzié Alexandrie, et pour un siècle occupé la Crète. D'après les *Medieval Jewish Chronicles*, I, 67, des pirates espagnols avaient pillé la mer Egée et la côte palestinienne encore en 972.

2. Voir Goitein, *Mémorial Levi-Provençal*, 1960.

3. Zotenberg, *Cat. Mss. syr. Bibl. Nat.*, 12.

4. Cl. Cahen, *Turcobyzantina*.

5. Voir mes articles de *Past and Present*, 1954, et du *Bulletin de la Faculté des Lettres de Strasbourg*, 1951, reproduits dans mon recueil *Turcobyzantina*.

6. Ibidem.

7. *Monumenta Germ. Hist., Scriptores*, VII, 497.

8. Nous pouvons citer les pèlerinages de Robert, comte de Flandre, en 1088, de Ghilelm IV de Toulouse vers 1092 (confondu par la tradition ultérieure avec Raymond de Saint Gilles : L. Lalanne, « Des pèlerinages en Terre sainte avant les Croisades », dans *Bibl. Ec. Chartres*, VII, 1845), du Normand Saint-Guillaume-Firmat (*Acta Sanctorum*, 24, avril, p. 336), de l'évêque de Verdun, Thierry (M.G.H.S., X, 495), de l'évêque de Toul, Pibon, avec le comte de Luxembourg, Conrad, vers 1085 (M.G.H.S., VIII, 647), de l'évêque suédois Roeskild en 1086 (Riant, *Les Scandinaves en Terre Sainte*, 126), d'un groupe d'Italiens d'Arezzo (Muratori, *Antiquitates*, V, 219), du moine Joseph de Canterbury (Leib, *Rome, Kiev et Byzance*, 84 ; Haskins, « A Canterbury monk at Constantinople », *Eng. Hist. Rev.*, 1910), et peut-être de Godefroy de Bouillon et de Pierre l'Ermite, celui-ci passé par Bari et Alexandrie. Une lettre d'Urbain II délie d'un vœu de pèlerinage un groupe d'Espagnols obligés de combattre les Almoravides (Riant, *Inventaire*, 68 ; la lettre de Victor III, citée *ibid.*, dans « Lettres historiques des Croisades », *Arch. Orient Lat.*, 1881, est en réalité de Victor II à Théodora de Byzance, au milieu du XIe siècle ; c'est à tort que Leib place en 1075 le pèlerinage d'un évêque de Langres, que le récit des AASS, 17 août, 443, donne comme contemporain de la deuxième Croisade.

9. Voir mes articles cités *supra*.

Chapitre 3

1. Pour la campagne de l'empereur Jean Tzimiscès, où l'on a parfois voulu voir une sorte de précroisade, l'étude la plus récente est de P.E. Walker, « The Crusade of John Tzimiscès in the light of new Arabic evidences », *Byzantion*, 1977, p. 301-327; voir aussi *infra* p. 54.
2. Sur ces dates, voir Francès dans *Byzantinoslavica*, 1968. Il ne semble pas qu'il ait eu de précédent, ni à Byzance ni en Islam. Je ne pense pas, quoiqu'en ait jadis dit Lopez, qu'il y ait lieu d'envisager une filiation avec des faits analogues en Chine, peut-être en Inde : l'analogie des situations suffit comme explication.
3. Il reste encore à cette époque, quelques chrétientés africaines, sur lesquelles on verra plus loin la lettre de Grégoire VII. Les médecins juifs et chrétiens du Maghreb sont à l'origine de l'école médicale de Salerne, à laquelle est lié le nom de Constantin l'Africain.
4. *Past and Present*, 1954, art. reproduit dans mes *Turcobyzantina*, 2 B.
5. *Ibid*.
6. C. Courtois, « Grégoire VII et l'Afrique du Nord », *Revue Historique*, 195, 1945; Lopez, « Le facteur économique dans la politique africaine des Papes », *Revue Historique*, 198, 1947. Il y aura, et il y a peut-être dès cette époque, des mercenaires francs non seulement dans les armées byzantines, mais dans certaines armées musulmanes; une chronique hébraïque paraît en suggérer la présence dans les rangs même du Turcoman Atsîz de Jérusalem, lors de son attaque de l'Egypte en 1075.
7. Dernier état de la question par Cl. Cahen, dans *Islam and the Medieval West*, éd. Kh. Semaan, New York, 1980 (Colloque de 1975); voir aussi E. Ashtor, dans *Revue suisse d'Histoire*, 1977.
8. Voir *supra*, p. 13, n. 4, la question des « rahdanites ».
9. Voir Cl. Cahen, dans *Archivio Storico Napoletano, 1954*, reproduit dans *Turcobyzantina*, 2 A.
10. Dès avant la conquête de l'Egypte nous savons, par la correspondance de l'Ustâdh Djawdhar, que les Fatimides commandaient des vaisseaux à Amalfi; réciproquement, l'empereur byzantin Jean Tzimiscès interdisait, en 971, à ses sujets, parmi lesquels il comptait théoriquement Amalfi et Venise, de vendre bois et fer aux musulmans (il ne s'agit ici que de ceux du Maghreb).
11. Armando Citarella, « Patterns of Medieval Trade : the commerce of Amalfi before the Crusade », dans *Journal of Economic History*, 1968; Michel Balard dans *Travaux et Mémoires*, VI, 1976; Cl. Cahen, « Le commerce d'Amalfi avant, pendant et après la Croisade », dans *Comptes rendus des séances Acad. Inscriptions*, 1978; références nouvelles de Goitein dans sa préface à la réédition de Jacob Mann, *Jews in Fatimid Egypt*, 1977, p. XXVIII. J. Starr, *Jews and the Byzantin Empire* p. 182, cite un Amalfitain chrétien pour ses relations orientales. Sur les conditions générales des communications en Méditerranée voir le Colloque de Spolete 1976, publié en 1977. Un témoignage des relations marchandes entre Afrique du Nord et Italie méridionale est apporté par la présence dans cette dernière région des noms de monnaies *mancus* (arabe *manqush=dinar*) et *tari*. Sur le progrès général du commerce méditérranéen, voir les remarques de C.F. Beckingham sur les Cartes du manuscrit révisé d'Ibn Hawqal, dans « Iran and Islam », *Memorial Minorsky*. D'après Ibn Hawqal, les tissus italiens étaient dès son temps réputés en Orient.
12. Nâsir-i Khusrau (vers 1040), trad. Schefer 66 et 107, fait allusion aux pèlerinages de chrétiens et juifs de Rum et d'ailleurs à Jérusalem.
13. S.D. Goitein, « Mediterraneen Trade preceding the Crusades », dans *Diogène*, 1957, et *Mediterraneen Society*, I, 1967.
14. « Risâla d'Abu Salt », thèse de Bou Yahya, p. 268; Idris, *Zirides*, II, 714, note 5, d'après le juriste Ibn Muhrîz.
15. M. Lombard, « Arsenaux et bois de marine », dans *Le Navire...* Colloque d'histoire maritime, Paris 1958, reproduit dans ses *Espaces et Réseaux*, 1978.
16. Cl. Cahen, « L'alun avant Phocée », dans *Revue d'histoire économique*, 1963; Dirk Lange, « L'alun du Kawar, une exportation africaine vers l'Europe »,

Colloque sur *Le commerce caravanier à travers le Sahara*, Tripoli 1979, à paraître.
Louis A. Christopher, « L'alun d'Egypte », *Bull. de la Soc. de Géographie d'Egypte*, XXXVII, 1964.

17. Le *Minhâdj* (voir Bibliographie) mentionne des Sardes, dont nous ne pouvons rien dire d'autre.
18. Voir, p. 43, ce qui est dit du Cid.
19. Julia Gauss, « Toleranz und intoleranz zwischen Christen und Muslimen in der Zeit for der Kreuzzüge », dans *Saeculum*, 19, 1968, p. 362-389.
20. A. Sharf, *Byzantine Jewry*, 1971.
21. L'article de Levi della Vida, « La corrispondenza di Berta di Toscana col callifo Muktafi » (d'après un document découvert par Moh. Hamidullah), *Rivista Storica italiana*, LXVI, 1954.
22. M. Th. d'Alverny, dans *Settimane di Spolete*, 1964 (publié en 1965); Rodinson, article repris dans *La fascination de l'Islam*, 1981; Norman Daniel, « Islam ».
23. Voir p. 19.
24. Les martyrs de Cordoue ont été connus de la poétesse saxonne Hrotswitha; voir E. Cerulli, *Studia Islamica*, XXXII, 1970, p. 69-76.
25. Cl. Cahen, « Frédégaire et les Turcs », dans *Mélanges Perroy*, 1973; S. Runciman, dans son article « Europe and the Turcs » dans « The Early Middle Ages », *Asiatic Review*, 1932, ne s'occupe pas de cette question.
26. Hildebert de Lavardun = Embrico de Mayence; pour celui-ci voir Cambier, dans *Latomus*, XVI, 1957.
27. « Hispania » se trouve dans la lettre de Robert de Flandre et dans les *Gesta Francorum* anonymes.
28. Il ne semble d'ailleurs pas, malgré la présence de religieux arméno-byzantins en Italie (Dédéyan, Colloque de Dijon, *Occident et Orient au Xe siècle*, 1978) et malgré les pèlerinages, que les Occidentaux aient eu une idée plus claire des Eglises Orientales.
29. C'est à cette époque que se développe la légende du pèlerinage de Charlemagne.
30. On ne connaît d'ailleurs pas plus, en dehors de rares ambassades, de commerçants ou voyageurs byzantins en Europe Occidentale.
31. La paternité des extraits de ce voyageur, cité sous des noms divers, a été établie par T. Kowalski, *Relacja Ibrahima b. Ja'kūba z podróży do krajów slowiańskich w prekazie al-Bekriego*, Cracovie, 1946.
32. B. Lewis, « The muslim discovery of Europe », *B.S.O.A.S.*, 1957, XX; Ign. Guidi, « L'Europa occidentale negli Antiqui geografi arabi », *Florilegium M. de Vogué*, 1909, p. 263-269.
33. Parmi la bibliographie, voir Labande, « Recherches sur les pèlerins dans l'Europe des XIe et XIIe siècles », *Cahiers de Civilisation médiévale*, 1958, 2/3; Françoise Micheau, Communication au Congrès « *Occident et Orient au Xe siècle* », Dijon 1978, publ. 1979. G. Constable, « Monachisme et Pèlerinage au Moyen Age », dans *Revue Historique*, 523, 1977, p. 328.
34. M. Canard, « La destruction de l'Eglise de la Résurrection par le Calife Hâkim et l'histoire de la descente du Feu Sacré », *Byzantion*, 35, 1965, p. 16-43.
35. Pèlerinages orientaux : J.M. Fiey, « Le pèlerinage des Nestoriens et Jacobites à Jérusalem », *Cahiers de Civilisation médiévale*, XII, 1969, n° 2.
36. M. Gaudefroy-Demombynes. *Le pèlerinage à la Mecque*, 1951.
37. « *Saidnaya* », voir *infra* p. 167, n. 2.
38. Prawer, « Jerusalem in the Christian and Jewish perspectives of the Early Middle Ages », *Settimane...*, Spolète 1978.
39. Obadia; bonne synthèse des informations dans Prawer, *Histoire*, I, 526 *sq*.
40. Voir, p. 30, note 8.

Chapitre 4

1. Carl Erdmann, « *Die Entstehung* » (voir bibliographie); Delaruelle, « Essais sur la formation de l'idée de Croisade », *Bull. des Littératures Eccl.*, Tou-

louse, 42-45-54-55, 1941-1944-1953-1954. Il y a lieu de comparer les récompenses célestes promises aux Croisés chrétiens et aux martyrs musulmans du *djihâd*. Voir Riley-Smith, *Crusading as act of love*, 1979; E.O. Blake, « The formation of the Crusade idea » dans *Journal of Ecclesiastical history*, 21-1970; Jean Richard, éd., *L'esprit de la Croisade*, Paris 1969; Brundage, « The army of the first Crusade » (critique de A. Noth citée dans *Medieval Studies*, 33, 1971).

2. Congrès des Sciences historiques, 1955, rapport de P. Lemerle.
3. Courtois, « Grégoire VII et l'Afrique du Nord », *Revue Historique*, 1945.
4. Lopez, *Rev. Hist.*, 1947.
5. Défourneaux, *Les Français en Espagne au XIe et au XIIe siècles*, 1949.
6. On a récemment beaucoup écrit sur Urbain II. Voir R. Somerville, « The councils of Urban II : Claromont », *Annuario de l'Historia Conciliorum*, suppl. I, 1978. H.E.V. Cowdrey, « Pope Urban II's Preaching », *History*, LV, 1970; « Cluny and the first Crusade », *Revue Bénédictine*, LXXXIII, 1973.
7. J'ai développé cette hypothèse dans mon article de *Past and Present* 1954, reproduit dans mes *Turcobyzantina*, 1974.
8. Le pontificat d'Urbain II correspond à un moment de détente, après la mort de Robert Guiscard, dans les relations entre les Normands et Byzance, ce qui permet au pape d'entretenir des rapports corrects simultanément avec les deux. Il faut remarquer que la décision de Croisade est prise à un moment où la Reconquista, en Espagne, marque le pas, à la suite de l'établissement des Almoravides.
9. Cf. mon « Traité d'armurerie composé pour Saladin », dans *Bull. Etudes Or., Damas*, 1949.
10. Zeki Velidi, « Die Schwerter der Araber », dans *Zeitschrift Deutschen Morganl. Ges.*, 1936, bien supérieur à Nazaheri, « Le sabre contre l'épée », dans *Annales E.S.C.*, XIII, 1958. Sur l'interdiction de ce commerce voir *infra*.
11. Synthèse la plus récente : Lynn White, *Medieval technology and social change*, Oxford, 1962; trad. franç., *Technique et Société*, 1969.
12. J'ai développé ces idées dans deux colloques, à Londres en 1970 et à l'Ecole franç. de Rome en 1978 : les Actes de Londres ont été publiés en 1975, sous le titre *War, Technology and Society*, éd. Yap et Parrey, et ceux de Rome, *Structures féodales et féodalisme dans l'Occident méditerranéen (X-XIIIe siècles)*, en 1980. W.E. Kaegi, « The contribution of archery to the Turkish conquest of Anatolia », *Speculum*, 39, 1964, pp. 96-108; et D. Sinor, « The inner Asian Warriors », *J. of the Amer. Orient. Soc.*, 1981. Lindner, « Nomadism, Horses and Huns », *Past and Present*, 92, 1981, précise cependant avec raison que les envahisseurs nomades ne peuvent rester tels que dans les régions aptes à l'élevage de leurs bêtes.
13. Bien qu'un concile au IXe siècle eût interdit l'arbalète comme arme trop meurtrière.
14. Qui les appellent *agolants*.

Chapitre 5

1. Le plus récent exposé est celui de Stephen Runciman, *The first Crusade*, 1981, qui, à vrai dire, reprend pour un public plus large les exposés antérieurs. Voir les Histoires générales citées dans l'introduction bibliographique.
2. *Past and Present*, 1954. Philippe Ier, faible roi de France, était excommunié.
3. On remarquera que Cluny où était née l'idée de Croisade, de Grégoire VII et d'Urbain II, ne paraît pas avoir été spécialement représenté dans l'expédition.
4. S'il y a quelques Scandinaves, il n'y a guère à ce moment d'Anglais, par suite de la querelle entre les fils de Guillaume le Conquérant.
5. Il se peut cependant que la lettre aux Bolonais attribuée à Urbain II soit en réalité d'Innocent III.
6. Voir appendice, document II.
7. On ne paraît pas s'être demandé s'ils furent influencés par leur position guelfe ou gibeline.
8. Voir *Patrologie grecque*, T. 126.

9. Voir plus loin ce que nous disons de la lettre d'Alexis au comte de Flandre, ch. VII.
10. Mon article dans les *Mélanges Perroy*, 1973, et Runciman, « Europe and the Turcs in the early Middle Ages », *Asiatic Review*, XXXIX, 1943.
11. Il est intéressant de signaler le récit d'un témion arménien, qui cependant ignore l'affaire de la Sainte Lance, qui avait tant ému les Francs. Pour les Melkites et les Grecs, il y a sans doute une allusion dans Nicon de la Montagne Noire, voir *infra*, p. 170, n. 15.
12. Ce fut probablement parmi de pauvres hères arméniens que se recrutèrent les bandes de Tafurs, avec leur roi Tafur, qui se firent une réputation légendaire sinistre de mangeurs de prisonniers de guerre : Guibert, *R.H. Cr. Occ.*, III, index, et *Chanson d'Antioche*, éd. S. Duparc-Quioc, index.
13. Voir plus loin l'histoire de Geoffroy d'Asch.
14. La plupart des pauvres gens, n'ayant par l'intention de rester dans le pays, ne risquaient rien à le piller. Voir W. Porges, « The Clergy, the Poor and the Non-combattants in the 1st Crusade », *Speculum*, 21, 1946.
15. Les Croisés ont eu du pays une impression de fertilité.
16. John France, « The crisis of the first Crusade », *Byzantion*, XL, 1971.
17. Le comté d'Edesse a fait l'objet de deux récentes thèses, en Sorbonne et à Montpellier; voir plus généralement J.B. Segal, *Edessa, the blest city,* 1970.
18. Voir Arch. Lewis, « Northern European Sea-Power and the Staits for Gibraltar, 1031-1350 A.D. », dans *Order and Innovation in the Middle Ages,* Essays in Honor of Jos. R. Strayer, Princeton, 1976.
19. Et même les trois autres Etats font-ils figure de principautés ordinaires ?
20. Il n'a pas été assez souligné que, à la différence de ce qui devait avoir lieu plus tard, les Italiens n'ont en rien contribué au transport maritime de la Croisade; chose qui, il est vrai, sur une mer encore peu explorée, et en l'absence d'expérience préalable, pouvait être difficile.
21. Voir bibliographie générale sur les rapports entre Pise et les Fatimides, Allmendinger.
22. Il faudrait étudier le comportement à cet égard, à Gênes même, des divers partis; les plus interventionnistes étaient sans doute du côté de l'aristocratie nobiliaire, dont la famille des Embriaci devait recevoir, avec le fief de Djebaïl (Gibelet), une sorte de contrôle sur les intérêts génois en Orient. Voir E. Bach, cité p. 110, n. 16.
23. Inversement, c'est dans cette période, 504/1111, que l'*Itti'âz* de Maqrîzî, *infra*, signale la capture par des navires italiens d'une flottille de marchands et voyageurs apparemment de Damas, revenant de Tinnis, et qui durent se racheter par une forte rançon.
24. Goitein, *Mediterranean Society,* 98.
25. Voir privilège de Baudouin Ier, en 1113 : Röhricht, *Regesta*. L'expédition de Baudouin Ier en Egypte a laissé un souvenir dans la littérature populaire arabe : Clédat, dans *Bull. Inst. Fr. Arch. Or.,* Le Caire, 26, 1926, p. 71-79.
26. Mayer, l'inscription du Saint-Sépulcre, voir *infra*.

Chapitre 6

1. Le poète Sa'adi, au XIIIe siècle, d'après lui-même ?
2. Le père d'Averroès; communication de M. Brunschvig.
3. Cl. Cachen, *Syrte,* p. 41.
4. Cl. Cahen, *Syrie,* p. 41, d'après Kamâl al-Dîn.
5. Ed. Amedroz, 1912; trad. angl., H.A.R. Gibb, *The Damascus Chronicle of the Crusades,* 1932; trad. franç. R. Le Tourneau, *Damas de 1075 à 1155,* 1952.
6. Ed. Sami Dahan, 3 vols, Damas, 1951-1954-1968; trad. franç. dans *R.H. Cr. Or.,* III, jusqu'en 1135.
7. Cette partie de l'œuvre d'Ibn al-Furât est encore inédite. Voir Cl. Cahen, *Syrie*, p. 85.
8. Ed. et trad. franc. par H. Derenbourg; plusieurs traductions en d'autres langues; nouvelle traduction française par André Miquel, 1981.

9. Voir l'appendice.
10. Les émigrés étaient surtout des citadins ; une émigration paysanne massive aurait provoqué une disette, dont il n'y a pas trace dans les textes. Voir *infra*, p. 86. Voir E. Sivan, « Réfugiés palestiniens au temps des Croisades », *Rev. des Et. Isl.*, 1967.
11. Ed. et trad. par Emmanuel Sivan, dans *J.A.*, 1966.
12. Dans le *Grand dictionnaire biographique de Damas*, par Ibn 'Asâkir, son nom ne figure pas.
13. Du genre de celle qu'on lira un siècle plus tard dans la *Grande Histoire* d'Ibn al-Athîr.
14. Voir E.I.², *al-Harîrî*.
15. Usâma, voir bibliographie.
16. Cl. Cahen, *Syrie*, p. 293 *sq*.
17. Cf. les premières pages de l'*Histoire de Beyrouth* de Sâlih ibn Yahyâ, éd. Hours et Salibi, Beyrouth, 1969. Peut-être quelques progrès pourraient-ils être réalisés par l'étude des lieux cités pour cette région dans la documentation des Croisades.
18. Abbé Martin, dans *J.A.*, 1889 et art. de Nau, dans *J.A.*, 1899 ; cf. le colophon syriaque donné en appendice.
19. Voir *infra*.
20. Goitein, voir l'appendice.
21. Dont parlent des écrits apocalyptiques juifs du temps ; voir *infra*.
22. Ibn al-Qalânisî, voir bibliographie.
23. Voir la communication de H.E. Mayer à l'Académie des Inscriptions, décembre 1980.
24. Cf. E.I.², art. *Fatimides* (Canard).
25. Voir les privilèges pour les Génois, et *infra*, p. 110 ; d'après Maqrîzî, *Itti'âz*, éd. A. Hilmy, vol. III, p. 46, en 504/1110 des marchands et voyageurs damascains regagnant un port syrien à partir de Tinnis, en Egypte, furent capturés par une flotte franque et obligés de verser de considérables rançons.
26. Les rapports restent, apparemment ; froids avec les Zirides, qui d'ailleurs sont ruinés ; nous ignorons s'il y eut des relations entre Fatimides et Almoravides.
27. La prise de Tyr était certes nécessaire, mais surtout pour réagir, dans un contexte de politique intérieure, contre les échecs (captivité de Baudouin II) de la politique au nord, autrement dangereux.
28. Cl. Cahen, *Pre-ottoman Turkey*, 1968. Il se peut que le sultan Mohammed ait cherché une synchronisation sous ses auspices de la lutte en Asie Mineure et en Syrie, mais il n'aboutit à rien, et c'est en tout cas la dernière fois que la chose sera tentée.
29. Il est vrai que plusieurs mésaventures, sur les confins nord, survinrent aux Francs du fait des Turcomans, mais on ne peut guère parler d'une politique des chefs.
30. Voir appendice. Cette politique avait tant heurté l'opinion que Toghtegin sentit le besoin d'aller faire la paix avec la calife.
31. Toghtegin de Damas se rapproche à certains moments de l'Egypte pour sauver les derniers ports côtiers, et Tripoli. On a constaté des efforts du gouvernement fatimide pour se constituer des alliés en Syrie. Tout au début du siècle, le seigneur d'Apamé en Syrie du Nord, Khalaf ibn Mola'ab, était ismâ'ilien d'obédience fatimide, mais il semble que les Ismâ'iliens de Syrie aient été ensuite absorbés par les « Assassins ». Les shi'ites duodécimains, tel Usâma ibn Munqidh, hésitaient entre le service des Turcs voisins et celui de l'Egypte ; mais Usâma terminera sa longue vie en Egypte, au service du sunnite Saladin.
32. Cf. E.I.², *s.v.* Ilghâzî à la fin de sa vie va d'autre part combattre les Géorgiens.
33. L'instrument de cette politique de Zenghi, en Syrie, était encore en partie un contingent de Turcomans. Voir Cl. Cahen, *Syrie du Nord*, p. 347 *sq*. Remarquez que les malheurs de Bohémond, Baudouin II, Josselin I et Josselin II, même encore Renaud d'Antioche, sont dus à des Turcomans du Nord.

Chapitre 7

1. Ceci est parfaitement établi dans un article de H.E. Mayer, sous presse, pour les *Mémoires de l'Académie des Inscriptions;* H.E. Mayer souligne en particulier que contrairement à la version courante, Godefroy n'avait nullement décidé de rester en Orient et avait non pas liquidé, mais seulement engagé ses biens d'Europe.
2. Raymond fut appelé sur le conseil de Foulque, son voisin en Europe, probablement pour contrebalancer un parti normand; Raymond était l'oncle d'Aliénor, femme de Louis VII.
3. Cahen, *Syrie,* p. 357.
4. Cela résulte de l'examen de leurs cartulaires. Riley-Smith, *The Knights of St John in Jerusalem and Cyprus, 1050-1310,* 1967.
5. Cahen, « Un acte arabe », *Revue d'Etudes byzantines,* 1970 ; Richard, dans les *Mélanges Dauvilliers,* « Eglise latine et Eglises orientales dans les Etats des Croisés : la destinée d'un prieuré de Josaphat », 1979.
6. *Byzantinische Zeitschrift,* 1957, 2, 355.
7. Amalfi garda ce qu'elle avait avant la Croisade à Antioche et à Jérusalem.
8. Prawer, I, p. 367-368.
9. Nous ne savons pas dans quelles conditions le chef de la flotte sicilienne, connu comme l'« amiral d'Antioche », était venu de cette ville.
10. Guillaume de Tyr, XIII – 21.
11. Cahen, *Syrie,* p. 357 sq. Le choix de Foulque d'Anjou a pu être déterminé par la longue tradition de pèlerinage des comtes d'Anjou en Orient, et de Foulque lui-même en 1120, bien qu'il n'eût pas participé à la première Croisade.
12. Ibn Muyassar, année 516.
13. Qalqashandî, *Subh al-A'shâ,* tome VI. Les familles de Robert et de Bohémond étaient alliées. Canard, « Une lettre du calife fatimide al-Hâfiz (524-544/1130-1149) à Roger II », dans *Atti del Convegno internazionale di Studi Ruggeriani,* avril 1954, Palerme. Du même, dans les *Annales de l'Institut oriental d'Alger,* 1956, sur le vizir Bahram.
14. Nous devons nous rappeler que le pontificat d'Urbain II et le début du XIIe siècle voient une détente certaine entre les Normands et les Byzantins, permettant à la papauté d'être en rapport correct avec les uns et les autres. Ce n'est pas par hasard que, pour sa « croisade » antibyzantine de 1107, Bohémond a dû aller recruter une armée, non dans sa Pouille originelle, mais en France.
15. Mon article dans *Mélanges Abel.* Le Père Nicolas Huyghe-Baert (Bruges et Louvain) me fait remarquer qu'il n'existe aucun manuscrit de la lettre en Italie.
16. *Ibid.* Nous ignorons ce que pensaient les Flamands de l'absence de leurs comtes.
17. Voir John La Monte, « John d'Ibelin, the Old Lord of Beirut, 1177-1236 », *Byzantion,* 12, 1937.
18. Famille représentée à Jérusalem (Jean), et dans l'empire latin de Constantinople (Gautier) ; celui-ci avait été l'héritier du dernier prince normand de Sicile, Tancrède.
19. Sur la famille en général, voir L. Usseglio, *I Marchies di Monferrato,* 2 vols, 1926. Mon article dans les *Mélanges Perroy* (= *Turcobyzantina),* sur « le commerce anatolien ».
20. Pour autant que nous pouvons en avoir l'impression, compte tenu du fait que nous n'avons pas, pour le XIIe siècle, les correspondances pontificales.
21. Voir *supra.*
22. Dans la tradition du patriarcat byzantin de Jérusalem.
23. Le patriarche d'Antioche, Arnulf, va cependant solliciter son arbitrage vers 1140.
24. Alphandéry et Dupront, *La Chrétienté et l'idée de Croisade,* 2 vols, 1954-1959 ; S. Mähl, « Jerusalem im M.A. Sicht », *Die Welt als Geschichte,* 22, 1962.
25. Reliques dont Guibert de Nogent, *De pignoribus sanctorum,* conteste l'authencité.
26. Il arrive, en revanche, que de jeunes Latins d'Orient vont étudier en Occi-

dent, comme Guillaume de Tyr, et retournent ensuite chez eux.
27. Le plus célèbre des *Guides* de pèlerinage est celui de Rorgo Fretellus, à consulter dans la récente édition de P.C. Boeren, Amsterdam, 1980.
28. Voir ma *Syrie*, p. 12 *sq.* et maintenant la préface de Suzanne Duparc à son édition de la Chanson d'Antioche.
29. D'où la chanson des Chétifs; cf. ma *Syrie*, 569 *sq.*, et la prochaine édition par Myers.
30. Avec parfois des accents de vantardise qui agaçaient les Allemands : voir Guibert, *R.H. Cr. Occ.*, III.
31. A les juger par le nombre de manuscrits.
32. Guillaume de Tyr, largement informé, ignore les livres d'Albert d'Aix postérieurs à la Croisade. Sur la deuxième Croisade, voir G. Constable, « Second Crusade as seen by contemporains », *Traditio*, IX, 1953.
33. Aucun légat ne joua de vrai rôle.
34. Il y avait eu des Bavarois à l'arrière-Croisade de 1101.
35. Ajoutons que l'expédition n'eut qu'un seul chroniqueur, Eudes de Deuil, qui d'ailleurs ne termina pas son œuvre.
36. Bon exposé de ces questions dans Prawer I, ch. 5.

Chapitre 8

1. Les désordres et la cupidité de petits princes besogneux nuisaient à ce qui pouvait rester de commerce syrien terrestre, comme le montre l'épisode du marchand iranien dont les biens sont confisqués à Alep par Rudwân (Ibn al-Furât, ms. de Vienne, I, 57; Sauvaget, *Alep*, Paris, 1941, p. 97, citant Kamâl al-Dîn). Pour l'épisode de l'an 504, *Itti'âz*, voir *supra*. Encore en 1142 on entend parler d'un marchand vénitien capturé par des musulmans (Morozzo, I). Le sénat vénitien interdisait à ses sujets de se rendre en Orient dans les moments de danger, p. ex. lors de la captivité du roi de Jérusalem Baudouin II. L'année 1132 est signalée comme une année où, en Egypte, viennent peu de marchands de Rum; cf. *Geniza* ? Je suis obligé d'avouer mon incapacité à retrouver la référence de ce fait, noté il y a de nombreuses années.
2. Ibn Muyassar, p. 62. Ils semblent avoir, en tout cas au milieu du siècle, une organisation collective pour les transferts de fonds d'Egypte en Syrie et vice versa (*Diwân* d'Usâma ibn Munquidh, 140, et d'Ibn Ruzzîk, 87).
3. L'attrait que présentait l'Egypte pour les marchands syriens et iraqiens paraît continuer, malgré la Croisade; c'est vers le début du XIIe siècle qu'y arrive le grand-père de l'historien chrétien du XIIIe siècle, al-Makîn ibn al-'Âmîd.
4. Voir *infra*, les événements du milieu du siècle.
5. Voir *supra*, la lettre à Roger II.
6. Makhzûmî, le *Minhâdj*, avec mon analyse commentée dans *JESHO*, 1965.
7. Seule lecture possible du mot *sartanya,* mais on n'en connaît aucune autre mention.
8. *Geniza,* voir appendice.
9. Voir *supra.*
10. *Famiglia Zusto,* éd. Morozzo, doc. 16, an 1144, n° 38.
11. Canard, « Une lettre », cité *supra.*
12. Voir *supra.*
13. Voir *supra.*
14. *Minhâdj,* dans mes « Douanes et commerce » reproduit dans *Makhzûmiyyat*, p. 50. H.E. Mayer et Marie-Luise Favreau, « Das Diplom Balduins I für Genua und Genuas Goldene Inschrift in der Grabeskische », dans *Quellen und Forschungen aus italienischen Archiv*, 55/56, 1976, p. 22-95. Cahen, *Syrie,* p. 492.
15. R. Röhricht, *Regesta*; Cl. Cahen, *Syrie,* p. 487 *sq.*
16. Heyd, I 1, 130 *sq.* E. Bach, « La cité de Gênes au XIIe siècle », dans *Classica et medievalia,* dissertation 5, 1955.
17. *Infra,* p. 124.
18. En 1131, un navire génois s'échoue au retour d'Alexandrie; l'archevêque

de Gênes perçoit une dîme sur les navires revenant d'Alexandrie (*Atti della società ligure,* II, 2, p. 9, 365 ; Heyd, 391, n. 1. Pour les événements de 1-102, v. *supra*). Un document de la Geniza signale comme exceptionnelle l'année 1132 où étaient venus peu de Rums à Alexandrie. Voir appendice, et aussi le Tarif douanier de Gênes de 1140 : John Day, *Les douanes de Gênes,* E.P.H.E. 1963.

19. Expédition qui limita peut-être, momentanément, leur intérêt pour l'Orient.

20. Benevenuto, *Storia della Republica di Pisa[3],* 1968. Herlihy, Rossi-Sabatini : voir Bibliographie.

21. Silvano Borsari, « Il commercio veneziano nell' impero byzantino nel XII secolo », dans *Rivista Stor. Ital.,* LXXVI, 1964.

22. Goitein, *Islamic Culture,* vol. 37, 1963, p. 188-205 : « Letters and Documents on the India in Medieval Times » ; *Letters of medieval jewish Traders,* Princeton, 1973. Yagima (Hikoichi), « The sirafi migration in South Arabia », dans *Journal of Asia and African Studies,* V, 1972, p. 119-144, en japonais, résumé en anglais.

23. Goitein, « Two eyewitness reports on an expedition of the King of Kîsh (Qais) against Aden », *Bul. SOAS,* XVI/2, 1954 ; Stern, « Râmisht of Sîrâf », *Journal of Royal As. Soc.,* 1967, pp. 10-14. Aubin, « La ruine de Sîrâf et les routes du golfe Persique aux XIe et XIIe siècles », *Cahiers de Civilisation médiévale,* juillet-septembre 1959. Voir aussi *Répertoire chronologique d'inscriptions arabes,* n° 3 099.

24. Goitein, *Journal Ec. Soc. Hist. Orient.,* vol. 1, 1958, pp. 175-184 : « New light on the beginnings of the Kârim merchants ».

25. Ibn Hawqal, éd. Kramers ; Ibn Mudjâwir, éd. Löfgren.

26. Hirth et Rockhill, trad. angl. dans *Chah-Ju-Kua.* Ibn Djawzî, an 570, et J.-P. Lo, dans *JESHO,* 1969.

27. Interpolations d'Ibn Hawqal, art. *Ormuz,* p. 434. Les destinataires devaient être iraniens plutôt que méditerranéens.

28. Nous ne savons pratiquement rien sur les caravanes mésopotamiennes au XIIe siècle.

29. Sur G.T. en attendant l'édition complète de Huyghens, voir en dernier lieu R.H.C. Davis dans *Relations between East and West in the Middle Ages,* éd. Derek Baker, 1973.

30. Haskins, *Studies in the history of medieval science,* 1927 (qui signale aussi que Adelard de Bath a visité la Syrie) ; R.W. Hunt, « Stephen of Antioch », *Medieval and Renaissance Studies,* 1950.

31. Edition en cours de Myers. Naturellement des traditions légendaires ont pénétré dans les récits mêmes de la première Croisade.

32. Encore n'est-il pas toujours clair si les Francs dont il s'agit sont bien ceux des Croisades, et non des mercenaires employés par Byzance aux siècles précédents. Pour la bibliographie, voir *supra*, p. 17, n. 10 ; et en particulier les articles *Antar, Battâl, Dhat al-Himma* dans E.I.[2].

33. Bien qu'elle ne nous soit connue que par une tradition orale plus récente ; éd. trad. Frédéric Feydit.

34. Voir, dans E.I.[2], l'article *Alf Layla wa Layla.*

35. Mon article pour le *Mémorial Berbérian,* sous presse.

36. Al-Buni ; cf. en particulier les récits de la cinquième Croisade.

37. Sur des mouvements comparables en milieu juif d'Orient comme d'Occident, voir Prawer, I, 590, *sq.*

38. V. Slessarev, *Prestor John,* Univ. of Minnesota Press, 1959.

Chapitre 9

1. Sur la plupart des aspects du règne de ce prince, voir N. Elisseeff, *Nûr al-Dîn.*

2. Bien qu'on ait cherché à faire de Mawdûd Ier un précursseur de Saladin ; cf. H.S. Fink, « Mawdûd Ier of Mossul, Precursor of Saladin », *Muslim World,* 1953.

3. Il se trouve que cette renaissance régionale du *djihâd* coïncide chronologi-

quement avec l'attiédissement de l'idée de Croisade en Occident, sans qu'il y ait entre les deux faits aucune relation.

4. La guerre devait être conduite conformément aux règles du *djihâd*. Cette préoccupation apparaît lors de la reprise de Ma'arrat al-Nu'mân : le Droit décidait en principe que les territoires conquis étaient à la disposition de l'Etat; mais en l'occurrence, la perte de la ville était assez proche pour que des membres des familles spoliées vécussent encore. Bien que le délai de prescription en matière de propriété fût écoulé, Nûr al-Dîn leur rendit leurs anciennes propriétés, ce qui accrut sa réputation.

5. Première *madrasa* au temps de Timurtash, fils d'Ilghâzî. Pour l'appel à des immigrants iraniens, voir ma communication au Congrès des Lincei, *La Persia nell'medio Evo*, Rome 1971.

6. *Préottoman Turkey*. Les Turcs traitent désormais correctement les chrétiens, surtout arméniens, vivant sous leur domination. Bornazyan, *L'Arménie et les Seldjouqides aux XIe-XIIe siècles*, 1980 (en Russe).

7. Notez que le roi de Jérusalem s'occupe peu d'Antioche. Jean Comnène avait à son service des Francs, que le pape menace de lui retirer s'il attaque Antioche.

8. Les Francs ont l'impression que les Grecs leur sont hostiles.

9. L'arménien Thoros et le nouveau prince d'Antioche Renaud de Chatillon avaient conduit contre Chypre byzantine un raid, que rien ne paraît avoir provoqué.

10. Cl. Cahen, dans *Byzantion*, reproduit dans *Turcobyzantina*.

11. Cl. Cahen, *Syrie*, p. 206.

12. Voir la lettre de 1135 en appendice. Nous ignorons si Byzance eut jamais des rapports avec les Almoravides et les Almohades.

13. Les Fatimides, à cette époque, ne recrutent plus de Turcs dans leur armée, les considérant sans doute comme suspects de liens avec leurs congénères de Syrie.

14. Les mobiles de la prise de Tripoli sont peu clairs : tenir les débouchés des caravanes sahariennes? assurer la sécurité des routes de mer contre les pirates? répondre à l'appel d'un parti indigène? Voir Idris, *Zirides*, II.

15. Il paraît qu'une *Histoire* avait été de même commandée au poète Ibn Qalâqis (sur lequel voir *infra*).

16. Rizzitano, « Nuove fonti arabe per la storia dei musulmani di Sicilia », *Riv. Stu. Or.*, 32, 1957. Par ailleurs, le chancelier du royaume de Sicile, Etienne, se sauve à Jérusalem vers 1168; cf. F. Chalandon, *Normands de Sicile*, index. Déjà d'après Yâqût, *Irshâd* V, 'Ali ben Jafar al-Sicilî (le Sicilien), dit Ibn al-Qattâ', avait été le précepteur du fils de vizir égyptien al-Afdâl. On ignore tout des dernières années de la vie d'al-Idrîsî peut-être passées en Orient. Ce pourrait être un de ses fils que le chérif al-Idrîsî qui, au début du XIIIe siècle, renseignait Ibn abî Tayyî (d'après Abû Shâma) sur les derniers temps de l'Egypte fatimide.

17. Byrne, « Easterners in Genoa », *Journal Am. Or. Soc.*, 38, 1918.

18. Il y a des précédents dès le XIe siècle. Cf. *supra*.

19. *Atti della Soc. Ligura*, V, 633. Abulafia, *Two Italies*.

20. Udhrî, éd. Hadj Sadok, dans *Bull. d'Etudes Orientales*, 21, 1968, p. 72; Benjamin de Tudèle, éd. Adler, 1907.

21. Amari, *Diplomi*, III, 4.

22. Schaube. D'autres attaques sont attestées sur Tinnis, 1151, 1155, 1175, 1177; Damiette, 1155; Rosette, 1155; Alexandrie, 1155, 1174. Voir Amari, III, 507, et Manfroni, *Rev. Or. Lat.*, VIII, 513. H.E. Mayer, « Ein Deperditum König Balduin III als Zeugnis... » dans *Deutsches Archiv*, 1980, p. 549-66.

23. Ibn Qalâqis voyage avec un ambassadeur normand en 1163. Nous ignorons quel rapport il peut y avoir entre ces faits et l'envoi comme ambassadeur fatimide en Andalous d'un syrien établi entre temps au Yémen : 'Imâd al-Dîn Kharida, section Syrie, f. 332.

24. Röhricht, Heyd, Mayer et Favreau, voir *supra*.

25. Grandclaude, Zeller, voir *infra*.

26. Heyd, Schaube.

27. Les Pisans accompagnent encore Amaury dans ses expéditions ultérieures. Annales Pisani, M.G.S.S. XIX, 25.
28. Voir en général Allmendinger, *Die Beziehungen* (voir Bibliographie).
29. J. Danstrup, « Manuel's I coup against Genoa and Venice in the light of Byzantine commercial Policy », dans *Classica et Medievalia*, X, 1948.

Chapitre 10

1. Morozzo della Rocca et Lombardo, *Documenti del commercio veneziano nei secoli XI-XIII*, 1940.
2. Ed. M. Chiaudano et M. Moresco, *Il cartolare di Giovanni Scriba*, 1920-1935.
3. A l'occasion de la prise de l'Egypte par Shirkuh et Saladin, Guillaume de Tyr vante le commerce de l'Egypte (Cf. La Monte dans *Byzantion*, XV, p. 200 sq.)
4. En particulier le *Minhâdj* de Makhzûmî, voir Bibliographie.
5. Synthétisée dans Goitein, *Med. Soc.* I.
6. Concile de 1179.
7. Nous ne pouvons comparer, à cette date, les qualités des tissus d'Orient et d'Occident, mais pour les tissus de laine l'Occident devait en avoir beaucoup plus. Encore au début du XIVe siècle, Pegolotti précisera qu'à Antalya, en Asie Mineure, il faut vendre des draps œuvrés, car il n'y a pas sur place de finisseurs.
8. Cours des Bourgeois, voir *infra*.
9. Ibn Tuwayr, dans Maqrîzî, *Khitât* I, p. 4444, éd. Boulaq.
10. P. 62.
11. Voir mon « Traité d'armurerie », *B.E.O.*, 1950. L'auteur du *Lisân al-'Arab* (début XIVe s.), vol. X, p. 220, col. 1, croit que le mot en ce sens existait au début de l'Islam, mais ne donne pas de référence (voir l'art. de Basher sur l'armée fatimide dans *Der Islam*, 1978). Réciproquement, on peut penser que le « juzeran », filet de mailles rembourré dont parlent entre autres les Chansons de geste, dérive du *khujaghand* irano-turc (art. de A.S. Melikian sous presse).
12. Voir *infra* p. 174.
13. Jean Richard, « An account of the battle of Hattin », dans *Speculum*, avril 1952.
14. Misbach, « Genoese Commerce and the alleged flow of gold to the East, 1154-1253 », *Revue Internationale de la Banque*, 31, 1970, p. 67-87.
15. Voir mes *Douanes et commerce*. Parmi les taxes égyptiennes figurent le *qûf* et la *'arsa*, dont les noms latinisés se retrouvent dans les documents vénitiens.
15 bis. Il semble que, peut-être pour éviter des difficultés douanières, chaque navire ait à côté du propriétaire italien un associé musulman (*Minhâdj*).
16. Zeller, *Das Seerecht in den Assisen from Jerusalem*, Heidelberg, 1916. H. Mitteis, « Schuld- und Handelschreft der Kreuzfahrerstaaten Festschrift Heymann, 1931, avec le compte-rendu par Lattes dans *Rivista di Storia del Dirito italiano*, 1933.
17. Riley-Smith, voir *infra*. B. Patterson, dans *Speculum* 1964, 3, « The Early existence of Funda and Catena in the XIIe century Latin Kingdom », tant à confondre les instruments matériels et les organismes institutionnels.
18. Voir *supra* ch. VIII.
19. Heyd, 51; Schaube, 149.
20. Ibn Djubayr, trad. Godefroy-Demombynes.
21. Mon article dans *Mémorial le Tourneau*. On connaît aussi le cas d'un majorcain mort à Damas à la fin du XIIe s. Au début du XIIIe s. Le calife nomme comme *cadi* malékite (Ecole peu représentée dans la population de cette ville) un commerçant maghrébin (Abu Shâma, *Dhayl*, p. 69, an 607).
22. Sur un maghrébin commerçant du Yémen dans l'Océan Indien, voir Stern, dans *Oriens* IV, 1951, 2, p. 201.
22 bis. Sourdel, dans *Revue des Etudes Islamiques*, 1970.

23. *Supra* p. 112.
24. Maghrébins en Asie Mineure : *Pre-ottoman Turkey*.
25. Ernoul, éd. Mass-Latrie, p. 236.
26. Ehrenkreutz, voir p. 145, n. 1.
27. En 1228, des contrats de Marseille signalent parmi les passagers des « *naserini* » = *nasrani*, pl. *nasâra*, nom arabe des chrétiens indigènes. Vers 1260, un navire italien est rempli de passagers orientaux, Röhricht, *Regesta*.
28. Maurice Lombard, *Arsenaux et bois de marine*.
29. Vismara, *Impium foedus*, Milan, 1950.
30. Voir *supra* Ibn Djubayr.
31. Bibliographie générale.
32. La dernière synthèse, un peu contestée, est celle d'Andrew Watson, « Back to gold – and silver », *European Journal of Economic History*, 1967; voir encore C.C. Patterson, « Silver Stocks and Lesses in ancient and medieval Times », *Ec. Hist. Rev.*, II, 25, 1972; voir mon article dans *Annales Isl.*, 1978.
33. M.F. Hendy, *Coinage and money in the Byzantine Empire, 1081-1261*, 1969.
34. Nuwayrî cité dans Sauvaire. Les ressources de l'Orient en or ne paraissant pas avoir sensiblement varié, c'est dans les conditions du commerce qu'il doit falloir chercher les raisons de cette évolution. C'est sans doute à l'insuffisance de l'argent en Ifriqiya et en Sicile qu'est due, dès la fin du Xe s., la frappe des quarts de dinars (*ruba'i* ou *tari*).
35. Voir mes articles dans les *Annales* du Caire et *Studies*, éd. Udovitch, 1981 (Colloque 1979). Les monnaies d'argent, d'alliage, très utilisées donc très usées, sont souvent refondues, donc absentes de nos collections.
36. Parfois de la démographie.
37. Le mot *waraq* auparavant désignait la monnaie d'argent liquide comme *'ayn* la monnaie liquide d'or, par opposition aux valeurs de compte. L'utilité de diversifier et multiplier les espèces divisionnaires peut conduire à préférer des pièces d'alliage de dimensions honnêtes à des pièces de métal pur minuscules.
38. C'est l'opinion exprimée dans mes articles des *Annales*, mais pas celle de Bates, qui a peine à croire qu'il n'en reste aucune trace dans les collections. Les textes appellent cette monnaie *qirtâs*, pl. *qarâtis*, qui littéralement signifie papier (ou papyrus), et le signifiait peut-être encore en Égypte. Mais en Syrie il est certain (voir l'article de Bates et le mien) qu'il s'agit de l'appellation populaire péjorative d'une monnaie métallique.
39. Au lendemain de la mort de Nûr al-Dîn, ses successeurs frapperont d'or, ce qui prouve qu'ils en avaient; sans doute tenaient-ils à affirmer ainsi une souveraineté qu'on leur contestait. Nous avons quelques dinars frappés au nom de Nûr al-Dîn dans ses dernières années, mais il s'agit de pièces frappées en Egypte par Salah al-Dîn. Il y a quelques dinars des Zenghides de Mésopotamie à la même époque.
40. Cahen, *Annales Islamologiques*, et Bates, communication à la M.E.S.A. en cours d'édition.
41. Yvon et Balog, « Monnaies à légendes arabes de l'Orient latin », *Rev. Num.*, 6, 1958.
42. Alors qu'à juger par les trouvailles monétaires, il n'a pénétré en Occident de dinars d'Orient qu'à partir de la fin du XIIe siècle.
43. Yvon et Balog, *op. cit.*
44. Ehrenkreutz, « Arabic dinars struck by the crusaders », dans *JESHO*, 1964.
45. Voir le traité d'Ibn Ba'ra, p. 23, éd. Fahmy. Les Latins considéraient en général le denier comme équivalent au dirham. De même, au XIIIe siècle, le *tahegan* arménien. Les Arabes appellent le besan franc « dinar sûrî » : il se peut bien que l'atelier principal ait été à Tyr, comme pour le dinar fatimide ancien. De l'or a été frappé aussi à Antioche et Tripoli, mais moins régulièrement et moins massivement. Les Francs ont frappé de petites monnaies de billon, voir par ex. Metcalf, « Billon coinage of the crusading principalites of Antioche », *Num. Chrom.*, 7e série, 9, 1969, p. 247-267.

Chapitre 11

1. Sous ce titre, ouvrages généraux récents de A.S. Ehrenkreutz, 1971, et de Lyons et Jackson, 1979. Voir encore dans E.I.[2] l'article *Ayyubides*.
2. Particulièrement Imâm al-Dîn al-Isfahânî.
3. H.A.R. Gibb, « The achievement for Saladin », *Bull. of the John Rylands Library*, 1952.
4. Dit « Suhrawardi Maqtûl », pour le distinguer d'homonymes. Sur celui-ci, voir essentiellement les travaux de Henry Corbin.
5. Abu Sâlih témoigne que la conquête de l'Egypte par Saladin a été désastreuse pour les Arméniens, mais pas pour les Coptes. Il s'agit donc, non pas d'un antichristianisme religieux en soi, mais de la complicité des Arméniens soit avec les Francs, soit avec les Fatimides. Abu Sâlih, *Churches and Monasteries*, éd. trad. Evetts, 1895.
6. Une chaire est donnée par avance par Nûr al-Dîn à la Mosquée al-Aqsa, pour le moment où Jérusalem sera reprise; voir l'inscription dans R.C.E.A.
7. Sivan, cf. Bibliographie.
8. Une annexe du *djihâd* est le rachat des prisonniers des deux côtés. Cf. Goitein, Ibn Djubayr, etc. Voir appendice.
9. Entre autres par un fils d'Ibn 'Asâkir. Cf. Sivan, p. 212.
10. Mon éd. trad. dans *B.E.O.*, 1949.
11. Voir Janine Sourdel, éd. trad., Alî al-Harawî.
12. Voir *supra*.
13. Ehrenkreutz, « The place of Saladin in the naval history of the Mediterranean Sea », *Journal of the American Oriental Society*, LXXV 2, 1955.
14. Ne pas confondre ce Qaraqush avec le mamluk célèbre de Saladin, sur lequel voir E.I.[2].
15. L'historien des Banu Ghaniya, A. Bell, paraît avoir ignoré les renseignements que donne, sur les campagnes de Qaraqush, Abu Shâma d'après Ibn abi Tayyi.
16. La secte des Tayyibins, qui croyaient en la survie du fils posthume d'al-Âmir supplanté par al-Hâfiz.
17. Malgré la tentative momentanée du second ayyubide local (conforme sans doute à la mentalité de ses sujets) pour se faire lui-même passer pour *Mahdi*.
18. Maqrîzî, *Sulûk*, dont la source ici inconnue est peut-être la partie perdue de la Chronique d'Ibn al-Muyassar, que Maqrîzî connaissait.
19. Voir E.I.[2]. Les *kârimis* sont cités aussi dans Abu Shâma, II, 37, 1. 21.
20. Concile de Latran, 1179.
21. Mon article, « Les marchands étrangers au Caire au Moyen Age », dans le volume du *Millénaire du Caire*, 1973.
22. Dans Abu Shâma, II, 37.
23. Mon article, ici d'après Burkhardt de Strasbourg.
24. Morozzo, voir Bibliographie.
25. Voir mon « Alun avant Phocée », dans *Revue d'Hist. écon.*, 1962.
26. Peut-être ont-ils aidé à défendre Alexandrie en 1174 contre les Normands.
27. On en connaît cependant un ou deux à la fin du siècle.
28. Goitein, *Med. Soc.*
29. B. Lavignerie, « I Normani di Sicilia a Cipro e a Patmo (1186), *Byzantino-Sicula*, II, 1974. Cela est lié à l'attaque de Guillaume II contre Byzance (1185?).
30. Sur tout ceci, voir Runciman, *History of the Crusades*.
31. R.J. Lilie, « Die Schlacht von Myriokephalon und sein Virkung auf das Byzantinischen Reich » dans *Revue des Etudes Byzantines* 35, 1977 p. 257-75.
32. *Pre-ottoman Turkey*.
33. W. Hecht, « Byzanz und die Armenien nach dem Tode Kayser Manuels 1180-1196 », dans *Byzantion*, 37, 1967.
34. *Syrie Nord...* p. 420 *sq.* Runciman, etc.
35. Colemberg, « L'Empereur Isaac de Chypre et sa fille », dans *Byzantion* 38, 1968.
36. Voir *infra*.

37. On prétendait vouloir exhumer la dépouille de Mahomet. Gary La Viere Leiser, « The Crusader Raid in the Red Sea », dans *Studia Islamica*. Renaud n'avait d'ailleurs demandé l'accord d'aucun autre seigneur franc, pas même du roi de Jérusalem. Les Francs échappés au massacre furent mis à mort en Egypte et à Bagdad. Voir pour ceux-ci l'histoire nestorienne de Marie, éd. Gismondi, p. 106-107.

38. Sur une prétendue tentative de conversion des Assassins au christianisme, voir Jerzy Hanzinski, « On alleged attempts at converting the Assassins to Christianity in the light of William of Tyre's account », *Folia Orientalia*, XV, 1974, p. 229-246.

39. Sur cette bataille, travaux de J. Prawer, « La bataille de Hattin », dans *Israel Exploration Jour.*, 14, 1964; Jean Richard, voir *supra*, chapitre X, n. 13; et P. Herde, « Die Kämpfe beiden Hörnern von Hittin » dans *Römische Quartalschrift für christliche Altertumskunde*, 61, 1966.

40. Signalons ce sujet l'article récent de J.G. Rowe, « Wiliam of Tyre and the patriarcal election of 1180, *Engl. His. Rev.*, janvier 1978.

41. Ibn al-Athîr, *Kâmil*, 706; Runciman, II, 461.

42. Nous possédons des lamentations arméniennes et syriaques sur la chute de Jérusalem, mais rien ne s'en suivit, et nous connaissons un médecin qui, après avoir soigné le roi de Jérusalem, s'était fait accorder par Saladin un privilège pour le jour de la reconquête de la ville (mon article dans *Syria*, 1934, « Indigènes et Croisés »).

43. Henri II n'est sollicité qu'en 1187.

44. C'est aussi pendant son règne, mais indépendamment de lui, que fait son pèlerinage en Orient son rival Henri le Lion; voir M.-L. Favreau, « Zur Pilgerfahrt des Grafen Rudolf v. Pfullendorf, 1180 » *Z.f. die Geschichte des Oberrheims*, 123 (n.f. 84), 1975. L'ambassadeur de Barberousse à Saladin est Burkhardt de Strasbourg, dont nous avons un bref récit (*MGSS XXI*, 235 *sq.*). Sans doute s'agissait-il pour Barberousse de prendre Byzance à revers.

45. Mon article dans *W.Z.K.M.* (reproduit dans mes *Turcobyzantina*), et Ekkhard Eickoff, *Friedrich Barbarossa im Orient*, 1977. Hannes Möhring, *Saladin und der dritte Kreuzzung*, Wiesbaden, 1980.

46. L'annonce en fut faite à Saladin par le catholicos arménien, qui résidait depuis Josselin II d'Edesse dans une forteresse du Moyen-Euphrate.

47. Excellente affaire pour ceux-ci : 5 850 marcs d'argent, soit 468 livres.

48. Sur Chypre au XIIe siècle, voir J. Darrouzès, « Notes pour servir à l'histoire de Chypre (byzantine) », dans *Spoudai Kypriakai*,, 195, 1959, qui montre l'intérêt de l'île dès cette époque pour le ravitaillement de l'Orient latin. Costas P. Kyrris a fait au Congrès historique de Bucarest, 1980, une communication sur « Cyprus as stepping-stone between East and West during the Early Crusades (1099-1291) ».

49. Sauf naturellement pendant la Croisade même. Cette situation ne pouvait qu'aggraver les rivalités de ces villes en Orient latin, sur les routes y conduisant. Voir M.-L. Favreau, « Die Italienische Levante – Piraterie und die Sichereit des Seewegs nach Syrien im 12 und 13 J. », *Viertelj. für Social und Wirtschafts Geschichte*, 65, 1978.

50. L'attitude des souverains et des Républiques marchandes en Orient était naturellement liée au parti qu'ils avaient pris en Occident. Voir M.-L. Favreau, « Graf Heinrich von Champagne und die Pisaner im Königreich Jerusalem », *Bolletino Storico Pisano*, XLVII, 1978, p. 97-120.

51. Notez qu'Antioche et Tripoli (de celle-ci venait d'hériter le fils de Bohémond III d'Antioche) ne prirent pratiquement aucune part aux opérations; Antioche avait conclu une trêve avec Saladin.

52. Godefroy-Demombynes, « Une lettre de Saladin au Calife almohade » dans *Mélanges René Basset*, p. 279 *sq.*; Sa'ad Saghloul, « Abd al-Hamid », dans *Bull. of the Faculty of Arts*, Université d'Alexandrie, VI-VII, 1952-1953. Ibn al-Athîr mentionne à la fin de l'année 603 la mort d'un ambassadeur envoyé d'Egypte à « al-Mayruqî », le prince de Majorque des Banu Ghaniya.

53. Monographie presque exhaustive de Angelica Hartmann, *An-Nâsir li-Dîn*

Allâh (1180-1225), 1975. Sivan, « Saladin et le Calife al-Nâsir, dans *Scripta Hierosolymitana* (Studies in History), 1972.

Chapitre 12

1. La connaissance de l'administration a été précisée par les études de H.E. Mayer, fondées sur la diplomatique. Voir aussi, du même, « Das Siegelswesen im der Krüzzerfahrerstaten », *Bayerisch Ak., Phil.-hist. Kl., Abhandlungen* N.F. 83.
2. J'ai traité de cette question dans mon rapport au Congrès Volta de 1956, reproduit dans mes *Turcobyzantina;* voir d'autre part Prawer, Riley-Smith, Smail, etc.
3. *Syrie du Nord...*, p. 465 sq.
4. *Chronique d'Ernoul*, éd. Mas-Latrie, 1871, p. 28.
5. On ne voit pas clairement s'il pouvait y avoir réquisition de main-d'œuvre rurale pour la construction et l'entretien des châteaux (voir *supra*, p. 174).
6. Prawer a démontré que le texte des *Assises des Bourgeois* reproduit pour une large part un coutumier provençal un peu antérieur.
7. Un calife fatimide donne à Usâma b. Munqidh le revenu d'une industrie au Caire.
8. Voir mon « Evolution de l'*iqtâ* », dans *Annales ESC,* 1951, reproduit dans *Peuples musulmans*.
9. Mayer, *Bistümer, Klöster und Stifter in Königreich Jerusalem*, 1977.
10. Prawer, « Etudes de quelques problèmes agraires et sociaux d'une seigneurie croisée au XIIIe siècle », *Byzantion*, 1952.
11. Sur toute les questions précédentes, voir mon article du *Bull. de la Fac. des Lettres de Strasbourg* de 1952, reproduit dans mes *Turcobyzantina;* mon rapport à la Société Jean Bodin, Congrès de Varsovie, 1975, sous presse; mon article « le régime des impôts en Syrie », dans *JESHO*, 1975; Jean Richard a depuis longtemps rédigé, pour l'*History of the Crusade*, vol. 5, un chapitre dont le texte, mis à jour, doit espère-t-on, paraître prochainement; voir Prawer cité *supra*.
12. Riley-Smith, « Some lesser officials in Latin Syria », *Engl. Hist. Rev.,* janv. 1972.
13. Voir mes « Mouvements populaires... », dans *Arabica*, 1958, et séparément 1959; Peter von Sievers, « Military, merchants and nomads in the Syrian cities and countryside 780-969 », dans *Der Islam*, 1979.
14. Congrès Volta.
15. *Syrie du Nord...*, p. 462.
16. A la rigueur, il se pourrait que le nom ait existé dans la Chypre byzantine soumise aux influences arabes, mais nous connaissons trop mal le passé de l'île pour pouvoir rien en dire.
17. Sur l'esclavage en pays chrétien médiéval, voir surtout les travaux de Charles Verlinden.

Chapitre 13

1. Voir *supra*, ch. V.
2. Michel le Syrien, utilisé dans *Syrie du Nord...*, p. 562 sq. Il y avait en particulier dans l'Anti-Liban, autour de Damas, de vieux pèlerinages locaux fréquentés indifféremment par les chrétiens indigènes et les musulmans, et l'on peut admettre que des Francs aussi s'y associèrent, puisqu'un poème latin est consacré à celui de Saïdnaya (J. Raymond sur N.D. de Sardenay). Devos, « Les plus anciennes versions occidentales de la légende de Saïdnaya », *Analecta Bollandiana*, 65, 1957. D. Sourdel, « Rûhin, lieu de pèlerinage, musulman de la Syrie du Nord au XIIIe s. », *Syrta* 30, 1953 pp. 89-107.
3. *Syrie du Nord...*, p. 561. Ne pas exagérer : hormis l'Eglise arménienne de Cilicie, il n'y a aucune trace d'influence mutuelle.
4. *Syrie du Nord...*, loc. cit., en particulier le récit de Bar Hebraeus sur les « Frères ».
5. Voir *supra*. R. Christ. Schuringer, « Kreuzzugeideologie und Toleranz »,

Studien für Wilhelm von Tyrus, Stuttgart, 1977.
  6. Voir P. Kritzcek, « *Peter the Venerable* », *supra*.
  7. La réponse à cette question dépend du siècle où l'on fait vivre le polémiste de langue grecque Barthélemy d'Edesse (voir mon article dans les *Mélanges Gardet-Anawati*), et l'évêque melkite de Sidon, Paul d'Antioche (P. Khoury, *Paul of Antioch*, 1964). J'incline personnellement à placer l'un et l'autre, qui ne font aucune allusion aux Francs, au XIe siècle : Paul dit avoir été à Amalfi, ce qui est possible au XIIe siècle, mais plus vraisemblable au XIe; il paraît ignorer aussi bien les Latins que les Arméniens d'Orient (mais cf. *infra*); il écrit en arabe, ce qui pour un melkite est possible depuis le Xe siècle (voir *infra*); seul terminus *post quem* sûr, il connaît Elie de Nizibe. Mme Lazarus-Yafey attribue à un copte converti le traité contre les chrétiens longtemps considéré comme de Ghazâlî. Nous ne parlons pas ici de l'Espagne, où notre époque est fertile en polémiques.
  8. Qudama au temps de Saladin les énumères d'une traite parmi les variantes du Christianisme en Orient.
  9. H.E. Mayer, *Latins, Muslims and Greecks in the Latin Kingdom of Jerusalem*, 1981.
  10. Voir l'histoire de la captive franque dans *J.A.*, 1850 II.
  11. *Arabica*, 1978.
  12. Prawer, I, 308.
  13. Parmi les publications générales sur les châteaux, voir surtout R.B.C. Huyghens « Monuments de l'époque des Croisades », dans *Bibliotheca Orientalis*, 1968.
  14. Entre autres études récentes, Goitein, *Méd. Soc.*.
  15. Telle est la raison donnée pour la traduction arabe de Nicon, où il est fait allusion à l'approche des Croisés. Voir Graf, *G. A. C. L.*, II, 1947, p. 64 *sq*. Les événements de la commune d'Antioche montrent qu'il y avait toujours une importante population de rite grec au début du XIIIe siècle, *Syrie du Nord.*, p. 590; voir appendice.
  16. *Revue des Etudes byzantines*, 1970; Jean Richard, dans *Mélanges Dauvilliers*, 1979.
  17. Ed. Huyghens, II, 344, p. 93.
  18. Nuwiri, et E.I.[2]. Voir également ce que nous disons ailleurs sur les « bourgeois ».
  19. Voir mon article dans *Mélange Atiya*, 1973.
  20. Prawer, ch. II, 397.

Chapitre 14

  1. Telle n'est pas la définition toujours donnée, mais voir *Pre-ottoman Turkey*.
  2. J'ai dit jadis que c'était sur le modèle de l'Espagne, mais la chronologie des fondations ne permet pas de maintenir cette affirmation. Il y a eu tentative d'implantation de l'Ordre espagnol de Saint-Jacques en Syrie. Voir *Syrie Nord*, p. 510 *sq*; et Eloy Benito Ruano, « Santiago, Calatrava y Antioquia » (documents), *Annuario de Estudias Medievales*, I, 1964.
  3. Nous connaissons le prix de la construction du château de Saphed au XIIIe siècle (*Studia medievalia*, 1965). Pour la construction, au XIIe siècle, du Fort du Gué de Jacob, il fallut 80 000 dinars. On employait souvent, chez les Francs comme chez les musulmans, des prisonniers de guerre, mais il est certain que l'on réquisitionnait aussi beaucoup de travailleurs sur place, qu'il fallait payer. Cf. R.C.B. Huyghens, *De constructione Saphet*, 1981.
  4. On sait que les archives du Temple ont disparu, ce qui ne permet pas d'écrire de cet Ordre (malgré les légendes nées de son procès sous Philippe le-Bel) une histoire semblable à celle qu'on peut écrire pour les Hospitaliers. Aux actes retrouvés réunis par le marquis d'Albon s'en sont ajoutés quelques-uns plus récemment découverts : voir F. Benoît et Riley-Smith, *English Historical Review*; XXXIV, p. 284-8.
  5. Riley-Smith, « A note on Confraternities in the Latin Kingdom of Jerusalem », *Bull. Inst. Hist. Research*, XLIV, 1971.

6. Cf. Jean Richard, voir ch. X, n° 13.
7. Voir l'ouvrage récent de Marit Kretschmar, *Pferd und Reiter im Orient*, 1981.

Chapitre 15

1. Humphreys, *From Saladin to the Mongols*, 1978, à complèter par l'article du même auteur, « The Emergence of the Mamluk Army », *St. Isl.*, XLV-XLVI, 1977. Voir aussi David Ayalon, « Aspects of the Mamluk phenomenon », dans *Der Islam*, LIV, 1977, 1-2. Très bonne monographie de H.L. Gottschalk, *Al-Malik al-Kâmil*, 1928. Gary Leiser, *The Restauration of sunnism in Egypt and The Madrasas*, 1980. J. Gilbert, « Institutionalization of Muslim scholarship and Professionalization of the Ulamâ in medieval Damascus », *Studia Isl.*, 52, 1980. Mme Hakki, au moment de sa mort, avait presque achevé un inventaire des madrasas syriennes : un manuscrit s'en trouve à l'Institut français de Damas. Pour la période ayyubide, voir les *Mémoires* de Sa'd al-Dîn, traduits dans mes *Peuples musulmans*.
2. Un effort d'organisation économique est peut-être attesté, malgré son caractère privé, par le traité de *hisba* (fonction du *muhtasib,* voir *supra*) de Shayzarî, prototype d'une série d'autres. Il y avait eu des traités analogues en Espagne musulmane un siècle plus tôt, maïs on ne voit pas qu'ils aient exercé d'influence sur Shayzarî. Les textes qui, en Orient, avaient auparavant parlé de la *hisba* avaient un caractère plus théorique et moins technique. Voir aussi plus loin le traité monétaire d'Ibn Ba'ra, les pamphlets de Nâbulsî (mes éditions dans B. E. O.; tome XVI, 1958-60 et B. I. F. A. O., « Histoires coptes d'un cadi ayyubide », 1960, 133-150. On ne voit pas quelle a pu être, sur la politique des premiers successeurs de Saladin, l'influence de la grande famine de 1200-1201, à laquelle nous devons la *Description de l'Egypte* de 'Abd al-Latîf al-Baghdâdî, traduite par Sylvestre de Sacy.
3. Donald E. Queller et Susan J. Stratton, « A century of controversy on the 4 th Crusade », *Studies in Medieval and Renaissance History*, 6, 1969, p. 238-252. *A History of the Crusades*, éd. Setton vol II, 1962. Donald E. Queller, *The fourth Crusade, the conquest of Constantinople*, 1977.
4. Entre autres articles récents : Gerd Hagedorn, « Papst Innocenz III und Bizanz am vorabend der 4 stens Kreuzzugs », *Ostkirchliche Studien*, 23, 1974, p. 3-20 et 105-136. B. Hendrickx, « Bauduin IX de Flandre et les Anges », *Revue Belge de Philologie et d'Histoire* 1971-72. S. Kindelmann, *Eroberung Konstantinople als politische Forderung des Westens in Hochmittelalter*, 1969. E. Kennan, « Innocent III and the first political Crusades, *Traditio* XXVII, 1971. J. Ferluga « Aristocrazia bizantina e crociate agli inizi del seculo XII », *Quellen und Studien für Gerschichte des Östlichen Europa*, IX, Wiesbaden 1977.
5. Soulignons l'absence des Génois et des Pisans.
6. Rappelons que s'y trouvaient Baudouin de Flandre, qui allait devenir empereur, et Boniface de Montferrat.
7.. Le continuateur de Guillaume de Tyr accuse al-'Âdîl d'avoir provoqué le détournement. Aucune des Croisades du XIIIe siècle n'est passée par l'empire latin.
8. B. Hendrickx, « The main Problems of the History of the Latin Empire », *Revue Belge Ph. Hist.*, 52-54, 1974.
9. Angold, *Empire in exil*, 1975.
10. *Pre-ottoman Turkey*, p. 135.
11. Ludger Bernhard, « Die legitimitât des lateinischen Keiserreiches von Konstantinople in Jacobitischer Sicht », dans *Jahrbuch der Österr. byz. Gesellschaft*, XVI, 1967.
12. On a vu que c'est à l'un de ces évêques qu'est due la tardive implantation des Cisterciens. Lorsque bientôt vont arriver les Franciscains et les Dominicains, il s'agira d'ordres dépendant directement de Rome, sans subordination envers le clergé local, qu'il leur arrivera même quelquefois de supplanter. Roncaglia, « Les Frères Mineurs et l'Eglise grecque, *Storia della Provincia di Terra Santa*, 1954.

13. *Lettres*, éd. Huyghens; cf. Morgan, « The meanings of olg french *Polain*, latin *Pullanus, Medium Aevum*, XLVIII, 1.

14. Les Seldjuqides s'intéressent aussi aux itinéraires terrestres, d'où la construction des nombreux caravensérails, qui frappent encore aujourd'hui le voyageur (Erdmann, *Das anatolische Karavansaraiy des 13 J.*, 1961).

15. Cl. Cahen, « Notes pour l'histoire de la Province de Qastamuni », dans *Selcuk Arastirmalari*, 1971.

16. Voir en dernier lieu : Jay Harris Nierman, « Levantine Peace Following the Third Crusade : a new Dimension in Frankish-Muslim Relations », dans *Muslim World*, 1980. Du côté musulman, voir Ibn al-Athîr, *infra*; cet auteur qui s'indignera, lors de l'approche des Mongols, de l'indifférence des princes du temps au devoir de guerre sainte, ne paraît pas s'être autant soucié de la guerre contre les Francs, bien que, jeune, il y eût participé sous Saladin, qu'il n'aimait pas.

17. En 1215, à l'annonce de la croisade prochaine, al-'Âdil fait par précaution arrêter les marchands italiens d'Alexandrie.

18. Ni la cinquième, ni la sixième, ni la septième Croisades ne furent directement provoquées par un désastre, mais seulement par un désir de racheter l'échec des précédentes. On remarquera la coïncidence compréhensible, mais paradoxale, du mouvement de désintérêt des masses occidentales à l'égard de la Croisade, et des développements de la prédication et des règles canoniques la concernant.

19. La croisade de Damiette paraît avoir excité l'activité des devins. Voir *infra*.

20. Certes, le désir de l'empereur d'exercer une autorité effective l'amenait à introduire dans l'Orient latin, franc ou francisé, des éléments italo-germaniques (en particulier l'ordre teutonique), qui devaient être un élément nouveau de difficulté. Mais il ne faut pas voir anachroniquement dans ce comportement, comme quelques historiens français l'ont fait, une espèce d'impérialisme germanique : les conceptions du temps n'impliquaient pas d'idée nationale de ce genre. L'idée première du mariage avec l'héritière du royaume de Jérusalem venait de la papauté, afin d'intéresser Frédéric à l'Orient. Et puis un comte d'Occident, de Flandre, ne portait-il pas à Constantinople un titre impérial émule du sien, et Chypre n'était-elle pas une création anglaise ? Se rappeler que Jean de Brienne, roi de Jérusalem par mariage, et dont Frédéric allait épouser la fille, avait été désigné comme héritier en Sicile de Tancrède, l'ennemi du père de Frédéric.

21. L'empire latin étant protégé de la papauté, Frédéric fut l'allié des Grecs de Nicée.

22. Voir en particulier les sermons de Sibt b. al-Djawzî, à Damas.

23. Voir *J.A*, Septième Centenaire de la mort de Saint Louis, 1970, la lettre de Kirtay citée en appendice à mon article. Frédéric devait jusqu'à sa mort être considéré par les milieux éclairés musulmans comme leur ami. Le principal auxiliaire des Ayyubides dans cette politique fut Fakhr al-Dîn b. Hamawayh, d'une famille iranienne immigrée, en qui le penseur moderne Abbas Iqbal a voulu voir un médiateur entre l'Orient et l'Occident : cité dans *Ettela'at*, juin 1948.

24. Voir le récit que fait, de son ambassade auprès de ce prince, l'historien des Ayyubides Ibn Wâsil.

25. Frédéric pour sa traversée avait utilisé sa propre flotte, sans faire appel aux villes marchandes. Eric Maschko, « Die Wirtschaftspolitik Fried II in Königreich Sizilian », *V. j. S. W. G.* 1966, 3.

26. Ibn Sa'bîn, que Frédéric a interrogé sur la science musulmane, écrivait dans le même esprit à Théodore Lascaris de Nicée. Cependant voir le texte cité dans Brockelmann I, 430 (533). Il y a aussi une correspondance de ce genre entre Lascaris et al-Kâmil en 618, éd. Trieto, 1897.

27. Sur les événements consécutifs à la mort d'al-Sâlih, voir G. Schregele, *Die Sultanin von Aegypten*, 1961. Le musée du Louvre (Collection Rimondon) conserve un document inédit de cette princesse. Voir aussi Cl. Cahen et Ibr. Chabbouh, « Le testament d'al-Mâlik Ayyub », dans *Mélanges Laoust*, B. E. O. 1978.

28. La documentation est presque muette sur le séjour de Saint-Louis en Terre Sainte : silence significatif.

29. Le septième Centenaire de la mort de Saint Louis, en 1970, a donné lieu à diverses commémorations dont, du point de vue oriental, le Colloque publié dans *JA*, 1970. Parmi les travaux récents liés à la Croisade de Saint Louis, citons B.Z. Kedar, « The passenger list of a Crusade ship 1250 : toward the history of the popular element in the 7th Crusade », *Studia Medievalia* 2e ser., XIII 1, 1972. Abu Shâma, *Dhayl*, an 648, raconte que le sultan envoya à Damas un manteau du roi avec ordre au gouverneur de le revêtir pour le montrer au public. A Baalbek, les chrétiens organisèrent un deuil pour la captivité de Saint Louis, et le gouverneur ordonna aux juifs de les battre. On a cru que Louis IX avait exercé en Orient des pouvoirs souverains : aucun texte n'en parle, à l'exception du diplôme portant création d'un évêché à Damiette, mais il s'agit là d'une conquête du roi, et non d'un territoire de l'Orient latin.

30. Il ne faut pas exagérer la signification du martyre de Jean de Ptanidjoït en Egypte en 1209 (Amélineau, « Un document copte », *JA* 1887, 1, p. 113 *sq*.) : il avait, si, l'on peut dire, fait son possible pour arriver à ce résultat.

31. Sur ces œuvres, voir encore les travaux de Nallino, « Libri juridici bizantini in versione arabica-cristiana nei sec. XII-XIII », dans *Rendiconti del Accademi Lincei*, Sc. mor., Seria 6, vol. 1, fasc. 3-4, 1925.

32. Voir J. Richard, *La papauté et les missions d'Orient au Moyen Age*, (XIIIe-XVe s.), 1977. *Syrie du Nord...* p. 678 *sq*. On ne voit pas que les chrétientés orientales (sauf Byzance) aient jamais envoyé de missionnaires, sinon peut-être anciennement, en Asie Centrale, en Inde, en Afrique orientale; de toute manière en pays musulman cela leur aurait été interdit. De leur côté, on ne trouve d'activités missionnaires de la part des musulmans que sur leurs frontières païennes (y compris peut-être un moment en Bulgarie), mais jamais chez les Gens du Livre de l'intérieur ni de l'extérieur.

33. En rapprochant les diverses familles spirituelles, y compris les Assassins.

Chapitre 16

1. Cf. Garcin, *Qus*, p. 400.
2. Cl. Cahen, *L'alun*. Il semble que la réputation du lin d'Egypte ait baissé, le lin d'Europe progressant (cf. Ch. Singer, *A History of Technology*, II, 1956, p. 195). Après la fin du XIIe siècle, on ne rencontre plus aucun commerçant juif dans l'océan Indien, mais les Coptes paraissent y jouer encore un certain rôle; voir dans Makîn b. al-'Amîl (mon éd. dans *B. E. O*), l'histoire du patriarche nommé par al-Malik al-Kâmil, pour le compte duquel il avait commercé.
3. Les projets tardifs de croisade, par ex. Fidence de Padoue, éd. dans Golubovitch, *Bibliotheca*, 1906, soulignent encore que pour vaincre l'Egypte il faut la priver de bois. Par ailleurs Saladin avait fait raser Tinnis (port maritime sur la branche la plus orientale du Nil) pour que des Francs ne pussent s'y installer; et l'on devait pour la même raison, au XIIIe siècle, démanteler Damiette. Les importants ateliers textiles de ces deux villes étaient repliés sur diverses petites localités intérieures du Delta, ainsi qu'à Alexandrie. Des navires égyptiens fréquentaient encore occasionnellement l'Anatolie méridionale.
4. *Pre-ottoman Turkey*, p. 125.
5. Il ne semble pas qu'aucune étude approfondie ait été consacrée aux conséquences commerciales de la chute de Constantinople.
6. « Commerce anatolien », dans *Mélanges Halphen*, reproduit dans mes *Byzantino-Turcica*.
7. Nous ne parlons que de la nationalité des navires; bien des marchands de l'intérieur voyagent avec ceux des ports, Florentins sur navires pisans, Plaisantais sur navires génois etc. Pour Plaisance, voir en dernier lieu la thèse de Sorbonne de Pierre Racine, et pour une période ultérieure, R.H. Bautier, « Relations économiques des Occidentaux avec l'Orient au Moyen Age », *Sociétés et compagnies de commerce en Orient*, 1970. C'est l'époque où pour acquérir à leur tour des privilèges, les nouveaux venus s'en fabriquait de faux anciens; voir H.E. Mayer,

Marseilles Levante Mandel und ein Akkenisches Fälscheratelier das 13. J., Tübingen, 1972. Par contre on interdit maintenant aux juifs de Marseille le commerce en Egypte *(Archives Juives* I, 1970-1971).

8. « Commerce anatolien », *Mélanges L. Halphen*, 1951, p. 96.

9. « Commerce anatolien », p. 96. Ils traitent aussi avec Chypre.

10. *Syrie du Nord*, p. 688 *sq*. Peut-être les indigènes viennent-ils moins dans les ports des Francs.

11. Mon article *l'alun*.

12. Dans la guerre de Saint Saba, 80 navires sont brûlés dans le port d'Acre *(Eretz Israël*, 1954). Auparavant, à l'annonce de la cinquième Croisade, les marchands occidentaux, s'étant vu interdire le port d'Alexandrie, allèrent à Acre, ce dont le roi retira un profit de 120 000 dinars (Abu Shâma, an 613 H., *Dhayl* p. 93.). Il faudrait cependant connaître la nature de ces revenus, puisque les Italiens paraissent exemptés de droits de douane. Cf. *infra* nos remarques sur le marché d'Acre. De toute manière, que le commerce, selon les années, se soit tourné plus ou moins vers l'Egypte ou vers l'Orient latin, n'en modifie pas le volume global. Il est question dans Martène, *Amplissima Collectio*, 5, p. 640, d'un marchand ayant fréquenté aussi bien le port d'Acre que les foires champenoises. Lestoquoy, *Les villes de Flandre*, p. 56, parle d'un seigneur de Malines qui aurait commercé jusqu'à Damas et Alexandrie; il semble ne s'agir en réalité que d'une participation à la Croisade de Damiette.

13. Au XIIIe siècle, les Pisans paraissent jouer en Orient un rôle diminué, de seconds de Venise; ce déclin deviendra irrévocable à la fin du siècle, après le désastre de la Meloria, où ils perdront leur flotte détruite par les Génois. Pise souffrait sans doute de la croissance de Florence, bien que tous les Toscans dussent encore s'embarquer sur navires pisans. C'est peu avant la Meloria qu'est rédigé à Pise « le plus ancien manuel italien de technique commerciale » (R.S. Lopez, *Rev. Hist.*, 1970-1.)

14. Fred. Lane, *Economic meaning of the invention of the compass*, attribue les développements pratiques au dernier tiers du siècle, où ils facilitèrent les traversées d'hiver.

15. Voir les articles de Prawer et Cl. Cahen dans *Revue Historique du Droit*, 1963. Dans *Assises des Bourgeois de Jérusalem*, ch. CCXLII-CCXLIII.

16. J. Riley-Smith, « Governement in Latin Syria and the Commercial Privileges of Foreign Merchants » in D. Baker, éd., *Relations between East and West in the Middle Ages*, 1973.

17. Jean Richard, « Les Mossoulitains », *Orient Syrien*, 1965. Les Mossoulitains sont encore connus de Marco Polo.

18. Ibn al-Athîr, Atabek dans *R. H. Cr. Or.* III, p. 281.

19. Kamal al-Dîn b. al-Adîm, *Bughya* IV, ms. d'Istanbul, 269 verso; 272 verso; Ibn Assa'î, éd. Anastase Marie, *passim*; Dhahabî, *Histoire*, ans 604, 612, 614, 616... (ms. Paris, arabe 1582), 212 recto, etc; Ibn al-Mudjawir, p. 233; Djazzarî, an 630 dans *Oriens*, (compte-rendu du livre de Sauvaget cité *infra*), 1951; *idem*, Analyse Sauvaget, n° 124, etc. Rappelons que le géographe Yâqût, ex-prisonnier byzantin, avait été employé pour le commerce à grand rayon (par ex. à Qish) par son maître musulman de Hama. Des Harranis sont connus à Bagdad, mais dans l'ensemble les marchands bagdadiens sont cités pour leurs voyages seulement vers l'Extrême-Orient (par terre).

20. Communication d'Oleg Grabar. Voir dans *Sumer*, VII, 1951, l'article de S. Deweji, « Sinâat al-Mawsil ».

21. Les mines de cuivre du Diyar Bakr exportaient dans toute la Mésopotamie; elles sont déjà actives au XIIe siècle (Ibn al-Azrâq, Histoire de Mayâ Fâriqîn), et probablement longtemps avant.

22. Maqrîzî, *Traité des monnaies*, connu en Europe depuis Sylvestre de Sacy, dernière édition par Daniel Eustache dans *Hespéris*.

23. Des monnaies arabes chrétiennes ont été frappées pendant le séjour de Saint Louis; des monnaies ordinaires de l'Orient latin ont été trouvées en Grèce, et des textes en signalent à Gênes et à Venise (Misbach, « Genovese commerce and the alleged flew of gold to the East 1154-1253 », *Rev. Intern. d'Histoire de la*

Banque, III, 1970, 67-87), qui peuvent avoir été refondues. Le cours du dinar *sûrî*, au temps d'Ibn Ba'ra, était d'environ 1/3 inférieur au dinar légal musulman, mais non aux diverses espèces de dinar circulant effectivement.

24. Ibn Ba'ra, éd. Fahny, p. 60. Cahen, Colloque de Princeton 1974, publié dans Udovitch, éd., *Studies in Economie and Soc. History*, 1981.

25. Ibn al-Fuwâti, probablement d'après Ibn Assa'î, signale qu'en 645 à Bagdad on suspend la frappe des dirhems, qui étaient trop nombreux et nuisaient à l'or; le cours en était de 12 dirhems au dinar; on ordonna la frappe de dirhems au cours de 10 au dinar, et finalement de 11 1/2. Cela montre au moins un certain désordre.

26. Al-Nâbulsî, mon édition *B. E. O.* On ne voit pas ce qui aurait pu interrompre vers 1240 l'arrivée en Orient d'or du Soudan.

27. Il faudrait vérifier si l'Orient latin a encore frappé d'or après le milieu du siècle.

28. Il faut tenir compte aussi des monnaies arméniennes de Cilicie : voir Bédoukian, dans *Revue des Etudes arméniennes*, 8, 1971; K.A. Jacob, « The coins of Cilician Armenia », *Numismatic Intern. Bull.*, mars 1981, 69-82.

Chapitre 17

1. J. Richard, « Les Mongols et les Francs », *J. of Asian History*, III, 1969, p. 45-57; *idem*, « Les causes des victoires mongoles d'après les historiens occidentaux du XIIIe s. », *Central Asiatic J.*, XXIII, 1-2, 1979. C.W. Connell, « Western views of the origine of the Tartars : influence of myth », *J. of medieval and Renaissance Studies*, III, 1973.

2. Pour la bibliographie générale il suffira de renvoyer au chapitre de Boyle dans *Cambridge History of Iran*, vol. 5.

3. Voir *Syrie Nord*, p. 712.

4. Voir *supra*.

5. Voir Jean Richard.

6. Voir *supra*.

7. L'historien Al-Makîn, copte alors à Damas, devait passer plusieurs années en prison après le retrait des Mongols, parce que soupçonné de compromission avec eux; voir *E.I.²*, *Al-Makîn*.

8. Il y a eu profit temporaire aussi pour les Géorgiens et pour les Arméniens de Grande Arménie, chez qui se produit une vraie renaissance littéraire; il faut signaler aussi l'importance économique, et un peu politique, de la ville arménienne d'Erzindjan, en Asie mineure orientale. Nous constatons que les espoirs placés par ces chrétiens dans les Mongols contrastent avec l'indifférence avec laquelle ils avaient considéré les Croisés, évidemment moins forts.

9. B. Spuler, *Die Mongolen in Iran*, 2e éd., 1960, et *Die Goldene Horde*, 1943.

10. Voir en dernier lieu W.H.C. Frend, « Nomads and Christianity in the Middle Ages », *J. Eccles. Hist.*, 26, 1975, pp. 209-221.

11. Sur le caractère impitoyable des luttes, voir par ex. l'épisode du massacre des habitants d'un village chrétien en représailles du rapt d'enfants musulmans (*J.A.*, janv-mars 1922, p. 76-80). C'est aussi l'époque où s'organise l'espionnage : voir par ex. le récit de Qirtaï, dans *J.A.* 1937. Cela n'empêche pas les habiles des deux camps de continuer à se livrer à quelques commerces louches, voir Appendice.

12. Nous ne pouvons faire ici qu'allusion à la deuxième Croisade de Saint Louis, celle de 1270 à Tunis, où il mourut. On a beaucoup discuté, sans conclusion bien assurée, sur le rôle que joua Charles d'Anjou. Voir entre autres les textes des colloques tenus à l'occasion du Septième Centenaire de la mort de Saint Louis; puis Renato Lefèvre, *La crociata di Tunisi del 1270 nei documenti del distrutto archivio angioino di Napoli*, Roma 1977; Jean Longnon, « Charles d'Anjou et la Croisade de Tunis », *Jour. des savants*, 1974, 44-61. Sur la Croisade des barons anglais plus ou moins connexe de celle de Louis IX, voir Be. Beebe, « The English baronale and the Crusade 1270 », *Bull. of the Inst. of Historical Research*, XLVIII, 1975.

13. Bibliographie des rapports avec Constantinople : Canard, « Un traité entre Byzance et l'Egypte au XIIIe siècle et les relations diplomatiques de Michel VIII Paléologue avec les sultans mamluks Baybars et Qalâ'ûn », *Mélanges Gaudefroy-Demombynes*, 1937.

14. Cela ne veut pas dire qu'il n'ai pas eu jusqu'au bout une activité économique et culturelle, mais voir *infra*. Au mieux l'Orient latin n'est plus pour les Occidentaux qu'un marché entre d'autres pour leur commerce; ils n'avaient d'ailleurs éprouvé nul besoin de s'y faire renouveler aucun privilège. La chute de la Syrie latine n'est pas leur fait, mais on ne peut pas dire qu'ils s'en soient beaucoup inquiété. Il est probable que les renseignements contenus dans la *Pratica de la Mercatura* de Pegolotti, éd. Evans, bien qu'en gros rapportés aux environs de 1330, peuvent quelquefois s'appliquer à Acre latine. Au lendemain de la reconquête mamluke, on trouve en Syrie des domaines ou districts qualifiés de *mafsûl*, mot que le polygraphe de ce temps Nuwarî nous dit formé sur la racine « F. S. L. », c'est-à-dire le franc « vassal ». L'explication la plus facile serait que à mesure de la reconquête mamluke, de petits vassaux du Royaume se seraient soumis aux nouveaux maîtres moyennant reconnaissance du statut qu'ils avaient eu sous le régime franc.

15. Jean Richard, *La papauté et les missions d'Orient au Moyen Age*, 1977. G.G. Gusman, « The encyclopedist Vincent of Beauvais and the Mongols », dans *Speculum*, 1974.

16. Guillaume de Tripoli, dans Prutz, *Kulturgeschichte der Kreuzzüge*, 1883. Ricardo de Monte Cruce, éd. Monneret de Villard. En sens inverse, on verra le patriarche nestorien Mar Jaballaha visiter Paris sous Philippe le Bel (voir sa vie par Mar Barsauma, éd. trad. Blochet). J.M. Fiey, « Chrétiens syriaques entre Croisés et Mongols », *Symposium Syriacum*, dans *Orientalia Christiana Analecta*, n° 197, 1974, p. 327-341. Francis M. Rogers, *The quest for Eastern Christians, travels and rumors*, Minneapolis, 1962.

17. Thomas A. Noonan, « Suzdalian Eastern Trade in the century before the Mongol », communication at the Southwest Slave Association, Denver, Colorado 1977, a montré que les routes préexistaient aux Mongols; sans doute n'avaient-elles jamais été totalement interrompues.

18. R.S. Lopez, « European Merchants in the Medieval Indies : the evidence of commercial Documents », *J. of Economic History*, vol. III, n° 2, 1943 ; « Nuove luci sugli Italiani in Estremo Oriente prima di Colombo », *Studi Colobiani*, 3, Gênes 1952. Sur Isol le Pisan, voir Pelliot, « Mélanges sur l'époque des Croisades », *Mémoires Académie des Inscriptions*, 44, 1951.

19. Cela résulte des fouilles sur la côte d'Afrique orientale de Kirkman, Chittick, etc; Archibald Lewis, « Maritime Skills in the Indian 1368-1500 », dans *J.E.S.H.O.*, XVI, 1973. H. Franke, « Westöstliche Beziehungen im Zeitalter der Mongolen Herrschaft », dans *Saeculum*, XIX, 1968, p. 92 *sq*.

20. Sur la reprise momentanée de Samsun et Sinope par les Byzantins, voir Marie Nystazopoulou Pelikidès, « La mer Noire du XIe au XVe siècles », dans *Thésaurismata*, VII, 1970, p. 15-51.

21. Les esclaves destinés à l'Egypte ennemie des Ilkhâns ne pouvaient être acheminés que par voie de mer. Ne jetons pas la pierre aux Génois : les Marseillais avaient fait pis avec la Croisade des enfants. Sur toutes ces questions, voir en dernier lieu Michel Balard, *La Romanie génoise*, 2 vols, 1980.

22. D'où un renouveau passager de l'Eglise grecque en Anatolie, *Pre-ottoman Turkey*, p. 327.

23. Les vénitiens font peut-être à Acre un effort pour compenser en partie leur recul dans la mer Noire. Cf. Jacobi, « L'expansion occidentale dans le Levant; les Vénitiens à Acre dans la seconde moitié du XIIIe siècle », dans *Journal of medieval History*, 1977; *idem*, « Crusader Acre in the 13 th C... », *Studi Medievali*, XX, 1979. Tout cela n'empêchait pas, en Méditerranée orientale, les premiers exploits du Génois Benedetto Zaccharia, Cf. R.S. Lopez., *Genova marinara nell Duecento : Benedetto Zaccharia*, 1933.

24. Où, il est vrai, il n'y avait plus de Génois. P. Holt, « Qalawn's Treaty Geneva 1290 », *Der Islam*, 57, 1980, p. 101-108; *idem*, « The treaties of the early

Mamluks with Frankish States », dans *B. S. O. A. S.* XLIII, 1980, p. 67-76.

25. Ibn 'Abd al-Zâhir, *Tashrîf*, trad. dans Michaud et Reynaud, *Bibliotheca*, 560 *sq*. Cela n'empêchait d'ailleurs pas, à la même époque, quelques notables de l'Etat mamluk d'entretenir avec certains Francs des rapports louches. Voir appendice.

26. C'est à cette époque que les notaires génois décident d'accorder valeur aux contrats d'affaires rédigés en pays arabes en arabe; Gabriella Airoldi, « Genovesi nel mundo islamico : carta sarracina e carta in arabico », *Critica Storia*, mars 1972. Signalons qu'il existe un livre de comptes d'un capitaine de navire à Acre, éd. Navarre 1806, dont J. Prawer s'occupe.

27. H. Buchtal, *Miniature Painting in the Latin Kingdom of Jerusalem*, 1957; Folda, *The Crusaders Mss. illuminated at Acre, 1275-1291*, 1976. Runciman, III, p. 367 *sq*, établit que des manuscrits crus siciliens sont des Francs de Syrie.

28. Nous voyons les *kârimîs* intervenir même à Alexandrie, donc en Méditerranée; voir par ex. Suqâ'il, éd. J. Sublet, biographie n° 218; signalons même, bien que plus tardive, leur présence dans quelques documents vénitiens du XIVe siècle; note de Robert Naura dans *J.E.S.H.O.*, 1960. Si l'on en croit Ibn Wâsil cité par Labib, *Handelsgeschichte*, les marchands de l'océan Indien au temps de Qutuz, prédécesseur de Baybars, se seraient arrêtés à Aden en raison des taxes mises par le sultan sur le port d'Aydhab, porte ordinaire du commerce yéménite en Egypte. Ces taxes avaient été supprimées sous Baybars.

29. Les récentes fouilles de l'Institut français de Damas à Rahba montrent cependant que cette ville existe encore (ou de nouveau) au XIVe siècle.

Conclusion

1. Il faudrait étudier la nature et les conditions des emprunts faits à la Chine et à l'Inde, voire à la Malaisie. Les marchands du Proche et du Moyen Orient ont rapporté de leurs voyages les produits qu'ils allaient chercher, et quelques plantes qu'ils acclimatèrent chez eux, avant de les transporter jusqu'en Espagne. Mais peut-on dire qu'ils aient connu les Chinois au point d'assimiler quelque chose de leur civilisation? Même sur un plan technique, c'est le hasard de la capture de prisonniers chinois qui leur a fait connaître le papier. Dès avant l'Islam, l'Iran et Byzance avaient introduit chez eux les techniques de la soierie, mais il faudra attendre les Mongols pour connaître le thé. Les céramistes du Proche-Orient se sont inspiré des céramiques chinoises importées, mais ont-ils connu la porcelaine? Avec l'Inde, les rapports ont pu être plus profonds, par la frontière iranienne, et c'est ainsi que les chiffres indous devinrent nos chiffres arabes. On a décelé aussi, mais hypothétiquement, certaines influences bouddhistes. Tout cela est vrai, mais il ne faut pas l'exagérer.

2. Il y a une certaine concordance entre la résistance aux influences étrangères et la lutte intérieure contre les hérésies. Lutte dont, d'ailleurs, l'Occident présente le parallèle, des Albigeois à l'Inquisition.

3. Voir p. ch. II.

4. Le développement est souligné par l'abondance des constructions nouvelles parmi lesquelles des *khâns*; voir dans E.I.² les articles *Dimashq* et *Halab*, avec en particulier les travaux de J. Sauvaget auxquels ils renvoient.

5. Sur le plan culturel, remarquons que le prince auteur du *Midmar*, le juriste et historien Ibn abi'l-Dam, les historiens Ibn Natif et Ibn Wâsil et, sous les Mamluks, le prince historien et goégraphe Abu'l-Fidâ, sont tous nés ou ont vécu à Hama. Sur le *Midmar*, voir ma contribution aux *Mélanges Prawer* (sous presse); pour Ibn Natif l'édition en fac-similé par Gryaznevitch, Moscou, 1960.

6. L'expression *Harb al-Salîb*, « Guerre de la Croix », par laquelle les auteurs arabes modernes désignent la Croisade, est une traduction moderne ignorée des auteurs anciens.

7. Notons que les Latins de Constantinople ou de Grèce ne traduisirent guère alors d'ouvrages grecs : le mouvement parti d'Italie, plus tard, avec la participation d'exilés byzantins.

8. On ne peut accorder qu'une valeur anecdotique à l'épisode raconté par

Joinville de la rencontre par Saint Louis d'un aède champenois converti à l'Islam (peut-être un ancien prisonnier). Les liens des Francs d'Orient avec l'Occident sont attestés par le fait que des deux côtés on adopte au même moment le français comme langue littéraire, tendance peut-être accentuée par la participation majoritaire des laïcs aux événements.

9. D'un côté la présence franque dans une partie de la Syrie ne put qu'accentuer la tendance au morcellement (certains groupes indigènes, tels les Druzes du Gharb, étant à cheval sur les frontières politiques); en revanche la lutte contre les Francs, puis contre les Mongols, renforça la tendance à l'unification politique.

10. Contacts qu'atteste par ex. le fait que les *Assises de Romanie* sont largement inspirées de celles de Jérusalem.

11. Les pédagogues modernes nous ont habitués à compter huit Croisades, sans parler de celles qui, n'ayant plus pour but la Terre Sainte, sont classées à part (XIVe-XVe siècles). Cette numérotation est gratuite, car il y eut d'autres expéditions dont les membres eurent aussi le privilège de la Croix. Je ne pense pas, par contre, qu'il y ait lieu d'élargir l'appellation de croisade à des entreprises distinctes, telle la Reconquista espagnole, comme fait le père Burns dans les travaux par ailleurs remarquables qu'il a consacrés à celle-ci.

12. Sur quelques points du Droit canon liés aux Croisades, voir par ex. J.A. Brundage, *Medieval Canone law and the Crusades*, 1969. De toute façon l'élaboration de ce Droit est relativement tardive.

13. Les principaux travaux sur *Le deuxième cycle de la Croisade* sont ceux de Mme Duparc et des américains R.F. Cook et L.S. Crist. Il est amusant de constater que les contacts n'ont nullement empêché l'apparition de romans sur Mahomet (Alexandre du Pont et Gautier de Compiègne), ou sur des héros musulmans tel que Saladin; il n'y a par contre aucun roman épique, en Orient, sur les Croisades, ni même sur un champion de la lutte contre les Croisés comme Saladin. Le *Roman de Baybars* a été composé très postérieurement, pour réchauffer le zèle des Mamluks contre les Ottomans.

14. *Syrie du Nord*, p. 572 sq et dans *Le Moyen Age*, 1950. La *Chanson des Chétifs* est en cours d'édition par Myers.

15. Peut-être tirerait-on des conclusions en étudiant les courbes de prix : voir Ashtor, *Histoire des prix et des salaires dans l'Orient musulman médiéval*, 1970 (qu'il faut contrôler).

16. M. Spinka, « The effect of the Crusades upon Eastern Christiany », dans *Environmental Factors in Christian History*, éd. V.T. Mac Neill, Chicago 1939, p. 252-272. D'après l'*Histoire des Patriarches d'Alexandrie*, le patriarche melkite en l'an 612/1215 s'oppose à une coutume liturgique qu'il croit latine, d'ailleurs à tort.

17. On attribue souvent à une initiative d'un prince d'Irbil, au début du XIIIe siècle, la diffusion en Islam de la fête anniversaire de la naissance de Mahomet (*Mawled*), comme riposte aux chrétiens qui accusaient les musulmans de douter eux-mêmes de la vertu du Prophète, puisqu'ils ne célébraient pas sa personne. De toute façon, ce ne sont pas les Latins qui ont introduit en Orient la fête de Noël.

18. Ibn Qudâma, dans son grand traité juridique, est un des rares à citer les Francs comme une des catégories des chrétiens mais d'un mot et sans insister, à côter des Samaritains et autres! On ne voit pas non plus que le voisinage latin ait modifié les relations entre musulmans et chrétiens, ou entre chrétiens des diverses Eglises Orientales, pas plus que l'atmosphère du *djihâd* n'a modifié le rythme des conversions.

19. On a suggéré que les idées colportées sur le paradis musulman viennent de récits des « Assassins ».

20. Voir les travaux de Cerulli, par ex. pour la diffusion de *La légende de Marie*. Pour l'influence de l'Echelle de Mahomet sur Dante, établie par Cerulli, voir plus récemment Peter Wunderli, dans *Romanica Helvetica*, 77, 1966.

21. Meyerhof, « Von Alexandrian nach Bagdad », dans *Sitzb. Pr. Ak.* 1930.

22. *Supra* ch. 15.

23. Idrîsî a entendu parler de l'Europe par les Normands, mais rien ne permet de penser que son œuvre ait été connue en Europe, où les connaissances géogra-

phiques restent purement traditionnelles.
24. Voir la série de publications d'Anita Engle, sous le titre « A glâss in history », Jerusalem, depuis 1975, Phœnix publications.
25. Je ne connais pas K. Weitzmann, « XIII th cent. Crusader icons in Mount Sinaï », *Art Bulletin*, 45, 1963.
26. Voir dans E.I.[2], l'art. *Kabâla*.
27. Voir les études de vocabulaire de Kunitsch, en particulier « Are there oriental elements in the Tristan Story? », dans *Romanica*, 39, 1980, p. 73-85. Sur les emprunts de technique commerciale en général, voir Ashtor, « Banking instruments between the Muslim East and the Christian West », *Journal of European Economic History*, I, 1972, p. 553-573.
28. Les poètes arabes d'Espagne avaient recueilli quelques traditions populaires hispano-wisigothiques, avant d'influencer eux-mêmes les troubadours; mais de ceux-ci ils ne se soucièrent pas.
29. Il faudrait évoquer ici les racontars diffusés à l'occasion du procès des Templiers : sans doute certains savaient-ils l'arabe, quelques-uns peut-être étaient de souche indigène; mais tout le reste est de l'ordre des légendes intéressées.
30. On ne voit pas que les Arabes, en général, aient cherché à apprendre le latin ni le français. En milieu copte cependant, sans doute à cause des rapports noués pour le commerce, on possède un vocabulaire français; voir Gaston Maspéro, « Le vocabulaire français d'un copte du XIIIe s. », *Romania*, XVII, 1888, p. 481-512. Il ne semble pas que les miniaturistes ou céramistes musulmans aient beaucoup représentés de Francs dans leurs œuvres (peut-être cependant une céramique au British Museum : communication de Oleg Grabar). On a trouvé à Damas quelques manuscrits arabes écrits au dos de manuscrits latins : butin, en marchandise récupérée, dont on ne peut conclure à aucune curiosité.
31. C'est à l'aube du mouvement missionnaire que se situe, exemple apparemment unique, la traduction par Philippe de Tripoli du *Sirr al-Asrâr (Secreta secretorum)*, ensemble de récits et de conseils attribués à Aristote et à Alexandre, dont la vogue était grande en Orient et devait l'être, mais un peu plus tard, en Occident. Le *Roman d'Alexandre* était connu depuis l'Antiquité, aussi bien en Occident qu'en Orient (où il atteignit la Chine et la Malaisie), mais on ne semble pas s'être demandé s'il y a eu influence des versions orientales et occidentales les unes sur les autres. Sans avoir atteint les développement que nous leur connaissons aujourd'hui, *les Mille et Une Nuits*, sous une forme inachevée, circulaient en Orient, mais on ne voit pas qu'elles aient alors atteint l'Orient latin ni l'Europe. Le recueil de fables indo-iraniennes traduit en arabe sous le titre de *Kalila et Dimna* avait pénétré en Occident, mais par l'Espagne. L'Orient latin ni l'Occident ne semblent avoir rien connu des romans chevaleresques arabes, même de ceux où l'on parle un peu des Francs (voir *supra*).
32. Un certain Bienvenu de Jérusalem (première moitié du XIIIe s.) aurait exercé la médecine en Italie, en France et en pays arabe; Cf. *Mémorial Bossuat*, p. 50 *sq*.
33. Voir la traduction de cette partie de l'œuvre de Rashîd al-Dîn par K. Jahn. Le chrétien monophysite Bar Hebraeus, qui achève dans la même ambiance sa grande *Histoire*, a dans sa jeunesse visité Tripoli, mais on ne voit pas qu'il en résulte rien dans son œuvre.
34. Pour quelques autres auteurs indigènes de l'époque, surtout melkites, voir Graf, 71 *sq*.
35. Il y aurait eu lieu d'introduire dans cette discussion les problèmes parallèles posés par les contacts latino-byzantins. Les conditions sont trop différentes, sans parler du décalage chronologique, pour que nous osions même esquisser une comparaison. On pourra y être aidé par Geanakoplos D.J. *Medieval western civilization and the byzantin and islamic world,* 1979; rappelons que c'est probablement aux chrétientés d'Orient et à Byzance que l'Angleterre a emprunté Saint Georges, qui avait eu en Orient plusieurs avatars.
36. En particulier Gérard de Crémone; voir N. Daniel, 272.
37. Entre autres articles, citons M. Jensen et R.L. Reynolds, « European colo-

nial experience, a plea for comparative studies », *Studi in honore Luzzato*, 1950; l'ouvrage de Josuah Prawer, *The Latin Kingdom*, porte comme sous-titre : « European Colonialism in the Middle Ages ».

38. Diverses familles nobles d'Occident, au Moyen Age ou sous Louis XIV, pour s'assurer un ancêtre remontant aux Croisades, en ont fait introduire le nom dans les chroniques ou les romans. De même des villes marchandes ont voulu faire remonter, parfois même plus haut que la Croisade, leurs relations avec l'Orient, par ex. Montpellier avec Ascalon.

Document 2

1. Les sources auxquelles Ibn al-Athîr emprunte le récit des événements propres de la Croisade connaissent parfaitement les divers chefs francs. Mais dans la tradition qu'il introduit ici *a posteriori* pour expliquer la Croisade, Baudouin, dont le nom a été porté après lui par quatre autres rois de Jérusalem, est devenu comme le prototype du prince franc. Inutile de rappeler que Baudouin 1er n'était qu'un chef entre bien d'autres, et ne passa jamais en Italie; s'il avait des parentés normandes, il n'en avait pas avec les Normands d'Italie.

2. La tradition d'Ibn al-Athîr confond aussi les divers Roger de Sicile : Roger 1er le conquérant était mort, Roger II non encore né.

3. Le chef turcoman non seldjuqide Atsîz avait conquis Jérusalem en 1071, Damas en 1074, et avait envahi l'Egypte en 1075. Par suite, ces Etats devaient être incorporés à l'empire seljuqide.

4. Si ce raisonnement ici est invraisemblable, il peut avoir été fait réellement lors de l'apparition des Francs en Syrie septentrionale.

5. Il est possible que ce récit ait en partie une source sicilienne ou maghrébine; en tout cas il exprime parfaitement la politique normande à l'égard des musulmans du sud. Par contre il n'y a évidemment rien à retenir de l'idée que la Croisade proviendrait de la volonté de détourner la politique franque vers l'Orient, si ce n'est que d'aucuns cherchaient à expliquer ainsi l'expédition, comme d'autres à Byzance par l'initiative d'Alexis Comnène.

Document 3

1. Luc 7, 16. – 2. Hebr. 13, 5. – 3. Act. 11, 26. – 4. Ps. 78, 19, 113, 2. – 5. Ps. 28, 11. – 6. 4 Rois 7, 11. – 7. Ps. 29, 2.

8. On remarquera que le bon moine ne paraît pas avoir entendu parler de la sainte Lance.

Document 4

1. Prince de la dynastie locale des Banu 'Ammâr, qui avait entrepris une tournée pour chercher du renfort contre les Francs.

2. Forteresse du Moyen Oronte appartenant à la famille des Munqidhites connue par l'écrivain Usâma, shi'ite alors comme les Banu 'Ammâr.

3. Les traditions attribuées au Prophète.

4. Belles-lettres.

5. C'est-à-dire, des shi'ites duodécimains par opposition aux ismâ'iliens fatimides.

6. Sidon.

Document 5

I

1. L'Ifriqiya (la Tunisie).

2. On ne voit pas clairement dans le texte suivant si les bandes dont il s'agit

sont les envahisseurs turcs de la Palestine ou déjà les Croisés dont on va reparler ensuite.

3. Il s'agit vraisemblablement d'une allusion rétrospective à la révolte de Nizâr, le fils de calife al-Mustansir éliminé au profit de son frère al-Musta'lî, mais auquel devaient rester fidèles les isma'iliens de la branche appelée « Assassins ».

4. Par sultan on entendait à cette époque vizir, chef effectif du gouvernement et de l'armée. A ce moment, le « sultan » est l'arménien converti Badr al-Djamâlî.

5. L'auteur de la lettre ne parle pas de l'incendie de la synagogue attesté par les sources musulmanes.

6. Il s'agit maintenant d'al-Afdal, fils de Badr.

7. La lettre semble donc avoir été écrite lors de la dernière tentative d'al-Afdal pour reprendre la Palestine en 1102.

II

1. Place frontière restée aux mains des Egyptiens.

2. Vu la faible participation des Allemands à la Croisade il s'agit probablement des « Lorrains » de Godefroy de Bouillon, sujets de l'Empire.

3. Prix normal traditionnel d'un esclave mâle sans qualification particulière.

Document 6

1. Josselin de Courtenay, seigneur de Tell Bâchir, 1108, régent d'Edesse pendant la captivité de Baudouin de Bourg.

2. Ancien gouverneur de Mossul.

3. Prince d'Alep.

4. Avant le récit reproduit ici.

5. Dans l'extrême nord de la Syrie disputée entre Antioche et Edesse; le seigneur de Mar'ach était alors Baudouin, bien connu.

6. Ce texte est reproduit ici parce qu'il est un des rares témoignages d'un récit arabe directement tenu d'un informateur franc; peut-être la source est-elle l'histoire des Francs de Hamdan b. 'Abd al-Rahîm (voir *Supra* p. 81).

Document 7

1. Si à cette date on ne connaît pas de membre de la famille des Embriachi dont le prénom commence par un G., l'importance de cette famille dans le commerce génois d'Orient est bien attestée.

Document 8

1. Il s'agit à cette date de l'attaque d'Amaury, frère du roi de Jérusalem Baudouin III, contre Ascalon.

2. Pour tout ce qui précède voir mon article « Douanes et commerce », dans *JESHO* 1965 = *Makhzûmiyât*, et *supra* ch. IX.

Document 10

1. Il s'agit des suites de la deuxième prise d'Edesse en 1146 par Nûr al-Dîn.
2. Mal identifié.

Document 11

1. Cette lettre, envoyée apparemment par un homme d'assez humble condition, client d'un notable d'ailleurs également inconnu, Mu'izz al-Dawla, doit avoir été écrite après une défaite de Saladin par les Francs, probablement celle de

1183 ; en effet aucune troupe égyptienne n'a été emmenée en Syrie avant Saladin, et après 1188 Nâbulus/Naplouse n'appartient plus aux Francs.

2. Quartier du Caire.

3. Le fait que cette lettre d'un musulman a été trouvée parmi les papiers de la Geniza suggère que la famille du prisonnier avait contracté pour sa rançon un emprunt auprès d'un juif.

Document 12

1. Cette lettre est une lettre juive qui, au formulaire près, n'a rien de spécifiquement juif, mais dont il a dû exister bien des équivalents dans toutes les communautés. La découverte de la Geniza fait seulement que nous pouvons la citer ici, et non d'autres, comme typique pour toutes.

2. Le mot ici signifie non syrien.

3. Les juifs.

4. Raymond III de Tripoli dont il est question ici revint de captivité en 1173-74, et Eschive, sa femme resta maîtresse de Tibériade jusqu'à la prise de la ville par Saladin en 1187; la lettre doit donc avoir été écrite entre ces deux dates. Cf. Prawer I 531, 583, 586, 649.

5. La lettre ne nous dit pas, pour quelle dette la femme et l'enfant mentionnés étaient en prison : peut-être un retard de paiement d'impôt.

Document 14

1. Sur cette commune, créée en 1197, cf. Cahen, *Syrie*, 590 et 653 *sq*.

2. Voir *supra* ch. VI.

Document 16

1. Ou courtier. Le mot *mawrid* désigne les spécialistes qui apportent à la frappe du métal qu'ils ont acquis des commerçants.

2. Il s'agit de convertir du métal d'espèces variées en pièces de la circulation officielle.

3. Probablement les dinars francs.

4. Peut-être la monnaie sicilienne.

Document 17

1. Secrétaire
2. Contrôleur financier
3. Mon attention a été attirée sur ce texte par Françoise Micheau.

Document 18

1. Sur le *ziyar*, sorte de grosse arbalète, voir mon traité d'armurerie.

2. Fakhr al-Dîn, de l'illustre famille iranienne arabisée des Banu Hamawayh (voir E. I.[2] Awlad al-Shaykh), était le lieutenant tout puissant d'al-Malik al-Sâlih Ayyûb; il devait mourir peu après son maître, à la bataille de Mansoura contre Saint Louis.

Document 19

1. Rappel de la croisade de Frédéric.
2. Jérusalem avait été reprise par les musulmans en 1244.
3. En réalité il n'y eut jamais entrevue entre les deux souverains, mais seulement correspondance.

4. Al-Malik al-Sâlih, prince ayyubide qui devait mourir au lendemain du débarquement de Saint Louis.

5. Cette lettre, évidemment altérée dans la transmission littéraire arabe, paraît cependant authentique quant au fond. Sur la politique d'al-Sâlih mourant, voir aussi son testament publié par Ibrahim Chabbouh et Claude Cahen, dans le *Bulletin d'Etudes Orientales*, Damas 1978.

Document 20

1. Pour l'intelligence de ces stipulations, voir ci-dessus la lettre d'al-Abbas aux Pisans, et mon article *Douanes et Commerce*.

Bibliographie

1. Voir la Bibliographie, qui suit.
2. Ibn Wâsil, Ibn abî Tayyi etc. Voir la Bibliographie des sources.
3. Par exemple : *iqtâ'*, voir ch. IV.
4. J'ai donné un examen critique sommaire de la plupart des sources relatives au Proche Orient à l'époque des croisades dans ma thèse sur *La Syrie du Nord*; une mise à jour, dans l'article *Croisades* de l'Enclopédie de l'Islam; et une indication des sources orientales récemment publiées, dans le volume de *Mélanges pour Josuah Prawer* (1981). Il existe à Tunis, *Ahmadiyya* n° 4915, un manuscrit de la petite chronique d'Ibn abî al-Hijja (fin XIIIe s.). Il y a évidemment intérêt à étudier la nature des témoignages et la mentalité des différents auteurs; peu a été fait à ce point de vue. Examen d'ensemble des sources narratives chrétiennes par M.A. Zaborov, *Vvedenie v istoriografiju krestovych pochodov* (« Introduction à l'histoire des Croisades »), Moscou 1966.
5. Par ex. le *Minhâdj*, cité ci-après.
6. On a montré depuis quelques temps l'intérêt des colophons de manuscrits, en particulier arméniens et syriaques; voir par ex. V. Akopyan, *Armyankaya Kniga Kanonov*, I, Erevan 1964 (en arménien).
7. On commence à mettre au jour des fonds documentaires, pour le bas Moyen Age, dans divers pays musulmans, mais ils restent très en deça des fonds italiens et autres occidentaux, et ne touchent qu'exceptionnellement aux questions internationales; ce qui est aussi le cas des papyrus d'Egypte pour le haut Moyen Age. Seule exception, surtout pour les XIe et XIIe siècles, les documents judéo-arabes dits de la Geniza du Caire, dont on prendra une idée à travers les travaux de Goitein (voir la Bibliographie).
8. Par ex. on a sous-estimé le rôle d'Amalfi parce que les Archives de cette ville ont brûlé au XIVe siècle. Les documents de l'Orient latin sont répertoriés dans R. Röhricht, *Regesta Regni Hierosolymitani*, 1 vol. et additamentum, 1893-1904.
9. Résurrection, *mutatis mutandis*, de la Société de l'Orient latin qui a publié, à la fin du XIXe et au début du XXe s., les *Archives de l'Orient latin* et la *Revue de l'Orient latin*.
10. Voir Dussaud, *Topographie* (cf. la Bibliographie), et l'exemple donné ci-dessous en appendice.

INDEX

* Ne figurent pas les mots cités très fréquemment tels que Arabes, Francs, Italiens, chrétiens, juifs, musulmans, Jérusalem, Byzance, Syrie, Egypte, etc.

A

ABBAS-ABBASIDES : 11, 129.
AL-ABBAS (vizir) : D. VIII.
ABDALLÂH : D. VIII.
ABD AL-LATÎF AL-BAGHADÎ : Ch. 15, n. 2.
ABELARD : 215.
ABRAHAM : 15, 45, 46, 50.
ABU'L-ALÂ AL-MA'ARRÎ : 12.
ABU'L-FADL AL-DIMASHQÎ : Ch. 1, n. 3.
ABU'L-FIDA . Concl., n. 5.
ABÛ GHÂLIB : 170.
ABU'L-HUSAYN B. ABI'L-KHAYR AL-AKKA-WI : D. XII.
ABU'L-KHAYR : D. XIII.
ABU SÂLIH : Ch. 11, n. 5.
ABU SALT : Ch. 3, n. 14.
ABU SHÂMA : 168, Ch. 11, n. 15, n. 19, Ch. 15, n. 29.
ABU SULAYMAN : D. XIII.
ABU'L-THANA : 194.
Acre : 79, 107, 110, 126, 131, 132, 136, 151, 152, 170, Ch. 16, n. 12, 179, 192, 193, 196, 201, Ch. 17, n. 14, 203, Ch.17, n. 23, D. XII, XIX, carte.
adab : D. IV.
ADAM (Frère) : D. XV.
ADELAÏDE (de MONTFERRAT) : 96, 101.
ADELARD DE BATH : Ch. 8, n. 30.
Aden : 112, Ch. 8, n. 23, 113, 194, Ch. 17, n. 28.
ADHEMAR DE CHABANNES : Ch. 1, n. 13.

ADHEMAR DE MONTEIL (évêque du Puy) : 57, 58, 61, 70.
AL-ADÎL : 146, 152, 177, Ch. 15, n. 7, 182, Ch. 15, n. 17, 183, 195.
Adriatique (mer) : 33, 35, 36, 110.
AL-AFDAL : 87, Ch. 9, n. 16, D. V-1, n. 6, n. 7.
Afrique noire - orientale : 9, 39, 113, Ch. 15, n. 32.
Afrique du Nord - occidentale : Ch. 2, 36, 37, Ch. 3, n. 11, 54, 123, 137, D. II.
AGAR - Agaréniens : 47.
agolants : Ch. 4, n. 14.
ahdâth : 14, 120.
AIMERY (Patriarche d'Antioche) : 168.
Alamut : 23, 197.
Alaouites : 84.
Albigeois : 42, Concl., n. 2.
ALBERT D'AIX : 104, Ch. 7, n. 32, 209.
Alep : 12, 14, 17, 24, 74, 83, 84, 89, 90, 92, 100, Ch. 8, n. 1, 119, 120, 143, 177, 181, 186, 192, 193, 206, 211, 212, D. VI, n. 3, carte.
ALERAMICI : voir MONTFERRAT.
ALEXANDRE II : 55, 56.
ALEXANDRE III : 150.
ALEXANDRE DU PONT : Concl., n. 13.
Alexandrette : 91.
Alexandrie : 13, 19, 21, 25, Ch. 2, n. 8, 79, 98, 108, 110, Ch. 8, n. 18, 124, 125, Ch. 9, n. 22, 125-127, 131, 135, 139, 146, Ch. 11, n. 26,

Ch. 15, n. 17, 187, Ch. 16, n. 12, Ch. 17, n. 28, 206, 211, D. VII, VIII, IX, XIV, XX, carte.
ALEXIS COMNENE : 57, 60-62, 71, 73, 91, 99, 121, D. II, n. 5.
ALEXIS II : 101.
ALÎ : 11.
ALI AL-HARAWÎ : 144, Ch. 11, n. 11.
ALI B. JAFAR AL-SICILI : voir IBN AL-QATTÂ'.
ALIENOR : Ch. 7, n. 2.
Allemagne : 33, 34, 67, 101.
Allemands : 29, 67, Ch. 7, n. 30, 104, 150, D. V-2 : voir Lorrains.
Almeria : 110.
ALMOHADES : 57, Ch. 9, n. 12, 124, 127, 133, 138, 142, 145, 151, 174, 190.
ALMORAVIDES (Al-Murabitûn) : 21, Ch. 2, n. 8, 43, 54, 56, 57, Ch. 4, n. 8, Ch. 6, n. 26, 97, Ch. 9, n. 12, 127, 142, 174.
ALP ARSLAN : 23, 28.
Amalfi : 33, Ch. 3, n. 10, 38, 40, 44, 69, 79, 80, 96, Ch. 7, n. 7, 98, 109, 110, Ch. 13, n. 7, Bibl., n. 8.
Amalfitain(s) : 30, 33, 35-38, Ch. 3, n. 11, 40, 41, 79, 80, 109-111, 124, 127, 137.
aman : D. IV.
AMAURY 1er : 126, 127, Ch. 9, n. 27, 129, 133, 136, 157, 170, D. VIII, n. 1, D. XIII.
Amid : 181.
AL-ÂMIR (calife) : 109, Ch. 11, n. 16.
« AMIRAL D'ANTIOCHE » : Ch. 7, n. 9.
Amou Darya : 116, 185.
AMR BAR SLIBA : 28.
ANASTASE LE BIBLIOTHECAIRE : 44.
Anatolie : 22, 25, 27, 72, 85, 91, 111, 120, 121, 139, 141, 148, 174, 191, 202.
Anazarbe : 175, photo.
Ancône : 191.
Andalous : Ch. 9, n. 23.
ANDRONIC : 101, 148.
Andros (île d') : D. VII.
ANGES : 148, 178.
Angleterre - Anglais : 34, 56, 67, Ch. 5, n. 4.

Anjou - Angevins : 30, 94, Ch. 7, n. 11, 97, 201.
ANNE COMNENE : 64.
Anonyme de Cordoue : 45, 46.
Anonyme d'Edesse : 186.
Antalya : Ch. 10, n. 7, 181, 183, 192, carte.
ANTAR : 115, Ch. 8, n. 32.
Antioche : 13, 25, 27, 30, 41, 58, 59, 61, 64, 73, 74, 76, 78, 90-97, Ch. 7, n. 7, 100-105, Ch. 7, n. 23, 122, Ch. 9, n. 7, n. 9, 129, 131, Ch. 10, n. 45, 148, Ch. 11, n. 51, 152, Ch. 12, 163, 165, 166, Ch. 13, n. 15, 178-181, 186, 188, 198, 203, D. III, V-2, VI, XIV, XV, carte.
Apamé : Ch. 6, n. 31.
Apulie : 95.
Al-Aqsa (mosquée) : Ch. 11, n. 6.
Aquitaine - Aquitain(s) : 34, 55, 68.
Arabo-persique (golfe) : 11, 38, 111, 113, 128, 202, carte.
Aragon : 56, 114, 201.
ARCULF : 46.
Arezzo : Ch. 2, n. 8.
Arménie : 10, 22, 25, 34, 54, 71, 85, 175, 177, 180, 181, 204.
Arméniens : 22, 24, 25, 42, Ch. 3, n. 28, 72, Ch. 5, n. 11, 73, Ch. 5, 12, 76, 84, 85, 88, 90-92, 98, 115, Ch. 9, n. 6, 122, Ch. 9, n. 9, 123, 144, Ch. 11, n. 5, 148, 159, Ch. 13, n. 7, 171, 172, 179-181, 198, Ch. 17, n. 8, 200, 204, 211, D. XXI.
arménienne (Eglise nationale) : 12, 25, 26, Ch. 13, n. 3, 169, 180.
ARNAUD (prieur) : D. XV.
ARNAUD DE BRESCIA : 105.
ARNULF (patriarche d'Antioche) : Ch. 7, n. 23.
'arsa : Ch. 10, n. 15.
ARTUQ : 27, 29.
ARTUQIDES : 24, 75, 90, 145.
Ascalon : 88, 101, 126, D. V-2, VIII, n. 1, XVIII, XIX, carte.
Ashkenazis : 86.
Asie : 9, 34.
Asie Centrale : 9, 10, 12, 17, 22, 24, 25, 39, 116, 119, 140, 185, 187, Ch. 15, n. 32, 197-199.
Asie mineure : 9, 22, 23, 42, 60, 61, Ch. 5, 87, 88, Ch. 6, n. 28, 91, 92,

105, 119, 121, 128, 138, 150, 176, 177, 178, 181, 185, 197, 199, 203, 204.
Asie du sud-est : 113.
« Assassins » : 12, 23, 84, Ch. 6, n. 31, 138, 149, Ch. 11, n. 38, Ch. 15, n. 33, 197, D. V-1, n. 3.
Assises d'Antioche : 181.
Assises des Bourgeois : 136, Ch. 12, n. 6, 192.
Assises de Jérusalem : 6, 132, 159.
« Assise de Ligesse » : 157, 159.
Assises de Romanie : Concl., n. 10.
ATSÎZ : 27, 29, Ch. 3, n. 6, D. II.
« augustale » : 195.
AVERROES : voir IBN RUSHD.
Ayas : 202.
Aydhab : 111, Ch. 17, n. 28.
'ayn : Ch. 10, n. 37.
'Ayn Djalut : 176.
'ayyârun : 120.
AYYUB - AYYUBIDES : 138, 145, 146, 167, 171, Ch. 15, 200, 204, 206, D. XIII, XVI.
AL-AZÎMÎ : 30.
Azov (mer d') : 202.

B

Baalbeck : Ch. 15, n. 29.
Babylone : voir Le Caire.
BADR AL-DJAMALÎ : 87, D. V-1, n. 4.
Bagdad : 10, 11, 83, 113, 140, Ch. 11, n. 37, 151, 188, 194, Ch. 16, n. 19, 195, 197, 204, 206.
Baghras : 175.
BAHRAM (vizir) : 98.
« Bailli de la Fonde » : 164.
AL-BAKRI : 43.
Balaneia : D. XXI.
Baléares : Ch. 1, n. 1, 36, 127, 138.
Balkans : 9, 39.
Baltique : 33.
BANU 'AMMÂR : D. IV.
BANU 'ASSÂL : 186.
BANU GHANIYA : 127, 145, Ch. 11, n. 15.
BANU HAMAWAYH : D. XVIII, n. 2.
« baptistère de Saint Louis » : 194, couverture.
Barbastro : 55.

BAR HEBRAEUS : 169, 186, Concl., n. 33.
Bari : Ch. 2, n. 8, 33, 40, 95, 109, D. VII.
Barletta : 95.
BARTHELEMY D'EDESSE : Ch. 13, n. 7.
Basra : carte.
Al-Bâtiliya : D. XI.
BATTÂL GHAZÎ (SEYYID) : Ch. 8, n. 32, 115.
BAUDOUIN (frère de Godefroy de Bouillon) : voir BAUDOUIN Ier.
BAUDOUIN Ier DE JERUSALEM : 73, 75, 78, Ch. 5, n. 25, 93, 94, 96, 99, 101, Ch. 8. n. 14, D. II, IV, VI, n. 5.
BAUDOUIN II (de Bourg) : Ch. 6, n. 27, n. 33, 96, 99, Ch. 8, n. 1, D. VI.
BAUDOUIN III : 100, 126, 129, 157, D. VIII, n. 1, D. X.
BAUDOUIN IV : 100, 101, 144, 209.
BAUDOUIN V : 101.
BAUDOUIN DE BOULOGNE : voir BAUDOUIN Ier.
BAUDOUIN DE BOURG : voir BAUDOUIN II.
BAUDOUIN DE FLANDRE : BAUDOUIN Ier empereur de Constantinople : 100, Ch. 15, n. 6, n. 20.
Bavarois : Ch. 7, n. 34.
BÂYÂN (Frère) : D. XV.
BAYBARS : 116, Ch. 17, n. 28, 204.
BEDE LE VENERABLE : 46.
Bédouins : 14, 29, 30, 40, 88, 146, 166, 172, D. V-1.
Bénédictins : 103, 162, 187.
BENEDETTO ZACCHARIA : Ch. 17, n. 23.
Bénévent : 33, 95.
BENJAMIN DE TUDELE : 125.
Berbères : 21, 138.
BERNARD DE CLAIRVAUX : voir SAINT BERNARD.
BERNARD DE CORBIE : 46.
BERNARD LE MOINE : 44.
BERTHE DE TOSCANE : 44.
« *besant sarracénat* » : 141.
Beyrouth : 79, D. IV.
bid'a : 213.
BIENVENU DE JERUSALEM : Concl., n. 32.
BOHEMOND DE TARENTE : 47, 68,

70, 78, Ch. 6, n. 33, 93-96, Ch. 7, n. 13, n. 14, 99, 101, 121.
BOHEMOND II : 96.
BOHEMOND III : 110, Ch. 11. n. 51.
Bologne - Bolonais : 65, Ch. 5, n. 5.
BONIFACE DE MONTFERRAT (Seigneur de Thessalonique) : 102, Ch. 15, n. 6.
Bosphore : 191, 203.
BOTANIATE : voir NICEPHORE BOTANIATE.
Bouddhisme : 198, Concl., n. 1.
Bougie (Prince de) : 36, 45, 54.
Bourguignons : 34, 46, 55, 56, 68.
BOUYIDES : 10, 22.
BRANAS : 101.
BRIENNE : 101, Ch. 7, n. 18.
Brindisi : 40.
Bulgares - Bulgarie : 42, Ch. 15, n. 32.
AL-BUNI : Ch. 8, n. 36.
BURKHARDT DE STRASBOURG : Ch. 11, n. 23, Ch. 11, n. 44.
byzantine (Eglise) : 16, 24-26, 48, 53, 85.

C

cadi : 24, Ch. 10, n. 21, 158, 164, 165.
le Caire : 11, 14, 37, 79, 98, 107, 123, 135, 138, 145, 146, Ch. 12, n. 7, 199, 206, D. VII, XI, n. 2, carte.
Calabre : 33, 60, 95.
Capoue : 95.
Cappadoce : 26, 91.
carolingien (Etat) - Carolingiens : 9, 33 38, 44.
Carthage : 217.
Caspienne (mer) : 185.
Castille : 56.
Césarée : 79.
Chaboûba (église de la) : D. XV.
Chaîne (Cour de la) : 136.
Chanson des Chétifs : Ch. 7, n. 29, 115, Ch. 8, n. 31, 209.
CHARLEMAGNE : 15, Ch. 3, n. 29, 214.
CHARLES D'ANJOU : 186, 201, Ch. 17, n. 12.
CHARLES DE FLANDRE : 99.
Chine - Chinois : Ch. 3, n. 2, 113, 192, 194, 197, 199, Concl., n. 1.

CHOTA RUSTAVELI : 115.
Chypre - Chypriotes : Ch. 9, n. 9, 148-150, 155, 157, 165, 166, Ch. 12, n. 16, 178-182, Ch. 15, n. 20, 192, 197, 201, 203, 207, 215, D. XIX, carte.
le CID : 43.
Cilicie : 73, 85, 91, 98, 122, 148, 150, 156, 159, Ch. 13, n. 3, 177, 179-181, 192, Ch. 16, n. 28, 198, 200, 202, 204, D. III.
Cisterciens : 162, Ch. 15, n. 12, 187.
Clermont (concile de) : 14, 61, 62.
Cluny : 55, 56, Ch. 5. n. 3, 114.
CONRAD (Comte de Luxembourg) : Ch. 2, n. 8.
CONRAD III (empereur) : 104, 122.
CONRAD DE MONTFERRAT : 101, 149-151.
CONSTANTIN L'AFRICAIN : Ch. 3, n. 3, 114.
Copte(s) : 28, 47, 112, 144, Ch. 11, n. 5, 147, Ch. 13, n. 7, 169, 186, Ch. 16, n. 2, 211.
copte (Eglise) : 12, 25.
Coran : 19, 43, 46, 114, D. IV.
Cordoue : 14, 45.
COURTENAY (Seigneur de) : voir JOSSELIN.
Crac des Chevaliers : 175.
Crète : Ch. 2, n. 1, 101, 123, 183.
Crimée : 182, 191, 202.
Croatie : 56.
Croissant Fertile : 24, 76.

D

Dahlaq : 111.
DAIMBERT (archevêque de Pise) : 78, 95.
Damas : 12, 17, 24, 45, 62, Ch. 5, n. 23, 83, 84, 89, 90, 100, 105, 120, 133, 137, Ch. 10, n. 21, Ch. 13, n. 2, Ch. 15, n. 29, 192, 193, 198, 199, 205, 211, D. I, II, n. 3, IV, XII, carte.
Damiette : 109, Ch. 9, n. 22, 131, 135, Ch. 15, n. 19, 29, Ch. 16, n. 3, n. 12, D. XIX, carte.
DANISHMENDITES : 72, 88, 120, 121, 148.
Danishmend-nameh : 72.

Index

Danube : 34, 60.
Dâr al-Islâm : 49.
Dâr al-Wikâla : 107.
DAVID DE SASSOUN : 115.
DAYLAMITES : 10.
Deir Dakarieh : D. X.
Détroits : 71.
DHAT AL-HIMMA : Ch. 1, n. 10, Ch. 8, n. 32.
dhimma - dhimmi(s) : 16, 18, 19, 49.
dhûqî (dinar) : D. XVI.
DIGENIS AKRITAS : Ch. 1, n. 10.
dimoûs : D. XV.
diwân : 157, 213, D. XVI, XX.
Diyar Bakr : 26, 90, Ch. 6, n. 32, Ch. 16, n. 21.
Djabala (Gibel) : 165, D. IV.
DJALAL AL-DÎN MANGUBERTÎ : 185, 189.
djanawiya : 133, 176.
DJAWALÎ : D. VI.
DJAWDHAR (Ustâdh) : Ch. 3, n. 10.
Djebaïl : voir Gibelet.
Djedda : 111.
Djéziré - Djazira : 145, D. IV.
Djerba : 98.
djihâd : 9, 15-17, 22, 49, Ch. 4, n. 1, 64, 82, Ch. 9, n. 3, n. 4, 120, 121, 144, Ch. 11, n. 8, 153, 198, 207, 209, Concl., n. 18, D. I.
Dominicains : Ch. 15, n. 12, 187, 188.
Druzes : 12, 84, Concl., n. 9.
DUBAYS : 83.
Duodécimains : 12, Ch. 6, n. 31, D. IV, n. 5.
DUQÂQ : 24, 89.

E

Edesse (ville et comté) : 24, 73, 75, 82, 85, 90, 91, 96, 104, 119, 156, 172, D. VI, n. 1, D. X, carte.
Egée (mer) : Ch. 2, n. 1, 35, 71.
Egyptiens : 23, 28, 75, 79, 87, 123, 125, 126, 128, 133, 144, 149, 171, 177, D. XII.
Elbe : 33.
ELIE DE NIZIBE : Ch. 13, n. 7.
EMBRIACHI - EMBRIACHO (Guillaume) : Ch. 5, n. 22, 110, D. VII.

EMBRICO DE MAYENNE : Ch. 3, n. 26.
Empire (Saint) : 34, 35, 53, 59, 60, 110, 111, 179, 184, D. V-2, n. 2.
Erzindjan : Ch. 17, n. 8.
ESCHIVE : D. XII, n. 4.
Espagne : 9, 14, 21, 34, 37, 39, 40, 42-48, 54-58, 61, 68, 95, 113, 124, 127, 138, 140, 142, 151, Ch. 13, n. 7, 173, Ch. 4, n. 2, Ch. 15, n. 2, 187, 190, Concl., n. 1, 205, 211, 212, 214, 216, D. I.
Espagnol(s) : 21, Ch. 2, n. 1, n. 8, 55, 56.
Etats de l'Eglise : 33, 40, 42, 77, 102, 139.
ETIENNE (Chancelier de Sicile) : Ch. 9, n. 16.
ETIENNE D'ANTIOCHE : 115.
ETIENNE ORPELIAN : 28.
EUDES DE DEUIL : Ch. 7, n. 35.
EUGENE III : 105.
EULOGE : 45, 46.
Euphrate : 26, 73, 82, Ch. 11, n. 46, 181, 194, carte.
EUSTACHE DE BOULOGNE : 99.
EUTYCHIUS (SA'ÎD) B. BITRIQ : 114, 214.

F

fadâ'il : 144.
AL-FÂDIL (câdi) : 128.
FAKHR AL-DÎN B. HAMAWAYH : Ch. 15, n. 23, D. XVIII.
FAKHR AL-MULK B. 'AMMÂR : voir IBN 'AMMÂR.
faqîh : D. XIII.
Fars : 113.
FÂTIMA : 11.
FATIMIDES : 11, Ch. 1, n. 2, 14, 17, 20, 23, 24, 27, 29, 30, 37, Ch. 3, n. 10, n. 11, 38, 75, 85, 87, 95-97, 109, 112, 121, 123, Ch. 9, n. 13, 124-129, 133, 134, 137, 138, 144, Ch. 11, n. 5, 145-147, 169, 172, 206.
« feu sacré » : 27, 49.
FIDENCE DE PADOUE : Ch. 16, n. 3.
« fief de soudée » : 160.
filioque : 24.
Flandre - Flamands : 34, 39, 58, 94, Ch. 7, n. 16, 99, 100.

Florence - Florentins : Ch. 16, n. 7, n. 13, 192, 195.
fondaco : voir *funduq*.
Fonde (Cour de la) : 136, 164.
FOUCHER DE CHARTRES : 104, 209.
FOULQUE NERRA D'ANJOU : 30.
FOULQUE D'ANJOU : 94, Ch. 7, n. 2, 97, Ch. 7, n. 11, 99.
France : 33, 34, 39, 47, 56, 67-69, 76, 86, 93, 95, 97, Ch. 7, n. 14, 101, 155.
Franciscains : Ch. 15, n. 12, 187, 188.
francopouloi : 172.
FREDEGAIRE (chroniqueur) : 46.
FREDERIC BARBEROUSSE : 150, Ch. 11, n. 44, 169.
FREDERIC II : 94, 96, 147, 178-180, 184, Ch. 15, n. 20, n. 21, n. 23, Ch. 15, n. 25, 185, Ch. 15, n. 26, 186, 195, 201, 218, D. XIX.
funduq : 125, 135-137, 164, 193, D. VIII, XX.
Fustat : D. XII.
futuwwa : 120, 189.

G

gabâla : 213.
Garde-Freinet (les « Maures ») : Ch. 1, n. 1, 46.
gasmoules : 173.
« gâtine » : 159.
GAUTIER DE BRIENNE : Ch. 7, n. 18.
GAUTIER DE COMPIEGNE : Concl., n. 13.
Gaza : D. II, XIII.
Gênes : 36, 41, 69, Ch. 5, n. 22, 108, 110, Ch. 8, n. 18, 131, 133, 183, Ch. 16, n. 23, 195, D. XX.
GENGIS KHAN : 185.
Génois : 54, 77-79, 87, 109, 110, Ch. 8, n. 18, 111, 124-128, 146, 147, 150, 151, Ch. 15, n. 5, 183, 186, 192, Ch. 16, n. 13, 200, 202, Ch. 17, n. 21, 203, D. IV, XX.
« Gens du Livre » : 15, 19, Ch. 15, n. 32.
GEOFFROY D'ASCH : Ch. 5, n. 13.
GEOFFROY MALATERRA : 45.
GEOFFROY DE VITERBE : 114.
Georgie - Georgiens : Ch. 6, n. 32, 115, 181, 182, Ch. 17, n. 8.
géorgienne (Eglise) : 12.

GERARD DE CREMONE : Concl., n. 36.
GEROH DE REICHENSBERG : 105.
Gethsemani (Notre-Dame de) : 95, D. XV.
GHAZÂLÎ : 139, Ch. 13, n. 7.
ghâzi(s) : 17, 119, 174.
GHAZNEVIDES : 10, 11, 22.
GUILELM IV (de Toulouse) : Ch. 2, n. 8.
ghulam : 64.
Gibel : 79, 165.
Gibelet : ch. 5, n. 22, 79.
GODEFROY DE BOUILLON : Ch. 2, n. 8, 47, 68, 93, Ch. 7, n. 1, 99, D. V-2, n. 2.
GOUR-KHAN : voir JEAN (PRETRE).
GRAINDOR DE DOUAI : 104.
Grèce : 37, 60, 69, 70, 155, Ch. 16, n. 23, 207.
Grec(s) : 22, 25, 60, 61, 73, Ch. 9, n. 8, 128, 161, 169, 177, 178, 182, Ch. 15, n. 21, 188, 191, 200, 207, 211.
Grecque (Eglise) : 42, 55, 163.
GREGOIRE VII : 29, Ch. 3, n. 3, 36, 45, 53, 54, 56, 59, 60, Ch. 5, n. 3.
GREGOIRE ABU'L-FARADJ : voir BAR HEBRAEUS.
Grenade (Royaume) : 190.
Gué de la Baleine : D. XXI.
Gué de Jacob (Fort du) : Ch. 14, n. 3.
GUIBERT (antipape) : 67.
GUIBERT DE NOGENT : 44, 47, Ch. 7, n. 25.
GUILLAUME V (marquis de Montferrat) : 101.
GUILLAUME Ier (de Sicile) : 123.
GUILLAUME II (de Sicile) : 147.
GUILLAUME LE CONQUERANT : 56, Ch. 5, n. 4.
GUILLAUME LONGUE-EPEE : 101.
GUILLAUME DE POUILLE : 96.
GUILLAUME DE TYR : Ch. 7, n. 26, n. 32, 114, Ch. 10, n. 3, Ch. 15, n. 7, 209, 214.

H

hadîth : D. IV.
AL-HAFÎZ : 97, Ch. 11, n. 16.
HAFSIDES : 204.

AL-HÂKIM : 12, 17, 19, 20, 29, 43, 46, 61.
AL-HALLÂDJ : 20.
halqa (pl. *hilaq*) : D. IX.
Hama : Ch. 16, n. 19, 206, Concl. n. 5, carte.
HAMDAN B. ABD AL-RAHÎM : 30, 81, D. VI, n. 6.
HAMDANIDES : 10, 12, 14, 17.
Al-Hamman : D. XXI.
hanbalite : 120.
hanéfite : 120, 177.
Harb al-Salîh : Concl., n. 6.
AL-HARÎRÎ : 82, 83.
Harran-Harranis : 119, 194, Ch. 16, n. 19, carte.
hashîshiyûn : voir Assassins.
Hattin : 101, 133, 149, 174.
Hedjâz : 111.
HENRI II (de France) : 150.
HENRI IV (empereur) : 60, 67.
HENRI VI (fils de Frédéric Barberousse) : 147, 150, 183.
HENRI DE CHAMPAGNE : 151.
HENRI LE LION : Ch. 11, n. 44.
HERACLIUS : 45, 47.
Hilaliens : 14, 34, 97.
HILDEBERT DE LAVARDUN : 47, Ch. 3, n. 26.
hisba : Ch. 15, n. 2.
Hispanie : 47, Ch. 3, n. 27.
Hispano-Wisigoths : 9.
Histoire des Patriarches d'Alexandrie : 27.
« *Homme à la peau de léopard* » : 115.
Homs : 24, carte.
Hongrois : 29, 33, 67, 166, 207.
Hôpital (ordre de) - Hospitaliers : 95, 103, 162, 173, Ch. 14, n. 4, D. XVIII.
Horde d'Or : 199.
HOVANNES : D. III.
HROTSWITHA : Ch. 3, n. 24.
HUGUES CAPET : 214.

I

Ibelins : 101, Ch. 7, n. 17, 157.
IBN ABI'L-DAM : Concl., n. 5.
IBN ABI TAYYI : 82, Ch. 9, n. 16, Ch. 11, n. 15, D. IV.
IBN ABI 'USAYBIYA : 211, D. XIII.
IBN 'AMMÂR (FAKHR AL-MULK) : D. IV.
IBN 'ARABÎ : 190.
IBN 'ASÂKIR : Ch. 6, n. 12, Ch. 11, n. 9.
IBN ASSA'I : Ch. 16, n. 25.
IBN AL-ATHÎR : 69, 83, Ch. 11, n. 52, Ch. 15, n. 16, 194, 214, D. II.
IBN BA'RA : 195.
IBN BAYTAR : 190.
IBN AL-DJAWZÎ : 113, 121.
IBN DJUBAYR : 124, 137, 168.
IBN AL-FURAT : 82, D. IV, VI.
IBN AL-FUWATÎ : Ch. 16, n. 25.
IBN HAWQAL : Ch. 3, n. 11, 112.
IBN HUBAYRA : 121.
IBN KHALDUN : 214.
IBN AL-KHASHSHÂB : 83.
IBN MUDJÂWIR : 112.
IBN MUHRÎZ : Ch. 3, n. 14.
IBN MUNQIDH (ALÎ) : 82-83.
IBN MUNQIDH : voir USAMA.
IBN MUYASSAR : Ch. 7, n. 12, Ch. 11, n. 18.
IBN NAFÎS : 214.
IBN NATIF : Concl., n. 5.
IBN AL-QALÂNISÎ : 82.
IBN QALÂQIS : Ch. 9, n. 15, n. 23.
IBN AL-QATTÂ' : Ch. 9, n. 16.
IBN AL-QIFTI : 211.
IBN RUSHD : Ch. 6, n. 2, 113, 216.
IBN SA'BÎN : Ch. 15, n. 26.
IBN SA'ÏD AL-ANDALUSÎ : 48, 190.
IBN TAYMIYA : 194.
IBN TUWAYR : 133.
IBN WASIL : Ch. 15, n. 24, Ch. 17, n. 28, Concl., n. 5.
IBRAHIM B. JAKUBA : Ch. 3, n. 31.
AL-IDRÎSÎ : 48, 112, 123, Ch. 9, n. 16, Concl., n. 23, 214.
IDRISIDES : 14.
Ifrin : D. XXI.
Ifriqiya : 36, Ch. 10, n. 34, D. V-1, n. 1.
igdish : 173.
IGNACE (patriarche jacobite) : D. X.
ILGHÂZÎ : 90, Ch. 6, n. 32, Ch. 9, n. 5.
Ilkhans : 199-201.
IMAD AL-DÎN AL-ISFAHANÎ : Ch. 11, n. 2, 143, 168.
IMAD AL-DÎN KHARIDA : Ch. 9, n. 23.

Impium foedus : 139.
Inde : 10, 11, Ch. 3, n. 2, 62, 112, 176, Ch. 15, n. 32, Concl., n. 1, D. XII.
Indien (océan) : 38, 111-113, 135, 145, 147, Ch. 16, n. 2, Ch. 17, n. 28.
INNOCENT III : Ch. 5, n. 5, 150, D. XIV.
INNOCENT IV : 187.
Ionienne (mer) : 35.
iqtâ' : Ch. 12, Bibl., n. 3.
Iran : 9, 10, 13, 16, 22-24, 28, 81, 88, 115, 120, 121, 140, 152, 182, 185, 188, 189, 194, 197, 203, 206.
Iranien(s) : 17, 81, Ch. 8, n. 1, n. 27, 120, Ch. 9, n. 5, 177, 182.
Iraq - Iraqien(s) : 9, 10, Ch. 1, n. 3, 12, 13, 22, 24, 25, 28, 81, 83, 91, Ch. 8, n. 3, 116, 120, 152, 169, 186, 199.
Irbil (prince d') : Concl., n. 17.
ISAAC ANGE : 101.
ISAAC DE CHYPRE : 148, Ch. 11, n. 35.
ISABELLE : 102.
Ismâ'ilisme - Ismâ'iliens : 11, 2, 20, 23, 28, 87, Ch. 6, n. 31, 128, 144, 145, D. IV, n. 5.
Israël - Israéliens : 6, 217.

J

jacobite (Eglise) - Jacobites : 12, 25-27, 42, 73, 169.
JACQUES DE VITRY : 170, 180.
Jaffa : 101, 131.
JEAN (Patriarche d'Antioche) : 28.
JEAN DE BRIENNE : Ch. 7, n. 18, Ch. 15, n. 20.
JEAN COMNENE : 91-92, 122.
JEAN D'IBELIN : 164, 214.
JEAN (PRETRE) : 116, 117, 187, 198.
JEAN DE PTANIDJOÏT : Ch. 15, n. 30.
JEAN TZIMISCES : Ch. 3, n. 1, Ch. 3, n. 10, 54, 61.
Josaphat (Notre-Dame de) : Ch. 2, n. 8.
JOSEPH DE CANTERBURY : Ch. 2, n. 8.
JOSSELIN Ier (DE COURTENAY) : Ch. 6, n. 33, 101, D. VI.

JOSSELIN II : Ch. 6, n. 33, Ch. 11, n. 46.
« *juzeran* » : Ch. 10, n. 11.

K

KAFFA : 202.
Kairouan : 13, 22.
Kalîla et Dimna : Concl. n. 31.
KAMAL AL-DÎN B. AL-ADÎM : 82.
AL-KÂMIL : voir AL-MALIK AL-KÂMIL.
karaïtes : 13.
Karak : 149.
kârim - kârimi(s) : 112, 146, Ch. 11, n. 19, 202, 203, Ch. 17, n. 28.
KATIB BEKDIRI : voir NEDJIB.
Kawar : Ch. 3, n. 16, 146.
KAY KHUSRAU II : 182.
KERBOGHA : 74.
Kaïber : 15.
Khazars : 13, Ch. 1, n. 5.
KHALAF B. MOLA'AB : Ch. 6, n. 31.
khân : Concl., n. 4.
khanqâh : 120.
khirbat (gâtine) : 159.
khujaghand : Ch. 10, n. 11.
Khurassan : 24, 194.
Khwârizm - KHWARIZMIENS : 182, 185, 189, 197.
Kilabites : 12.
Kirman : 113.
KIRTAY : Ch. 15, n. 23.
KOGH VASIL : 85.
Kurdes : 10, 19, 115, 120, 129, 143, 171, 172, 177, 185, 213.

L

Lance (sainte) : Ch. 5, n. 11, D. III, n. 8.
Languedociens : 155.
Laodicée : voir Lattakieh.
Latran (Concile) : 117, Ch. 11, n. 20.
Lattakieh (Lattaqieh) : 79, 84, 110, 152, 179, 192, 203, carte.
LEON Ier : 180.
Liban : 12, 25, 73, 84, 90, Ch. 13, n. 2.
Lombards : 35.

Lorrains : 86, D. V-2, n. 2.
Louis VII : Ch. 7, n. 2, 104, 122.
LOUIS IX : voir SAINT LOUIS.
Lucera : 184.
Ludria : D. VII.
LUZIGNAN : 101, 151, 165, 179.

M

Ma'arrat al-Nu'man : 74, 82, Ch. 9, n. 4.
AL-MADJUSÎ : 115.
madrasa ; 120, Ch. 9, n. 5, 177, Ch. 15, n. 1.
« *mafsûl* » *:* 170, Ch. 17, n. 14.
maghazî : 114.
Maghreb : 9, 10, 14, 21, 35, 36, Ch. 3, n. 3, n. 10, 40, 50, 60, 81, 97, 98, 112, 123-125, 127, 134, 137, 138, 142, 145, 174, 187, 190, 215.
Maghrébins : 35, 54, 109, Ch. 10, n. 21, 137, 138, 172.
Maghrébins : 35, 54, 109, Ch. 10, n. 21, 137, 138, 172.
mahdi : Ch. 11, n. 17.
Mahdiya : 36, 54.
MAHOMET : 9, 11, 15, 16, 44, 45, 47, 50, 114, 144, Ch. 11, n. 37, Concl., n. 13, n. 17.
« MAHON » : 47.
Majorque - Majorcain : Ch. 10, n. 21, Ch. 11, n. 52.
MAKHZUMÎ : 134, 147, D. IX.
AL-MAKÎN B. AL-'AMÎD : Ch. 8, n. 3, 186, Ch. 16, n. 2, Ch. 17, n. 7.
Malaisie : Concl., n. 1.
Malatya : voir Mélitène.
malékite : Ch. 10, n. 21.
AL-MÂLIK AL-KÂMIL : 182, 184, 185, Ch. 15, n. 26, 187, 195, D. XIX.
AL-MALIK AL-NÂSIR : D. XIII ; voir SALADIN.
AL-MALIK AL-SÂLIH AYYÛB : voir AL-SÂLIH.
MALIKSHÂH : 23, 24, 28, 61, 87.
Malte : 97, 183.
MAMLUKS : 116, 163, 177, 185, 186, 195, 199-206, 213.
mancus - manqush : Ch. 3, n. 11.

MANFRED : 184.
Manichéisme-manichéens : 13, 16, 20, 42.
Mansoura : D. XVIII, n. 2.
Mantzikert : 23, 54, carte.
MANUEL COMNENE : 101, 122, 128, 129, 147.
MAQRIZÎ : Ch. 5, n. 23, 85, Ch. 6, n. 25, Ch. 11, n. 18, 195.
MAR JABALLAHA : Ch. 17, n. 16.
Mar'ash : 26, 73, 85, D. VI.
MARCO POLO : 116, Ch. 16, n. 17, 201.
MARDÎ AL-TARSUSSÎ : 144.
Margat : voir Marqab.
MARI B. SULAYMAN : 186.
MARIE (fille de Manuel Comnène) : 101.
Maroc : 14, 21.
Maronites : 12, 25, 73, 84, 85, 167, 170, 186, 211.
Marqab - Margat : 175.
Marseille - Marseillais : 138, Ch. 17, n. 21.
MARTIN LE POLONAIS : 215.
« Martyrs de Cordoue » : 45, Ch. 3, n. 24.
MAS'ÛDÎ : 48.
matdjar : 136.
mathessep - muhtasib : 164, 165, 166.
MATHIEU D'EDESSE : 28.
MATHILDE (Comtesse de Toscane) : 56.
« Maures » de la Garde Freinet : voir Garde-Freinet.
MAWDÛD Ier : Ch. 9, n. 2.
Mawled : Concl., n. 17.
mawrid : D. XVI, n. 1.
Mayâ Fâriqin : Ch. 16, n. 21.
MAYMONIDE : 170.
« AL-MAYRUQÎ » : voir Majorque.
la Mecque : 9, 50, 112, 138, 144.
Médine : 9, 15, 50, 144.
MELGUEIL-MONTPELLIER (Vicomte) : 56.
MELISENDE : 212, D. X.
Mélitène - Malatya : 24, 25, 26.
Melkites : 13, 25, 28, Ch. 5, n. 11, 85, 102, Ch. 13, n. 7, 170, 186, 188, 210, 211.
Méloria : Ch. 16, n. 13.
MELUSINE (Reine) : 84.
Mésopotamie : 9, 23-28, 88-93, Ch. 8, n. 28, 141, Ch. 10, n. 39, 145, 164, 169, 172, 177, 194, Ch. 16, n. 21, 199, 203.
Messine : 109, 124.
MICHEL VII : 59.

MICHEL LE SYRIEN : 28, 169, 186.
Mille et une nuits : 116, Ch. 8, n. 34, Concl., n. 31.
mina' : 212.
MIRDASIDES : 10, 13, 14.
Misr : voir Fustat.
MLEH : 122.
MONGOLS : 48, 116, 117, 176, 182, Ch. 15, n. 16, 185-189, 194, Ch. 17, Concl., n. 1, n. 9, 211, 215.
monophysisme - monophysites : 12, 16, 25, 26, 84, 186.
MONTFERRAT : 96, 101.
Montpellier : Concl., n. 38.
Mossoul - Mossoulitains : 14, 24, 90, 119, 120, 193, 194, Ch. 16, n. 17.
mudjâhid(-un) : 174.
AL-MUHADHDHAB ABU SA'ÎD : D. XIII.
MUHAMMED (sultan) : Ch. 6, n. 28.
MUHAMMAD (Khwârizmshâh) : 185.
muhtasib : Ch. 15, n. 2 ; voir *mathessep*.
MU'IZZ AL-DAWLA : D. XI.
AL-MUKTAFÎ : Ch. 3, n. 21.
Munqidhites : D. IV.
Al-murâbit(ûn) : 174 ; voir aussi ALMORAVIDES.
AL-MUSTA'LÎ : D. V-1, n. 3.
AL-MUSTANSIR : D. V-1, n. 3.
mustavfî : D. XVII.
Myriokephalon : 129, 148, carte.

N

NABULSÎ : 186, 195.
Nâbulus-Naplouse : D. XI.
NADJM AL-DÎN : voir AL-SÂLIH.
Naples : 33, 95.
naserini - nasrani (nasâra) : Ch. 10, n. 27.
AL-NÂSIR (Calife) : 152, 153, 189.
NÂSIR AL-DÎN TÛSÎ : 63.
NÂSIR-I KHUSRAU : Ch. 3, n. 12, 38.
NEDJIB : D. XVII.
Nedjrân : 15.
NEGUS (d'Abyssinie) : 117.
Nestoriens : 12, 25, 116, 169, 186, 198.
Nicée : 71, 178-182, Ch. 15, n. 21, n. 26, 192, D. III.
NICEPHORE BOTANIATE : 59, 60.
NICON DE LA MONTAGNE NOIRE : Ch. 5, n. 11, 170, Ch. 13, n. 15.
Nil : 79, 125, carte.
NIZÂM AL-MULK : 23, 28.
NIZÂR : 23, D. V-1, n. 3.

Noël : Concl., n. 17.
Noirs : 14, 166, 172.
Noire (mer) : 34, 111, 178, 191, 200, 202, Ch. 17, n. 23, 207, carte.
nomikos - nomikoûs : 165, D. XV.
Normands : 29, 33-36, 41, 43, 48, 55, 56, Ch. 4, n. 8, 59, 60, 69, 78-80, 94-98, Ch. 7, n. 14, 101-104, 109-111, 122-129, 140, 147, 150, 155, 171, Concl., n. 23, D. II, n. 1.
nuqra : 141.
NÛR AL-DÎN : 100, 105, 119-123, Ch. 9, n. 4, 127-129, 141, Ch. 10, n. 39, 143, 144, Ch. 11, n. 6, 148, 161, D. X.
Nusayris : 12, 84.
NUWAYRÎ : Ch. 10, n. 34.

O

OBADIA : 51.
Oghuz : 22, 145.
'Oman : 111, 113.
'OMAR (Calife) : 144.
Ordou : voir Horde d'Or.
Oronte : 76, 83, 100, 122, D. IV, n. 2, D. XXI.
Otrante : 60, 95.
Ottomans : 116.

P

PANTALEONI : 111, 124.
PASCAL II : 77.
PAUL D'ANTIOCHE (évêque de Sidon) : Ch. 13, n. 7, 215.
Pauliciens : 42.
PEGOLOTTI : Ch. 10, n. 7, Ch. 17, n. 14.
Pékin : 201.
Persique (Golfe) : voir Arabo-persique.
Petchénègues : 60, 99.
Phéniciens : 217.
PHILARETE : 27.
PHILIPPE Ier (de France) : Ch. 5, n. 2.
PHILIPPE (d'Alsace) : 100.
PHILIPPE-AUGUSTE : 100, 150, 152, 186.
PHILIPPE DE NOVARE : 214.
PHILIPPE DE TRIPOLI : Concl., n. 31.
Philistins : 208.
PIBON (évêque de Toul) : Ch. 2, n. 8.
PIERRE ALPHONSE : 114.
PIERRE L'ERMITE : Ch. 2, n. 8.
PIERRE GERARDI : D. VII.
PIERRE LE VENERABLE : 43, 114, 167, 216.

Index

Pisans : 36, 54, 77, 79, 98, 109, 110, 111, 124, 125, 126, Ch. 9, n. 27, 127, 128, 139, 146, 147, 150, 151, Ch. 15, n. 5, Ch. 16, n. 13, D. VIII, XX, n. 1.
Pise : 36, 41, 69, 79, 108, 110, 124-127, 131, 132, 137, 183, Ch. 16, n. 13, D. VIII.
Plaisance : Ch. 16, n. 7, D. VII.
Poitiers - Poitevins - Poitou : 68, 94, 97.
Pouilles : 40, Ch. 7, n. 14.
« Poulains » : 180.
PROPHETE (Le) : voir MAHOMET.
Provence : voir RAYMOND DE ST-GILLES.
Provençaux : 102, 191.

Q

qabâla (gabelle) : 160.
QALÂUN : D. XX.
Qarakhitaï : 116, 117, 187.
QARAQUSH : 145, Ch. 11, n. 14, n. 15.
AL-QAZWINÎ : 48.
QIBISHÂQÎ : 193.
QILIDJ-ARSLAN II : 122, 148, 150, 169.
Qiptchaqs : 185.
QIRTAÏ : Ch. 17, n. 11.
qirtâs (pl. *qarâtis*) : Ch. 10, n. 38.
Qish : 111, 112, Ch. 8, n. 23, Ch. 16, n. 19.
Qunya-Qonya : 105, 182, 192.
QUDAMA : Ch. 13, n. 8, Concl., n. 18.
Quds (Jérusalem) : 144.
qûf : Ch. 10, n. 15, D. IX.
Qulzum : 111.
QUTUZ : Ch. 17, n. 28.

R

rabbinites : 13.
Raguse : 191.
Rahba : Ch. 17, n. 29.
Rahdanites : Ch. 1, n. 4, Ch. 3, n. 8.
ra'îs : 14, 163-165.
RAMESHT : 112.
RAMON LULL : 187.
RAOUL GLABER : Ch. 1, n. 13, 46.
RASHÎD AL-DÎN : 48, 169, 215.
RAYMOND D'ANTIOCHE (de Poitiers) : 92, 94, Ch. 7, n. 2, 97, 209.
RAYMOND DE SAINT-GILLES (comte de Toulouse) : RAYMOND Ier de TRIPOLI : Ch. 2, n. 8, 47, 56, 57, 61, 62, 68, 70, 74-76, 93-95, D. IV.

RAYMOND III (de Tripoli) : D. XII., n. 4.
RAYNERIO BOTACCIO : D. VIII.
Rayy : carte.
Reconquista : 21, Ch. 4, n. 8, 174, Concl., n. 11, 211.
RENAUD D'ANTIOCHE : voir RENAUD DE CHATILLON.
RENAUD DE CHATILLON : Ch. 6, n. 33, 126, Ch. 9, n. 9, 149, Ch. 11, n. 37.
RENIER : 101.
Rhodes : 148.
ribât : 21, 174.
RICHARD CŒUR DE LION : 100, 150-152.
RICHARD (le pélerin) : 104, Ch. 7, n. 28.
ROBERT (comte de Flandre) : Ch. 2, n. 8, Ch. 3, n. 27, 99.
ROBERT LE FRISON : 99.
ROBERT GUISCARD : 35, 60, 68.
ROBERT LE MOINE : 104.
RODRIGUE : voir le CID.
ROESKILD (évêque suédois) : Ch. 2, n. 8.
ROGER Ier DE SICILE : 55, 60, 95, 96, 101, D. II.
ROGER II : 96-98, 101, 109, 123, 146, 214, D. II.
ROGER LE FRANC : voir ROGER Ier.
ROLAND : 17.
ROMAIN DIOGENE : 23, 59.
Roman d'Alexandre : Concl., n. 31.
Roman de Baybars : 116.
Rome - romaine (Eglise) : 24, 25, 44, 48, 49, 53-60, 77, 85, 102, 105, 163, 170, 178, 180, Ch. 15, n. 12, 184, 188, 210.
RORGO FRETELLUS : Ch. 7, n. 27.
Rosette : Ch. 9, n. 22.
Rouge (mer) : 11, 38, 111, 128, 149, 203, carte.
Roupéniens : 122.
ruba'i : Ch. 10, n. 34.
RUDWÂN : 24, 74, 89, 98, Ch. 8, n. 1, D. VI.
Rûm (Empire) : 23, Ch. 8, n. 1, 120, 181, 182.
Rum - Roum (chrétiens) : 38, 40, Ch. 8, n. 18, D. VIII.
Russie : 13, 111, 176, 197, 199, 202.

S

SA'ADI : Ch. 6, n. 1.
Sabiens : 194.
SA'D AL-DÎN : 169, Ch. 15, n. 1.

Safad : voir Saphed.
Sahara : 17, 40.
Sahyoun : 175.
Saïda : D. IV ; voir Sidon.
Saïdnaya : Ch. 3, n. 37, Ch. 13, n. 2.
Saint-Barlaam : D. III.
SAINT BERNARD (de Clervaux) : 43, 104, 105.
SAINT FRANÇOIS : 187.
SAINT GEORGES : Concl., n. 35.
SAINT-GILLES : voir RAYMOND DE -.
SAINT-GUILLAUME-FIRMAT : Ch. 2, n. 8.
Saint Jacques de Compostelle : 49.
Saint-Jacques (Ordre de) : Ch. 14, n. 2.
Saint-Jean Damascène : 17.
SAINT LOUIS : 181, 184, Ch. 15, n. 23, 185, 186, Ch. 15, n. 28, n. 29, Ch. 17, n. 12, Concl., n. 8, 208, D. XVIII, n. 2, D. XIX.
SAINT-MAIEUL DE CLUNY : 46.
Saint-Pierre d'Antioche : D. III, D. XV.
Saint Saba : Ch. 16, n. 12, 192.
Saint-Sépulcre : 19, 27, 29, 61, 95, 162, D. VIII.
Saint Siège : 54-58, 102.
Saint-Siméon : 79, 110.
SAINT THOMAS : 215.
Saint Victoir de Marseille : 56.
Sainte-Marie Latine : 95, D. XV.
Sainte-Marie-Madeleine : D. X.
SALADIN : 64, Ch. 6, n. 31, Ch. 9, n. 2, 128, 129, Ch. 10, n. 3, 133, 134, Ch. 10, n. 39, Ch. 11, 165, Ch. 13, n. 8, 169, 170, 177, Ch. 15, n. 2, 182, 188, 189, 194, 195, Concl., n. 13, D. XI, D. XII, n. 4, D. XIII.
SALÂH AL-DÎN : voir SALADIN.
Salerne : 33, Ch. 3, n. 3, 96, 98, 109, 114.
AL-SÂLIH : 185, D. XVIII, n. 2, D. XIX.
SÂLIG B. YAHYÂ : Ch. 6, n. 17.
SAMANIDES : 10.
Samaritains : Concl., n. 18.
SAMSÂM : D. XI.
Samsûn : 181, 191, Ch. 17, n. 20.
SAMUEL D'ANI : 28.
SANDJAR : 116.
Saône : voir Sahyoun.
Saphed : Ch. 14, n. 3, 175.
SARCAVAG : 28.
Sardaigne - Sardes : Ch. 1, n. 1, Ch. 3, n. 17, 36, 109, Ch. 8, n. 7.
Sardenay (Notre-Dame) : voir Saïdnaya.

SÂRIM AL-DAWLA AL-QÛ : D. XI.
SARAH - Sarrasins : 47.
Sartanya : voir Sardes.
Sarudj : 82.
SASSANIDES : 12, 16.
Sassoun : 115.
SAYF AL-DAWLA : 17.
Scandinaves : 67, Ch. 5, n. 4.
SCRIBA (JOHANNES) : 124, 131.
scrimptorium : 203.
sēkrēton : 157.
SELDJUQIDES : 20, 22, 23, 28, 29, 72, 74, 81, 83, 87-90, 105, 116, 120, 121, 141, 145, 150, 161, 171, 173, 174, 178, 181, Ch. 15, n. 14, 182-189, 199, D. II.
SEMPAD : 181.
SERGE IV : Ch. 1, n. 13.
shafi'ite : 128, 177.
SHAWAR (vizir) : 127.
Shayzar : 83, D. IV ; voir USAMA.
SHAYZARÎ : Ch. 15, n. 2.
SHIHÂB AL-DÎN B. AL-GHARZ : D. XVIII.
shi'isme - shi'ites : 12, 24, 83, Ch. 6, n. 31, 120, 143.
Shiraz : 113.
SHIRKUH : 128, Ch. 10, n. 3.
SHOUDJAÏ (vizir) : D. XVII.
SIBILLE : 101.
SIBT B. AL-DJAWZÎ : Ch. 15, n. 22.
Sicile - Siciliens : 9, 14, 33-36, 40, 41, 43, 50, 54, 55, 58, 60, 68, 85, 94-96, 99, Ch. 7, n. 18, 109, 112, Ch. 9, n. 16, 124, 125, Ch. 10, n. 34, Ch. 11, n. 29, 150, 157, 183, 184, Ch. 15, n. 20, 201, 212, 214, 216, D. I, II, XV.
Sidon : Ch. 13, n. 7.
Silésie : 197.
simsâr : D. XX.
SINÂN : 149.
Sinope : 181, 191, Ch. 17, n. 20, carte.
Sîra : 114.
Siraf - Sirâfî : 111, 112, carte.
Sirr al-Asrâr : Concl., n. 31.
Siwas : 191, carte.
Slaves : 9, 14, 33, 35, 39, 166, 208.
SOLIMAN DE SALERNE : 124.
SONQOR DERÂZ : D. VI.
Soudon : 142, Ch. 16, n. 27, 196.
STEPHANE : D. XV.
Suez : 111.
SUHRAWARDI « MAQTÛL » : 144, Ch. 11, n. 4.
AL-SULAMÎ : 82, D. I.
SULAYHIDES : 145.

sunnisme - sunnites : 11, 12, 83, 128, 129, 143, 152.
SULAYMAN B. QUILUMUSH : 27, 41.
sûrî (dinar) : Ch. 10, n. 45, 185, Ch. 16, n. 23.
SYMEON (patriarche grec) : 27, 28.
Syr-Daria : 9.
Syracuse : 183.
Syriens : Ch. 1, n. 3, 37, 107, Ch. 8, n. 1, Ch. 8, n. 3, 138, 177.

T

TAFUR - Tafurs : Ch. 5, n. 12.
tahegan : Ch. 10, n. 45.
TAKI-EDDIN NASR-ALLAH : D. XVII.
TALÂ'Î' B. RUZZÎK : 123.
TAMÎN : D. II.
Tana : 202.
TANCREDE : 96, Ch. 7, n. 18, 101, Ch. 15, n. 20, D. IV, VI.
Tarente : 95, 96.
tarh : D. IX.
tari : Ch. 3, n. 11, Ch. 10, n. 34.
târîqa (targe) : 64, 133, 176.
« Tatars » : 199.
Taurus : 24, 26, 73, 75, 85, 88, 90, 121, 122, 150, 181.
Tayyibins : Ch. 11, n. 16.
tcharkh : 64.
TCHAVLI : voir DJAWALÎ.
Tchèques : 39.
Tell Bâchir : 85, D. VI.
Temple - Templiers : 50, 95, 102, 103, 149, 150, 162, 173, Ch. 14, n. 4, 175, Concl., n. 29.
TERVAGANT : 47.
Teutoniques : 175, 180, Ch. 15, n. 20.
THEODORA : 101.
THEODORE LASCARIS : Ch. 15, n. 26.
THEOPHANE : 44.
THEOPHYLACTE D'OCHRIDA : 70.
Thessalonique : 101, 102.
THIERRY (évêque de Verdun) : Ch. 2, n. 8.
THIERRY D'ALSACE : 99, 100.
THOROS : Ch. 9, n. 9.
Tibériade : D. XII, XVIII.
Tigre : 24, 115, carte.
TIMOURTASH : Ch. 9, n. 5.
Tinnis : Ch. 5, n. 23, Ch. 6, n. 25, Ch. 9, n. 22, 126, 135, Ch. 16, n. 3.
TOGHROUL-BEG : 22, 28.

TOGHTEGIN : Ch. 6, n. 30, Ch. 6, n. 31, 81.
Tolède : D. II.
Tortose : 79.
Toscans : Ch. 16, n. 13.
tourcopouloi : 172, 173.
Toulouse : voir RAYMOND DE ST-GILLES.
Touraniens : 17.
Trébizonde : 178, 181, 182, 191, 202, carte.
Tripoli (Afrique) : 123, Ch. 3, n. 14, 24.
Tripoli (ville et comté) : 23, 24, 38, 75, 76, 79, 82, Ch. 6, n. 31, 94, 102, 107, 110, 115, 131, Ch. 10, n. 45, Ch. 11, n. 51, 165, Ch. 12, 170, 179, 193, 212.
Troia : 95.
Troyens : 72.
Tshaghatay : 199.
TSHINGIZ-KHAN : voir GENGIS-KHAN.
Tunis : 54, Ch. 17, n. 12.
Tunisie : 97, D. II, voir Afrique et Ifriqiya.
Turcs : 20, 22, 24, 26-30, 34, 35, 46, Ch. 3, n. 25, 54, 59, 60, 62, 63, 65, 71, Ch. 5, n. 10, 72, 73, 83, 85, 87, 88, Ch. 6, n. 31, 91, 93, 96, 99, 115, 121, Ch. 9, n. 6, 122, 123, Ch. 9, n. 13, 128, 129, 133, 143, 145, 166, Ch. 14, 177, 178, 182, 185, 194, 197, 198, 207, 213.
Turcomans : 22-29, 72, 88, Ch. 6, n. 29, 90, Ch. 6, n. 33, 119, 121, 145, 148, 150, 171, 176, 181, 182, 199, 204.
turcoples : voir *tourcopouloi*.
TUTUSH : 29.
Tyr : 88, Ch. 6, n. 27, 97, 101, 102, 107, 131, Ch. 10, n. 45, 151, 165, 168, 192, 195, D. IV, XII, XVI.
Tyrrhénienne (mer) : 110.

U

Al-UDHRÎ : 125.
ultra mare : 131.
'umma : 48, 120, 189.
Uqaylides : 14.
URBAIN II : Ch. 2, n. 8, 56, 57, Ch. 4, n. 6, 58, Ch. 4, n. 8, 60-62, 68, Ch. 5, n. 3, n. 5, 70, 77, Ch. 7, n. 14, 102, 150.
USAMA IBN MUNQIDH : 82, Ch. 6, n. 31, Ch. 12, n. 7, D. IV.

V

Vadum Balaneae : D. XXI.
Valence : 43.
Van (lac de) : 145.
Venise : 33, 34, 37, Ch. 3, n. 10, 38, 40, 44, 69, 78, 108-110, 131, 147, 178, 183, 191, Ch. 6, n. 13, n. 23, 195, 212.
Vénitiens : 30, 35, 39, 41, 60, 77, 78, 97, Ch. 8, n. 1, 111, 125, 127, 128, 147, 151, 177, 182, 183, 186, 191, 192, 193, 200, 203, Ch. 17, n. 23.
Venosa : 95.
VICTOR III : Ch. 2, n. 8, 36, 60.
VIEUX DE LA MONTAGNE : 84.
VILLANO (archevêque de Pise) : D. VIII.
VITALE LE VENITTEN : D. VII.

W

Wadi'l-Taym : 12, 84.
wakîl - waqîl : 135, 193.
waraq : 140, Ch. 10, n. 37, 195.

WILLIBALD : 46.
Wisigoths : 13.
Worms (Concordat de) : 110.

Y

YAGHI-SIYAN : 74.
YÂNÎ AL-KÂMÎDÂRÎ : D. XV.
YÂQÛT : Ch. 9, n. 16, Ch. 16, n. 19.
Yathrib : voir Médine.
Yémen - Yéménites : 11, 111, 112, Ch. 9, n. 23, 145, 146, 149.

Z

AL-ZAFIR : D. VIII.
AL-ZÂHIR GHAZÎ : 167.
ENGHI : 90, Ch. 6, n. 33, 92, 119, 123, 152.
Zenghides : Ch. 10, n. 39, 145, 171.
Zirides : 14, 54, Ch. 6, n. 26, 97, 138.
ziyar : D. XVIII.
Zoroastrisme - zoroastriens : 13, 16, 24, 28.
ZVONIMIR (de Croatie) : 56.

TABLE DES MATIÈRES

Introduction	5
Chapitre I : L'Orient jusqu'au début du XIe siècle	9
Chapitre II : Le Proche-Orient jusqu'au XIe siècle ; l'Afrique occidentale	21
Chapitre III : L'Occident et ses rapports avec l'Orient	33
Chapitre IV : L'Occident à la veille de la Croisade. Les débuts de l'expédition	53
Chapitre V : Les Croisés en Asie	67
Chapitre VI : Les premiers contacts	81
Chapitre VII : Orient latin et Occident ; conditions politiques jusqu'à la deuxième Croisade	93
Chapitre VIII : La première moitié du XIIe siècle ; commerce et évolution spirituelle	107
Chapitre IX : L'évolution au milieu du XIIe siècle	119
Chapitre X : Le commerce au XIIe siècle, son organisation ; la monnaie	131
Chapitre XI : Saladin	143
Chapitre XII : Institutions de l'Orient latin	155
Chapitre XIII : Les indigènes	167
Chapitre XIV : Les armées	171
Chapitre XV : La période ayyubide	177

302 *Orient et Occident au temps des Croisades*

CHAPITRE XVI : L'organisation commerciale et monétaire	191
CHAPITRE XVII : La période mongole	197
Conclusion	205
Documents	219
Bibliographie	249
Notes	257
Index	287